Bob Woodward

Die Befehlshaber

Aus dem Amerikanischen
von
Roberto de Hollanda, Pociao,
Stefan Weidle

Kiepenheuer & Witsch

Wissenschaftliche Mitarbeit: Christoph Liedtke

Titel der Originalausgabe: *The Commanders*
Original English language edition
© Copyright (c) 1991 by Bob Woodward
Aus dem Amerikanischen von Pociao, Roberto de Hollanda, Stefan Weidle
© 1991 by Verlag Kiepenheuer & Witsch, Köln
Alle Rechte vorbehalten. Kein Teil des Werkes darf in irgendeiner Form
(durch Fotografie, Mikrofilm oder ein anderes Verfahren) ohne schriftliche
Genehmigung des Verlages reproduziert oder unter Verwendung
elektronischer Systeme verarbeitet, vervielfältigt oder verbreitet werden
Umschlag: Kalle Giese, Overath, nach einer Idee von Robert Anthony,
New York
Satz: Fotosatz Froitzheim, Bonn
Druck und Bindearbeiten: Clausen & Bosse, Leck
ISBN 3-462-02156-7.

Für Ben Bradlee und Dick Snyder,
die besten Freunde,
die ein Autor haben kann.

Inhalt

Vorbemerkung des Autors 10
Vorbemerkung für den Leser 11
Prolog 17
Teil 1 29
Teil 2 259
Danksagung 534

PRÄSIDENT

Berater

Mitglied

VERTEIDIGUNGS-MINISTER

Oberbefehlshaber für:
(CINC)
Atlantic Command
Central Command
European Command
Forces Command
Pacific Command
Southern Command
Space Command
Special Operations Command
Strategic Air Command
Transportation Command

Berater

Berater

OBERBEFEHLSHABER DER TEILSTREITKRAFT-ÜBERGREIFENDEN UND SPEZIELLEN KOMMANDO-BEHÖRDEN (CINCS)

VORSITZENDER DER VEREINTEN STABSCHEFS

STELLVERTRETENDER VORSITZENDER

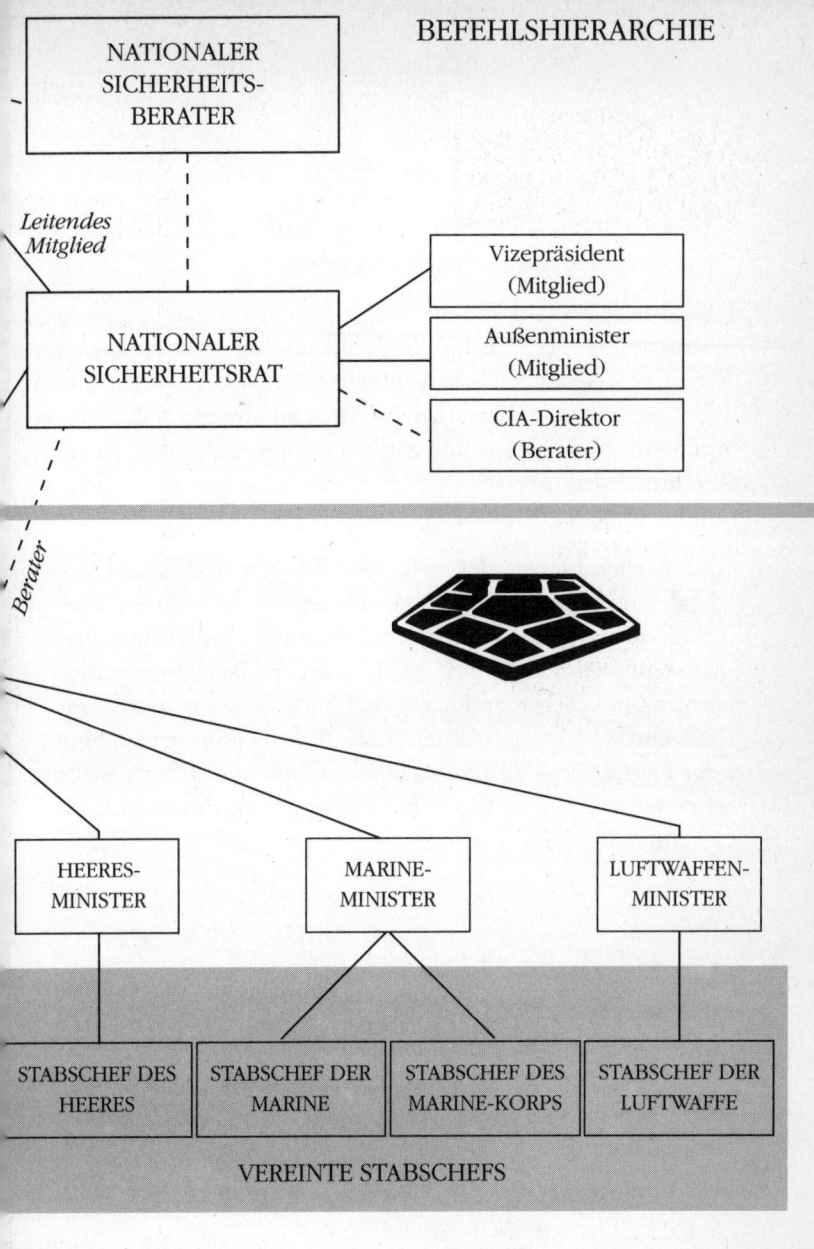

Vorbemerkung des Autors

Zwei Kollegen haben mir in jeder Phase der Recherche sowie beim Schreiben dieses Buchs geholfen:

William F. Powers, Jr., ein ehemaliger enger Mitarbeiter von Senator John H. Chafee, Republikaner aus Rhode Island, steuerte viele kluge Gedanken bei und war ein ausgezeichneter Lektor. Dieser bemerkenswerte Mann, integer und ambitioniert, gab sein ganz und gar unabhängiges Urteil zu jedem Schritt, jeder Idee ab. Bill hat dieses Buch erst ermöglicht. Kein Autor hatte je einen besseren Freund oder Mitarbeiter.

Marc E. Solomon, der 1989 sein Examen in Yale ablegte, begleitete unser Projekt über die letzten 15 Monate. Niemand hätte mehr an Intelligenz, Takt und Findigkeit in dieses Unternehmen einbringen können. Er jagte Informationen nach, bearbeitete Entwürfe, transkribierte endlose Bänder und widmete sich jeder dieser Aufgaben mit einem Sinn für Fairness und Ausgewogenheit. Ohne Marcs Reife, seine Energie und seinen Esprit hätten wir das Buch nie zu Ende geschrieben.

Vorbemerkung für den Leser

Das ist ein Bericht über die Entscheidungsprozesse innerhalb des US-Militärs während der 800 Tage vom 8. November 1988, als George Bush zum Präsidenten gewählt wurde, bis zum 16. Januar 1991, dem Beginn des Golfkriegs.
Ursprünglich hatte ich geplant, mich auf die zivile und militärische Führung des Pentagon zu konzentrieren, das Hauptquartier eines der größten Unternehmen der Welt, des modernen amerikanischen Verteidigungskonzerns. Ein Jahr lang, 1969–70, hatte ich selbst im Pentagon gearbeitet, als 26jähriger Leutnant der Marine. Nur wenige dienen in diesem einzigartigen fünfeckigen Gebäude mit seinen 23.000 Angestellten, seinem Geflecht von Fluren, Korridoren, Ringen und Büros – oder besuchen es als Tourist –, ohne sich zu fragen, wie das alles zusammenspielt.
Achtzehn Jahre später war ich noch immer neugierig.
Meine erste Recherche bezog sich hauptsächlich auf das Pentagon unter Bush, aber ich führte daneben ausgedehnte Interviews mit ehemaligen Verteidigungsministern und anderen ehemaligen hohen Beamten, wobei ich bis zur Kennedy-Administration zurückging. Das sich rasch nähernde Ende des Kalten Krieges ließ vermuten, daß eine ruhige Zeit für das Militär bevorstand, eine gute Gelegenheit für mich, die subtilen Verflechtungen innerhalb des Verteidigungsministeriums zu ergründen.
Die Invasion Panamas im Dezember 1989 und, wichtiger noch, die Golfkrise von 1990 änderten all das. Das Militär stand nicht im Begriff, eine kleinere Rolle in der neuen Weltordnung zu spielen, wie mancher erwartet hatte. Es rückte in den Vordergrund. Diese beiden Operationen gestatteten

mir, den Verlauf von militärischen Entscheidungsprozessen nach Vietnam und nach dem Kalten Krieg zu untersuchen. Nach der kurzen Panama-Invasion verbrachte ich Monate damit, die einzelnen Sitzungen und entscheidenden Momente zusammenzufügen, die zu der Operation geführt hatten. Vom Zeitpunkt der irakischen Invasion in Kuwait im August 1990 an konzentrierte ich mich auf die Entwicklung der Golfkrise und die Entscheidung, gegen Saddam Hussein Krieg zu führen.

Fast alle meine Informationen stammen aus Interviews mit Personen, die direkt an den Entscheidungen beteiligt waren. Über 27 Monate wurden mehr als 400 Personen interviewt. Die Schlüsselfiguren waren Beamte der Regierung und des Pentagon, sowohl Zivilpersonen wie Militärs. Präsident Bush wurde nicht interviewt. Viele meiner wichtigsten Gesprächspartner wurden wiederholt befragt, manche in regelmäßigen Abständen, wie es der Ablauf der Ereignisse nahelegte. Einige wurden zwei bis drei Dutzend Mal interviewt. Eine wichtige Quelle habe ich 40 Mal interviewt, manchmal in einem improvisierten vierminütigen Telephongespräch während einer Zuspitzung der Ereignisse, bei anderen Gelegenheiten in freimütigen einstündigen Konversationen. Mehrere wichtige Quellen erlaubten mir, unsere Gespräche mitzuschneiden, so daß ihre Berichte und Erinnerungen vollständiger wiedergegeben werden konnten, als wenn ich mich auf meine Notizen allein hätte verlassen müssen. Einige der Quellen ermöglichten den Zugang zu Dokumenten, Notizen, handschriftlichen Aufzeichnungen, die während des jeweiligen Ereignisses entstanden, Terminkalendern und chronologischen Aufstellungen.

Wörtliche Zitate aus Sitzungen oder Gesprächen stammen von mindestens einem der Teilnehmer, der sich entweder genau erinnerte oder Notizen gemacht hatte. Halbe An-

führungszeichen wurden verwendet, wenn sich die Quellen über den Wortlaut des Gesprochenen nicht sicher waren.
Gedanken, Vermutungen und Schlußfolgerungen, die einem der im Buch Zitierten in den Mund gelegt werden, stammen entweder von diesem selbst oder aus einer Quelle, die dieses Wissen direkt von dem Betreffenden hat. Die Notizen einiger Informanten wurden gelegentlich benutzt, um die persönliche Einstellung zu dem einen oder anderen Punkt zu veranschaulichen.
Wo immer dies möglich war, habe ich die Sprache der Zitierten unverändert übernommen, um Sitzungen, Einstellungen und Gefühle zu beschreiben.
Oftmals habe ich mit den Informanten nur wenige Stunden oder Tage nach den Ereignissen gesprochen, in denen sie eine Rolle spielten. In manchen Fällen habe ich unmittelbar nach einem Ereignis mit einer Quelle gesprochen und dann noch einmal einige Wochen oder Monate später. Dabei stellte sich heraus, daß die Informanten in der Erinnerung teilweise, und manchmal zum eigenen Vorteil, ihre ursprüngliche Version verändert hatten. Ich habe generell festgestellt, daß diejenigen Berichte am verläßlichsten sind, die möglichst kurz nach dem fraglichen Ereignis gegeben wurden.
Es ist unmöglich, Unterhaltungen und Sitzungen perfekt zu rekonstruieren. Ich habe jede Anstrengung unternommen, die Äußerungen in der Reihenfolge wiederzugeben, wie sie den Teilnehmern zufolge gemacht wurden, um den Verlauf von Diskussionen so genau wie möglich nachzuvollziehen. Viele der Quellen für dieses Buch haben jahrzehntelange Erfahrung als Teilnehmer wichtiger politischer Debatten und sind darin geübt, die Details korrekt wiederzugeben. Dennoch wurden die Berichte der einzelnen Quellen mehrfach genau überprüft und mit anderen verglichen.
Die Quellen werden im Text nicht namentlich genannt. Fast

alle Interviews wurden nach den journalistischen Regeln für
»Hintergrundgespräche« geführt. Das heißt, die Quelle gab
eine Information mit dem Wissen, daß sie nicht mit Namen
oder Titel genannt werden würde.
Das Buch bewegt sich irgendwo zwischen Zeitungsjournalismus und Geschichtsschreibung. Die Tageszeitung berichtet, *was* geschieht, liefert aber selten das *Wie* oder *Warum*
dazu. Für diese Fragen ist traditionell der Historiker zuständig. Das Buch versucht zwar, eine vollständigere Erklärung
der Ereignisse zu geben, als es dem Tagesjournalismus möglich ist, doch mangelt es ihm an der historischen Distanz
zum Geschehen. Es bemüht sich, eine möglichst präzise Momentaufnahme der teilweise fast gleichzeitig ablaufenden Ereignisse zu bieten.
Je mehr ich im Laufe dieses Projekts über das Militär erfuhr,
desto deutlicher wurde für mich, daß das Pentagon keineswegs immer das Zentrum militärischer Entscheidungsprozesse ist. Die höchsten zivilen wie militärischen Beamten des
Hauses, allen voran der Verteidigungsminister und der Vorsitzende der Vereinten Stabschefs, können eine große,
manchmal dominierende Rolle in diesem Prozeß spielen,
wenn das Augenmerk des Weißen Hauses auf etwas anderes
gerichtet ist. Das war im großen und ganzen in den Monaten
vor der Panama-Operation der Fall, obwohl der Präsident,
als oberster Befehlshaber, schließlich die Entscheidung zur
Invasion traf.
Die Golfkrise war anders. Präsident Bush und sein Stab im
Weißen Haus widmeten ihr von Anfang an volle Aufmerksamkeit, lenkten die Krise von der Pennsylvania Avenue aus.
Wenn der Präsident und seine Berater sich engagieren, dann
führen sie das Kommando.
Also ist dies kein Buch über das Pentagon, obwohl das Gebäude und das Militär zentrale Rollen darin spielen. Dieses
Buch handelt nicht von den Dingen, die das Militär zumeist

tut. Es handelt nicht von Waffenbeschaffung, den Kämpfen um den Verteidigungshaushalt, Rekrutierung, Ausbildung oder Geländemanövern. Von einigen kurzen Ausnahmen abgesehen, beschäftigt es sich nicht damit, wie das Militär die Kriege der letzten Jahre tatsächlich geführt hat. Es versetzt den Leser nicht in den Hubschrauber, der in Panama Stadt landet, oder in Kampfpanzer im Irak oder in Kuwait.

Im wesentlichen beschäftigt sich dieses Buch damit, wie die Vereinigten Staaten die Entscheidung zum Führen eines Kriegs treffen, bevor der erste Schuß fällt. Der Hauptschauplatz ist Washington, und die Haupthandlung ist das Tauziehen der Akteure im militärischen Entscheidungsprozeß, sowohl innerhalb wie außerhalb des Pentagon.

Entscheidungsfindung auf höchster Regierungsebene ist eine komplexe menschliche Interaktion. Das interne Geschehen innerhalb einer Regierung besteht aus Gesprächen, Diskussionen, Sitzungen, Telephongesprächen, persönlichen Einstellungen, Erfahrungen und Beziehungen. Dieses zwischenmenschliche Geschehen bildet den Kern.

Immer gibt es ein Rätselraten unter Historikern über Ereignisse wie die Panama-Operation oder den Golfkrieg. Regierungsbeamte sind von Natur aus zurückhaltend mit Informationen und häufig nicht ganz offen. Während ich diese Worte schreibe, geht der Golfkrieg zu Ende. Ich bin mir bewußt, daß ich vieles nicht weiß. In den ersten zwei Jahren seiner Regierung haben Präsident Bush und seine engsten Berater eine Reihe wichtiger und manchmal spontaner militärischer Entscheidungen getroffen. Die Entscheidungen und ihr Entstehungsprozeß verdienen eine detaillierte Untersuchung, sogar zu diesem frühen Zeitpunkt.

Durch die Entscheidung, einen Krieg zu führen, definiert

sich eine Nation, sowohl nach außen, der Welt gegenüber, als auch nach innen, was vielleicht noch wichtiger ist. Es gibt kein ernsteres Geschäft für eine Regierung, kein besseres Maß für ihre Führungsqualität.

Bob Woodward, 14. März 1991

Prolog

Am frühen Nachmittag des 27. November 1990, einem Dienstag, eilte Admiral William J. Crowe, Jr., ehemaliger Vorsitzender der Vereinten Stabschefs, durch die Sicherheitskontrollen vor dem River Entrance des Pentagon. Er war ein bißchen spät dran für die Verabredung zum Lunch mit seinem Nachfolger, Vier-Sterne-General Colin L. Powell. Sobald er das Gebäude betrat, spürte Crowe, mittlerweile fünfundsechzig, wieder die vertraute, bedrückende Atmosphäre in diesem Haus voller Offiziere, die vor Wichtigtuerei platzend durch den E-Ring, den äußersten Korridor, hasteten. ›Ein Gebäude, das dazu bestimmt ist, geschäftig zu wirken‹, dachte er.
Er wandte sich nach rechts und verschwand hinter der nächsten Tür in Raum 2E878, dem Büro des Vorsitzenden. Er durchquerte das Vorzimmer und betrat dann den Raum, in dem er vier Jahre lang gearbeitet hatte, bis Powell ihn vor vierzehn Monaten abgelöst hatte.
Mit dreiundfünfzig war Powell der jüngste Vorsitzende der Vereinten Stabschefs in der Geschichte und der erste Schwarze, der diesen Posten bekleidete. Gewöhnlich verbreitete er eine Atmosphäre von Energie und Vitalität, doch heute wirkte er müde.
Der General hatte das Zimmer völlig umgestaltet. Neue Fenster boten einen herrlichen Blick über den Potomac River auf die Nationaldenkmäler. Auf dem Boden lag ein weicher, dunkelblauer Teppich, und darauf stand eine bequeme Sitzgarnitur, die mit einem fein gemusterten kastanienbraunen Stoff bezogen war.
Als sie an einem kleinen antiken Tisch Platz nahmen, der

bereits gedeckt war, sagte Powell lachend, er wünschte, er hätte diesen Job nie angenommen. ›Warum haben Sie mich nicht gewarnt?‹ fragte er.
Crowe wußte, daß er kein Wort davon ernst meinte. Es war der klassische und ziemlich durchsichtige Stoßseufzer eines Mannes, der es genießt, an der Spitze zu stehen.
Ein Steward aus der Messe des Vorsitzenden in leuchtend gelbem Jackett nahm ihre Bestellungen entgegen. Beide entschieden sich für einen leichten Imbiß.
In den vergangenen vier Monaten hatte Powell den größten amerikanischen Militäraufmarsch seit Vietnam befehligt. Etwa 230.000 Männer und Frauen der US-Streitkräfte waren bereits als Teil der Operation Wüstenschild an den Persischen Golf verlegt worden, nachdem der Irak Kuwait überfallen und annektiert hatte. Erst vor drei Wochen hatte Präsident Bush seine Entscheidung bekanntgegeben, die Truppenstärke fast zu verdoppeln, um sich die Option zu erhalten, offensiv zur Vertreibung des Irak aus Kuwait vorzugehen. Die Entscheidung hatte eine hitzige Debatte ausgelöst, und der nationale Konsens, der Bush bisher getragen hatte, schien zu zerbröckeln.
»Ich habe gehört, daß Sie aussagen wollen«, hatte Powell gesagt, als er Crowe in der vergangenen Woche anrief, um ihn zum Lunch einzuladen. Crowe hatte sich bereit erklärt, vor dem Streitkräfte-Ausschuß im Senat, der unter Vorsitz des Demokraten Sam Nunn aus Georgia tagte, eine öffentliche Stellungnahme abzugeben.
Obgleich er Bushs anfänglichen Truppenaufmarsch zur Verteidigung Saudi-Arabiens gegen den Irak gebilligt hatte, übte Nunn öffentlich harsche Kritik an der Entscheidung, die Möglichkeit eines offensiven militärischen Vorgehens offenzuhalten. Er forderte Bush auf zu erklären, wie er zu dem Schluß gekommen sei, die Vereinigten Staaten hätten ein lebenswichtiges Interesse daran, Kuwait zu befreien. Wozu

die Eile? Warum ließ man sich nicht ein wenig mehr Zeit, damit die beispiellosen Sanktionen der Vereinten Nationen, die den Handel zwischen Irak und einem Großteil der Welt fast zum Erliegen gebracht hatten, greifen konnten?
Crowe berichtete nun, wie er durchs Land gereist war, Vorträge gehalten und erfahren hatte, wie sich die ernsten Zweifel mehrten, ob die Befreiung Kuwaits einen Krieg wert war. Im ganzen Land war man beunruhigt über die Aussicht auf einen Krieg, seine mögliche Dauer, seine Ziele und seine Notwendigkeit.
›Ja, das habe ich auch gespürt‹, gestand ihm Powell.
Crowe war auf der Hut. Über die Jahre hinweg hatte er Powells Operationen aus nächster Nähe beobachten können, besonders 1988, als Powell Reagans Sicherheitsberater gewesen war. ›Powell neigt dazu, Leute genau zu studieren und ihnen dann sehr allgemein und vorsichtig zu sagen, was sie seiner Meinung nach hören wollen‹, dachte Crowe.
Trotz der Erklärungen des Präsidenten, daß er keinen Krieg wolle, wurde Crowe das Gefühl nicht los, Bush sei nur allzu bereit, Hunderttausende von Soldaten ins Gefecht zu schikken. Einer davon war Crowes Sohn Blake, ein Hauptmann der Marines, der eine Kompanie von zweihundert Mann in der saudiarabischen Wüste kommandierte.
»Nicht jeder wird damit einverstanden sein, was ich zu sagen habe«, meinte Crowe. Da er seine Aussage nicht komplett vorwegnehmen wollte, sträubte er sich, Powell die Einzelheiten zu erzählen.
Powell spürte seine Zurückhaltung.
Crowe sagte, er wundere sich über die offensichtliche Eile, den Krieg zu beginnen. »Alle sind so ungeduldig.« Manche schienen zu glauben, das US-Militär habe seine Soldaten nur auf Nahkampf und feindlichen Beschuß vorbereitet, nicht aber zu Geduld und Warten erzogen.
Geduld hatte sich im Kalten Krieg durchaus bewährt. Die

Sowjetunion vierzig Jahre lang ausgesessen zu haben, würde als einer der größten Siege aller Zeiten in die Geschichte eingehen. ›Warum denken wir nicht langfristiger?‹ fragte er. Ein Krieg im Nahen Osten – mit Tausenden von getöteten Arabern, aus welch edlen Motiven heraus auch immer – würde die Vereinigten Staaten in dieser Region auf unabsehbare Zeit zurückwerfen. Ganz zu schweigen von den Amerikanern, die dabei umkommen konnten. ›Ein Krieg ist immer schmutzig und sein Ausgang ungewiß‹, sagte er.

Powell stimmte weder zu, noch widersprach er. Er lauschte, nickte und schien Crowe zu ermuntern, fortzufahren.

Während er sprach, hatte Crowe das Gefühl, Powell versuchte, ihn auszuhorchen, etwas zu erfahren, das ihm einen Vorteil verschaffte.

Crowe wollte selbst ein paar Fragen stellen. ›Wo steht Cheney in dieser Frage?‹ Verteidigungsminister Dick Cheney war Powells unmittelbarer Vorgesetzter.

»Keine Ahnung«, antwortete Powell.

›Was soll das heißen?‹ fragte Crowe mit gesenkter Stimme.

»Er läßt sich nicht gern in die Karten sehen, wie Sie wissen«, antwortete Powell.

Das wußte Crowe durchaus. Seine letzten sechs Monate als Vorsitzender der Vereinten Stabschefs waren mit Cheneys ersten sechs als Verteidigungsminister zusammengefallen. Er hatte am eigenen Leib erfahren, wie verschlossen Cheney sich normalerweise gab.

›Cheney kommt aus dem Weißen Haus zurück und sagt nichts‹, erzählte ihm Powell. Als Kabinettsmitglied traf sich Cheney auch außerhalb der formellen Sitzungen des Nationalen Sicherheitsrates, an denen Powell teilnahm, mit Bush.

Das muß man sich vorstellen, dachte Crowe bei sich, der Vorsitzende der Vereinten Stabschefs weiß nicht, welchen

Standpunkt der Verteidigungsminister bei der brisantesten Entscheidung der Militär- und Außenpolitik des Jahres, vielleicht sogar der letzten Jahrzehnte, vertritt.

›Wie stehen Sie selbst zu der Entsendung von Truppen an den Golf?‹ fragte Crowe.

»Ich habe eine Containment-Strategie befürwortet«, antwortete Powell, »aber sie hat weder hier noch drüben großen Eindruck gemacht.« Er deutete aus dem Fenster nach Norden, auf die andere Seite des Flusses.

Crowe kannte diese Geste gut. Die Befehle und politischen Entscheidungen, die das Leben des Vorsitzenden der Vereinten Stabschefs bestimmten, kamen von dort. »Die andere Seite des Flusses« bedeutete das Weiße Haus.

Für einen Militär wie Crowe hatte der Terminus »Containment« (Eindämmung) eine bestimmte Bedeutung: eine feste Position einzunehmen, um den Feind an weiteren Vorstößen zu hindern. In diesem Falle hieße das, die Wirtschaftssanktionen aufrechtzuerhalten und den diplomatischen Druck auf den irakischen Präsidenten Saddam Hussein zu verstärken, ohne ihn anzugreifen, in der Hoffnung, ihn am Ende zum Rückzug aus Kuwait zwingen zu können. Das unterschied sich deutlich von Präsident Bushs Ankündigung, die Truppen zu verdoppeln, um sich die Option zu einer Offensive offenzuhalten.

Powell sagte, er habe versucht, die Regierung zu bremsen, jede Begeisterung für den Krieg zu dämpfen.

Crowe verstand das Problem. Er hatte nicht den Nerv, Powell zu fragen, ob er diese Bedenken dem Präsidenten vorgetragen habe. Die Bush-Administration präsentierte sich in der Öffentlichkeit gern als ein glückliches Team, das im Gleichschritt marschierte. Wenn Powell ehrlich war, stand er bis zu einem gewissen Grad im Widerspruch zu Bush und hatte möglicherweise mit einem echten moralischen Dilemma zu kämpfen. Das Gesetz bestimmte den Vorsitzenden der Vereinten Stabschefs zum »obersten Militärberater« des Präsidenten, des Verteidigungsministers und des Nationalen Sicherheitsrates. Es verlangte, daß der Vorsitzende dabei »in dem Maße, wie er es für angemessen hält, die ganze Bandbreite militärischer Optionen, sowie seine eigene Meinung zu diesem Thema« darlegt.

Nach Crowes Auslegung des Gesetzes war der Vorsitzende zumindest in den wichtigsten Fragen verpflichtet, dem Präsidenten seine Ansichten offen und rückhaltlos zu vermitteln. Hatte Powell Bush gesagt, wie er über Eindämmung dachte? Würde Bush einen Vorsitzenden dulden, der in fundamentalen Fragen der Regierungspolitik eine abweichende Haltung vertrat? Aus seinen neun Monaten in der Bush-Administration war Crowe bekannt, wie besessen diese von der Idee der Geschlossenheit, Loyalität dem Präsidenten und seinen Standpunkten gegenüber, war. Was war Powells Auffassung von seiner Pflicht und seiner Stellung als Vorsitzender?

Crowe glaubte, daß der Vorsitzende mehr geben mußte als rein militärische Empfehlungen. Sich bei den Treffen im Weißen Haus auf das Militär zu beschränken, war für einen Präsidentenberater – sogar den obersten Militärberater – eher unproduktiv. Diejenigen, die eine andere Auffassung hatten als er, würden dem Präsidenten später erklären: Das ist nur ein militärischer Rat, wenn Sie aber die politischen, diplomatischen und wirtschaftlichen Empfehlungen mit einbeziehen, sollten Sie folgendes tun.

Nein, Powell mußte eine umfassende politische Empfehlung abgeben. Wurde sie abgelehnt, konnte er sich entscheiden, ob er zurücktreten oder aber ausharren und die Entscheidung akzeptieren wollte. Es führte kein Weg daran vorbei, daß ein Berater seine Meinung direkt und unverfälscht darlegen mußte.

Bei Sitzungen im Weißen Haus während der Reagan- und Bush-Administration hatte Crowe einen häufig angewandten Trick beobachtet, den manche Kabinettsmitglieder als Notlösung benutzten. Sie sagten, eine bestimmte Option müsse im Interesse einer vollständigen Debatte erörtert und sorgfältig geprüft werden. So hatte man die Möglichkeit, eine Idee auf den Tisch zu bringen, ohne Probleme zu bekommen. In Crowes Augen war das ein Ausdruck von Feigheit. Ein Präsidentenberater mußte die Bereitschaft zeigen, sein persönliches Prestige in die Waagschale zu werfen und zu sagen: So lautet mein Gesamturteil. Ein Rat ohne festen Standpunkt bedeutete wenig. Es war ein hoher Anspruch, aber dafür wurden sie bezahlt, glaubte Crowe.

Er hatte keine Ahnung, was Powell getan hatte, und er spürte, daß es weder seine Aufgabe noch der richtige Moment war, ihn danach zu fragen. Aber er wollte so gern glauben, daß Powell seine Ansichten in vollem Umfang dargestellt hatte. Noch nie hatte er so viel Sympathie für Powell gehabt oder so viel Hoffnung in ihn gesetzt.

»Ich glaube, daß man zweierlei braucht, um ein großer Präsident zu werden«, sagte Crowe, »und das wollte ich Ihnen sagen, denn eines Tages könnten Sie Präsident sein.«

»Nein, nein«, sagte Powell schnell und überging die Anspielung auf seine politischen Aussichten – Thema endloser Spekulationen in den Medien.

»Doch, das könnten Sie, und ich will es Ihnen sagen«, fuhr Crowe fort. »Als erstes braucht ein großer Präsident einen Krieg. Alle großen Präsidenten haben ihre Kriege gehabt.«

Lachend räumte Powell ein, daß er recht hatte. »Zweitens müssen Sie einen Krieg finden, in dem Sie angegriffen werden.«

Powell nickte zustimmend.

Crowe wußte, daß Powell ihn verstanden hatte.

Als sie mit dem Essen fertig waren, dankte er für die Einladung und verabschiedete sich. Es war ihm nicht entgangen, daß Powell kein einziges Mal versucht hatte, ihn zu überzeugen, daß die aktuelle Politik, eine Option zur militärischen Offensive zu entwickeln, richtig war. Er hatte den Standpunkt der Regierung nicht verteidigt.

Später grübelte Crowe über Powells mögliches Dilemma nach. Er erinnerte sich, daß er erst nach einem Jahr als Vorsitzender hinter das Geheimnis dieses Jobs gekommen war. Wenn er überzeugt war, daß er recht hatte, mußte der Vorsitzende der Vereinten Stabschefs sich gegen den Präsidenten stellen. Crowes Chance dazu hatte sich 1986 nach dem Reagan-Gorbatschow-Gipfel in Reykjavik ergeben, als Reagan die Beseitigung aller ballistischen Raketen vorschlug. Crowe hatte unter einem ungeheuren Druck gestanden, diesen Plan zu billigen, aber er war zum Nationalen Sicherheitsrat gegangen und hatte erklärt, er könne nicht zustimmen, weil Reagans Plan »hohe Risiken für die Sicherheit des Landes« mit sich bringe. Danach hatte Reagans engster Kreis mehr auf ihn gehört. Er hatte sich Respekt verschafft.

Die schlichte Wahrheit war, daß der Vorsitzende keine entscheidende Figur sein konnte, wenn er nicht gelegentlich eine andere Meinung als das Weiße Haus vertrat und sie durchfocht. Es war riskant, aber manchmal waren die besten Alternativen zugleich die gefährlichsten. 1987 war er ein Bündnis mit seinem sowjetischen Gegenspieler eingegangen, Marschall Sergej Achromejew, dem Chef des sowjetischen Generalstabs. Obgleich sie die Führer der beiden größten militärischen Gegner der Welt waren, hatten Crowe und Achromejew sich menschlich bestens verstanden. Beide glaubten, daß es Politikern ziemlich leicht passieren konnte, die Supermächte aufgrund eines Mißverständnisses in einen Atomkrieg zu stürzen. Das aber, so stimmten sie überein, wäre Selbstmord, daher mußten sie alles in ihrer Macht Stehende tun, um es zu verhindern. Sie hatten geheime, private Kanäle geschaffen, in dem Einvernehmen, daß einer den anderen kontaktieren würde, falls er eine feindselige, gefährliche oder verwirrende Aktion der anderen Seite bemerkte, die zu einem Krieg führen konnte.

Crowe wußte, daß es ein gewagter Zug für einen Vorsitzenden der Vereinten Stabschefs war, sich auf eine solche Vereinbarung einzulassen, ohne sie mit der Regierung abzustimmen. Aber dieses Risiko hatte sich gelohnt. Zwei Jahre später unterschrieben die beiden Militärs eine Übereinkunft, die militärische Kommunikation zur Verhinderung eines Krieges ausdrücklich legitimierte.

***

Nach dem Lunch kam Powell zu der Einschätzung, daß Crowe der Bush-Administration am nächsten Tag wahrscheinlich einen leichten Schock versetzen würde. Er fand Crowes Ansichten im allgemeinen durchdacht, wenn auch häufig etwas abstrakt. Crowe hatte einen intellektuellen Anspruch an das Amt des Vorsitzenden. Er hatte Powell einen Stab aller Teilstreitkräfte hinterlassen, der als Denkfabrik operierte – zögerlich, immer zum Debattieren aufgelegt, Stöße von Papier produzierend. Powell hatte ihn nach seinem Ebenbild umgeformt und in einen Aktionsstab verwandelt, der die Dinge anging und erledigte.

Was die Operation am Golf betraf, so hatte Powell die Eindämmungsstrategie mittlerweile aufgegeben. Er hatte seine Befehle. Er verschwendete nicht den geringsten Gedanken mehr an Containment. Der Präsident hatte entschieden, und zwar unwiderruflich, die Option zur Offensive zu entwickeln. Jetzt widmete sich der Vorsitzende mit ganzer Kraft der Aufgabe, eine effektive offensive Streitmacht aufzubauen.

Powell erinnerte sich noch lebhaft an seine Versuche, dem

Präsidenten alle Optionen am Persischen Golf, inklusive Eindämmung des Irak, vorzutragen, um sicherzugehen, daß die ganze Bandbreite von Möglichkeiten berücksichtigt wurde. Es war nicht leicht gewesen.

Im vergangenen Monat hatte er sich ein paar Notizen gemacht, die die Argumente für eine Eindämmungspolitik skizzierten. Mehrmals hatte er den Begriff »Strangulierung« benutzt, ein aktiverer Terminus als »Eindämmung«. Er bezog sich auf die umfassende, von den Vereinten Nationen gebilligte Blockade des Irak und alle anderen Maßnahmen der Verbündeten, um Saddam unter Druck zu setzen. Er war mit seinen Notizen und seinen Argumenten zu Cheney gegangen – zweimal. Dann zum Nationalen Sicherheitsberater Brent Scowcroft und zu Außenminister James A. Baker III. Eines Freitagnachmittags Anfang Oktober hatte Cheney schließlich zu Powell gesagt: »Warum kommen Sie nicht mit mir rüber, und wir sehen, was der Chef von Ihrer Idee hält.«

Cheney hatte an diesem Tag wie jeden Freitag eine Sitzung mit dem Präsidenten im Oval Office. Sie war für die wichtigsten Kabinettsmitglieder reserviert – »die hohen Tiere«, wie Powell sie nannte. Normalerweise gehörte er nicht dazu.

Cheney und Powell waren gemeinsam zum Oval Office gegangen, um Bush und Scowcroft zu treffen. Die Sonne strömte durch die Fenster. Aus irgendeinem Grund herrschte dort nicht die richtige Atmosphäre. Immer wieder gab es Unterbrechungen; es war das Büro des Präsidenten, der falsche Ort für diese Art Diskussion, wie Powell fand. Er zog die Strenge des Lageraums vor, wo Bush bei der Sache bleiben konnte. Die Stimmung im Oval Office war zu entspannt, zu gesellig – da saßen die Jungs herum und machten Witze, bevor das Wochenende anfing.

Es war ein allgemeines Problem mit dieser Art von Sitzungen, fand Powell. Häufig hatten sie weder Anfang noch Mitte noch Ende. Man spielte sich gegenseitig die Bälle zu.

Die Füße mit den blankgeputzten Cowboystiefeln lagen auf dem Tisch. Powell bekam seine Chance, aber er hatte das Gefühl, daß seine Darstellung nicht so gut ankam wie in den Einzelgesprächen, die er mit Cheney, Baker und Scowcroft geführt hatte. Trotzdem legte er sich ins Zeug.
›Um das Ziel zu erreichen, Saddam aus Kuwait zu vertreiben‹, erklärte Powell dem Präsidenten, ›gibt es zwei mögliche Handlungsweisen. Erstens, die Streitkräfte für die Option einer Offensive aufzubauen. Zweitens Eindämmung, was länger dauern würde. Beide Alternativen könnten zum Erfolg führen.‹
»In diesem Fall spricht einiges für die Eindämmungs- oder Strangulierungspolitik«, erklärte er dem Präsidenten. »Wenn Sie militärisch nicht weiter investieren wollen, wäre das die Alternative.« Die Truppenstärke, die für die Eindämmung ausreichte, so der Vorsitzende weiter, wäre am 1. Dezember erreicht, dann stünden etwa 230.000 Mann am Golf. Saddam wäre völlig eingeschlossen. Und die Eindämmung würde ihn zerreiben.
»Es ist eine Option, die einiges für sich hat«, sagte er. »Eines Tages wird sie greifen. Es kann ein Jahr dauern, es kann auch zwei Jahre dauern, aber eines Tages ist es soweit.« Er versuchte, wie ein Anwalt zu sprechen, den Tonfall eines Anwalts anzunehmen, ihn mit Körpersprache zu unterstützen. Er saß auf dem Rand seines Sessels, unterstrich seine Argumente mit den Händen und sprach mit großer Überzeugung. Aber er ging nicht so weit, dem Präsidenten zu sagen, daß Containment seine persönliche Empfehlung war.
Militärisch gesehen sagte Powell, daß er sowohl mit der Eindämmungsstrategie als auch mit einer Offensivtaktik leben konnte.
Die anderen, Cheney und Scowcroft, hatten ein paar Fragen. Keiner, auch nicht der Präsident, war für die Eindämmung. Wenn sich nur einer dafür ausgesprochen hätte, wäre Powell

bereit gewesen zu erklären, daß er diese Option favorisierte. Doch niemand versuchte ihn festzunageln. Niemand fragte ihn nach seiner persönlichen Einschätzung. Da er mit dieser Frage nicht konfrontiert war, konnte Powell nicht sagen, wie er reagiert hätte, wenn er sie ohne die Unterstützung eines der anderen Anwesenden hätte beantworten müssen.
»Welchen Weg wollen Sie einschlagen, Mr. President?« fragte Powell schließlich. »Von Woche zu Woche unternehme ich mehr, werden mehr Soldaten stationiert.«
»Ich glaube nicht, daß uns politisch gesehen genug Zeit für diese Strategie bleibt«, sagte Bush im Hinblick auf die Eindämmung.
Powell schloß daraus, daß der Präsident seine Entscheidung noch nicht endgültig getroffen, die Eindämmungsstrategie noch nicht vollends ad acta gelegt hatte.
Später sagte Powell, er habe ein reines Gewissen. Er hatte die militärischen Implikationen beider Optionen dargelegt. Mehr konnte er nicht tun.

TEIL 1

I

Mittwoch, den 9. November 1988. Powell, damals Drei-Sterne-General und Präsident Reagans Nationaler Sicherheitsberater, ging raschen Schrittes durch einen der engen, mit Teppichboden bedeckten Gänge im Westflügel des Weißen Hauses. Er war unterwegs zu seinem geräumigen Eckbüro, vielleicht das zweitwichtigste Büro im Weißen Haus und ein Nervenzentrum, in dem früher Männer wie Henry Kissinger residiert hatten.

Es war ungefähr 16 Uhr. Vizepräsident George Bush befand sich in der Halle vor seinem kleinen Büro im Westflügel. Am Tag zuvor war Bush zum Präsidenten gewählt worden. Eine Zeremonie im Rosengarten, mit der er als gewählter Präsident* im Weißen Haus willkommen geheißen worden war, war eben zu Ende gegangen. Er lief durch die Korridore, begrüßte Mitarbeiter und schüttelte Hände, voll nervösem Enthusiasmus. Er entdeckte Powell.

»Kommen Sie hier rein«, sagte Bush. »Ich will mit Ihnen reden. Lassen Sie uns miteinander reden.«

Powell sagte, daß Bush sicher beschäftigt wäre.

»Sagen Sie mir, was los ist«, insistierte Bush und zog Powell ins Büro des Vizepräsidenten. Aus Pflicht und Neigung war Powell die Informationszentrale, was das Weltgeschehen anlangte. Oft war er der erste unter den höheren Chargen des Weißen Hauses, der Neuigkeiten erfuhr, handelte es sich

---

* Zwischen der Wahl des amerikanischen Präsidenten und seiner Vereidigung liegen in der Regel einige Monate, in denen er den Titel »President elect« (gewählter Präsident) führt. Bush wurde am 20. Januar 1989 vereidigt, bis dahin war er weiterhin Vizepräsident. A. d. Ü.

nun um die Entwicklung einer Krise oder um hochrangigen außenpolitischen Klatsch.
Powell gratulierte Bush mit einem breiten, zuversichtlichen Lächeln.
Die künftige Bush-Administration nahm schon konkrete Züge an. An diesem Morgen hatte Bush in Houston seine erste Berufung ins Kabinett bekanntgegeben: Sein Wahlkampfmanager und alter Freund aus Texas, Jim Baker, sollte Außenminister werden. James A. Baker III. wurde allgemein als der Bush-Intimus angesehen, auf den man achten mußte.
Bush fragte Powell aus. Was waren seine Pläne? Wo konnte er hinpassen?
»Mr. Vice President«, sagte Powell, »Sie haben über Wichtigeres zu entscheiden und nachzudenken als mich.«
Bush hatte drei detaillierte Vorschläge zu unterbreiten. Würde Powell gern für weitere etwa sechs Monate Nationaler Sicherheitsberater bleiben, um in dieser Zeit darüber nachzudenken, was er danach tun wollte? Oder hätte er lieber einen anderen unbefristeten Posten in der Bush-Administration? Bush schlug ihm vor, Direktor der Central Intelligence Agency zu werden, ein Posten, den er selbst in Powells Alter innehatte. Oder würde er lieber Bakers Nummer Zwei im Außenministerium werden, eine Schlüsselposition in der Außenpolitik? Einen von beiden Jobs konnte er haben. ›Aufregende und bedeutende Zeiten brechen an‹, sagte Bush.
Powell erwähnte, daß er eine militärische Laufbahn eingeschlagen hatte und damit die Möglichkeit besaß, im Heer zu bleiben. Ebenso erwog er einige Angebote, aus der Regierung auszuscheiden, um Geld zu verdienen. Bushs Angebote waren schmeichelhaft für ihn, und er versprach, sie mit den anderen Alternativen sorgfältig zu prüfen. Bush müsse verstehen, daß er sich an einem wichtigen Scheideweg befand.

Sein Posten als Nationaler Sicherheitsberater eröffnete ihm viele Wege.
Bush, der häufiger als die meisten den Job gewechselt hatte, versicherte, daß er vollstes Verständnis habe.
Es gebe viel zu bedenken und zu prüfen, sagte Powell, und er würde sich bei ihm melden. ›Noch einmal herzlichen Glückwunsch.‹

* * *

Eines stand für Powell fest. Das Angebot, noch einige Monate auf seinem gegenwärtigen Posten zu bleiben, war pure Höflichkeit. Es bedeutete: Ich will dich nicht auf Dauer als Nationalen Sicherheitsberater.
In der Erkenntnis, daß er eine ernsthafte Analyse seiner Zukunftsaussichten vornehmen müsse, nahm Powell später ein Blatt Papier zur Hand und führte die Gründe auf, in der Regierung zu bleiben, und die, auszuscheiden.
Das einzige Argument dafür, den Staatsdienst zu verlassen, war Geld. Geld interessierte ihn nicht besonders, und die Resümees, die er seit einiger Zeit unauffällig in der Geschäftswelt zirkulieren ließ, hatten ohnehin nur sehr gedämpfte Reaktionen gezeitigt.
Die Angebote, Chef des CIA oder Nummer Zwei im Außenministerium zu werden, mußten sorgfältig abgewogen werden. Es käme einer Degradierung gleich, vom Posten des Sicherheitsberaters, der alle außen- und verteidigungspolitischen Fragen koordiniert, an die zweite Stelle im Außenministerium zu wechseln, welche die gesamte Bürokratie leitet. Und in fast jeder Hinsicht hatte der Sicherheitsberater mehr Macht als der CIA-Direktor.
Powell hatte noch ein anderes Problem. Er fühlte sich nicht

recht wohl bei dem Gedanken an den Mann, der sich anschickte, Präsident zu werden.
Anders als Powell, ein vollkommener Insider der Reagan-Administration, war Bush ein Stiefkind im Weißen Haus gewesen. Zwar agierte er mehr im politischen Spannungsfeld als die meisten Vizepräsidenten, war aber dennoch keine entscheidende Figur. Bush und Powell hatten kein Band gegenseitiger Loyalität geknüpft, und die persönliche Verbindung war bei Bush alles, wie Powell wußte.
Darüber hinaus hatte Powell Schwierigkeiten mit Bushs Wahlkampagne. Der mit rassistischen Untertönen durchsetzte Fernsehspot über Willie Horton ärgerte ihn. Horton, ein Schwarzer und verurteilter Mörder, hatte einen Wochenendurlaub von einem Gefängnis in Massachusetts bekommen, als Bushs demokratischer Widersacher, Michael Dukakis, Gouverneur dieses Staates war. Während des Hafturlaubs hatte Horton in Maryland einen weißen Mann erstochen und eine weiße Frau vergewaltigt. Glaubten die Leute um Bush denn allen Ernstes, so etwas gehörte in den Wahlkampf?
Powell suchte seinen guten Freund Richard L. Armitage auf, den scheidenden Assistant Secretary für internationale Sicherheitsfragen im Verteidigungsministerium. Armitage, ein stämmiger, energischer Absolvent der Marineakademie des Jahrgangs 1967, war bekannt für die aggressive Art, mit der er seinen Job als Kopf des eigenen kleinen Außenministeriums innerhalb des Pentagon ausfüllte.
Von 1983 bis 1986 hatten Armitage und Powell, der damals Militärberater von Verteidigungsminister Caspar Weinberger war, gemeinsam einen Großteil der Aufgaben des Ministeriums erledigt.
Armitage wußte, daß Powells Charme und Lässigkeit sein Konkurrenzdenken und seinen Ehrgeiz verbargen. Er stimmte Powell zu, daß die halbherzige Offerte, als Natio-

naler Sicherheitsberater weiterzumachen, nur ein Akt der Höflichkeit war. ›Geh nicht als Nummer Zwei ins Außenministerium‹, riet Armitage. ›Du solltest der Minister sein.‹ Und weiter erklärte er Powell: ›Der CIA ist nichts für dich, er ist heruntergewirtschaftet und demoralisiert.‹
›Laß die Dinge sich erst einmal beruhigen‹, empfahl Armitage.
Powell hatte sichergestellt, daß er ins Heer zurückkehren konnte. Vor der Wahl hatte er seinem Freund General Carl Vuono, Stabschef des Heeres, einen Besuch abgestattet. Vuono, der die Beförderung und Postenverteilung innerhalb des Heeres kontrollierte, war ein Absolvent von West Point des Jahrgangs 1957, der gerade ein Jahr vor Powell ins Heer eingetreten war. Vuono, ein feister, unbekümmerter Offizier mit dunklen, südländischen Augen, kannte Powell, seit sie vor siebzehn Jahren gemeinsam als untergeordnete Offiziere im Pentagon gearbeitet hatten. Powell betrachtete Vuono als einen seiner Mentoren.
Obwohl er Powell wieder im Heer sehen wollte, drängte Vuono ihn, das zu tun, was ihn und seine Frau, Alma, glücklich machen würde. Wenn Powell zurück wollte, so wäre eine Aufgabe für ihn da. Vuono hatte absichtlich einen Platz offengelassen: Beförderung zum Vier-Sterne-General, um das Streitkräfte-Kommando (Forces Command) zu führen. Das war die strategische Reserve des Landes von ungefähr einer Million Soldaten an Landstreitkräften – zumeist in der Nationalgarde und Reserven.
Es war zwar keine glänzende Position, aber Powell wäre dann einer der zehn Oberbefehlshaber (commanders-in-chief, kurz CINCs, ausgesprochen als »sinks«) der US-Militärstreitmacht und kriegführender Einheiten in der ganzen Welt. Es war ein wichtiger Einstieg und würde ihn zu einem potentiellen Nachfolger von Vuono als Chef des Heeres machen.

»Carl«, sagte Powell, »wenn ich mich entschließe zu kommen, dann tue ich, was Sie wollen.«
Powell betrachtete sich selbst in erster Linie als Soldat. Von 1958 an verbrachte er seine ersten 14 Jahre im Heer als ganz gewöhnlicher Infanterieoffizier, ohne West Point-Abschluß oder irgendeinen anderen Grund, sich für einen Überflieger zu halten. Als junger Offizier war er nicht besonders engagiert bei der Sache. Sein Plan war, 20 Jahre durchzuhalten, damit er mit 50 Prozent Pension seinen Abschied nehmen konnte.
Seine erste Berührung mit den oberen Rängen der Regierung hatte er 1972. In diesem Jahr wurde Major Powell ausgewählt für das prestigereiche White House Fellows Programm, das jungen Managern, Anwälten, Offizieren und anderen Berufsgruppen ein Jahr lang einen Eindruck vom Regierungsgeschäft vermittelt. 1977 wechselte er ins Pentagon als Militärberater des stellvertretenden Verteidigungsministers.
Seine vier Jahre in diesem Job und die drei danach mit Weinberger boten ihm die Chance, die höchste militärische Führung aus der Nähe zu betrachten. Er hatte die Vorstellung, daß ein neuer, weltgewandterer Typ des höheren Offiziers dem Minister und dem Präsidenten mehr nützen könnte. Die Stabschefs, die höchste Befehlsebene in Uniform, waren zu isoliert von der Außenwelt, nicht genügend in der Lage oder willens, die politischen Aspekte verteidigungspolitischer Entscheidungen abzuschätzen. Außerdem eignete ihnen eine gewisse Ungeschicklichkeit in der Öffentlichkeitsarbeit. Doch Politik und Öffentlichkeitsarbeit bildeten den Boden, auf dem der Minister gedieh oder scheiterte.

Powell faßte den Entschluß, doch besser beim Heer zu bleiben. Es war sein Zuhause, und die Aussichten auf den vierten Stern übten einen geradezu magnetischen Reiz auf ihn aus.

»Das freut mich außerordentlich«, sagte Vuono, als er die Nachricht erhielt. »Wir schicken Sie zum Streitkräfte-Kommando.«
Powell hatte gewußt, daß ein neues Leben auf ihn zukam, wenn er nach Atlanta ging, wo sich das Hauptquartier von Forces Command befand. Als Sicherheitsberater hatte er ständig ein Risiko gespürt. Bei jedem Wort, jeder Empfehlung, jeder Entscheidung, jeder Tat gab es ein Risiko. Präsident Reagan hatte einen sehr großen Teil der Verantwortung an seinen Stab delegiert. Powell fand heraus, daß er Reagan nur zu sagen brauchte, er müsse sich um etwas keine Sorgen machen, und schon stand der Präsident am Fenster und sah vergnügt auf den Rosengarten hinab. Das lag in Powells Hand. Obwohl er zwei Medikamente gegen Bluthochdruck nehmen mußte, hatte er diese risikoreiche, stressige Existenz genossen.
Er teilte seine Entscheidung Reagans Stabschef, Kenneth Duberstein, mit, einem ausgekochten Politfuchs aus Brooklyn. Powell sagte, er würde wieder Soldat. Das sei sein Leben. »Eines Tages wäre ich gerne Vorsitzender der Vereinten Stabschefs«, vertraute er ihm an. Er hätte auch die Chance, Chef des Heeres zu werden, sagte er, aber seine politischen und verhandlungstaktischen Erfahrungen in Weinbergers Ministerium prädestinierten ihn wohl eher zum Vorsitzenden.
Duberstein stellte sicher, daß die Beförderung zum Vier-Sterne-General, die notwendig war, bevor Powell das Streitkräfte-Kommando übernehmen konnte, ohne Verzögerung über die Bühne ging.
Powell sprach mit Bush, dankte ihm für die Offerten und sagte, er wolle seinen Hut nehmen. »Raus mit den Alten, rein mit den Neuen«, sagte Powell. Er kannte die Regeln. Der neue Präsident suchte sich sein eigenes Team.

Der gewählte Präsident nahm die Entscheidung widerspruchslos hin.

Powell erzählte auch Reagan, daß er plante, Oberbefehlshaber des Streitkräfte-Kommandos zu werden.

»Das ist ein Aufstieg, oder?« fragte Reagan

»Ja, Sir.«

»Sehr gut.«

* * *

Generalleutnant der Luftwaffe i.R. Brent Scowcroft erhielt am 23. November 1988, dem Tag vor Thanksgiving, einen Anruf von seinem engen Freund James Woolsey, einem Anwalt und früheren Undersecretary im Marineministerium. Woolsey hatte einen gerade erschienenen Leitartikel der *New York Times* gelesen, in dem spekuliert wurde, Bush würde Scowcroft zu seinem Verteidigungsminister machen.

»Das wird nicht geschehen«, sagte Scowcroft.

Eine knappe Stunde später hörte Woolsey im Radio, daß Bush eben die überraschende Ankündigung gemacht hatte, Scowcroft als Nationalen Sicherheitsberater zu berufen, als Ersatz für Powell.

Woolsey lachte leise vor sich hin. Scowcroft war tatsächlich äußerst diskret, vielleicht sogar im Übermaß. Obwohl sie jahrelang gemeinsam an streng geheimen Regierungspapieren gearbeitet hatten, ganz zu schweigen von zahllosen Artikeln und Vorschlägen zur Rüstungskontrolle und Verteidigungspolitik, gab Scowcroft ihm nicht einmal den kleinsten Hinweis auf ein Geheimnis, das der künftige Präsident noch gewahrt wissen wollte.

Als Modell des vertrauenswürdigen, zurückhaltenden Stabsmitglieds war Scowcroft seit zwanzig Jahren in den höchsten nationalen Sicherheitskreisen tätig, ohne viel Aufsehen zu erregen. Angefangen hatte er als Henry Kissingers stellvertretender Nationaler Sicherheitsberater, stieg unter Präsident Ford zum Sicherheitsberater auf (als Bush CIA-Direktor war) und arbeitete dann an diversen Sonderaufgaben des Präsidenten und als hochbezahlter internationaler Berater bei Kissinger Associates. Er zog es vor, im Hintergrund zu bleiben, als ein Spiegel und Agent für die Ansichten des Präsidenten.

Der 63jährige Scowcroft, einen Kopf kleiner als Bush, fast glatzköpfig und schmächtig, war ein Mormone, der das Washingtoner Gesellschaftsleben mied und sich mit fast priesterlicher Hingabe seiner Arbeit widmete. Ihr galt sein ganzes Interesse. Scowcrofts ideale Entspannung bestand darin, ein Seminar über Rüstungskontrolle zu besuchen, ein Thema, das er mit all seinen obskuren Details heiß und innig liebte. Er hatte einmal anderthalb Stunden damit zugebracht, die Debatte über einen einzigen Satz für einen hochrangigen Kommissionsreport über strategische Raketen zu referieren. In solchen Fällen, wenn er politische Fragen erörterte, die ihm wichtig waren – seine Stimme überschlug sich dann fast, und seine Arme ruderten – zeigte er, daß sich hinter seinem blassen Äußeren eine gewisse Leidenschaftlichkeit verbarg.

Scowcrofts enge Vertraute wußten, daß es in den vergangenen Jahren nur ein Thema gab, das ihn zu Gefühlsausbrüchen hinriß. Obwohl ihn vieles mit der Reagan-Administration verband, war er im privaten Rahmen stets ein scharfer Kritiker ihrer Außen- und Militärpolitik gewesen. Er fand, daß die Vereinigten Staaten unter Reagan erst eine naive und törichte harte Linie vertreten hatten, dann jedoch total umgeschwenkt waren und blind in Michael Gorbatschows Arme liefen.

Er hatte keine konsequente Regierungspolitik zur nuklearen Abschreckung entdecken können und nannte Reagans Vorschlag von Reykjavik 1986, alle ballistischen Raketen abzurüsten, »Wahnsinn«. In Scowcrofts Augen war die Vision der Regierung, im Weltall ein Schutzschild gegen einen atomaren Raketenangriff zu installieren – das SDI-Programm –, eine wilde Phantasie. Seiner Ansicht nach war es dem nationalen Sicherheitsteam nicht gelungen, einen Ausgleich für die Inkompetenz und Schwärmerei ihres Chefs auf dem Gebiet der Außenpolitik zu schaffen.

Da Scowcrofts Differenzen zur Linie Reagans allgemein bekannt waren, galt seine Rückkehr ins Weiße Haus als Nationaler Sicherheitsberater als deutliches Signal, daß Bush vorhatte, in der Verteidigungs- und Außenpolitik neue Wege zu beschreiten.

2

Am Morgen des 7. Dezember 1988 kündigte Michael Gorbatschow vor den Vereinten Nationen in New York an, die Sowjetunion werde einseitig ihre Truppen reduzieren, und zwar um 500.000 Mann und 10.000 Panzer. Diese Ankündigung bedeutete, sowohl im Ton wie in der Sache, ein Abrücken von der traditionellen sowjetischen Vorgehensweise. Früher hätten sowjetische Führer nicht einmal daran gedacht, ohne einen entsprechenden Schritt der amerikanischen Seite irgendeinen Teil ihrer Militärmacht aufzugeben. Doch jetzt, angesichts des starken wirtschaftlichen Drucks im eigenen Land gegenüber seinem Versuch, die Sowjetunion zu reformieren, war Gorbatschow zu einer solchen großen Geste bereit, um sein Ansehen als Staatsmann und Friedensstifter zu konsolidieren.

Gorbatschows Leute hatten nach der Rede auf ein Treffen mit Reagan gedrängt, und Colin Powell, der seine letzten Monate als Reagans Sicherheitsberater ableistete, nahm sich persönlich der Sache an. Powell erklärte den Sowjets, daß für die Vereinigten Staaten die Treffen mit Gorbatschow in diesem Jahr eigentlich vorüber waren. Keine Tricks oder Überraschungen, warnte Powell. Die Sowjets versprachen, daß sie keine taktischen Spielchen vorhatten und nicht auf Schwierigkeiten aus waren. Nach Absprache mit dem Ostflügel des Weißen Hauses (das heißt Nancy Reagan) und mit Bushs Leuten sagte Powell den Sowjets, das Treffen sei bestätigt. Aber er erinnerte sie daran, daß es ein Treffen mit Präsident Reagan und *Vizepräsident* Bush war. Der Vizepräsident würde sich im Hintergrund halten. Beide Seiten einigten sich auf einen formlosen Lunch auf Governor's Island im Hafen von New York.

Als Reagan Gorbatschow begrüßte, trat Bush aus der 27-Zimmer-Villa im Kolonialstil, wo die Politiker essen würden, und schlenderte ein wenig steif zu ihnen hinüber. Als Gorbatschow den gewählten Präsidenten erblickte, hellten sich seine Züge sichtbar auf, und mit beiden Händen ergriff er Bushs rechte.

Bushs ständige Berater hatten ihm eingeschärft, sich dem sowjetischen Staatsoberhaupt gegenüber skeptisch bis distanziert zu geben. Gorbatschow, so sagten sie, könnte versuchen, ihm Zugeständnisse zu entlocken. Verhandlungen mit sowjetischen Politikern auf höchster Ebene bedurften eingehender Vorbereitung, und äußerste Vorsicht war geboten.

Bevor der Arbeitslunch begann, begaben sich Reagan und Gorbatschow in einen kleinen Raum, um für die Photographen zu posieren.

Powell stand mit einigen seiner sowjetischen Kollegen herum, als Alexander »Sasha« Bessmertnych, erster stellvertretender Außenminister der Sowjets und ein Experte für die USA, auf ihn zutrat.

»Colin, wie geht es Ihnen?« fragte er. »Herzlichen Glückwunsch zu Ihrer Beförderung.«

Powells Aufstieg zum Vier-Sterne-General war an diesem Tag bekanntgegeben worden.

»Das ist sehr nett von Ihnen, Sasha. Es überrascht mich, daß Sie es so schnell erfahren haben. Jurij [Jurij Dubinin, Sowjetischer Botschafter in den USA] berichtet wohl schneller als sonst, oder vielleicht benutzt Ihr schon das neue Fax-Gerät, das Ihre Jungs eingebaut haben.«

»Nein«, gab Bessmertnych lachend zurück. »Ich habe es auf CNN gesehen.«

»Ach was«, antwortete Powell, »Ihr hattet CNN doch nur während des [Moskauer] Gipfels im Mai... Ihr hattet es in allen Hotels.«

»Nein, wir haben es jetzt ständig. Ich habe es in meinem Büro und verfolge es den ganzen Tag.«
Powell sagte, das tue er auch, und witzelte, daß beide Länder bei ihren Nachrichtenverbindungen und den Geheimdiensten eine Menge einsparen könnten, indem sie sich einfach auf CNN verließen.
Jeden Freitag, fuhr Bessmertnych fort, ließe er sich die *Washington Post* und die *New York Times* der vergangenen Woche ins Büro bringen. »Ich nehme sie mit nach Hause und lese sie übers Wochenende, weil die Berichte unserer Nachrichtendienste mir nicht genügend Einblick geben in das, was Amerika denkt und was Ihr Land bewegt. Deshalb muß ich Einrichtungen wie CNN benutzen und Ihre Zeitungen lesen.«
Während Powell und Bessmertnych sich unterhielten, trat Anatolij Dobrynin, der kürzlich abgelöste langjährige Botschafter der Sowjets in den USA, zu ihnen und hörte aufmerksam zu. Scherzhaft sagte er, auch er wüßte gern, wie man in Moskau CNN empfangen könnte.

* * *

Bei dem Treffen waren die Vereinigten Staaten durch sechs Männer vertreten: Reagan, Bush, Außenminister George Shultz, Powell, Ken Duberstein und Verteidigungsminister Frank Carlucci. Von seiner Seite des Tisches aus, an der sechs Sowjets saßen, eröffnete Gorbatschow das Gespräch mit einem zehnminütigen Monolog über die Probleme, die er mit seinem radikalen Programm zur wirtschaftlichen Umstrukturierung und politischen Öffnung hatte – mit *Perestroika* und *Glasnost* also. Die sowjetische Bürokratie kämpfe an allen Ecken und Enden gegen ihn, sagte er.

Reagan antwortete, daß Bürokratien überall auf der Welt gleich seien. Er hatte Verständnis für Gorbatschows Klagen. Gorbatschow bemerkte, es gebe in den Vereinigten Staaten Leute, die Angst vor seiner Reformpolitik hätten.
Reagan erwiderte, eine kürzliche Umfrage des Weißen Hauses habe gezeigt, daß 85 Prozent der Bevölkerung die neuen, positiven Beziehungen zwischen den USA und der UdSSR begrüßten.
»Ich freue mich, das zu hören«, sagte Gorbatschow. In einem Klima gegenseitigen Mißtrauens könnten die Beziehungen nicht gedeihen. »Das Wichtigste ist jetzt die Kontinuität«, sagte er und warb dabei um eine entsprechende Zusicherung Bushs. Der Vizepräsident wirkte unbeeindruckt.
Gorbatschow brachte das Gespräch nun auf Pferde, ein Thema, das Reagan immer sehr interessierte, und sie führten eine lebhafte Unterhaltung.
Endlich nahm Bush am Gespräch teil. »Welche Versicherung für amerikanische Geschäftsleute, die in Ihrem Land investieren wollen, können Sie mir geben, daß *Perestroika* und *Glasnost* erfolgreich sein werden?«
Gorbatschows Augen wurden stahlhart, während er der Übersetzung lauschte. »Nicht einmal Jesus Christus weiß die Antwort auf diese Frage!« erwiderte er.
Duberstein war erstaunt über diese Abfuhr. Gorbatschow schien nicht nur die Frage des gewählten Präsidenten abtun zu wollen, sondern auch Bush selbst.
Powell fand Bushs Frage seltsam und irgendwie naiv. Es war, als hätte Bush Gorbatschow zu der Versicherung aufgefordert, daß die Sowjetunion für den amerikanischen Kapitalismus oder zumindest für die Geschäfte der Hauptsponsoren des Wahlkampfs der Republikaner ungefährlich sei.
Den Rest des langen Lunchs über schwieg Bush meist. Er nahm eine distanzierte Haltung ein, mit dem Tenor: Mir wirst du keine Zugeständnisse entlocken. Jeder war sich be-

wußt, daß die Beziehung zwischen Bush und Gorbatschow die wichtigste im Raum war, und gerade da schien sich nichts zu bewegen.
Endlich wandte sich Gorbatschow an Bush: »Lassen Sie mich diese Gelegenheit wahrnehmen, Ihnen etwas zu sagen. Ihr Beraterstab mag Ihnen erklärt habe, daß alles, was ich tue, nur ein Trick ist. Das ist es nicht. Ich mache Realpolitik. Ich habe eine Revolution im Land, die ich selbst 1986 ausgerufen habe. Jetzt, 1988, gefällt sie dem sowjetischen Volk nicht mehr. Mißverstehen Sie mich nicht, Mr. Vice President, ich muß Realpolitik machen.«
Powell merkte auf. Oft hatte er seinen Stab gewarnt, nicht bei jeder Erklärung oder Rede der Sowjets gleich die Ruhe zu verlieren. Aber diese klang offen und ehrlich. Gorbatschow und das sowjetische System hatten keine Wahl – die Realität ihrer Revolution war, daß es keine Alternativen gab. Die Äußerung fiel ohne vorherige Überlegung. Powell hatte schon früher ähnliche Erklärungen vom sowjetischen Staatschef gehört, aber noch nie hatte soviel Überzeugung, soviel Entschlossenheit hinter seinen Worten gestanden. Intuitiv erfaßte er sie als aufrichtig und außerordentlich zutreffend. Nach so vielen Jahren machte der Kalte Krieg nun der Realpolitik Platz.
Nach zweieinhalb Stunden hob Reagan ein Glas Chardonnay und sagte zu Gorbatschow: »Ich möchte einen Toast ausbringen auf das, was wir gemeinsam erreicht haben, und auf das, was Sie und der Vizepräsident nach dem 20. Januar gemeinsam erreichen werden.«
Gorbatschow stand auf, erhob sein Glas, senkte es wieder, wandte sich an Bush und sagte: »Das ist unser erstes Abkommen.«

3

In einer Pressekonferenz am Vormittag des 16. Dezember gab Bush seine Entscheidung bekannt, John Tower, den ehemaligen Senator aus Texas, als Verteidigungsminister zu nominieren.

Craig Fuller, Bushs Stabschef als Vizepräsident, hörte das mit Entsetzen. Gemeinsam mit Finanzminister Nicholas Brady, einem alten Freund Bushs, und Bushs Meinungsforscher Robert Teeter hatte er hinter den Kulissen eine erfolglose Kampagne geführt, um die Nominierung Towers zu verhindern. Fuller und Teeter waren besorgt wegen Towers Ruf als starker Trinker und Frauenheld. Brady mochte Tower aus persönlichen Gründen nicht.

Trotz regelmäßiger geheimer Konsultationen beim Frühstück im Finanzministerium und Treffen mit anderen Kandidaten, die sie für Bush arrangierten, hatten die drei es nicht geschafft, eine Alternative zu finden, mit der alle einverstanden waren.

In einer Diskussion mit Fuller über mögliche Kandidaten hatte Bush gesagt, daß Tower immer dagewesen sei, »in guten wie in schlechten Zeiten.« Er hatte Bush in seinen vergeblichen Anläufen zu einem Senatssitz 1964 und 1970 unterstützt. Er war 1968 nach Houston gekommen, als der Kongreßabgeordnete Bush Probleme mit seiner Wiederwahl hatte wegen einer Gesetzesinitiative zum Abbau diskriminierender Praktiken bei der Vergabe von Wohnraum. Tower verteidigte Bush bei wichtigen Konservativen. Tower war einer der ersten hochrangigen Republikaner gewesen, die sich für Bushs Präsidentschaftskandidatur 1988 stark machten, und war ein unermüdlicher Streiter für ihn im Wahl-

kampf, er absolvierte Auftritte, hielt Reden, gab Rat in verteidigungspolitischen Fragen.
Fuller wußte, daß Loyalität ein zentraler Punkt für Bush war, daran durfte man nicht rütteln.
Eine erste Studie des FBI hatte viele der Gerüchte um Tower widerlegt. Obwohl die Untersuchung noch nicht abgeschlossen war, sagte Bush zu Fuller: »Ich weiß, es gibt da Probleme, aber ich kann ihn bestätigt bekommen.«
Es überraschte Fuller nicht, als Bush, der oftmals zu impulsiven Entscheidungen neigte, sich öffentlich für Tower erklärte, noch bevor alle Informationen vorlagen. Bushs Führungsstil frustrierte Fuller. Als Vizepräsident war Bush stets auf Geheimhaltung bedacht, nie teilte er sein Wissen komplett mit einer Person, nicht einmal mit seinem Stabschef. Wie ein Geheimagent »stückelte« Bush Informationen, zerteilte sie, so daß nur er über die gesamte Information verfügte. Manchmal testete er das System. Er leitete in irgendeiner Sache Schritte ein, ohne seinen Stabschef davon zu unterrichten, und wartete, wie lange es dauerte, bis Fuller es erfuhr. »Ich bin froh, daß das bis zu Ihnen durchgedrungen ist«, sagte Bush dann gewöhnlich, wenn Fuller endlich Bescheid wußte, manchmal über sechs Stunden später. Fuller fragte sich oft, welche Entwicklungen er vielleicht völlig verpaßt hatte.

Anfang Februar 1989, in den ersten paar Wochen der Bush-Administration, steckte die Nominierung Towers in ernsthaften Schwierigkeiten. Gerüchte und Behauptungen über Towers Trinkerei und sein Privatleben schossen überall wie Pilze aus dem Boden. Ein früherer Referent Towers, der jetzt Kongreßabgeordneter war, Representative Larry Combest, hatte sich kürzlich mit Geschichten über Towers Alkoholmißbrauch während seiner Senatszeit bei Sam Nunns Streitkräfte-Ausschuß gemeldet, der in zwei Wochen über den Nominierten abstimmen sollte.

Dienstag, den 7. Februar traf C. Boyden Gray, Bushs Rechtsberater im Weißen Haus, in einer Herrentoilette des Weißen Hauses zufällig den Personalchef des Präsidenten, Chase Untermeyer. Gray, der für Bush die Schwierigkeiten bei der Nominierung verfolgte, hatte soeben von einer neuen Anschuldigung gegen Tower erfahren, es ging um Korruption bei der Vergabe von Rüstungsaufträgen.
»Erinnern Sie sich später daran, daß Sie es hier zuerst gehört haben«, sagte Gray zu Untermeyer. »Fangen Sie mit der Suche nach einem neuen Verteidigungsminister an. Er kann nicht noch zwei Wochen bluten.«
Um etwa 23 Uhr desselben Tages rief Tower Gray zu Hause an. »Ich bin nicht der Ansicht, der Präsident sollte sich zwei Wochen mit dieser Sache herumschlagen müssen«, sagte Tower. »Ich trete zurück.«
»Unternehmen Sie nichts mehr, bevor Sie von jemandem hören«, sagte Gray.
Tower versprach zu warten, bis Bush seinen Vorschlag geprüft hatte.
Am nächsten Morgen ging Gray schon früh zu Bush, um zu berichten, was Tower gesagt hatte.
»Sie sehen ziemlich relaxed dabei aus und munter«, sagte Bush.
Gray sagte, tatsächlich habe er nicht besonders gut geschlafen. Seine Empfehlung sei, Bush solle überlegen, die Nominierung fallenzulassen.
Der Präsident gab keine Antwort.
Etwa eine Stunde später sah Gray Tower im Weißen Haus. Tower kam gerade vom Frühstück mit Baker und Scowcroft, die ihm geraten hatten, durchzuhalten.
»Sind Sie immer noch derselben Ansicht wie gestern abend?« fragte Gray.
»Nein«, antwortete Tower. »Ich habe darüber geschlafen, und der Präsident möchte, daß ich dabeibleibe.«

Am selben Morgen ging Nunn ins Fernsehstudio des Senats, um Reporterfragen über die Nominierung zu beantworten. Nunn, der einflußreichste Senator in Sachen Pentagon, hatte seinen Standpunkt noch nicht öffentlich bekanntgegeben. Auf die Frage nach dem Problem Alkohol sagte Nunn: »Das betrifft eine Person in der Befehlshierarchie, die das Waffenarsenal der Vereinigten Staaten kontrolliert, und der Verteidigungsminister hat darin eine sehr wichtige Position. In meinen Augen muß der Verteidigungsminister in allen Situationen einen klaren Kopf haben. In diesem Job gibt es keinen Achtstundentag. Die jungen Männer und jungen Frauen, die unser Land verteidigen, müssen sich darauf verlassen können, daß die Leute in der Befehlshierarchie bis an die Spitze jederzeit einen klaren Kopf haben.«
Am Abend des 23. Februar stimmte der Nunn-Ausschuß, gemäß der Parteizugehörigkeit der Mitglieder, mit elf zu neun Stimmen dafür, dem Senat zu empfehlen, die Bestätigung von Tower abzulehnen.
Am anderen Ende der Stadt, in seiner offiziellen Residenz hoch oben auf dem Observatory Hill, empfing Bushs Vizepräsident Dan Quayle, ein ehemaliger U.S.-Senator aus Indiana, an diesem Abend zwei Besucher – seine Freunde Ken Adelman und Dick Cheney, konservative Republikaner wie er. Adelman, ein eingebildeter 42jähriger Shakespeare-Experte, hatte unter Reagan die Abrüstungsbehörde ACDA (Arms Control and Disarmament Agency) geleitet und schrieb jetzt eine Zeitungskolumne, die im ganzen Land erschien. In einer seiner letzten Kolumnen hatte er Towers Mangel an Diskretion im Privatleben kritisiert und argumentiert: »Das Verhalten im Privatleben ist ein zuverlässiger Indikator zur Beurteilung eines Staatsbeamten.«
Dick Cheney war Präsident Fords Stabschef im Weißen Haus gewesen und saß nun als Wyomings einziger Vertreter im Repräsentantenhaus. Cheney, ein höflicher, ernsthafter Ab-

geordneter mit makellos konservativem Abstimmungsverhalten, war in nur zehn Jahren vom frischgebackenen Abgeordneten zur parlamentarischen Nummer Zwei der Fraktion (House Republican Whip) aufgestiegen.
Quayle rügte die Konservativen, weil sie den Kampf um Tower aufgegeben hatten. »Verdammt, wir müssen diesen Mann bestätigt bekommen«, sagte der Vizepräsident.
»Zählen Sie dabei nicht auf mich«, sagte Adelman. »Das ist nicht mein Job.«
»Tower ist abgemeldet«, sagte Cheney rundheraus. »Sie müssen jemanden finden, mit dem der Kongreß zusammenarbeitet.«
Quayle schob die Schuld auf Nunn. Es sei das Machtspiel eines Ehrgeizlings hinter den Kulissen.
Cheney widersprach. ›Nunn war ziemlich offen‹, sagte er. Cheney sprach bewundernd über Nunns bisherige Behandlung der Nominierung und von seinem Geschick, ein negatives Votum in einem Ausschuß zu bekommen, dessen Vorsitzender Tower einmal war. »Machen Sie nicht Nunn verantwortlich.«

Am Donnerstag, dem 9. März, lehnte der Senat die Nominierung Towers mit 53 zu 47 Stimmen ab.
Bush rief Tower an, um zu sagen, daß sein Freund für eine gute Sache gekämpft und Mut in der Schlacht bewiesen habe. Er sei unfair behandelt worden. Barbara Bush kam an den Apparat und äußerte sich ähnlich. Es war ein warmes, ermutigendes Gespräch. In seiner öffentlichen Erklärung sagte Bush: »Der Senat hat seinen Beschluß gefällt. Ich respektiere, wie er seine Funktion ausübt, bin jedoch mit dem Ergebnis nicht einverstanden... Jetzt aber sind wir es dem amerikanischen Volk schuldig, zusammenzustehen und nach vorn zu blicken.«

4

Am selben Nachmittag, an dem der Senat die Tower-Nominierung abgelehnt hatte, bekam Dick Cheney einen Anruf vom Stabschef des Weißen Hauses, John Sununu, einem 50jährigen ehemaligen Gouverneur von New Hampshire, den Bush Craig Fuller als rechte Hand vorgezogen hatte. Könnte Cheney um 16 Uhr ins Weiße Haus kommen? Sununu wollte besprechen, was nun zu tun sei, nachdem Tower untergegangen war. Cheney sagte, er könnte um 17 Uhr dasein. Aus seiner eigenen Erfahrung vor 14 Jahren als Stabschef im Weißen Haus wußte Cheney, es war ziemlich unwahrscheinlich, daß der jetzige Stabschef in der Hitze einer Nominierungsentscheidung, die von den Demokraten im Senat bestimmt wurde, nur die Meinung der Nummer Zwei der parlamentarischen Minderheitsfraktion einholen wollte. Da war etwas im Busch.
Wie das gesamte politische Washington hatte auch Cheney den Kampf um Tower aufmerksam verfolgt. Der erste Krach der neuen Administration konnte ein Indikator dafür sein, was die nächsten vier Jahre bringen würden. Er dachte, der Präsident müßte schnell kontern; innerhalb von 48 Stunden sollte er einen anderen Kandidaten präsentieren und dann ein neues Thema Nummer eins für Washington suchen. Cheney war der festen Überzeugung, daß die Aufmerksamkeit der Hauptstadt höchstens fünf Minuten anhielt, und wenn Bush in der Drogenfrage oder in der Außenpolitik einen wichtigen Schritt tat, würden ihm Politiker und Medien rasch folgen.
Als neugewählte Nummer Zwei der Republikaner im Repräsentantenhaus arbeitete Cheney im Schatten des Fraktions-

chefs, Bob Michel aus Illinois, der Cheney als politischen Sohn und rechtmäßigen Erben adoptiert hatte. Obwohl Cheney erst 48 war, wirkte er durch seine Brille, das schüttere Haar, seine Ruhe und sein besonnenes Auftreten älter und erfahrener.
Da die Demokraten im Repräsentantenhaus ein so starkes Übergewicht besaßen, waren die Posten der Fraktionsführer der Republikaner ziemlich frustrierend. In früheren Jahren in der Fraktionsspitze hatte Cheney erfahren müssen, daß selbst auf hohe Regierungsmitglieder der Republikaner nicht immer Verlaß war, wenn sie gebraucht wurden. Gelegentlich hatte er Vizepräsident Bush gebeten, sich für die Republikaner im Repräsentantenhaus stark zu machen, doch Bush lehnte ab, wenn es in irgendeiner Weise seiner Beziehung zu Reagan gefährlich werden konnte. Bushs Zurückhaltung hatte Cheney geärgert, und er beklagte sich oft in privatem Kreis darüber.

* * *

Um 17 Uhr traf Cheney in seinem alten Eckbüro im Weißen Haus ein, das nun Stabschef John Sununu innehatte. Scowcroft war ebenfalls zugegen. Die drei sprachen über Towers Niederlage und über mögliche nächste Schritte.
»Wenn der Präsident Ihnen das Amt des Verteidigungsministers anböte, würden Sie erwägen, anzunehmen?« fragte Sununu.
Cheney bejahte.
Scowcroft fragte Cheney nach seinem Gesundheitszustand. Obwohl er erst Ende Vierzig war, hatte Cheney bereits drei Herzinfarkte hinter sich. Im vergangenen August hatte er sich einer vierfachen Bypass-Operation unterzogen, ein Ein-

griff, bei dem zur Überbrückung der verengten Arterien vier neue Gefäße auf das Herz transplantiert wurden. Cheney sagte, er habe sich nicht zu der Operation entschlossen, weil sie medizinisch notwendig war, sondern weil er weiterhin bergwandern und skifahren wollte. Sein Washingtoner Arzt hatte ihm seine gute Verfassung bescheinigt – sein Cholesterinspiegel war sehr niedrig, und die Medikamente, die er nahm, hatten keine Nebenwirkungen. Er sagte, sein Hausarzt könne die Krankenakte und ein Gesundheitszeugnis beibringen.

Man kam überein, daß Cheney die Sache erst einmal überschlafen sollte. Er mußte sich mit seiner Familie beraten.

Scowcroft war Gerald Fords Nationaler Sicherheitsberater gewesen, als Cheney Stabschef war. Gemeinsam führten sie damals das Weiße Haus – ein täglicher Hindernislauf. Dabei waren sie Freunde geworden. Jetzt drängte Scowcroft auf Cheney als neuen Verteidigungsminister. Er wollte eine bekannte, nützliche Größe im Pentagon wissen.

Jim Baker hatte sich bereits für Cheney ausgesprochen. Cheney und er hatten Gerald Fords Wahlkampf von 1976 organisiert und durchgestanden, wobei Cheney die Kampagne vom Weißen Haus aus überwachte, während Baker den Wahlkampf vor Ort leitete. Zu der Zeit waren beide noch neu in der überregionalen Politik. Ihre Freundschaft hatte Fords Niederlage überdauert.

Nach dem Treffen bat Sununu inoffiziell den Rechtsberater des Weißen Hauses, Gray, das FBI kurz den Hintergrund eines weiteren Kandidaten für das Amt des Verteidigungsministers ausleuchten zu lassen: Es ging um John F. Lehman, Reagans aggressiven und höchst umstrittenen Marineminister.

Gray war unsicher. Der 46jährige Lehmann war dafür bekannt, daß er nie ein Blatt vor den Mund nahm. Im Laufe seiner Karriere gehörte er mehrmals der Regierung an und hatte möglicherweise ein »Drehtürproblem«. Noch schlimmer war, daß einer von Lehmans früheren Referenten im Marineministerium eine Schlüsselfigur in der vom Justizministerium geführten Untersuchung »Ill Wind« war, bei der es um Betrug und Korruption bei der Waffenbeschaffung des Pentagon ging. Dennoch ordnete Gray die Durchleuchtung Lehmans an.

* * *

In sein Büro im Abgeordnetenhaus – Zimmer 104 im alten Cannon House Bürogebäude – zurückgekehrt, begegnete Cheney seinem Pressereferenten Pete Williams, einem 37jährigen, großen, extrovertierten ehemaligen Fernsehjournalisten aus Wyoming. Williams fragte ihn, wie es im Weißen Haus gelaufen sei. Er kannte den Grund des Treffens nicht.
›Okay‹, sagte Cheney. ›Sie machen sich Sorgen wegen der Tower-Nachfolge.‹
Später streckte Patricia Howe, Cheneys Referentin für Verwaltungsfragen, ihren Kopf in sein Büro. »Gibt's irgendwas, das wir wissen sollten?«
›Nein.‹
Cheney und seine Frau Lynne, die über englische Literatur promoviert hatte und nun Vorsitzende des National Endowment for the Humanities (Nationalstiftung für die Geisteswissenschaften) war, gingen an diesem Abend mit Freunden aus Wyoming zum Essen ins La Colline, ein französisches Restaurant vier Blocks nördlich vom Kapitol. Cheney spürte, daß er das Thema nicht beim Dinner besprechen konnte. Als sie nach dem Essen ihr Haus in McLean, Virginia, wieder betraten, wurden die Cheneys von ihrer 19jähri-

gen Tochter Mary, die Ferien vom College hatte, begrüßt. Sie sagte, Jim Baker habe angerufen.
Cheney rief Baker sofort zurück, und sie führten ein langes Gespräch. Baker sagte, er stehe hundertprozentig hinter der Idee, Cheney als Verteidigungsminister vorzuschlagen, und riet ihm, den Job anzunehmen. Als er eingehängt hatte, setzte sich Cheney mit Lynne, die den Tenor des Gesprächs mitbekommen hatte, zusammen und besprach die ganze Sache mit ihr.
Cheney mochte das Repräsentantenhaus. Nach seinen Jahren im Weißen Haus, in denen sein Job und seine Zukunft ganz von der politischen Fortüne eines anderen abhingen, genoß er es, sein eigener Herr zu sein. Während der letzten sechs Monate der Wahlkampagne Gerald Fords 1976 war er nur einen einzigen vollen Tag zu Hause gewesen. Cheney schätzte auch den Charakter des Repräsentantenhauses, die harte, kämpferische Atmosphäre, seine Geschichte und Traditionen. 1983 hatte er, gemeinsam mit seiner Frau, ein liebevolles 226-Seiten-Buch über die Sprecher des Hauses von Henry Clay bis Sam Rayburn herausgebracht. Es trug den Titel *Kings of the Hill*.
Im Geist listete er die Vorteile des Ministerpostens auf. Bei einer anderen Gelegenheit hatte er entschieden, nicht in die Exekutive zurückzukehren, es sei denn eine von zwei oder drei Stellen böte sich ihm. Das war eine davon. Der Verteidigungsminister zählte.
Der Gedanke, mit Baker und Scowcroft zu arbeiten, besaß großes Gewicht. In der Ford-Ära hatte Cheney erfahren, wie der nationale Sicherheitsprozeß in sinnlosem Kleinkrieg und Machtspielen versacken konnte. Hier war die Chance, mit Leuten zu arbeiten, die er kannte, um möglicherweise einiges auf den Weg zu bringen.
Er stufte die Entscheidung auf den kurzen Zeitrahmen herunter. Wie wollte er die nächsten vier Jahre verbringen?

Wollte er im zweifachen Schatten des Jobs im Repräsentantenhaus weitermachen – mit Bob Michel über ihm und der Frustration durch den Minderheitenstatus der Republikaner? Oder wollte er Nummer Eins im Verteidigungsressort sein, in einer Exekutivbehörde, die von seiner eigenen Partei geführt wurde?

Cheney erkannte, daß es bei näherer Betrachtung keine knappe Entscheidung war. Er beschloß, den Job anzunehmen, wenn er ihm offeriert wurde.

Am nächsten Morgen, nachdem er beim Frühstück im Willard Hotel eine Rede vor einer Gruppe von Zeitungsredakteuren gehalten hatte, ging Cheney in sein Büro auf dem Capitol Hill. Er rief seinen Stab zusammen, um die übliche Themenpalette des einzigen Kongreßabgeordneten von Wyoming durchzusprechen – Bewässerung, Unkraut, Schädlinge und die Brände im Yellowstone Nationalpark in diesem Sommer. In der amerikanischen Öffentlichkeit hatte sich der Eindruck festgesetzt, der Park sei komplett niedergebrannt, und Cheney hatte die Befürchtung, daß der Touristenstrom dadurch ausbleiben könnte. Die Frage, die ihn am meisten beschäftigte, besprach er mit seinem Stab nicht.

Sununu rief an. Der Stab verließ das Zimmer, damit er ungestört sprechen konnte.

Cheney sagte dem Stabschef, er sei zum nächsten Schritt bereit.

Sununu sagte: ›Kommen Sie gegen Mittag ins Weiße Haus.‹

Als es Zeit wurde, zum Weißen Haus aufzubrechen, instruierte er den Fahrer seines Dienstwagens, ihn am Ostflügel abzusetzen – am Eingang der First Lady, den auch Gäste benutzten –, damit er nicht von den Pressevertretern bemerkt wurde, die auf den nächsten Zug des Präsidenten in der Partie um den neuen Verteidigungsminister lauerten.

* * *

Gray hatte in der Zwischenzeit Sununu gemeldet, daß es mit John Lehman Probleme geben würde. Es existierte zwar kein direktes Beweismaterial gegen den früheren Marineminister, doch die Ill-Wind-Untersuchung würde die Nominierung verderben.
Sununu sagte, Gray solle nun Cheney unauffällig vom FBI durchleuchten lassen.
Cheney betrat ein Büro, das sich der Präsident in seinen Privaträumen im ersten Stock eingerichtet hatte. Auf einer Seite des Raums stand ein großer Schreibtisch. An der Wand hing ein Bild eines Treffens von Lincoln mit den Generälen Grant und Sherman gegen Ende des Bürgerkriegs, mit dem Titel *The Peacemakers*. Bush bezog sich in manchen seiner Reden darauf.
Die beiden Männer sprachen über das Verteidigungsministerium und die Reformen, die Bush für notwendig hielt.
Nach einer halben Stunde gesellte sich Sununu zu ihnen.
»Wenn der Präsident Sie bitten würde, Verteidigungsminister zu werden«, fragte Sununu, »würden Sie zusagen?« Dieses Angebot im Konjunktiv schützte den Präsidenten gegen eine mögliche Ablehnung.
»Ja, Sir, ich würde zusagen«, antwortete Cheney.
Die drei sprachen noch eine Zeitlang miteinander. Das Amt wurde nicht formell angeboten.
Als Cheney in sein Büro zurückkam, war das FBI bereits dagewesen und hatte Kathie Embody, seit 15 Jahren Cheneys persönliche Referentin, nach Namen von Leuten gefragt, die bei der Untersuchung von Cheneys Hintergrund nützlich sein konnten. Er war erst ein paar Minuten in seinem Büro, als Bush anrief.
›Tun wir's‹, sagte Bush.
›Okay, Mr. President.‹

Bush sagte, er wolle es sofort öffentlich bekanntgeben.
Um 16 Uhr erschienen Bush und Cheney vor einigen Journalisten. Es schien Cheney, als mache es Bush Spaß, seinen Überraschungskandidaten der Presse zu enthüllen.

* * *

Pete Williams war bei einem Briefing über sauren Regen gewesen, ein brisantes Thema in Wyoming. Da es ein sonniger Freitagnachmittag war, hoffte er, sich frühzeitig aus dem Büro stehlen zu können. Als er jedoch dort ankam, fand er zu seinem größten Erstaunen einen großen Stapel von Telephonnotizen vor, fast einen ganzen Block voll. Seltsam, dachte er. Was konnte da los sein? Seine Mitarbeiter mußten es ihm drei Mal sagen, bevor er endlich begriff. Er schaute zu seinem Fernseher hoch, auf dem CNN lief. Da war Bush mit Cheney, dem designierten neuen Verteidigungsminister.
Etwa um 17.30 Uhr kehrte Cheney in sein Büro zurück. Die Glückwünsche waren kaum verhallt, als FBI-Agenten hinter ihm eintraten. Cheney nahm sie mit in sein Büro und schloß die Tür.
Schließlich gelang es Williams, zu Cheney durchzudringen, und die beiden setzten sich in eine stille Ecke.
»Warum haben Sie das getan?« fragte Williams, wobei in seiner Stimme nicht nur Überraschung schwang, sondern auch ein milder Tadel, daß er übergangen worden war. Aber Williams wußte, das war typisch Cheney – man hatte ihm gesagt, er dürfe nicht darüber reden, und daran hatte er sich gehalten.
»Wenn der Präsident der Vereinigten Staaten einen ansieht...«, begann Cheney seine Antwort.

Williams dachte bei sich: ›Oh Mann, komm mir doch nicht mit diesem Mist.‹
Cheney redete weiter über die Macht der Bitte eines Präsidenten, die Ehre, dem Präsidenten zu dienen.
Williams dachte: ›Das Weiße Haus kann dich doch nicht derart umkrempeln. Du warst doch schon einmal dort, als Stabschef, als einer der Chefs der Republikaner. Du kannst doch dort nicht mehr die Engel singen hören.‹
Cheney sagte, er wünschte, daß die Regierung Erfolg habe, und er freue sich darauf, wieder mit Scowcroft und Baker zu arbeiten, die gesagt hatten: »Wir brauchen Sie.«
Williams erkannte, daß es diese beiden waren, die alte Verbundenheit mit ihnen, die den Ausschlag gegeben hatten, viel mehr als Bush.
Gewöhnlich reagierten die Leute in zwei Etappen auf Cheney. Erst sagten sie: So ein netter, charmanter, fairer Mann, der maßvoll und bescheiden wirkt und nicht gleich an die Decke geht. Dann sahen sie sich sein konservatives Abstimmungsverhalten an und seine Neigung, sich mit den fanatischen Rechtsaußen der Republikaner herumzutreiben – mit Leuten, die Williams als »menschenfressende Zombies« bezeichnete –, und waren erstaunt. Aber in vielen sozialen Fragen war Cheney keineswegs konservativ. Im ganzen hielt Williams seinen Chef für einen Pragmatiker, der jede Frage genau studierte und sich dann meist für die konservative Lösung entschied. Die allgemeine Stimmung unter Cheneys Mitarbeitern war: Was bedeutet das für uns? Was macht er mit unseren Karrieren, um seine eigene zu fördern? Was hat er über unsere Zukunft entschieden?
Es gab zwei Mitarbeiter, die gleichaltrig mit Cheney waren und wie Williams eine Erklärung verlangten. Der eine war Alan Kranowitz, der mit Cheney in Yale studiert hatte; beide waren 1963 im selben Studentenjahrgang, als Cheney wegen schlechter Noten abging.

Der andere war David Gribbin. Cheney, Gribbin und beider Frauen hatten zusammen die Natrona County High School in Casper besucht. Gribbin hatte seine eigene Laufbahn dem Aufstieg Cheneys gewidmet. Er befand sich fast in einem Schockzustand.
›Warum?‹ fragte Gribbin.
»Der Präsident hat mich gebeten«, sagte Cheney. »Wie soll man da nein sagen?« Offensichtlich bemerkte er die Besorgnis, die sich auf den Gesichtern seiner Mitarbeiter spiegelte, und fügte hinzu: »Ich habe über die Entscheidung nachgedacht. Es gibt kein Zurück mehr. Schauen wir lieber nach vorn.«
Cheney sagte, nach dem Fiasko mit Tower wolle er nicht, daß das Weiße Haus seine Bestätigung im Senat betrieb. Er wandte sich an Kranowitz und fragte: »Alan, kümmern Sie sich um die Anhörungen wegen der Bestätigung?«
Kranowitz willigte ein.

* * *

Selbst für seine engsten Mitarbeiter blieb Cheney stets ein wenig rätselhaft. Stellten sie ihm eine präzise Frage, so beantwortete er sie gewöhnlich ebenso präzise, aber er war kein Mensch, der in entspannter Runde seine Sorgen und Nöte mit seinen Mitarbeitern teilte. Über sich selbst und seine Gefühle zu sprechen, war ihm wesensfremd. Pete Williams hatte sogar einen Namen für die nur lose verbundene, inoffizielle Gruppe der Leute, die wie er selbst versuchten, den undurchschaubaren Cheney besser zu verstehen, indem sie alle seine Schritte verfolgten und analysierten: »Cheney-Watchers«.
Eines der Themen, über die Cheney selten sprach, war seine

Zeit in Yale. Cheney verließ die Universität für sechs Monate, um zu Hause in Wyoming als Hilfsarbeiter beim Bau von Überlandleitungen tätig zu sein. Er ging nach New Haven zurück, aber nach seinem zweiten Studienjahr kehrte er Yale für immer den Rücken. Cheney machte vor seinem Stab oft Witze über seine Universitätsprobleme, aber die ganze Geschichte seiner verkorksten akademischen Karriere in Yale erzählte er nie.

1965 erwarb er an der University of Wyoming den Grad eines Bachelor und im Jahr darauf den Master in Politologie. Lynne, die er 1964 geheiratet hatte, und er waren Doktoranden an der University of Wisconsin, als Cheney 1968 ein einjähriges Stipendium gewann, das ihn nach Washington brachte, wo er für den Kongreß arbeitete. In dieser Zeit fiel er Donald Rumsfeld auf, Chef von Nixons Amt für Wirtschaftsförderung (Office of Economic Opportunity, OEO), der ihm einen Job anbot. Als Ford 1974 Rumsfeld zu seinem Stabschef machte, brachte er Cheney als seinen Stellvertreter mit ins Weiße Haus, und Cheneys Karriere begann.

* * *

Kranowitz, der die Nominierung durch den Senat bringen sollte, mußte sicher sein, soviel wie möglich über Cheney zu wissen. Als langjähriger Cheney-Watcher wußte er alles über das konservative Abstimmungsverhalten seines Chefs im Kongreß und kannte Congressman Cheneys politische Lieblingsthemen genau. Eines davon war die Hilfe für die Contras in Nicaragua, eine Sache, die Cheney sehr beschäftigte und emotional berührte; er glaubte, Nicaragua würde zu einem zweiten Kuba, und das sandinistische Regime müsse deshalb aus dieser Hemisphäre verbannt werden. Eine andere Leidenschaft von ihm waren sowjetische U-Boote, die er als Mitglied des Geheimdienste-Ausschusses intensiv erforscht hatte.

Cheneys Vergangenheit machte kaum Schwierigkeiten. Er hatte kein »Drehtürproblem«, wenig Vermögen. Er lebte seit Jahren im selben Haus und war nur einmal verheiratet. Doch nach einem großen Mitarbeitertreffen am Sonntag, dem 11. März, erzählte Cheney Kranowitz unter vier Augen, daß er über ein paar »Jugendsünden« Bescheid wissen müßte, die vielleicht ausgegraben würden. Er war zweimal wegen Trunkenheit am Steuer festgenommen worden – jedoch lag das über 25 Jahre zurück, als er Anfang Zwanzig war. Und man hatte ihn beim Fischen während der Schonzeit erwischt und ihm eine Geldstrafe aufgebrummt.

»Die 25 Dollar Strafe waren nicht einmal das Schlimmste«, sagte Cheney. »Sie haben mir auch noch die verdammten Fische weggenommen.«

5

Da er so spät in die Bush-Administration eintrat, wußte Cheney natürlich, daß er Monate im Rückstand war. Er mußte so rasch wie möglich aufholen. Deshalb fuhr er bereits am folgenden Sonntag, dem 12. März, zu Frank Carlucci nach McLean. Es war Carlucci, der als Rumsfelds Assistent beim Amt für Wirtschaftsförderung (OEO) Cheney 1969 zu seiner ersten Anstellung in einer Exekutivbehörde verholfen hatte. Wenn Cheney bestätigt wurde, dann war er praktisch der Nachfolger Carluccis, dem man mitgeteilt hatte, daß er sein Büro bis zum 20. Januar geräumt haben mußte. Das war die Frist, die Bush allen Reagan-Leuten gesetzt hatte. Carlucci war noch immer verärgert.
Carlucci sagte, Cheney solle sich an Crowe halten, der würde ihn auf den richtigen Weg bringen.
Am nächsten Tag ging Cheney ins Pentagon, um Crowe zu treffen.
Gleich nach der Begrüßung sagte Cheney: »Ich gehe davon aus, daß Sie bleiben wollen.« Crowes zweite zweijährige Amtsperiode als Vorsitzender der Vereinten Stabschefs sollte Ende September auslaufen, und Bush hatte ihn gebeten, noch weitere zwei Jahre im Amt zu bleiben.
»Ich habe mich noch nicht entschieden«, antwortete Crowe. Es gab persönliche Erwägungen.
Crowe legte sich nicht fest, aber Cheney gewann den Eindruck, er wollte weg.
Crowe sagte, nach beinahe zwei Monaten ohne einen Verteidigungsminister in der Regierung sei er über Cheneys bevorstehende Amtsübernahme froh. Das Ministerium brauchte unbedingt einen politischen Führer.

Crowe empfahl Cheney, sofort mit dem Einzug ins Büro des Ministers im zweiten Stock zu beginnen. Die Bestätigung durch den Senat schien sicher.

Konteradmiral William A. Owens, der Militärberater des Ministers, sollte übernommen werden, fügte Crowe hinzu. Owens, Experte für Atom-U-Boote, war der beste Mann, den Crowe in diesem Job erlebt hatte. Er wußte sich im Hintergrund zu halten und war sich im klaren, daß nicht er der stellvertretende Minister war.

Die Qualität des Militärs als einsatzbereite, gut ausgerüstete Streitmacht sei sehr hoch, sagte Crowe. Und glücklicherweise gab es kein drängendes Problem, dessen sich Cheney sofort annehmen mußte, eine größere Krise war weit und breit nicht zu entdecken. Es gab zwar sicherheitsempfindliche Operationen, Kriegspläne, Eventualfallpläne und Vorgänge, über die er bestimmt so schnell wie möglich unterrichtet werden wollte, aber im Moment könne er sich ganz auf seine Bestätigung konzentrieren und danach auf den bevorstehenden Kampf mit dem Kongreß um den Etat. Dabei sei seine Position als ehemaliger Abgeordneter sicher von Nutzen.

Am Nachmittag des folgenden Tages um 14 Uhr ging Cheney in Cowboystiefeln und Anzug über einen hellgrünen Teppich, um seinen Sitz in einem kleinen, voll besetzten Anhörungsraum des Senats vor Nunns Streitkräfte-Ausschuß einzunehmen.

»Wie Sie alle wissen, bin ich nicht hier, weil ich das Amt des Verteidigungsministers angestrebt habe«, erklärte Cheney den Senatoren. Es war allgemein bekannt, daß Tower sich sehr aktiv um den Posten bemüht hatte. »Ich bin hier, weil der Präsident mich gebeten hat, eine sehr schwierige Aufgabe zu übernehmen.«

Senator John Warner aus Virginia, höchster Republikaner im Ausschuß, fragte Cheney nach den Gründen für seine Zurückstellung vom Militär während des Vietnamkriegs.

»Senator, ich habe nie in Uniform beim Militär gedient«, begann Cheney. Er erklärte, er sei zunächst während seiner College-Zeit als Student und nach der Geburt seiner Tochter 1966 aus familiären Gründen zurückgestellt worden. »Ich habe mich stets in Übereinstimmung mit den Regeln des Selektiven Einberufungssystems (Selective Service System) befunden, habe nicht gedient, wäre jedoch selbstverständlich gerne Soldat geworden, hätte man mich einberufen.«
In der dreistündigen Befragung kam Cheney häufig auf seine frühere politische Arbeit im Geheimdienst- und Verteidigungsbereich zu sprechen, gab jedoch auch zu, daß er auf vielen Gebieten noch manches nachholen müsse.
Am nächsten Tag bekamen Nunn und Warner ein kurzes Memorandum zu den Nachforschungen des FBI über Cheneys Hintergrund und informierten den Ausschuß in geheimer Sitzung darüber.
»Er bekam eine Geldstrafe wegen Fischens während der Schonzeit«, berichtete Nunn. Die beiden Strafen wegen Trunkenheit am Steuer waren verjährt. Nunn und Warner sahen darin keinen Hinderungsgrund für die Bestätigung. Alle Anwesenden waren derselben Ansicht.
Cheney kam später in die Geheimsitzung. Er sagte, es wäre wohl am besten, die beiden Verurteilungen der Öffentlichkeit mitzuteilen, doch der Ausschuß sah keine Notwendigkeit zu einem solchen Schritt.
Um 9.30 Uhr am nächsten Morgen rief Nunn alle 20 Mitglieder des Ausschusses in öffentlicher Sitzung zur Geschäftsordnung. Nunn gab bekannt, daß der Beschluß des Ausschusses lautete, es gebe nichts in Cheneys Leben, was ihn »für das Amt untauglich« machen würde. Die Ausführungen der wenigen Senatoren, die das Wort ergriffen, waren kurz und enthusiastisch. Das Gefühl der Erleichterung war spürbar. Das Votum fiel mit 20 zu 0 für die Bestätigung aus.
Am 17. März, St. Patrick's Day, um 10.50 Uhr sprach Nunn

vor dem Senat. Er sagte, der Ausschuß habe Cheney einstimmig akzeptiert, »nach sorgfältiger und gründlicher Erörterung«. Nunn redete schnell und sachlich, er wischte die Vermutung vom Tisch, er oder der Streitkräfte-Ausschuß hätten sich mit ihrer Entscheidung allzu sehr beeilt. Ohne jeden Fingerzeig, daß er über die beiden Strafen wegen Trunkenheit am Steuer sprach (denn die wurden noch immer vertraulich behandelt), sagte Nunn, Warner und er hätten »ein paar Dinge« in den FBI-Berichten gefunden, die zwar letztlich bei der positiven Entscheidung des Ausschusses nicht ins Gewicht fielen; dennoch seien sie der Ansicht gewesen, diese den anderen Mitgliedern in geheimer Sitzung bekanntmachen zu müssen.

Als die Senatoren sich anstellten, um ihre Stimme zu Cheney abzugeben, sahen sie an beiden Enden des langen Tisches im Senat Schilder mit der Aufschrift LETZTE ABSTIMMUNG DES TAGES in roten Großbuchstaben.

Das Endergebnis lautete 92 zu 0 Stimmen für die Bestätigung.

Nur Minuten später erhielt Cheney einen Anruf in seinem Abgeordnetenbüro. Der Anrufer identifizierte sich als Konteradmiral Owens, Militärberater des Verteidigungsministers. Cheney dachte: »Admiral – muß das jetzt sein?« Aber er wußte, daß für ihn ein neues Leben begann und daß er zuhören mußte. Owens, der Cheney mit »Sir« anredete, sagte, er wolle direkt ins Kapitol kommen, zusammen mit Doc Cooke – David O. Cooke, Verwaltungsdirektor des Pentagon –, um Cheney für sein neues Amt zu vereidigen. Der 68jährige Cooke galt bei den mehr als 23.000 zivilen und militärischen Angestellten des Verteidigungsministeriums schlicht als Bürgermeister des Pentagon. Als altgedienter Beamter der Verteidigungsbürokratie überwachte er die tägliche Hausarbeit des Pentagon, von den Parkplätzen bis zu den Büros, und hatte die letzten sieben Minister vereidigt.

Cheney wollte ursprünglich vom House Sergeant-at-Arms (Ordnungsbeamter des Abgeordnetenhauses) vereidigt werden, als Abschiedsgeste der Institution gegenüber, die er nun verließ. Doch Cooke und Owens drängten ihn dazu, die Tradition fortzuführen. Cheney zuckte die Achseln und stimmte zu. Er gab seinen Sitz als Abgeordneter auf, und umringt von engen Mitarbeitern und seiner Familie legte er den Eid ab. Cheney hatte seinen Pressereferenten Pete Williams gebeten, neuer Sprecher des Pentagon zu werden, und Williams hatte zugesagt. Nach der Vereidigung wollte Cheney ins Pentagon, und Williams hatte vor, getrennt dorthin zu fahren. Aber David S. Addington, Mitarbeiter Cheneys und ehemaliger CIA-Anwalt, der jetzt Cheneys Referent für besondere Aufgaben im Pentagon wurde, erklärte Williams, er solle unbedingt in Cheneys Konvoi am Pentagon vorfahren. ›Sie müssen gesehen werden – das ist in Washington wichtig‹, sagte Addington zu Williams.

»Von wem gesehen werden?« fragte Williams.

›Von denen, die dort arbeiten‹, antwortete Addington. ›Es ist sehr wichtig, daß Sie als einer der Leute gesehen werden, die mit dem neuen Mann ankommen. Das wird Ihnen bei Ihrer Arbeit ungemein helfen.‹

Also quetschten sich Williams, Addington, Dave Gribbin und Kathie Embody alle in die Dienstlimousine des Ministers mit dem roten Licht auf dem Dach. Uniformierte wie zivile Bedienstete und alle möglichen Schaulustigen warteten am Portal des Pentagon, um die kleine Einzugsparade zu beobachten und ihre Schlüsse zu ziehen.

Im zweiten Stock, wo sich die Räume des Ministers befinden, war bereits eine Tafel an der Tür angebracht, mit der Aufschrift *Richard B. Cheney*. Williams dachte: ›Daran müssen wir etwas ändern. Er ist nicht die Art Mensch, zu der ›Richard B.‹ paßt. Da muß ›Dick‹ stehen.‹ Er nahm sich vor, das Schild auswechseln zu lassen.

Im Büro wurden Photos gemacht, und Cheney sah sehr zufrieden aus.
Cheney hatte über eine Reorganisierung des Pentagon nachgedacht. Die äußerst komplexe Bürokratie mit ihren vielen verschiedenen Ebenen war ein Alptraum für einen konservativen Republikaner, der nichts so sehr haßte wie Verschwendung. Doch bald schon entschied er, daß es die Mühe und den Ärger wohl nicht wert war, selbst wenn es ihm gelänge, die organisatorischen Verschachtelungen neu zu gliedern, das Personal zu verringern und die Strukturen zu vereinfachen.
Am 21. März, einem Dienstag, strömten nachmittags Tausende von Zivilisten und Militärs in den Innenhof des Pentagon, um Cheneys formeller Vereidigung als 17. Verteidigungsminister zuzusehen. Präsident Bush sprach zuerst, hielt eine Standardrede über Frieden durch Stärke, über Reform, Teamgeist und Opportunität. In ihrer Unklarheit, was die weltpolitische Lage anlangte, die auf Cheneys Pentagon zukam, spiegelte Bushs Rede die Unsicherheit in Fragen der nationalen Sicherheit innerhalb der neuen Administration.
Dann wurde Cheney ein weiteres Mal vereidigt, diesmal von Laurence H. Silberman, Richter am Obersten Bundesgericht.
»Es ist eine ernüchternde Erfahrung, dieses Amt anzutreten«, begann Cheney seine Rede, die er ablas. Die fünf Wände des Innenhofes warfen seine Stimme zurück.
»An die Männer und Frauen der amerikanischen Streitkräfte: Ich bin stolz, mit Ihnen gemeinsam der Verteidigung der Freiheit zu dienen«, sagte er. Dann wich er von seinem Manuskript ab und setzte hinzu: »Sie, unsere Männer und Frauen in Uniform, haben für mich die absolute Priorität.«
Hinterher erzählte Williams Cheney, diese Betonung des menschlichen Aspektes sei gut angekommen.

Später an diesem Tag begab sich Cheney ins Weiße Haus, um mit Sununu und Untermeyer zu reden. Sununu – in der Öffentlichkeit stets ein Gegner von Rassen- oder Frauenquoten – erklärte Cheney, das Weiße Haus wünsche, daß 30 Prozent der verbleibenden Führungsstellen im Verteidigungsministerium durch Frauen oder Angehörige von Minderheiten besetzt würden.

6

Cheney machte sich an die Arbeit, die Schlüsselpositionen zu besetzen. Er hatte sich bereits entschieden, einen Veteranen aus Towers Team zu behalten: Don Atwood als stellvertretenden Minister. Atwood, ein kompetenter, wenig dynamischer Ex-Manager bei General Motors, war zuständig für die alltäglichen Routineaufgaben bei der Verwaltung des Pentagon-Gebäudes und für Etatfragen.

Um die Talentsuche für die anderen Posten zu leiten, holte sich Cheney Steve Herbits, einen 47jährigen republikanischen Allround-Politiker, der als Referent für besondere Aufgaben unter Verteidigungsminister Rumsfeld gearbeitet hatte.

Gegen Ende der ersten Woche seit Cheneys Amtsübernahme kam Herbits zu ihm und präsentierte kurze Analysen (jeweils eine Seite) aller Teilstreitkräfte und Profile der Zivilisten, die Cheney zu ihrer Leitung einstellen sollte.

Das Heer, so hatte er geschrieben, steckte in großen Schwierigkeiten. Es mußte im Lauf der nächsten acht Jahre die höchsten Etatkürzungen hinnehmen. Möglicherweise würden vier der 16 Divisionen ganz eliminiert. Als Heeresminister sollte er jemanden bestimmen, der die Kürzungen konsequent planen und dann den Generälen einbläuen könnte, damit diese sie durchführten.

Herbits sagte, die Marine werde von traditionsverbundenen Admiralen geführt, die ziviler Autorität trotzten und sich einer Sprache bedienten, die Außenstehende nicht verstanden. Sie müßten einen Minister finden, der Tradition und Sprache verstand, sich aber von den Admiralen nicht kapern ließ.

Herbits Analyse konstatierte, daß die Luftwaffe völlig außer

Kontrolle war. Stabschef General Larry Welch verachtete Zivilisten, und überall herrschte Vetternwirtschaft. Es gab nur ein Mittel, sie zur Räson zu bringen: Intelligenz. Sie mußten einen zivilen Minister finden, der die Gebräuche der Air Force, ihre Waffensysteme und Eigenarten kannte. Ein unerfahrener Minister würde schon bald vereinnahmt werden, so daß dann eher die Air Force einen Vertreter in Cheneys zivilem Stab hätte als Cheney einen Vertreter im inneren Führungsstab der Luftwaffe.

Cheney wußte bereits genug, um sich vor der Air Force in acht zu nehmen. Die Offiziere waren ein aalglatter Haufen, der sich immer einen hilfsbereiten und zugänglichen Anstrich gab. Eine Anfrage genügte, und schon tauchten massenhaft Oberste und Generäle auf und redeten, bis einem Memoranden und Graphiken und sauber getippte Tabellen aus den Ohren herauskamen. Unendlich viel Getriebe, Unmengen herumfliegendes Papier, massenhaft Männer in hellblauen Uniformen und flotten Hemden, die jede Frage beantworteten. Die Air Force schien geschickter als die anderen Militärzweige zu sein und vertrauter mit den Gepflogenheiten Washingtons, geübter darin, sich hinter einer Nebelwand zu verstecken. Wie beinahe jeder im Pentagon mußten auch ihre Offiziere verkaufen können, nur war die Verkaufsstrategie der Air Force konsequenter und besser verpackt, als spräche der ganze Zweig mit einer einzigen, überzeugenden Stimme. Man mußte schon genau hinsehen, um zu erkennen, worum es ging. Das höhere Offizierskorps der Air Force war aus einem Guß und so undurchdringlich, daß viele es als »Blue Curtain« (Blauer Vorhang) bezeichneten. Herbits und Cheney stimmten darin überein, daß man die Luftwaffe nicht nur verstehen mußte, sondern auch wissen sollte, wie man sie im Notfall umgehen konnte.

***

Nicht nur innerhalb des Pentagon, sondern in ganz Washington hatte Luftwaffenchef Larry Welch den Ruf, stocksteif zu sein. Nur widerwillig, so schien es, verließ er die absolute Ordnung seines Büros am E-Ring der dritten Etage, wo Papiere, Stifte, Aktenordner und Dokumente perfekt in Reih und Glied gestapelt waren. In seinem Diplomatenkoffer befand sich eine sauber ausgerichtete Kollektion von zwölf schwarzen Klemmordnern, bereit, jeden aufmüpfigen Papierstapel zu zähmen, der sich blicken ließ.

Vom dem Augenblick an, als Welch zu den Anhörungen im Kongreß eintraf, ließ sein Benehmen keinen Zweifel an seiner geringen Meinung von dieser chaotischen Arena der Legislative und der Medien aufkommen. Doch erkannte er, daß er die Rolle des Kongresses in Militärfragen akzeptieren mußte. Eine solche Frage, von der er glaubte, es sei an der Zeit, sie zu lösen, war die zehnjährige Debatte darüber, wie man die landgestützten ballistischen Raketen (ICBMs) der Air Force modernisieren sollte.

Das Weiße Haus unter Bush hatte die Entscheidung vorläufig hinausgeschoben, aber im Kongreß fand eine erbitterte Debatte statt, ob die Air Force nun eine kleinere Rakete, Midgetman genannt, oder die größere MX bekommen sollte. Welch hatte einige Zeit im Kapitol verbracht, mit Abgeordneten über beide Optionen gesprochen und kannte die Lage im Land.

Vor Cheneys Bestätigung war Welch zum kommissarischen Verteidigungsminister William Howard Taft IV gegangen und hatte um Erlaubnis ersucht, an der Debatte im Repräsentantenhaus teilzunehmen. Die Luftwaffe konnte hierzu nicht schweigen, erklärte er Taft. Kongreßabgeordnete fragten immer wieder nach dem Standpunkt der Air Force, doch es gab keine politische Linie der Regierung, die die Luftwaffe hätte durchsetzen können.

›Sollen wir uns ganz raushalten?‹ hatte Welch Taft gefragt. Es wäre unklug, alles offenzulassen. Man konnte nicht wissen, wie der Kongreß ohne Eingreifen der Luftwaffe entscheiden würde. Er würde gerne mit führenden Mitgliedern des Senats und des Repräsentantenhauses sprechen.
Taft gab Welch recht und forderte ihn auf, sein Vorhaben durchzuführen.
Welch hatte auch Scowcroft im Weißen Haus aufgesucht. Obwohl die Regierung nicht entschieden hatte, welche Mischung aus MX und Midgetman sie wollte, so sagte er Scowcroft, könne die Air Force die Angelegenheit doch nicht links liegen lassen. Es genügte, wenn er im Kongreß vorfühlte und ein paar Optionen darlegte.
Scowcroft sagte, er sehe keine Schwierigkeit darin, an der Debatte teilzunehmen und zu informieren, aber letztlich sei es Sache des Weißen Hauses, dem Kongreß eine Empfehlung auszusprechen.
Welch begann, Büros im Kapitol zu frequentieren.
George Wilson, Pentagon-Korrespondent der *Washington Post*, war damit vertraut, wie das Pentagon und das Weiße Haus sich im Kongreß Ideen und Vorschläge anbieten ließen, bevor sie eine endgültige Entscheidung trafen. Einige Parlamentarier erzählten ihm, daß Welch mit einem Kompromißvorschlag zu ICBM die Runde machte.
In der Nacht des 23. März rief Wilson Welch an, und dieser bestätigte, daß er »die Stimmung sondiert« habe.
Eine Titelstory in der *Post* des nächsten Tages, unter der Schlagzeile »Air Force handelt zur Beendigung der festgefahrenen ICBM-Debatte«, berichtete, daß Welch einen Kompromißplan unterbreitet hatte. Neben dem Artikel fand sich ein Photo von Welch.
Cheney las den Artikel. Es war sein achter Tag im Amt. Einige Tage zuvor hatte er vom Sprecher der Republikaner

im Streitkräfte-Ausschuß, William L. Dickinson aus Alabama, erfahren, daß Welch im Ausschuß gewesen war und versucht hatte, einen Deal mit Les Aspin, dem Vorsitzenden, zu machen.
Seit seiner Zeit als Stabschef im Weißen Haus hielt Cheney die strategischen Raketen für eine Domäne des Präsidenten. Es war also nicht einmal das Geschäft des Ministers, in das Welch sich da einmischte, sondern vielmehr das des Präsidenten.
Für diesen Tag stand Cheneys erste Pressekonferenz als Minister auf dem Programm. Dan Howard, der alte Sprecher des Pentagon, der durch Pete Williams abgelöst werden sollte, sobald dieser bestätigt war, kam, um mögliche Fragen durchzusprechen. Howard sagte, daß Cheney todsicher nach dem *Post*-Artikel über Welchs Sondierungsmission im Kapitol gefragt werden würde.
Howard sagte: »Es gibt zwei Möglichkeiten: Entweder Sie ignorieren die Frage, oder Sie gehen zum Angriff über.«
»Mein Instinkt rät mir, ihn stolpern zu lassen«, antwortete Cheney.
Howard sagte, normalerweise sei er nicht für eine solche Vorgehensweise, aber diese Situation verlange ein hartes Durchgreifen. Aus Tafts Büro verlautete, daß er Welch autorisiert hatte, im Kongreß Informationen einzuholen, nicht jedoch zu Verhandlungen. ›Welch wird stocksauer sein‹, sagte Howard, ›aber der Schaden kann später repariert werden.‹
Cheney kannte die symbolträchtige Bedeutung des ersten Eindrucks. Im Sommer 1974, während der ersten Tagen seiner Präsidentschaft, war Gerald Ford photographiert worden, wie er sich selbst ein Brötchen zum Frühstück toastete. Das Photo ging durch die Presse und schuf eine Aura der Bescheidenheit ohne Herrscherallüren, die Fords Popularität mächtigen Auftrieb gab. Cheney wußte, daß er nun für sich

eine Aura schaffen würde, nicht nur in der Öffentlichkeit, sondern in den Büros und auf den Gängen des Pentagon. Washington starrte auf seine ersten Schritte. Unmittelbar nach seiner Nominierung hatten Evans und Novak in ihrer Kolumne geschrieben: »Cheney wird das Haus nicht so bald in den Griff bekommen.«

***

Um 12 Uhr Mittag setzte sich Welch wie Tausende andere im Pentagon vor seinen Fernseher, um den ersten öffentlichen Auftritt des neuen Ministers zu verfolgen, eine Pressekonferenz, die über das hausinterne Fernsehnetz des Pentagon ausgestrahlt wurde.
Die erste Frage an Cheney bezog sich auf das Gerede über einen Kompromiß in der ICBM-Frage.
»Zu behaupten, ein Kompromiß sei in greifbarer Nähe, ist voreilig, denke ich«, antwortete Cheney.
Die nächste Frage beschäftigte sich speziell mit Welch.
»Mr. Secretary«, fragte ein Journalist, »General Welch, der Stabschef der Luftwaffe, war offenbar im Kapitol, um sich persönlich für das Programm zu engagieren. Bedeutet es einen Kurswechsel im Verteidigungsministerium, daß der Chef einer Teilstreitkraft über sein eigenes strategisches System verhandelt?«
»General Welch handelte auf eigene Initiative«, fügte Cheney hinzu. »Er sprach nicht im Auftrag des Ministeriums. Er war gewissermaßen auf eigene Faust dort.«
Cheney wurde gefragt, ob er eine solche Handlungsweise akzeptierte.
»Nein, ich bin offen gestanden nicht glücklich darüber«, gab er mit fester Stimme zurück.

»Ich glaube, es ist unpassend für einen Offizier in Uniform, sich in eine Position zu begeben, wo er faktisch Vereinbarungen aushandelt. Ich hatte noch keine Gelegenheit, mit ihm selbst darüber zu sprechen. Ich war den ganzen Vormittag im Weißen Haus. Ich werde aber die Möglichkeit finden, die Sache mit ihm zu erörtern. Ich werde ihm meinen Unmut deutlich machen. Jeder hat das Recht, einmal einen Fehler zu begehen.«

Wilson, der Journalist der *Post*, der den Artikel geschrieben hatte, sagte nun zu Cheney, Welch habe »klar zum Ausdruck gebracht, daß er Ihnen oder dem Präsidenten nicht vorgreifen will«.

»Gut«, gab Cheney zurück. »Nun, ich bin sicher, er wird das auch im Gespräch mit mir klar zum Ausdruck bringen.«

Im Presseraum war Gelächter zu hören.

Welch war völlig perplex. Eine der ersten Regeln in jedem militärischen Führungskurs war, daß man Untergebene in der Öffentlichkeit lobte und nur hinter verschlossenen Türen tadelte. Nichts konnte demütigender oder demoralisierender sein als eine öffentliche Schelte. Diese Rüge war in die ganze Welt übertragen worden.

Der General brauchte mehrere Minuten, um sich zu sammeln, verließ dann sein Büro und ging zu den Räumen des Ministers einen Stock tiefer.

»Ich handle nicht auf eigene Initiative«, sagte Welch, als er vor Cheney stand. »Das habe ich nie getan. Ich unterstütze die Regierungsposition und habe härter als jeder andere in der Stadt daran gearbeitet, zu einem Ergebnis zu gelangen, das die Regierung wünscht.«

Cheney sagte, die Sache sei abgeschlossen.

Welch erkannte, daß er auf keine Entschuldigung rechnen konnte. Cheney schien die Sache auf sich beruhen lassen zu wollen. Vielleicht, so dachte Welch, konnte Cheney es sich nicht leisten, sie aufzurollen. Welch erwähnte die ausdrück-

liche Genehmigung von Taft und Scowcroft mit keinem Wort. Schließlich war es seine eigene Idee gewesen, in den Kongreß zu gehen; und er war erfahren genug, die Verantwortung für seine Taten zu übernehmen, ganz egal wer sie gebilligt hatte.
Welch versuchte Cheney davon zu überzeugen, daß er sich aufs Militär verlassen könne. Die größte Unterstützung, die er im Haus finden würde, käme von der militärischen Führung.
Cheney wollte über die Angelegenheit nicht weiter diskutieren.

* * *

Einen Stock tiefer, im Büro des Vorsitzenden der Vereinten Stabschefs, war Crowe außer sich. Man hatte ihn nicht vorgewarnt, daß der neue Minister einen der Stabschefs öffentlich runterputzen würde. Cheney hatte nicht mit ihm darüber gesprochen.
Crowe sah den Schaden, der angerichtet worden war. Er hatte versucht, die Stabschefs zu mehr Offenheit zu bringen, sie sollten sich mehr an der Verteidigungsdebatte beteiligen. Nun würde diese öffentliche Schelte sie mehr denn je vom Umgang mit Kongreß und Presse abhalten.
›Schade‹, sagte Crowe zu sich selbst. In seiner ersten Woche im Amt kanzelte der neue Minister einen hohen Offizier öffentlich ab – ein neuer Minister, der nie Militärdienst geleistet hatte, nie in einem der Streitkräfte-Ausschüsse gearbeitet hatte? So etwas hatte Crowe noch nie gehört. Klar, Cheney hatte natürlich Härte und Stärke demonstrieren und eine Marke setzen müssen, daß er die Nummer Eins im Haus war. Außerdem wollte er sich natürlich bei den Medien ein-

schmeicheln, die der Rüge sicher breiten Raum geben würden.
Später an diesem Nachmittag hatten Crowe und Cheney ihre tägliche vertrauliche Besprechung.
»Ich hoffe, dieser Wirbel macht Ihnen keine Probleme«, sagte Cheney. Er setzte hinzu, daß Welch nicht abgestritten habe, zum Kongreß gegangen zu sein.
Crowe hatte sich für eine offene Sprache entschieden. »Ich bin da schlicht anderer Ansicht als Sie, Mr. Secretary«, begann er. »Das war nicht richtig.« Crowe erklärte den Ernst der Angelegenheit. Letztlich hatte Cheney Welch des willkürlichen Ungehorsams einem Befehl gegenüber bezichtigt, und das bedeutete eine Verletzung des Diensteids eines Offiziers. »Sie haben sich den Falschen ausgesucht. Wenn Sie einen Stabschef runtermachen wollen, kann ich Ihnen genügend andere nennen.« Welch, so erklärte Crowe, war einer der ruhigsten, verschlossensten und gehemmtesten Stabschefs. Im »Tank«, dem Konferenzraum im ersten Stock des Pentagon, wo die Vereinten Stabschefs ihre regelmäßigen Besprechungen abhielten, war er ein reiner Zuhörer. Von allen Chefs war er der flexibelste und außerdem mehr als die anderen »lila«. Crowe benutzte da einen internen Pentagon-Ausdruck für Offiziere, die für Erwägungen auch außerhalb ihres Militärzweiges offen sind – »lila« bezog sich dabei auf die Mischung aller Uniformfarben der verschiedenen Teilstreitkräfte.
Crowe ging noch weiter. Sich öffentlich auf einen Krach mit einem der Stabschefs einzulassen, sei unter der Würde des Verteidigungsministers. Durch den Versuch, seine Autorität derart öffentlich zu demonstrieren, habe Cheney nur gezeigt, wie unsicher er noch war.
Cheney wirkte ein wenig gedämpft, fand Crowe, aber sehr ruhig, während er sich die Standpauke seines Vorsitzenden anhörte.

Wie Crowe erwartet hatte, machte die Geschichte ziemlichen Wirbel in den Medien. Die meisten großen Tageszeitungen brachten sie auf der ersten Seite, mit Schlagzeilen wie »Angriff«, »Tadel« und »Rüge« Cheneys gegen den Chef der Luftwaffe.
Innerhalb des Militärs war sofort bekannt, daß die Geschichte in der Welt die Runde machte. Offiziere tauschten Analysen aus, welche Prognosen sich daraus für die Zukunft des Militärs unter Cheney ablesen ließen, besonders für die Luftwaffe und Welch persönlich. Welch wurde allgemein als ein Hauptaspirant auf die Nachfolge Crowes angesehen.
Welch zog sich völlig zurück. Er gab keine öffentliche Erklärung ab, doch spürte er die Notwendigkeit, sich vor den aktiven Vier-Sterne-Generälen der Air Force zu äußern. Als Überlebender von 137 Kampfeinsätzen in Vietnam sagte er einem der Generäle: »Profis haben auf mich geschossen, und ich bin immer noch hier. Also werden mir die Schüsse eines Amateurs wohl kaum etwas anhaben können.«
Die Rüge fand auch starken Widerhall bei ehemaligen Luftwaffengenerälen, einer verschworenen Gemeinschaft, die alle Vorgänge im Pentagon genau verfolgte. Zwei ehemalige Vier-Sterne-Generäle sagten Welch, sie würden gewaltig Stunk machen. Sie planten, in den Kongreß zu gehen und einige der Freunde der Air Force dort dazu zu bringen, eine öffentliche Entschuldigung von Cheney zu verlangen. Beide hatten Zugang zu einflußreichen Abgeordneten und den Medien.
Welch bat sie, nichts dergleichen zu tun. Ein Zerwürfnis zwischen der Air Force und dem Verteidigungsminister wäre für alle schädlich. Angenommen, sie entfachten einen Riesenwirbel – wie könnte das für die Luftwaffe von Vorteil sein? Durch die Beschneidung der Effektivität des Ver-

teidigungsministers etwa? Sie machten wohl Witze, dachte Welch. Wenn Cheney diesen kleinen Triumph brauchte, um effektiv arbeiten zu können, sollte er ihn haben.
Welch sagte, er werde sofort von seinem Posten zurücktreten, wenn die beiden Pensionäre privat oder öffentlich irgend etwas unternahmen. Sie ließen es bleiben.

Wenige Tage nach der Rüge äußerten zwei ehemalige Verteidigungsminister Cheney gegenüber, daß er den falschen Weg gewählt habe. Harold Brown, Minister unter Carter, erklärte Cheney, daß es für Angehörige der Streitkräfte unabdingbar sei, ihr Gesicht zu wahren, und daß er sich in acht nehmen sollte, die Streitkräfte nicht zu verprellen.
James Schlesinger, der unter Nixon das Pentagon geführt hatte, sagte Cheney, daß keine Gefahr eines Militärputsches gegen ihn bestünde und die hohen Offiziere seine wichtigste Stütze darstellten, wenn er versuchte, sein Programm und sein Budget durchzuboxen. Sie wußten, wie das System funktionierte, und konnten sich für die Interessen des Ministers entweder aktiv einsetzen oder sie sabotieren. Schlesinger fügte hinzu, überhaupt sei das Problem mit dem Militär nicht die Unkontrollierbarkeit der hohen Offiziere, sondern das Gegenteil. Nach einem Leben als Befehlsempfänger waren die Generäle und Admirale eher zu angepaßt.
Les Aspin, demokratischer Abgeordneter aus Wisconsin und Vorsitzender des Streitkräfte-Ausschusses im Repräsentantenhaus, spürte, daß er eine gewisse Rolle dabei spielte, als Welch begann, seine Kompromißvorstellungen in der Raketenfrage zu vertreten. Ein paar Tage nach der Rüge traf Aspen Cheney bei einem Frühstück und nahm ihn zur Seite.
»Um Gottes Willen, Dick«, sagte Aspin, »Welch hat doch

nie so etwas getan, und er hat übrigens auch immer klargestellt, daß die Entscheidung ganz bei Ihnen liegt.«
Cheney antwortete mit einem wissenden Lächeln: »Es hatte seinen Sinn, das zu tun.«
»Okay«, sagte Aspin, »diesen Standpunkt verstehe ich.«

7

Als Cheney ungefähr einen Monat im Amt war, erkannte Crowe allmählich, wie die Versammlungen des inneren Zirkels zur Entscheidungsfindung in Fragen der nationalen Sicherheit unter Bush ablaufen würden, und er war nicht glücklich darüber. Bei den Sitzungen des Nationalen Sicherheitsrats (National Security Council, NSC) wurde viel politisch diskutiert. Entscheidungen gründeten auf der Wirkung, die sie auf den Kongreß, die Medien und die öffentliche Meinung hatten, und im Mittelpunkt stand, wie man mit deren Reaktionen umgehen sollte. Crowe hegte ernsthafte Zweifel, ob dies die Hauptkriterien für militär- und außenpolitische Entscheidungen sein sollten.

Jim Baker schien zu glauben, das Außenministerium ließe sich ebenso führen wie eine Wahlkampagne: Bush gegen Gorbatschow. Baker hielt Ausschau nach einer spektakulären Initiative zur Rüstungskontrolle, um die Sowjets zu übertrumpfen und Bushs Popularität zu steigern.

Ein anderes Problem mit den NSC-Sitzungen war Brent Scowcrofts Angewohnheit, endlose akademische Diskussionen zu führen, wobei er keinen Blickwinkel unberücksichtigt ließ. Für Crowe waren diese Diskussionen häufig eine ermüdende Zeitverschwendung. Bush brachte einmal selbst einen solchen Redeschwall zum abrupten Versiegen mit der Bemerkung: »Dieses Thema ist sterbenslangweilig. Vertagen wir es.«

»Amen«, murmelte Crowe unhörbar.

Crowe wußte, daß er trotz seines eindrucksvollen Titels nur eine unbedeutende Position in der Regierung innehatte, und das frustrierte ihn. Nach den Buchstaben des Gesetzes war

er der oberste Militärberater des Präsidenten, des Verteidigungsministers und des NSC, aber eben nur ein Berater. Er befehligte keine Truppen, und rein technisch gesehen gehörten weder der Vorsitzende noch die vier Chefs der Teilstreitkräfte der Befehlshierarchie an, die vom Präsidenten über den Verteidigungsminister zu den CINCs (Oberbefehlshabern) der zehn wichtigsten Kommandos lief. Der Vorsitzende hatte direkt nur die 1600 Schreibtisch-Offiziere aus allen vier Teilstreitkräften unter sich, die den Stab aller Teilstreitkräfte (Joint Staff) des Pentagon bildeten. Alle Macht, die er besaß, beruhte fast ausschließlich auf seinen Beziehungen zum Präsidenten und zum Verteidigungsminister.
Ein am 14. Januar 1987 von Präsident Reagan unterzeichnetes Memorandum hatte Crowe faktisch in die Befehlshierarchie eingebunden, indem es anordnete, daß »der Nachrichtenaustausch zwischen dem Präsidenten und dem Verteidigungsminister« und den zehn CINCs »durch den Vorsitzenden der Vereinten Stabschefs vermittelt wird.« Aber Ratschläge und Nachrichtenaustausch konnten eine ziemlich magere Kost sein in einem Geschäft, bei dem es um Befehlen und Gehorchen geht.
Die alltäglichen Routineaufgaben in diesem Job wurden ihm immer mehr zur Last. Das Kapitol war manchmal eine wahre Qual. Wenn er den wichtigsten Ausschüssen den Jahresetat präsentierte, mußte er stundenlang dasitzen und zuhören, wie sich ein Abgeordneter nach dem anderen über sein politisches Lieblingsthema ausließ. Am Ende eines solchen Hearings flüsterte Crowe einem Referenten zu: »Das mache ich nicht noch einmal mit.« Am nächsten Tag ging er zu Cheney und sagte, er habe sich endgültig entschlossen, aus dem Amt auszuscheiden.
Crowe war klar, daß er, falls Bush alle seine Kompetenzen ausspielte und ihm zu bleiben befahl, womöglich keine Wahl hatte. Er mußte einen Weg finden, dem Präsidenten seinen

Entschluß zu erläutern, ohne daß es so aussah, als lehnte er Bush oder dessen Regierung ab.

Schließlich ging er ins Weiße Haus und setzte sich mit Bush zusammen. Nachdem er erklärt hatte, daß seine Frau, Shirley, und er den Entschluß zu gehen gemeinsam gefaßt hatten, sagte er zu Bush: »Ich werde diese Entscheidung sicher manchmal bedauern. Da bin ich sicher. Aber ich weiß genau, daß ich fünfzig oder sechzig Prozent meiner Arbeit nicht eine Minute lang vermissen werde.«

Crowe mußte noch Frühling und Sommer in seinem Amt ausharren, bis sein Vertrag auslief, und es gab eine ganze Liste von Problemen, die seine Aufmerksamkeit beanspruchten. Panama rangierte ziemlich weit oben. General Manuel Antonio Noriega, der starke Mann, der das Land kontrollierte, gab Anlaß zu großer Besorgnis. Noriega, der unter dem Verdacht stand, in illegale Drogengeschäfte verwickelt zu sein, führte ein total korruptes Regime. Obwohl er einmal eine der Hauptstützen des CIA in Lateinamerika gewesen war, sah die Regierung ihn nun als Verbrecher und Feind der amerikanischen Interessen an. Da der strategisch wichtige Panamakanal ab der Jahrhundertwende nicht mehr von den USA, sondern von Panama kontrolliert werden sollte und da zum gegenwärtigen Zeitpunkt 12.000 amerikanische Armeeangehörige, zum Teil mit Familie, in Panama lebten, wollte die Bush-Administration Noriega von der Macht entfernt sehen.

Crowe wußte, daß der für Panama verantwortliche Oberbefehlshaber (CINCSOUTH genannt), General des Heeres Frederick F. Woerner, Jr., vom Kommando Süd, im Ruf stand, ein Schlappschwanz zu sein. Crowe mochte und respektierte ihn, doch erkannte er, daß Woerner, der nie einen höheren Posten im Pentagon bekleidet hatte, nichts von Washingtoner Politik verstand. Der neue Assistant Secretary

für interamerikanische Angelegenheiten im Außenministerium, Bernard W. Aronson, führte eine Kampagne für ein härteres Durchgreifen gegen Noriega, wenn nötig sogar unter Militäreinsatz, und Woerner setzte sich dem entgegen. Woerner war generell gegen eine aggressive US-Militärintervention in Lateinamerika. Kurz nach Bushs Amtseinführung hatte Woerner öffentlich von einem politischen Vakuum in der Panamafrage innerhalb der Regierung gesprochen. Scowcroft selbst hatte Woerner deswegen gerügt, mit den Worten: »Sie sollen wissen, daß der Präsident über Ihre Rede empört war.«
Einige Kongreßabgeordnete, die Panama besuchten, um die Wahlen vom 7. Mai 1989 zu beobachten, hielten Woerner fast für einen Pazifisten, weil er Noriega gestattete, amerikanische Staatsbürger zu bedrohen. Leute vom Stab des Kommando Süd machten gar schon Witze über ihn, indem sie behaupteten, sein Hauptquartier melde sich am Telephon nur mit »Wimp Command« (Wimp = Schlappschwanz, A. d. Ü.). Die Abgeordneten drängten Bush, ihn zu feuern. Crowe war bei einer Sitzung im Weißen Haus, in der Scowcroft die Beschwerden zur Sprache brachte.
»Teufel nochmal, Brent«, sagte Bush, »wenn wir jeden auswechseln, über den sich die Abgeordneten beschweren, hätte ich in einer Woche keinen Job mehr.«
Alle Teilnehmer der Sitzung lachten. Crowe war froh, daß Woerners Job zumindest für den Moment sicher schien. Danach hatte Crowe eine harte Diskussion von Mann zu Mann mit Woerner, wobei er ihm erklärte, wie wichtig es ist, angereiste Kongreßabgeordnete bei Laune zu halten.
Am Mittwoch, dem 10. Mai, sah Crowe im Fernsehen die Berichte aus Panama in den Abendnachrichten. Drei Tage zuvor hatten Noriegas handverlesene Kandidaten eine Wahlschlappe erlitten, doch er annullierte die Wahl. Die Oppositionskandidaten, denen der Wahlsieg gestohlen wor-

den war, hatten sich in der Via España in Panama Stadt zu einer Protestdemonstration von hupenden Autos versammelt, an der Tausende teilnahmen. Es war eine selten mutige Tat der ansonsten recht ängstlichen Opposition gegen Noriega. »Nieder mit der Ananas«, skandierten die Demonstranten auf Spanisch – sie bedienten sich eines Spitznamens, der auf Noriegas von Akne-Narben gezeichnetes Gesicht anspielte.

Als Gegenschlag griffen die sogenannten Bataillone der Würde (Dignity Battalions, im Pentagon kurz Digbats genannt), paramilitärische Einheiten Noriegas, die Kandidaten der Opposition an.

Der Präsidentschaftskandidat der Opposition, Guillermo Endara, ein 52jähriger Mann, der 110 Kilo auf die Waage brachte und ein dickes, sanftes Jungengesicht hatte, wurde von einer Eisenstange, die einer der Digbats schwang, am Kopf getroffen. Der Leibwächter von Guillermo »Billy« Ford, zweiter Kandidat der Opposition für das Amt des Vizepräsidenten, wurde erschossen. Ford selbst wurde im Fernsehen gezeigt, wie ihn eine Faust traf und dann noch eine. Er taumelte aus seinem Auto und torkelte über den Gehsteig. Blut verklebte seine Augen und lief über sein weißes Hemd. Als ein anderer Mann auf ihn zukam und mit einem Rohr nach ihm ausholte, schlug Ford blind um sich.

Dieser Film und ein weiterer, der Endara im Krankenhaus zeigte, flimmerte wieder und wieder über die amerikanischen Fernsehschirme. Das Bild des weißhaarigen Ford, seines vom Volk bestimmten Amtes beraubt, blutüberstömt und zeitweilig blind, wurde sofort zum Symbol für Unrecht und Chaos in Panama.

Die Fernsehberichte rüttelten Crowe auf, und er ging noch am selben Abend in Zivil ins Pentagon. Fünf unbestätigte Berichte von Übergriffen auf amerikanische Militärangehörige in Panama waren bereits eingegangen. Der Vorsitzende der Vereinten Stabschefs erhielt bald die Meldung, daß er sich später an diesem Abend zu einem Gespräch mit Bush und dem nationalen Sicherheitsteam im Weißen Haus einfinden solle.

Crowe hatte Panama bis obenhin satt. Nichts hatte funktioniert – weder die Anklage des Justizministeriums gegen Noriega wegen Drogen 1988 noch die abgebrochenen Verhandlungen über ein Fallenlassen der Anklage, wenn Noriega abträte, noch die Wirtschaftssanktionen, noch verdeckte Operationen des CIA, mit denen Noriega aus dem Sattel gehoben werden sollte. Crowe hatte bereits ernsthafte Schwierigkeiten gehabt mit dem nun ausgeschiedenen Elliott Abrams, Reagans aufsässigem Assistant Secretary für interamerikanische Angelegenheiten im Außenministerium, der ihn praktisch einen Feigling nannte, als Crowe sich scheute, das Militär zum Rausschmiß Noriegas einzusetzen.

Crowe war eher skeptisch, was den Einsatz des Militärs betraf, nicht nur in Panama. Er wußte, daß Präsidenten manchmal ehrgeizige, hochfliegende Ideen hatten, was sie mit militärischen Mitteln alles erreichen konnten. Krieg war jedoch in Crowes Augen eine schmutzige, unvorhersagbare Angelegenheit, nicht etwas, das man als eines von vielen Mitteln der Außenpolitik ansehen sollte. Er favorisierte begrenzte Gewaltanwendung, kleine Schritte zur Verfolgung wohl definierter, erreichbarer Ziele. Der erste militärische Ernstfall seiner Amtszeit, die Bombardierung Libyens im April 1986, hatte nur Minuten zur Durchführung gebraucht und sein Ziel direkt erreicht, nämlich Gaddafi in sein Zelt zurückzujagen. Crowe unterstützte 1987 die Entscheidung, Kuwaitische Öltanker im Persischen Golf durch die US-Marine eskortieren zu lassen, eine Mission mit dem begrenzten, spezifischen Ziel, den freien Fluß der Öltransporte zu schützen. Die Ziele in Panama lagen auf der Hand: Schutz der US-Bürger und der amerikanischen Interessen und die Einsetzung einer befreundeten, demokratischen Regierung. Die Frage war nur, welche Mittel man zu diesen Zwecken brauchte.

Im April 1988 hatte Crowe eine detaillierte Überprüfung der geheimen Eventualfallpläne, genannt ELABORATE MAZE (durchdachtes Labyrinth), genehmigt, die der Stab aller Teilstreitkräfte in der Schublade hatte für den Fall, daß das Militär in Panama eingesetzt werden mußte. Crowe wie Woerner waren der Ansicht, daß die ELABORATE MAZE Pläne unbefriedigend seien, weil sie nicht die ganze Palette möglicher Szenarios abdeckten.

Er hatte Woerner eine Serie neuer Pläne für Panama entwickeln lassen, unter anderem, um Elliott Abrams und dem State Department zu demonstrieren, daß das Pentagon bereit war. Die neuen Pläne hatten insgesamt den Codenamen PRAYER BOOK (Gebetbuch) erhalten, obwohl jeder einzelne noch eine eigene geheime Bezeichnung trug:

POST TIME war ein Plan, nach dem die Vereinigten Staaten einseitig den Panamakanal in Krisenzeiten verteidigen sollten, durch Stationierung von Truppen entlang seinem Lauf, damit er weiter benutzt werden konnte. Kritische Punkte wie die Schleusen und der Madden Dam, eine wichtige Wasser- und Energiequelle für den Kanal, würden militärisch gesichert.

KLONDIKE KEY nannte man eine »nicht genehmigte NEO«, das bedeutete eine Noncombatant Evacuation Operation (Operation zur Evakuierung Unbeteiligter), durchgeführt ohne die Genehmigung des Gastlandes. Es war ein massiver Plan, die Kontrolle über Panama Stadt zu bekommen und militärische und zivile Flugzeuge, auch Flugzeugträger mit Hubschraubern an Bord, zum Ausfliegen von US-Bürgern einzusetzen. Wegen der hohen Anzahl von US-Amerikanern in Panama, die nicht den kämpfenden Einheiten angehörten, hatten viele erfahrene Militärexperten den

Eindruck, die Aktion wäre zu aufwendig und deshalb undurchführbar. Doch die Ereignisse im Nahen Osten hatten die gesamte Reagan-Administration, den Präsidenten eingeschlossen, wachsam werden lassen gegen die Gefahr möglicher Geiselnahmen. Deshalb wurde der Plan trotz aller Zweifel zu Ende entwickelt.

BLIND LOGIC war ein wesentlich weniger aufwendiger Plan, nach dem Militärexperten mit zivilen Fähigkeiten aufgeboten werden sollten, um der Bevölkerung Panamas bei der Einsetzung einer neuen Regierung zu helfen. Dieser Plan sollte nur ausgeführt werden, wenn eine neue Zivilregierung um Unterstützung bat.

BLUE SPOON (Blauer Löffel) war ein Plan für offensiven Militäreinsatz der USA gegen die von Noriega kontrollierten Truppen, die Panamanian Defense Forces (PDF). Der Einsatz würde von Panama aus durchgeführt, unter dem Befehl des örtlichen Oberbefehlshabers des Heeres, der einen Kampfverband aus Einheiten aller Teilstreitkräfte (Joint Task Force, JTF) befehligen sollte.

***

In der Nachtsitzung im Weißen Haus am 10. Mai stellte Crowe fest, daß Noriegas Annullierung des Wahlsieges der Opposition als gewaltiger Rückschlag für die amerikanische Politik angesehen wurde. Präsident Bush brannte darauf, etwas zur Lösung des Noriega-Problems zu unternehmen. Aber er stellte einen in Crowes Augen zentralen Punkt klar heraus: Die USA durften keinesfalls das Risiko eingehen, Noriega über Nacht zum Märtyrer zu machen.

Wenn die Übergriffe gegen US-Soldaten eskalierten und es zu physischen Attacken gegen Amerikaner kam, ähnlich denen gegen die panamaischen Oppositionsführer, würde die Lage untragbar, sagte Bush. Fernsehbilder von niedergeknüppelten und mit blutbeschmierten Hemden fliehenden Amerikanern würden ein unverzügliches Eingreifen erfordern.

Crowe sagte, er wolle erst sicherstellen, daß die Amerikaner zum Gegenschlag besser gerüstet waren.

Da Crowe wußte, daß Jim Baker den größten Einfluß auf Bush hatte, beobachtete er genau, wo der Außenminister in der Panama-Frage stand. Als Reagans Finanzminister hatte Baker argumentiert, Noriega sei so viel Beachtung gar nicht wert. Doch später war Baker Bushs Wahlkampfmanager gewesen, als Bush öffentlich eine harte Haltung gegen Noriega einnahm und sich einem Deal mit ihm in der Drogensache widersetzte. Das hatte die Noriega-Frage erneut in den Vordergrund geschoben und beinhaltete das Versprechen, daß Bush als Präsident eine Lösung finden würde.

»Hätten wir gewußt, daß wir die Wahl so deutlich gewinnen«, sagte Baker nun nur halb im Scherz, »hätten wir uns nicht eine so tiefe Grube gegraben.«

Obwohl Baker bei weitem kein Elliott Abrams war, konnte Crowe sehen, daß er von der Aktionswut seines Ministeriums angesteckt war, wo man, so schien es Crowe, militärische Lösungen zu oft als das erste Mittel ansah statt als allerletztes.

Bush sagte, er wollte die offenkundige Anti-Noriega-Stimmung, die sich immer mehr in Panama ausbreitete, nutzen und gleichzeitig herausfinden, ob die Fernsehbilder vom brutalen Vorgehen gegen Billy Ford nicht dazu verwendet werden könnten, Unterstützung im Kampf gegen Noriega aus anderen lateinamerikanischen Staaten zu bekommen.

Der Tenor der Sitzung war, daß die Regierung angemessene, symbolische Schritte einleiten sollte.

In dieser Nacht verlas Marlin Fitzwater, Bushs Pressesprecher, eine gemäßigte öffentliche Erklärung des Präsidenten, in der er die Gewalttaten verurteilte.
In den nächsten 24 Stunden versuchten Crowe und Cheney, eine militärische Empfehlung an den Präsidenten zu formulieren.
Wie so viele militärische Pläne ließ sich der sorgfältig ausgearbeitete, vierteilige Stufenplan PRAYER BOOK nicht auf die entstandene Situation anwenden: Der Kanal war nicht in Gefahr, zu einer vollständigen Evakuierung der Zivilisten bestand kein Anlaß, es gab keine neue Regierung, die Unterstützung brauchte, und eine offensive Operation gegen die Panamanian Defense Forces (Panamaische Verteidigungstruppen, PDF) wäre zu extrem.
Crowe empfahl Cheney, sie sollten vorschlagen, die US-Truppenstärke in Panama um eine Brigade von 2000–3000 Mann zu erhöhen. Das konnte mit einigem Applomb geschehen, um eine wichtige psychologische Botschaft an Noriega und die PDF zu senden. Cheney stimmte zu.
Crowe rief Woerner über die abhörsichere Leitung an. Er fragte zunächst, ob Woerner noch einige Ergänzungen zu den Richtlinien für den Ernstfall – Leitlinien für den Kampf, Vorschriften, wann militärische Gewalt benutzt werden konnte und welche Mittel anzuwenden waren – brauchte oder wünschte, damit er seine Truppen in eine aggressivere Stellung bringen konnte.
Woerner verneinte und setzte hinzu, daß kein einziger ernsthafter Fall unberechtigten Einsatzes von Gewalt durch seine 12.000 Mann bisher vorgekommen sei. Er wolle die Regeln möglichst einfach halten.
Crowe schlug vor, Verstärkung in Höhe einer Brigade zu schicken, aber Woerner sagte, das sei nicht notwendig. Als Crowe versuchte, ihm zu erklären, daß es mehr um eine Botschaft an Noriega ginge, sagte Woerner, die Ankunft von

Tausenden von Soldaten könnte eine höchst unwillkommene Belastung sein.
Die Dinge veränderten sich rasch, sagte Crowe, und Woerner müsse eventuell aus politischen Gründen ein Truppenkontingent akzeptieren.

* * *

Crowe entschied, daß noch ein Schritt zur Vorbereitung auf einen möglichen Ernstfall getan werden konnte. Die geheime Verlegung einer kleinen Spezialeinheit für besondere Einsätze aus den besten Elitetruppen konnte angeordnet werden. Kurz nach der fehlgeschlagenen Geiselbefreiung im Iran 1980 (Desert I), hatte das Verteidigungsministerium das Joint Special Operations Command (Vereintes Oberkommando für Spezialoperationen, JSOC) ins Leben gerufen, um antiterroristische Operationen durchzuführen. JSOC stand unter der Führung eines Generalmajors des Heeres und war in Fort Bragg, North Carolina, stationiert. Ihm unterstanden Kampfeinheiten auf mehreren Ebenen. Die oberste Ebene bestand aus drei Delta Einheiten des Heeres und den SEAL (Sea-Air-Land) Teams der Marine.
Jede Delta-Einheit umfaßte 120 bis 130 Soldaten mit genügend Feuerkraft, um jedes Gefecht wie eine nicht-nukleare Version des Dritten Weltkriegs aussehen zu lassen. Der Dienst in einer Delta-Einheit dauerte fünf Jahre, und das Durchschnittsalter der Soldaten lag bei 30 Jahren. Jeder Angehörige einer solchen Einheit hatte Erfahrung und war in der Lage, sich in den meisten Ländern verdeckt zu bewegen. Im Ausland kleideten sich Delta-Angehörige in Zivil, sprachen die Landessprache, trugen vielleicht das Haar lang und taten, was immer notwendig war, um sich in eine Kultur

oder Gegend einzupassen. Eine Einheit befand sich immer in Alarmbereitschaft, war innerhalb von vier Stunden marschbereit.

SEAL Team 6, das Äquivalent zu Delta innerhalb der Marine, war die Top-Elite der drei ungemein starken SEAL Teams – das beste der Besten. Die Mitglieder des Teams hatten ein Durchschnittsalter von etwa 20 und mußten körperlich in Höchstform sein, weil sie eventuell erst stundenlang schwimmen mußten, bevor sie an Land kämpften. Das in Norfolk stationierte SEAL Team 6 hatte Hunderte von Mitgliedern, die in Verbände zu 30 Mann aufgeteilt waren; Züge von jeweils 14 Mann konnten individuell eingesetzt werden. Ausgestattet mit allem erdenklichen Material, von hochentwickelten Taucherausrüstungen, die beim Atmen keine Luftblasen entstehen ließen, bis hin zu den neuesten Abhör- und Überwachungseinrichtungen, konnte SEAL Team 6 den Mitteln, die den USA gegen weitere Schritte Noriegas zur Verfügung standen, eine neue Dimension hinzufügen.

Die Verlegung dieser Spezialeinheiten würde dem Präsidenten ein hohes Maß an Flexibilität verleihen, und außerdem befände sich das beste Team zur Geiselbefreiung vor Ort. Crowe telephonierte über die abhörsichere Leitung mit dem Kommandeur von JSOC und kündigte an, daß einige seiner Truppen vielleicht gebraucht würden.

Cheney billigte Crowes Empfehlung an den Präsidenten, ein Delta Team und Teile von SEAL Team 6 nach Panama zu verlegen.

Dann rief Crowe Fred Woerner in Panama an. Wieder sagte der General, er wünsche die neuen Truppen nicht, die das Pentagon schicken wollte. Es war Crowe in seiner gesamten Karriere noch nicht oft passiert, daß ein Kommandeur zusätzliche Truppen ablehnte. Crowe deutete an, daß ein Truppenkontingent von etwa 2000 Mann plus ein Delta

Team und eine SEAL Einheit kommen würden, wenn der Präsident seine Genehmigung gab.

Woerner machte sich Sorgen wegen des Drucks aus Washington. Der BLUE SPOON Eventualfallplan sah eine Delta Einheit zur Gefangennahme Noriegas vor, und jetzt war eine Delta Einheit unterwegs. Die Vereinigten Staaten hatten damit einen weiteren Schritt hin zu einer militärischen Intervention getan, die Woerner noch immer ganz und gar mißbilligte. Er stellte klar heraus, daß er eine Kidnapping-Operation – sei es als Teil von BLUE SPOON oder unabhängig davon – schlicht für zu riskant hielt. Wenn es schiefging, hätte das unweigerlich eine größere Eskalation zur Folge, die alle US-Bürger in Panama in Gefahr brachte.

Die Wahrscheinlichkeit, daß ein Kidnapping gelang, schien Woerner äußerst gering. Noriega war für die amerikanischen Nachrichtendienste kaum auszurechnen. Woerner wußte nur gelegentlich, wo Noriega unlängst gewesen war, wußte selten, wo er sich gerade aufhielt, und wußte nie, wo er in der nächsten Zeit sein würde – eine Voraussetzung, um ihn überhaupt zu schnappen.

Aus einer geheimen Quelle, von Colonel Guillermo Wong, dem Chef von Noriegas militärischem Nachrichtendienst, hatte das Kommando Süd erfahren, daß Noriega zwei Pläne entwickelt hatte, die umgesetzt werden sollten, falls er persönlich angegriffen wurde oder falls US-Truppen ihn jagten. Der eine war, sich in die Hügel zurückzuziehen und von dort einen Guerillakrieg zu führen; der zweite war, amerikanische Geiseln zu nehmen. In dem Bewußtsein, daß eine gescheiterte Entführung den äußersten Alptraum einer Geiselnahme auslösen konnte, hielt Woerner insgeheim jede Form einer Kidnapping-Operation für »völligen Unsinn«.

* * *

Obwohl er seine Zweifel hatte, ob eine Entführung Noriegas klug wäre, wußte Crowe, daß er diese Möglichkeit zu berücksichtigen hatte. Aber bevor er zu einer eigenen Schlußfolgerung gelangte, mußte er eine genauere Vorstellung bekommen, was für Cheney akzeptabel wäre. Crowe spürte, daß er mit Cheney noch nicht auf einer Wellenlänge war, daß er den Menschen unter dieser glatten Oberfläche nicht kannte. Einmal während eines privaten Gesprächs hatte Cheney seine Deckung fallengelassen. »Sie wissen ja«, sagte er zu Crowe, »der Präsident hat schon immer eine Vorliebe für politische Racheakte gehabt.« – ›Mach Bush Ärger, und du zahlst dafür‹, sagte er und untermauerte seine These mit ein paar Namen. Dann fügte er noch hinzu: ›Bush hat ein gutes Gedächtnis, also ist man besser auf der Hut.‹

Was für eine bedeutende Erkenntnis, überlegte Crowe. *Bush hat ein gutes Gedächtnis, also ist man besser auf der Hut.* Cheneys Maske war für einen Augenblick verrutscht. War das Absicht – eine Warnung für Crowe? Oder eine Mahnung an Cheney selbst? Crowe tappte völlig im dunkeln. Aber offenbar hatte Cheney Angst vor Bush.

Der neue Minister wirkte nicht gerade zimperlich, was die aggressiven Aktionen gegen Panama anlangte, die nun in Betracht gezogen wurden. In seinen ersten beiden Monaten im Pentagon hatte er darauf bestanden, über mögliche Vergeltungsmaßnahmen für das Attentat auf den Pan Am Flug 103 informiert zu werden. Am 21. Dezember war an Bord dieses Fluges über der schottischen Stadt Lockerbie eine Bombe explodiert und hatte 270 Menschen getötet. Libyen, Syrien und Iran standen in Verdacht, in den Anschlag verwickelt zu sein. Cheney hatte Vergeltungsmaßnahmen im Prinzip gebilligt, vorausgesetzt es ließ sich mit Sicherheit nachweisen, welches Land für den Terrorakt verantwortlich war. Trotz dieses frühen Hinweises auf Cheneys Bereit-

schaft, Waffengewalt einzusetzen, konnte Crowe nicht wissen, wie der Minister zu einer Entführung Noriegas stand.
In einer Sitzung erwähnte Crowe diese Möglichkeit Cheney gegenüber, sagte aber dazu, daß es sehr riskant wäre und nicht unbedingt klug. Cheney erfragte die Einzelheiten dieser Option und sagte, er wäre dafür, wenn sich eine günstige Gelegenheit ergäbe – wenn es gutes nachrichtendienstliches Material über Noriegas Aufenthaltsort gab oder er etwas sehr Provozierendes tat. Nicht jedoch, so Cheney weiter, wenn eine solche Entführung politisch negative Auswirkungen hätte.
Am Donnerstag, dem 11. Mai, schlossen Cheney und Crowe die Arbeit an ihrer Empfehlung für den Präsidenten ab: Eine groß angekündigte Truppenentsendung und die geheime Verlegung einer Delta Einheit und eines Teils von SEAL Team 6. Bush stimmte zu.
An diesem Nachmittag erschien der Präsident kurz vor der Presse im Weißen Haus, um anzukündigen, daß er in den nächsten Tagen weitere 1881 amerikanische Soldaten nach Panama entsenden werde. Auf die Frage, ob die Vereinigten Staaten einem Staatsstreich gegen Noriega wohlwollend gegenüberstünden, wich Bush aus: »Ich habe klargestellt, was mein Interesse in dieser Angelegenheit ist. Demokratie in Panama und Schutz für die amerikanischen Staatsbürger in Panama.«
Bei einem späteren Pressebriefing wurde Scowcroft gefragt, was die neuen Truppen in Sachen Wahlbetrug denn tun sollten. Er sagte: »Ich erinnere mich nicht, daß der Präsident gesagt hat, die Truppen seien dort, um die Demokratie wiederherzustellen.« Die Entsendung war einfach »eine wohlüberlegte Vorsichtsmaßnahme«.
Die Operation erhielt den Codenamen NIMROD DANCER und bestand aus 1716 Soldaten des Heeres und 165 Marines.

Am folgenden Tag, Freitag, den 12. Mai, autorisierte Cheney formell den geheimen Teil der Stationierung.
Diejenigen, die Zugang zu den Einzelheiten dieser geheimen Verlegungsoperation hatten, erfuhren meist nur, daß die Truppen für eine mögliche Geiselbefreiung dort stationiert wurden. Da Noriega und seine Bataillone der Würde gegen die Amerikaner in Panama vorgehen könnten, wurde es allgemein als kluge Vorsichtsmaßnahme angesehen, Truppen zur Verfügung zu haben, die eine komplizierte Rettungsaktion durchziehen konnten.
Doch die Delta Einheit hatte noch eine andere Mission. Einen Monat zuvor war ein CIA-Mitarbeiter namens Kurt Muse von den PDF festgenommen worden, wegen des Betriebs eines geheimen Radiosenders, der Teil der verdeckten Operation des CIA zur Absetzung Noriegas war. Geheimdienstberichten zufolge stand vor seiner Zelle ein Soldat mit einer Maschinenpistole Wache; dieser hatte den Befehl, Muse sofort zu erschießen, falls feindselige Manöver der Amerikaner bekannt wurden.
Der CIA war sehr in Sorge wegen Muse und wollte unbedingt eine Wiederholung der Ereignisse in Beirut 1984 vermeiden, als der dortige CIA-Chef William Buckley entführt und ermordet worden war. Bei diesem Vorgang hatte die Behörde wegen ihrer Unfähigkeit, einen eigenen Mann aufzuspüren und zu befreien, eine schwache Figur gemacht. Deshalb drängte CIA-Direktor William H. Webster Cheney, das Militär einen Plan zur Rettung von Muse entwerfen zu lassen, der sehr schnell umgesetzt werden könnte.
Muses Ehefrau arbeitete als Angestellte des Verteidigungsministeriums in Panama, deshalb hatte Muse als ihr Mann das Recht auf regelmäßige Besuche eines amerikanischen Anwalts und Arztes. Diese berichteten, daß Muse, der im Modelo-Gefängnis, gegenüber von Noriegas Hauptquartier,

saß, gut behandelt wurde. Als Noriegas amerikanische Geisel jedoch war er äußerst gefährdet.

Ein Spezialplan mit dem Codenamen ACID GAMBIT wurde entwickelt, nach dem ein Delta Team den Agenten Muse in einer Aktion von nur neun Minuten Dauer befreien sollte.

Vom rein operativen Standpunkt aus betrachtet – ein Delta oder SEAL Team befreit eine amerikanische Geisel oder einen amerikanischen Gefangenen –, unterschied sich diese Aktion nicht sehr von einer Entführung Noriegas aus der Mitte seiner schwerbewaffneten Leibwächter.

* * *

Crowe sah, daß der Präsident – der ehemalige CIA-Direktor Bush – sehr besorgt war wegen des gefangengehaltenen Agenten. Bush hatte auch klar zum Ausdruck gebracht, daß er das Militär in der Lage wissen wollte, Noriega festzunehmen und in die USA vor Gericht zu bringen. Die Konsequenzen eines solchen Eingriffs in einen souveränen Staat zur Festnahme seines Führers konnten immens sein; doch Crowe sah kein Anzeichen dafür, daß die möglichen Konsequenzen in Rechnung gestellt wurden.

»Ich kann nicht vorhersagen, was der Präsident tun wird«, sagte der Vorsitzende dem JSOC-Kommandeur am abhörsicheren Telephon, »aber halten Sie sich bereit.«

* * *

Am Samstag, dem 13. Mai, bestieg Bush die Präsidentenmaschine, Air Force One, um nach Mississippi zu fliegen, wo er bei der Verleihung der akademischen Würden eine Rede halten sollte. Er ließ alle mitreisenden Journalisten in seine Kabine kommen, um zu sagen, daß er keinen Streit mit dem panamaischen Militär habe, sondern nur mit Noriega und dessen »Gaunerbande«. In seinem schärfsten öffentlichen Kommentar bislang rief Bush das panamaische Volk und Militär zum Sturz Noriegas auf. »Sie sollten alles unternehmen, um Mr. Noriega loszuwerden«, sagte er. Es war höchst ungewöhnlich, daß ein Präsident öffentlich zu einem Putsch aufrief und den Herrscher eines anderen Staates für vogelfrei erklärte. Auf die Frage, ob er denn dabei Grenzen ziehen wollte, sagte er: »Nein, ich würde dabei nicht zur Vorsicht mahnen.«

***

Crowe sandte eine persönliche Geheimbotschaft an General Woerner, in der er einen Plan für neue Manöver der US-Streitkräfte in Panama vorschlug, um die amerikanischen Rechte im Rahmen der Verträge über den Panamakanal aggressiv zu behaupten. Am 17. Mai antwortete Woerner, daß er bereit sei.
In einem abhörsicheren Telephongespräch erklärte Crowe Woerner, daß Bush zur Genehmigung der Manöver entschlossen sei. »Aber verstehen Sie mich richtig – es darf keine Provokationen geben«, fügte Crowe hinzu.
Woerner hatte sich daran gewöhnt, eine Panama-Politik umzusetzen, die aus einer endlosen Reihe von Spitzfindigkeiten und Nadelstichen bestand. Er interpretierte Crowes neue Instruktionen so, daß das Kommando sich einschüchternd verhalten sollte, Entschlossenheit und Härte zeigen und in Noriega Zweifel über die Absichten der USA aufkommen lassen sollte, *aber* keine Initiative ergreifen durfte, die einen bewaffneten Gegenschlag der PDF auslösen konnte. Das schien eine sehr feine Trennungslinie zu sein.

In den folgenden Tagen zog sich Noriega zurück. Woerner erhielt Geheimdienstberichte, unter anderem von Colonel Wong, nach denen Noriega seinen Truppen einschärfte, sich bei Zusammentreffen mit Amerikanern äußerst vorsichtig zu verhalten. Sie sollten den Amerikanern keinesfalls eine Rechtfertigung für einen bewaffneten Gegenschlag liefern. Laut einem dieser Reports warnte Noriega: »Pinkelt den Amerikanern ja nicht ans Bein.«

* * *

Cheney erkannte, daß Woerner ein Panama-Experte war – vielleicht sogar zu sehr. Dem Minister gefiel der Unterton nicht, der bei den Reaktionen des Kommando Süd auf die Ereignisse herauszuhören war. Wenn irgendein aggressiver Vorschlag – Entsendung von Truppen etwa oder das demonstrative Behaupten amerikanischer Rechte – gemacht wurde, argumentierte Woerner mit Sicherheit dagegen. Der General führte immer gute Gründe ins Feld, doch schien er sich nicht für eine baldige Lösung des Noriega-Problems erwärmen zu können.
Cheney zog daraus den Schluß, daß sich Woerner zu sehr in Panama eingelebt hatte.
Für Cheney gab es nur zwei Optionen, wenn es in Panama brenzlig wurde: Die offensiven Operationen des BLUE SPOON Plans gegen die PDF auszuführen oder Noriega zu kidnappen. Woerner war von beiden nicht gerade begeistert. Und es waren auch kaum Umstände absehbar, durch die sich daran etwas ändern konnte.

* * *

Der scheidende Heeresminister Jack Marsh hatte gehört, daß in den oberen militärischen Rängen ein größeres Revirement bevorstand. Cheney war im Begriff, einen neuen Vorsitzenden der Vereinten Stabschefs suchen zu müssen. Am 30. Mai, als Cheney sich mit Marsh zu einem der berühmten Seewolf-Lunches im Heereskasino traf, wollte Marsh sicherstellen, daß Cheney einen General des Heeres für diesen Posten in Betracht zog. Deshalb sprach er in den höchsten Tönen von einem seiner Favoriten – General Maxwell Reid Thurman.

8

Kurz vor Mittag des 13. Juni eilte ein schmächtiger, durchschnittlich großer Mann mit breitem Kopf und dicker Brille über den E-Ring im zweiten Stock. Hätte er nicht seine grüne Heeres-Uniform mit den vier Sternen auf den Schulterklappen getragen, wäre er wahrscheinlich für einen Finanzbuchhalter des Pentagon gehalten worden.
Als Junggeselle und *workaholic* machte es ihm nichts aus, wenn sein Stab und er die Nächte und Wochenenden durcharbeiten mußten. Er sprach mit unverblümter Entschiedenheit, und er akzeptierte keine Ausflucht oder Entschuldigung. Es gab vielleicht in der ganzen US-Armee keinen energischeren Mann.
General Maxwell Thurman, 58, traf sich zu einem privaten Lunch mit Jack Marsh und Cheney. Marsh hatte das Treffen arrangiert. Es war eine seltene Gelegenheit für Thurman, dessen Karriere sich dem Ende neigte, mit dem Verteidigungsminister zu reden. Der kommandierende General des Training and Doctrine Command (Kommando für Ausbildung und Militärdoktrin – das Gehirn des Heeres) seit 1987 hatte sein ganzes Leben, 28 Posten in 36 Jahren, als Offizier des Heeres verbracht, die letzten sechs Jahre als Vier-Sterne-General.
In zwei Monaten stand sein Abschied bevor, und wie die meisten Vier-Sterne-Offiziere verließ er die Armee, ohne je auf einen der repräsentativen Posten wie Chef einer Teilstreitkraft oder CINC gelangt zu sein. War sein Bekanntheitsgrad in der Öffentlichkeit auch nicht hoch, so wurde er dafür innerhalb der Armee entschädigt, wo er fast zur Legende geworden war; man kannte ihn als Mad Max, Maxatollah oder Kaiser Maximilian.

Das Büro des Heeresministers war so groß wie Cheneys. In der Mitte stand der riesige Lincoln Desk, ein Schreibtisch, der für Abraham Lincolns Sohn Robert gebaut worden war, als er von 1881 bis 1885 als Kriegsminister fungierte. Cheney nahm an dem kleinen Eßtisch Platz, direkt unterhalb eines ausladenden Gemäldes aus dem 19. Jahrhundert mit dem Titel *The Ragged Continentals*, welches General George Washington mit seinen erschöpften Truppen in zerschlissenen, verdreckten Uniformen in Valley Forge zeigte. Marsh saß am Kopf des Tisches, von wo er durchs Fenster auf den Nationalfriedhof Arlington sehen konnte. Er fand es durchaus richtig, daß der Heeresminister und derjenige der Marine – dessen Büro sich ein Stockwerk höher befand – diesen Blick über scheinbar endlose Reihen weißer Grabsteine hatten, als Mahnung an den wahren, meßbaren Preis des Krieges.

Als sie mit dem Lunch begannen, sagte Thurman sofort, daß er seine Meinung »ungeschminkt« darlegen werde, ohne Schönfärberei oder diplomatisches Getue. Er beschrieb, wie er die modernen Rekrutierungsmethoden des Heeres entwickelt und beim Aufbau der reinen Freiwilligen-Armee geholfen hatte, wodurch aus einer demoralisierten, ausgelaugten Truppe wieder eine stolze Armee geworden war.

Thurman wußte, daß Cheney von mehreren Seiten, darunter das Weiße Haus, unter Druck gesetzt wurde, das Militär aktiver in den Kampf gegen Drogen einzubeziehen. »Sehen Sie, Mr. Cheney«, sagte Thurman, »ich weiß zwar nicht, was Sie davon halten, aber es gibt noch eine Menge Möglichkeiten bei der Drogenbekämpfung.« Das war ein Fall, in dem das Militär hinterherhinkte.

Das Verteidigungsministerium könne im Kampf gegen Drogen eine weit aggressivere Haltung einnehmen, sagte er. Die nachrichtendienstlichen Möglichkeiten waren überwältigend, wie Cheney wohl wußte. Die Fähigkeiten, von oben mit Satelliten zu spionieren und die finanziellen Transaktio-

nen zwischen Banken der ganzen Welt anzuzapfen, waren nicht hoch genug einzuschätzen. Kein Drogenbaron konnte dagegenhalten, wenn das Spionagepotential des Militärs auf den Plan trat. Ununterbrochene Radarüberwachung konnte zum Abfangen zahlreicher Drogenlieferungen führen.
Gleichzeitig konnten US-Spezialteams lokale Polizei- und Militärbehörden darin unterweisen, wie man die Außenposten der Drogenbanden überwältigte. Die USA standen im Drogenkrieg nicht hilflos da, versicherte Thurman. Es fehlte nur die Entscheidung, die vorhandenen Mittel einzusetzen.
Thurman echauffierte sich bei seinem Monolog. Es sei nur eine Frage des ernsthaften Willens, sagte er.
Cheney dachte, daß Marsh mit seinem Urteil über Thurman richtig lag. Schnörkellos und zupackend, das war er. Wenn Max das Kommando übernahm, dann passierte auch etwas. Wo viele hohe Offiziere nur Hindernisse sahen oder Entschuldigungen ins Feld führten, erkannte Thurman Möglichkeiten. Obwohl der General eine gewisse Ungeschliffenheit an sich hatte, die ihn als Vorsitzender der Stabschefs nicht in Betracht kommen ließ, war Cheney ziemlich sicher, daß sich ihm die Position eines CINC eröffnen würde, wahrscheinlich schon früher als erwartet.

* * *

Am 6. Juli erhielt Woerner einen Anruf vom Stabschef des Heeres, Carl Vuono, der sagte, er wolle nach Panama kommen, um Woerner zu sprechen. ›Warum?‹ fragte Woerner.
Vuono, ein guter Freund Woerners, wollte nichts rauslassen. Er sagte nur, daß er ungefähr eine Stunde bleiben würde.
Eine Stunde? Das verhieß nichts Gutes, dachte Woerner.

Aber erst vor einem Monat war er gebeten worden, seine Dienstzeit als CINC-SOUTH um ein weiteres Jahr zu verlängern, bis zum Sommer 1991.
Im Hauptquartier des Kommando Süd führte Vuono Woerner in einen kleinen Raum, damit sie ungestört waren.
»Fred«, sagte Vuono und sah dabei Woerner fest in die Augen, »der Präsident hat entschieden, einen Wechsel vorzunehmen.«
Woerner wurde übel, wie nach einem Tritt in die Magengrube. Seine 34 Jahre bei der Armee, sein ganzes Leben...
»Warum, Carl?«
»Ich weiß es nicht«, antwortete Vuono. »Der Heeresminister kam und erzählte es mir und sagte, ich dürfte es Ihnen nicht weitersagen.« Vuono erklärte, er habe Marsh gesagt, daß Woerner ein enger Freund von ihm sei, der jahrelang treu seinen Dienst geleistet habe und es nun zumindest verdiene, über die Entscheidung persönlich und unter vier Augen unterrichtet zu werden. Aber Woerner mußte es geheimhalten.
Woerner drängte. Warum hatte man ihn gefeuert?
»Ich weiß nicht, warum«, wiederholte Vuono. »Ich weiß nur, daß es eine unwiderrufliche Entscheidung ist.« Vuono schlug vor, einen Grund vorzuschieben – Gesundheit, Familie, ein anderer Job, irgend etwas.
Woerner wollte von einer solchen Geschichte nichts wissen. Er kannte die Spielregeln: Er tat seinen Dienst, solange es dem Präsidenten beliebte, und war auf die Unterstützung des Vorsitzenden und des Stabschefs des Heeres angewiesen.
45 Minuten später brach Vuono wieder auf, um nach Washington zurückzufliegen.
Woerner behielt die schmerzliche Neuigkeit für sich. Er hatte versprochen, sie geheimzuhalten, und es gab auch niemanden, mit dem er darüber hätte sprechen wollen. Es war oft seltsam, dachte er bei sich, was der Eid eines Offiziers

alles bedeutete. Nun war er gar dazu verpflichtet, seine eigene berufliche Auslöschung geheimzuhalten.

Als Woerner schließlich mit Crowe telephonierte, taten beide Männer so, als wüßten sie nichts. ›Wenn Sie das nächste Mal in Washington sind‹, sagte Crowe, ›dann schauen Sie doch auf jeden Fall bei mir vorbei.‹

Die Entscheidung war gefallen, als Crowe außer Landes war. Als er davon erfuhr, sagte er zu Cheney: »Ich wünschte, Sie würden so etwas nicht tun, ohne mich einzubeziehen.«

»Das Weiße Haus war das«, antwortete Cheney. Er machte Scowcroft für die Entscheidung, ihre Plötzlichkeit und ihre Unwiderruflichkeit verantwortlich.

Ein paar Tage später war Woerner in Washington. Er ging in Crowes Büro.

»Fred«, sagte Crowe, »ich glaube, Sie wissen, daß der Präsident sich zu einem Wechsel in Ihrem Amt entschlossen hat. Ich kann Ihnen nur sagen, daß ich nichts darüber weiß. Man hat mich nicht konsultiert. Die Entscheidung fiel, während ich in der Sowjetunion war.« Crowe schlug vor, gemeinsam den Verteidigungsminister im zweiten Stock aufzusuchen.

Cheney wies auf die bequemen Armstühle an seinem kleinen Konferenztisch und nahm selbst Platz.

»Der Präsident hat sich für einen Wechsel in Ihrem Amt entschieden«, sagte Cheney.

Schon wieder dieser Satz, dachte Woerner, als hätte man sie alle gleich programmiert. Er sagte so viel und verschleierte noch mehr. Cheney wirkte entspannt, schien sich weder entschuldigen noch verteidigen zu wollen, als er Woerner in die Augen sah.

»Nach 34 Jahren bei der Armee habe ich wohl das Recht auf eine Erklärung«, sagte Woerner, wobei er sich zusammennehmen mußte.

»Es hat nichts mit Ihnen oder Ihrer Leistung zu tun«, sagte Cheney. »Das ist eine rein politische Entscheidung.«
›Warum?‹ fragte Woerner. ›Was bedeutet das?‹
Crowe saß stocksteif auf seinem Stuhl und sagte kein Wort. Woerner bedrängte Cheney.
»Zeit für eine Veränderung«, sagte Cheney kurz. Ganz egal, wie Woerner die Frage stellte, mehr bekam er aus Cheney nicht heraus.
»Das können Sie nennen, wie Sie wollen«, sagte Woerner. »Für meine Begriffe bin ich abgesetzt worden – zum ersten Mal in meinem Leben.«
Cheney sagte nichts dazu. Als Woerner alle Möglichkeiten durchgespielt hatte, dieselbe Frage zu stellen, sagte Cheney, er wolle einen Zeitplan für die Übergabe des Kommandos erstellen.
Woerners letzter Tag sollte in zwei Monaten sein, also Ende September, darauf einigte man sich.
Crowe und Woerner erhoben sich, um zu gehen. Wie alle Generäle zu allen Zeiten, überlegte Cheney, hatte Woerner den Rausschmiß akzeptiert, er salutierte – und war am Ende immer noch ein Herr.
Schweigend stiegen Crowe und Woerner die 27 Stufen in den ersten Stock hinab. Crowe sagte nicht, ob er der Entscheidung zustimmte oder nicht. Sie war gefallen, der Präsident selbst hatte entschieden. So war das. Doch Crowe war verbittert. Wann immer *sie* – die Zivilisten – es wollten, konnten sie ihn einfach übergehen. Crowe hatte seine eigenen Bedenken wegen Woerner gehabt, aber die Entlassung war ungerecht. Woerner hatte die Politik des Präsidenten nach Geist und Buchstaben ausgeführt, und diese Politik besagte, eine bewaffnete Auseinandersetzung mit Noriega vorerst noch zu vermeiden.
Wenn das Weiße Haus seine Politik ändern wollte, dann sollte es offen Stellung beziehen und nicht um den heißen

Brei herumschleichen, indem man unterstellte, ein angeblich zögerlicher Kommandeur sei das Problem. Aber es war einfacher, Woerner zu feuern, Woerner die Schuld in die Schuhe zu schieben, Woerner auf die Tagesordnung zu setzen. Deshalb konnte Cheney keinen Grund nennen. Die Gleichgültigkeit aber, welche der Verteidigungsminister angesichts der Karriere eines Vier-Sterne-Offiziers an den Tag legte, ließ Crowe frösteln.

* * *

Später im Juli spürte Heeres-Chef Vuono Max Thurman in Santa Fe, New Mexico, auf. Es war nun nur noch einen Monat hin bis zum geplanten Abschied Thurmans, und er verschickte bereits Einladungen zu seiner Abschiedsfeier, um sicherzugehen, daß er keinen der vielen Kollegen, Freunde, Mentoren und Protégés vergaß, die sich im Laufe von 36 Jahren in der Armee angesammelt hatten.
Vuono erklärte, daß Woerner seinen Posten im Kommando Süd früher als erwartet verließ – »ein unprogrammierter Abschied« wurde es genannt. ›Würden Sie den Posten übernehmen, zwei Jahre dort runter gehen?‹ fragte Vuono.
»Hm«, antwortete Thurman. »Lassen Sie mich zehn Minuten darüber nachdenken, dann sage ich Ihnen Bescheid.«
»Sagen Sie's mir gleich«, gab Vuono zurück.
»Okay«, sagte Thurman, »ich mach's.«
Thurman arrangierte ein Treffen mit Woerner, um etwas über das Kommando zu erfahren. »Sie sollen wissen, daß ich mit der Sache nichts zu tun hatte«, erklärte er Woerner.
»Wenn ich das geglaubt hätte, dann wäre ich nicht hier.«
Woerner war noch immer ziemlich mitgenommen, aber er hatte inzwischen Zeit gehabt, seine Gefühle zu ordnen, und

dabei festgestellt, daß einige von ihnen widersprüchlich waren. Er verstand das Vorrecht des Präsidenten und glaubte daran. Aber er war in Sorge, daß die militärischen Fragen in Panama zu politischen geworden waren und damit ein gefährlicher Präzedenzfall geschaffen wurde. Er war sicher, gute Arbeit geleistet zu haben. Jederzeit hatte er die Instruktionen von Bush, Cheney oder Crowe genau ausgeführt. Nicht mehr und nicht weniger. Wenn die einzige Überlebensmöglichkeit für einen Befehlshaber darin bestand, den politischen Wind, der in Washington wehte, vorherzuahnen und formellen Änderungen der Politik einen Schritt voraus zu sein, dann war es mit dem Militär in seiner reinen Form hoffnungslos zu Ende.

***

Crowe und Cheney brachten im Weißen Haus ihre Empfehlung vor, das Kommando Süd solle eine Reihe intensiver Manöver beginnen und damit das durch die Verträge über den Panamakanal dem US-Militär garantierte Recht auf Bewegungsfreiheit behaupten. Einige der Rechte aus den Verträgen waren schon jahrelang nicht mehr in Anspruch genommen worden; nun war es an der Zeit, Noriega eine deutliche Botschaft zukommen zu lassen. Woerner war autorisiert, kleinere Manöver, genannt Kategorie Eins und Kategorie Zwei, ausführen zu lassen – es handelte sich dabei um Bewegungen von US-Truppen zahlenmäßig geringer Stärke. Kategorie Drei und Kategorie Vier waren definiert als schärfste Provokationen, Hunderte von US-Soldaten nahmen daran teil, und der Präsident mußte 24 Stunden vor Beginn benachrichtigt werden.
Am 17. Juli genehmigte Bush den Plan, das Kommando Süd

die Vertragsrechte durch diese neuen Manöver aggressiv behaupten zu lassen.
Drei Tage darauf kündigte Cheney an, daß General Woerner seinen Abschied nahm. Er würde durch General Thurman ersetzt.

In einem komfortabel ausgestatteten, hell erleuchteten Bürokomplex hinter einer speziellen Sicherheitskontrolle im innersten Bereich der Vereinten Stabschefs im Pentagon brüllte Generalleutnant Thomas W. Kelly in eines der Telephone auf seinem Schreibtisch. Er mahnte einen ihm unterstellten Stabsoffizier zu erhöhter Wachsamkeit. Kelly, 56, ein breitschultriger, durchsetzungsfähiger Drei-Sterne-General war Cheforganisator und Troubleshooter für Crowe und den Stab aller Teilstreitkräfte. Als Direktor des Operationsstabs, oder J-3, lebte Kelly in der Welt des Augenblicks. Wenn Gaddafi unruhig wurde oder Gorbatschow seit einer Woche nicht gesehen worden war oder auf irgendeiner Insel in der Karibik geputscht wurde, dann landete das Problem automatisch auf Kellys Schreibtisch. Er mußte sicherstellen, daß das US-Militär mit den geeigneten Kräften, Plänen und Kompetenzen zur Stelle war, um auf beinahe alles, was passieren konnte, zu antworten.
J-3 war ein Zentrum für Koordination und Information. Als dessen Direktor lebte Kelly zwischen Furcht und Hoffnung. Von Ausbildung und Temperament her Panzerkommandant, trank er nur Bier aus Dosen und stellte überall seine Schlagfertigkeit unter Beweis. Selbst auf der steifsten Cocktailparty war man vor seinen Anzüglichkeiten nicht sicher. Doch neben seinem Image als *tough guy* hatte Kelly, der aus Philadelphia stammte, auch noch feinere Züge. So besaß er einen akademischen Grad in Journalismus von der Temple University in seinem Heimatstaat und schrieb entsprechend gut und flüssig. Als Ein-Stern-General hatte er in Italien für

Crowe gearbeitet, als der Admiral CINC für Südeuropa war. Als Crowe ihn dann anrief, um ihn zur Arbeit an Spezialoperationen für den Stab aller Teilstreitkräfte anzuheuern, hatte Kelly nur gesagt: »Das ist nett. Ich gehöre zur Panzertruppe.«

»Ich brauche einen, der richtig schreiben kann«, antwortete Crowe.

Im Bewußtsein, daß die Manöver Kategorie Drei und Kategorie Vier jeden Moment zum Ausbruch einer militärischen Konfrontation führen konnten und damit Entscheidungen des Präsidenten notwendig wurden, hielt Kelly nach allen Seiten hin Kontakt. Er wußte, daß die Pläne für Panama im Moment seine wichtigsten Eventualfallpläne waren, und hoffte, unliebsame Überraschungen verhindern zu können.

Außer ein paar Zwischenfällen, die ziemlich unbedeutend blieben – Kelly nannte sie die »SouthCom Follies« –, schienen die US-Manöver Noriegas Truppen nicht zu provozieren. So sehr sich Kelly und seine Nachrichtendienste auch bemühten, konnten sie doch keinen sicheren Beweis erbringen, daß die PDF oder Noriega den amerikanischen Streitkräften absichtlich aggressiv entgegentraten. Eine amerikanische Frau berichtete, sie sei vergewaltigt worden, doch ließ sich das nicht mit den PDF in Verbindung bringen. Ein US-Matrose behauptete, die PDF hätten ihn festgenommen und gezwungen, niederzuknien und seine Gebete zu sprechen, während jemand eine Erschießung vortäuschte, doch bestand er mit seiner Geschichte einen Test am Lügendetektor nicht. Es gab vereinzelte Schüsse in der Nähe von US-Einrichtungen, aber jedesmal stellte sich heraus, daß Jäger dafür verantwortlich waren. Aus all dem zog Kelly den Schluß, daß Noriega einer Konfrontation sorgfältig aus dem Weg ging.

* * *

Am 5. August nahm der Generalleutnant der Armee Carl W. Stiner seinen Platz ein unter den Honoratioren in Fort Monroe, Virginia, einer historischen Küstenfestung nahe Norfolk und Hauptquartier des Kommandos für Ausbildung und Militärdoktrin des Heeres. Die Abschiedszeremonie für General Thurman war zu einem simplen Kommandowechsel geworden, da er nun CINCSOUTH werden sollte. Stiner, Kommandeur des 18. Luftlande-Korps des Heeres, stationiert in Fort Bragg, wollte dennoch zur Stelle sein. Thurman war ein alter Freund, und Stiner hätte nur ungern das zwanglose Zusammensein, das sich größeren Ablöse-Zeremonien anschloß, verpaßt.

Stiner, 52, ein strammer Südstaatler aus Tennessee, führte eines der angesehensten Kommandos des Heeres, mit dem Auftrag, auf eine plötzliche Krise irgendwo in der Welt sofort zu reagieren. Jeder der CINCs konnte auf die 41.000 Mann seines Korps zurückgreifen, wenn es um die Durchführung von Eventualfallplänen ging oder um Reaktionen auf andere Extremsituationen. Die modernen Beförderungskapazitäten der Luftwaffe, die ständig in Bereitschaft stand, das 18. Korps mit nur kurzer Vorwarnzeit zu transportieren, verschafften Stiners Männern einen Vorteil gegenüber fast allen anderen US-Streitkräften. Sie konnten schneller an einem Krisenherd sein als alle anderen amerikanischen Truppen, es sei denn, Marines waren bereits auf Schiffen der Marine in der Nähe stationiert.

Vor diesem Posten war Stiner Kommandeur des Vereinten Oberkommandos für Spezialoperationen (JSOC) und der 82. Luftlande-Division gewesen. Es gab wahrscheinlich in der gesamten Armee keinen General mit mehr Erfahrung in der Kriegsführung der schnellen Reaktion.

Nach der Zeremonie trat Thurman vom Podest und sprach Stiner an: »Carlos«, sagte er und tippte dabei mit dem Zeigefinger auf die Brust des Drei-Sterne-Generals, »Sie sind mein

Mann für Panama. Ich übertrage Ihnen die Verantwortung für alle Eventualfallpläne und Gefechtsoperationen.«
Stiner schien nicht ganz zu begreifen.
»Ich brauche einen Mann zur Planung und Durchführung von Operationen im Krisenfall, falls dieser dort unten eintritt«, fuhr Thurman fort. »Und ich möchte, daß Sie da runterfliegen und sich die Sache ansehen. Schauen Sie sich auch den Stab an.«
»Aber Sie haben bereits eine JTF dort unten«, antwortete Stiner und bezog sich dabei auf den Kampfverband aus Einheiten aller Teilstreitkräfte (Joint Task Force) in Panama. General Woerner hatte einem Zwei-Sterne-General des Heeres das Kommando über den Kampfverband übertragen, welcher sich hauptsächlich aus Truppen rekrutierte, die permanent dort stationiert waren, um auf eine Krisensituation zu reagieren. Verstärkungen sollten erst im Ernstfall angefordert werden.
»Sie übernehmen alles«, sagte Thurman. »Sie haben die volle Verantwortung.«
»Ich verstehe, jawohl Sir.«
»Ich muß ein ganzes Operationsgebiet leiten«, sagte Thurman. »Ich werde mich um alle Aufgaben des Oberbefehlshabers kümmern, und Sie sorgen mir für die Eventualfallplanungen, die Ausbildung der Streitkräfte, die da sind, und die Einsätze. Sämtliche Teilstreitkräfte unterstehen Ihnen.«
Thurman hatte seit 14 Jahren keine Truppen im Feld mehr kommandiert. Als CINC würde er in erster Linie mit Verwaltung und Kontrolle beschäftigt sein, das wußte er. Er brauchte jemanden, der die Schlacht schlug, und Stiner war der Inbegriff des harten, kompromißlosen Befehlshabers auf dem Schlachtfeld. Genauso wichtig aber war, daß Stiner als kommandierender General des 18. Luftlandekorps die beste Ausrüstung hatte, einen Operationsstab,

der dreimal so groß war wie der Stab des CINC in Panama, das Neueste an Nachrichtentechnik und die besten Kanäle.
»Haben Sie je von Ulysses Grant Sharp gehört?« fragte Thurman. Admiral Sharp war der in Hawaii stationierte CINC des Kommando Pazifik (CINCPAC) gewesen, mit dem militärischen Oberbefehl über den gesamten pazifischen Raum, Vietnam eingeschlossen, als 1964 dort die Feindseligkeiten ausbrachen.
»Nein, Sir.«
»Haben Sie je von Admiral McCain gehört?« versuchte es Thurman weiter. John S. McCain war von 1968 bis 1972 CINCPAC gewesen.
»Ja.«
»Ihnen ist bekannt, daß Admiral McCain einen Mann namens Westmoreland hatte, der in Saigon kämpfte?«
»Jawohl, Sir.«
»Ich McCain, Sie Westmoreland. Regeln Sie Ihren Kram«, sagte Thurman. »Ich kann Ihnen zwar keine Instruktionen geben, aber wenn ich bestätigt werde und den Posten annehme und da runter gehe...«
»Jawohl, Sir«, antwortete Stiner.

* * *

Stiner setzte seinen Stab unverzüglich an die Arbeit. Wie Thurman, Kelly und Powell war auch Stiner nicht in West Point gewesen; er hatte am Tennessee Polytechnical Institute Landwirtschaft studiert.
Stiner, dessen Angriffslust und Unternehmungsgeist ihn bekannt gemacht hatten, war eine äußerst kontroverse Figur. 1985 war er Heereskommandeur für Spezialoperationen, als

das italienische Kreuzfahrtschiff *Achille Lauro* gekapert wurde. In Sizilien, wohin ein Delta Team geschickt worden war, um die Terroristen gefangenzunehmen, wollte er die Weigerung der Italiener, sie auszuliefern, partout nicht akzeptieren. Er hatte beinahe auf italienische Soldaten feuern lassen und beschattete dann, ohne italienische Erlaubnis, das Flugzeug, das die Terroristen nach Rom brachte. Ein scharfer Protest der italienischen Regierung war die Folge, und die Beziehungen zwischen den USA und Italien kühlten für einige Zeit merklich ab.

Kelly hielt Stiner für einen großartigen Soldaten, aber auch für taktlos und unverblümt. Solange man ihn nicht zum Botschafter in Frankreich ernannte, war er gut einsetzbar.

***

Nach dem Abschied von seinem Kommando sah sich Thurman widerwillig einer Übergangsperiode gegenüber, die er mit einem britischen Ausdruck als »garden leave« bezeichnete. In den 50 Tagen, bis er Woerners Posten übernehmen sollte, war Thurman ein General ohne Kommando.

»Was soll ich Ihrer Meinung nach in den fünfzig Tagen tun?« fragte Thurman Crowe, nachdem er sich ein provisorisches Büro im Pentagon eingerichtet hatte. »Haben Sie irgendwelche Befehle für mich?«

»Ich will, daß Sie einen frischen Eindruck von allem gewinnen«, sagte Crowe. »Keine festgefahrenen Meinungen – ein frischer Blick, mit neuen Augen. Was immer Sie empfehlen, wenn wir im JCS (Joint Chiefs of Staff) zustimmen, dann werden Sie damit leben müssen.«

Crowe sagte, die Tendenz der Ereignisse deute darauf hin,

daß Noriega jedes Maß verlor. Sein Verhalten war unberechenbar, und das Hin und Her wurde allmählich gefährlich. »Noriega beweist, daß er ein Arschloch ist«, sagte der Vorsitzende. »Es ist ziemlich wahrscheinlich, daß Sie da unten werden kämpfen müssen – also richten Sie sich gut darauf ein.« Crowe schlug vor, Thurman solle die PRAYER BOOK Eventualfallpläne eingehend studieren, sie auseinandernehmen und Bericht erstatten, was seiner Meinung nach getan werden mußte. ›Machen Sie sich bereit.‹
›Jawohl, Sir.‹

* * *

Crowe ging auch zu Cheney und regte an, Panama zum vorgesehenen militärischen Einsatzgebiet zu machen. Am besten erreiche man dies, so Crowe, durch eine Verlegung des Hauptquartiers des Kommando Süd aus Panama an einen Ort wie Florida. Der CINC widmete dem Rest seines Kommandos außerhalb Panamas zu wenig Aufmerksamkeit, und man konnte ein Gefechtskommando in Panama belassen, das sich ausschließlich mit den dortigen Problemen beschäftigten.
›Ein großes politisches Problem‹, antwortete Cheney. ›Ganz egal, wie man es darstellte, würde es doch so aussehen, als flüchteten die Vereinigten Staaten. Das kann ich unmöglich tun, trotz aller Vorteile‹, erklärte der Minister seinem Vorsitzenden.

* * *

Von seinem J-3 Beobachtungsposten aus besah sich Kelly Thurmans Ankunft mit einigem Erstaunen und viel Freude. »Man muß überhaupt nichts tun, um Max Thurman mobil zu machen«, sagte Kelly. »Wenn er morgens aufsteht, ist er bereits voll einsatzbereit, und morgens bedeutet bei ihm mitten in der Nacht.« Einige Zeit hatte Kelly geglaubt, General Woerners Konzept, den Kampfverband aus Einheiten aller Teilstreitkräfte in Panama zu behalten, sei heikel. Das Kommando Süd hatte weder das nötige Gerät noch den Stab, noch die Nachrichtenverbindungen, um eine größere Notfall-Operation durchzuführen. Kelly meinte, Woerner habe die Kontrolle über militärische Operationen nur deshalb in Panama gehalten, damit er eine bessere Chance hatte, den Einsatz amerikanischer Streitkräfte dort zu verhindern.
All dies erklärte Kelly Thurman, als der neue CINC-SOUTH in sein Büro kam. Es war Kelly sofort klar, daß er seine Zeit vergeudete, denn Thurman sagte, er habe bereits entschieden, was er in der Sache unternehmen werde.
›Stiner?‹ fragte Kelly.
›Natürlich.‹
Sehr kluger Schachzug, dachte Kelly.
Beide Männer erkannten, daß Bushs Befehl, Manöver durchzuführen, um die vertraglichen Rechte am Kanal zu behaupten, jeden Moment etwas auslösen konnte. Thurman wollte mehr über die PRAYER BOOK Eventualfallpläne wissen und was General Stiner tatsächlich tun konnte. Deshalb begab er sich nach Fort Bragg.
Stiner war nicht dort, aber Thurman hatte Woerner Leute aus dem Planungsstab des Kommando Süd von Panama nach Bragg schicken lassen. Sie unterrichteten ihn acht Stunden lang über die Ziele, die getroffen werden sollten, über nachrichtendienstliche Erkenntnisse und die Abfolge der Ereignisse.
Thurman war entsetzt. Die Pläne waren für die Truppen vor

Ort ausgelegt, und wenn es wirklich problematisch würde, sollte es fünf Tage dauern, bis Verstärkung eintraf! Damit war die operative Sicherheit, die Geheimhaltung also, garantiert dahin; Noriega wüßte dann auf jeden Fall, daß Yankees unterwegs waren. Das widersprach gleich zwei wichtigen Grundregeln erfolgreicher Kriegsführung: Schnelligkeit und Überraschung des Gegners.
Doch der fünftägige Aufmarschplan war Absicht – Teil von Woerners Strategie. Woerner hatte das Gefühl, wenn die Führung der PDF eine Mobilmachung der USA zur Offensive erkannte oder eine heranrückende Invasionsstreitmacht sah, standen die Chancen, daß die PDF selbst Noriega stürzten, etwa 50:50.
Sogar wenn das richtig war, reichte 50:50 für Thurman längst nicht aus.

9

In den neun Monaten, seit er das Weiße Haus verlassen hatte, hatte sich Colin Powells Leben von Grund auf geändert. Nachdem er zwei Jahre mitten im politischen Sturm gelebt hatte, schwamm er nun bei ruhiger See auf den sanften Wogen des Streitkräfte-Kommandos (Forces Command) in Atlanta. Als er den Posten als Nationaler Sicherheitsberater seinem Nachfolger, Brent Scowcroft, überließ, hatte Powell eine alte Armeetradition beachtet: Wenn man seines Postens enthoben wird, salutiert man, geht und meldet sich *nie* mehr dort. Er hatte seither nicht mit Scowcroft gesprochen.
Gelegentlich gab es Hinweise, daß man ihn nicht vergessen hatte. Ende März 1989 erhielt er eine handgeschriebene Nachricht des Präsidenten auf einer von Bushs persönlichen dicken Briefkarten. Schlicht an »Colin« gerichtet, stand nur ein Satz darauf, mit dem Bush Powell zum Anstecken des »vierten Glanzstücks« gratulierte – gemeint war Powells Vierter Stern. Das war typisch Bush: Ein wichtiges persönliches Ereignis wie die Beförderung zum höchsten Rang im Heer durch ein paar hastig hingeworfene Zeilen zu würdigen. Powell bewahrte die Karte für seine Sammlung auf.
Er verbrachte viel Zeit damit, kreuz und quer durchs Land zu reisen, um die diversen Einheiten des Streitkräfte-Kommandos zu besuchen. Das Streitkräfte-Kommando ist eine Art Dachorganisation, die die gesamte strategische Reserve des Heeres von einer Million Soldaten in aktiven Verbänden, Reserven und die Truppen der Nationalgarde umfaßt. Powell war schockiert, als er feststellte, daß alles im alten Trott weiterlief, als hätte sich in der Welt nichts geändert. In Osteuropa brach der Kommunismus zusammen,

und die Kühlschränke der Armee produzierten noch immer neues Eis für den Kalten Krieg. Hörte man den Kommandeuren, Offizieren und Truppen zu und beobachtete ihre militärischen Operationen, kam man nicht auf den Gedanken, daß die sowjetische Bedrohung auch nur ein Jota schwächer geworden wäre. Planung und Übungen waren noch immer auf das Szenario eines riesigen Truppenaufmarschs in Europa im Stile des Zweiten Weltkriegs ausgerichtet – Hunderttausende US-Soldaten, um einer massiven Invasion der Sowjets zu begegnen.

Innerhalb der Regierung gab es eine Art Wettstreit in der Frage nach den Veränderungen in der Sowjetunion, wie Powell wußte. Cheney hatte öffentlich vorausgesagt, daß Gorbatschow »schließlich scheitern« und sein Nachfolger dem Westen feindlicher gegenübertreten werde. Das Weiße Haus hatte nachdrücklich widersprochen.

Powell selbst glaubte, daß der Warschauer Pakt in Gefahr war; er war eine unheilige Allianz und die sowjetische Armee kaum mehr als eine Besatzungstruppe. Die Sowjetunion war selbst fast bis zur Unkenntlichkeit verändert. In einer Rede, die er in diesem Frühjahr vor einer Gruppe von Offizieren und Rüstungslieferanten gehalten hatte, hatte Powell gesagt, er würde »nicht darauf wetten«, daß Gorbatschows Nachfolger eine Bedrohung für den Westen darstellen würde. »Der Bär sieht freundlich drein«, so Powell weiter. »Wenn wir morgen früh die NATO für neue Mitglieder öffnen würden, hätten wir innerhalb einer Woche mehrere Aufnahmeanträge auf dem Tisch: Polen, Ungarn, Tschechoslowakei, Jugoslawien, vielleicht Estland, Lettland, Litauen und vielleicht sogar die Ukraine.«

Powell erzählte einigen engen Freunden und Bekannten, daß er ein großes Risiko eingegangen sei, besonders indem er Cheney widersprach. Powell war daran gewöhnt, daß seine öffentlichen Äußerungen auf Nuancen abgeklopft wurden,

und nun, so sagte er, erwarte er eine harsche Kritik. Doch die Rede löste keine Aufregung aus. Zum ersten Mal seit vielen Jahren mußte er mit ansehen, daß seine Worte nichts ausrichteten. Das war ernüchternd, aber auch befreiend.
Am 6. August 1989 traf Powell in Belmont House ein, einem Anwesen außerhalb von Baltimore, das zu einem Konferenzzentrum umgebaut worden war. Er kam zu einem dreitägigen Treffen der obersten Heeresgeneräle, das jährlich vom Stabschef des Heeres, General Vuono, einberufen wurde. Am Morgen des zweiten Tages las Powell mit einigem Ärger einen Artikel in der *New York Times* unter der Schlagzeile »Jagd auf die Nachfolge des Vorsitzenden der Stabschefs eröffnet«. Daneben Photos von Powell und vom stellvertretenden Vorsitzenden des JCS, General Robert Herres, mit der Bemerkung, sie führten die Liste der Bewerber an. »General Powell«, so der Wortlaut, »steht mit Mr. Cheney in regem Briefkontakt.« Damit war unmißverständlich gemeint, daß Powell eine Kampagne führte.
Er hatte nur einen Brief an Cheney geschrieben, und das war ein routinemäßiger Bericht, den der Minister vierteljährlich von allen zehn CINCs verlangte. Offenbar wollten irgendwelche Beamte das Gerücht verbreiten, daß Powell Cheney auf außerdienstlichen Wegen umwarb. Doch Powell unternahm nicht nur selbst keinerlei Anstrengungen, sondern ermutigte auch sonst niemanden, sich für ihn einzusetzen, obgleich er wußte, daß Frank Carlucci ihn Cheney, und überhaupt jedem in Washington, als idealen Kandidaten anpries. Powells persönliche Einschätzung war, daß er gegen Herres keine Chance hatte, denn hinter diesem stand Admiral Crowe. Darüber hinaus nahm er an, daß Scowcroft ein ehemaliger Nationaler Sicherheitsberater als Vorsitzender der Vereinten Stabschefs unangenehm wäre, da er dessen besserwisserische Kritik fürchtete. Auch war Powell nicht sicher, ob Cheney überhaupt ein sehr positives Bild von ihm hatte.

Die beiden hatten 1987 und 1988 während der Kongreßdebatten über die Contra-Hilfe in Nicaragua – Cheneys Lieblingsthema – zusammengearbeitet. Als Repräsentant des Weißen Hauses unter Reagan hatte Powell schließlich die Überzeugung vertreten, daß die Contras militärisch bedeutungslos waren, und hatte einen Kompromiß mit den Demokraten ausgehandelt. Er hegte den Verdacht, Cheney könnte ihn deswegen für zu weich halten. Für Rechtsaußen wie Cheney waren die Contras die Feuerprobe, und Powell bildete sich ein, er hätte sie wahrscheinlich nicht bestanden.

Powell, der die Berufung Dutzender Leute in hohe militärische oder zivile Ränge, darunter die letzten drei Vorsitzenden der Vereinten Stabschefs, aktiv betrieben oder genau verfolgt hatte, wußte, daß dieser Prozeß nicht nach wissenschaftlichen Gesichtspunkten ablief. Er war bei Sitzungen im Büro des Ministers oder im Weißen Haus gewesen, in denen irgend jemand ein einziges Faktum über einen Kandidaten für einen hohen Posten erwähnte – vielleicht, daß er ein »guter Kerl« war oder jemand Wichtiges hinter ihm stand –, und alle stiegen darauf ein, und das gab dann den Ausschlag für die Berufung. Oftmals ging dem nichts voraus, was auch nur entfernt an ein Auswahlgespräch erinnerte.

Da Powell nichts von Cheney selbst oder von seinen zahlreichen Kontaktpersonen in Washington gehört hatte – kein einziges Rauchwölkchen fleckte den Horizont –, kam er zu dem Schluß, daß die Sache gelaufen war.

* * *

Sogar schon vor seiner Bestätigung als Minister hatte Cheney an Powell für den Posten des Vorsitzenden der Vereinten Stabschefs gedacht. Der neue Vorsitzende würde der fünfte tonangebende Mann im nationalen Sicherheitsteam von Bush, Baker, Scowcroft und Cheney. Sie mußten den Richtigen dafür finden.

Cheney hatte sich zweimal lange mit Frank Carlucci unterhalten, dem größten Powell-Promoter, der hauptsächlich damit argumentierte, Powell sei einer von Washingtons besten Problemlösern. Ganz egal, wie groß, klein, routinemäßig oder außergewöhnlich die Aufgabe war, Powell war ein absolut zuverlässiger Mann, der Resultate lieferte, gewöhnlich ohne sich aufzuplustern. In den letzten sechs Jahren, als Weinbergers Militärberater, Carluccis Stellvertreter im NSC (National Security Council) und Reagans Nationaler Sicherheitsberater, hatte er sich wahrscheinlich nicht einen größeren Fehltritt geleistet. Niemand war besser bewandert in Außenpolitik, verteidigungs- und militärpolitischen Fragen. Powell hatte feste Ansichten und vertrat diese auch aktiv, sagte Carlucci, doch wußte er genau, wann er einen Befehl befolgen oder die Linie seines Chefs vertreten mußte.

Carlucci fügte noch hinzu, daß Powell nie zu ermüden schien oder seinen Enthusiasmus verlor. Er verfügte über eine bemerkenswerte Ausdauer und wurde mit großen Mengen an Arbeit fertig.

Wie beinahe jeder fand Cheney Powell charmant und liebenswert. Er erinnerte sich an Powells Verhandlungen mit den Demokraten während der Contra-Debatte. Obwohl Cheney anderer Ansicht gewesen war, spürte er doch, daß Powell die Wünsche des Präsidenten vertrat und nicht einen eigenen Kurs steuerte. Nun wollte er selbst noch mehr über Powell in Erfahrung bringen, um ganz sicher zu sein, daß Powell seinen Einfluß im Weißen Haus stärken würde, aber auch beim Militär und im Pentagon selbst.

Wieder einmal fand er seine Ansicht bestätigt, daß seine vielleicht wichtigste Aufgabe darin bestand, die höchsten Posten zu besetzen. Eines der Probleme innerhalb des Hauses war, daß zu viele Leute auf allen Ebenen damit beschäftigt waren, den Job eines anderen zu tun. Häufig sah man das Militär Aufgaben der zivilen Behörden verrichten und umgekehrt. Cheney wollte keinen Vorsitzenden, der versuchte, Minister zu sein. Stellte man Powells recht bemerkenswerte Vergangenheit in Weinbergers Büro und im Weißen Haus unter Reagan in Rechnung, so konnte die Versuchung dazu groß sein.

Im Sommer arrangierte Cheney einen kurzfristig angesetzten Zwischenstopp in Fort McPherson, Georgia, Hauptquartier des Streitkräfte-Kommandos, um Powell zu sehen. Eine der Fragen, die ihn dabei bewegten, war, ob Powell für das »Haig-Syndrom« anfällig war. 1969 war Oberst Alexander Haig ins Weiße Haus gegangen, um für Henry Kissinger zu arbeiten. Vier Jahre blieb er in der Welt der Politik und kehrte dann als Vier-Sterne-General und stellvertretender Stabschef des Heeres ins Pentagon zurück. Haigs rapider Aufstieg, den er der Protektion Kissingers und Präsident Nixons verdankte, war weder im Heer noch im Pentagon gut angekommen. Haig hatte seine Verbindungen zum Weißen Haus wie einen Verdienstorden getragen und überall den Eindruck verbreitet, daß ihm seine Macht zu Kopf gestiegen war.

Cheney sah eine Parallele zu seiner eigenen Erfahrung als ehemaliger Stabschef des Weißen Hauses, der als frischgebackener Abgeordneter in den Kongreß einzog. Viele betrachteten das als Abstieg, aber so hatte er es nie gesehen. Er fühlte sich als neues Mitglied des Repräsentantenhauses wohl und ließ jeden im Kapitol wissen, daß er seinem Job im Weißen Haus keineswegs nachtrauerte und sich deswegen nicht für etwas Besonderes hielt. Er wollte sichergehen, daß auch Powell mit seinem Los zufrieden war und nicht als verärgerter ehemaliger Präsidentenberater unbedingt zurück ins politische Rampenlicht wollte.

In Atlanta veranstaltete Powell ein höchst eindrucksvolles Briefing, welches zeigte, daß sein gegenwärtiger Job ihn voll und ganz ausfüllte. Seine Leute schienen ihn zu mögen, und er kümmerte sich als CINC des Streitkräfte-Kommandos um alles und jeden – verbrachte viel Zeit bei seinen Einheiten und zerbrach sich den Kopf über die Nationalgarde und die Reserve. Beim Lunch in Powells alter offizieller Residenz diskutierten die beiden über die Zukunft der Armee und ihre Verteidigungskonzeptionen.

Während er ihn beobachtete und ihm zuhörte, wurde Cheney klar, daß Powell sich bei der Armee wohlfühlte und keine der Untugenden von Ex-Washingtonern aufwies, etwa ungesunde Neugier, was die Machtkämpfe innerhalb der Regierung anbetraf.

Über die Position des Vorsitzenden wurde nicht gesprochen.

* * *

Cheney hatte sich noch nicht endgültig für Powell entschieden. Er wog die Nachteile einer Berufung Powells sorgfältig ab. Einer war, daß Powell nicht nur der an Dienstjahren jüngste CINC war, sondern überhaupt der an Dienstjahren jüngste aller fünfzehn für den Posten allein in Frage kommenden Vier-Sterne-Offiziere. Selbst wenn Powell nicht vom Haig-Syndrom infiziert war, wußte Cheney, daß es beim Militär einigen Widerstand geben würde gegen einen Kandidaten, dessen wichtige Posten meist Aufgaben im Stab oder im politischen Bereich umfaßten. Mit diesem Gedanken im Hinterkopf hatte Cheney Bob Herres, den stellvertretenden Vorsitzenden, als mögliche Alternative unter die Lupe genommen. Doch Herres war von Crowe empfohlen worden, und bei ansonsten gleichen Voraussetzungen gefiel Cheney der Gedanke nicht, Crowe den eigenen Nachfolger bestimmen zu lassen. Die zivile Kontrolle wurde gestärkt, wenn die zivile Führung – Präsident und Verteidigungsminister – sich ihren eigenen Vorsitzenden erkoren.

Schließlich traf Cheney seine Entscheidung für Powell. Er teilte das niemandem mit, bis er Ende August ohne Vorankündigung ins Weiße Haus ging und mit dem Präsidenten sprach. Sein Ziel war es, die Weichen richtig zu stellen und ein größeres Tauziehen um den neuen Vorsitzenden innerhalb der Regierung zu vermeiden. Cheney wollte nicht, daß Scowcroft, Baker oder Sununu andere Namen ins Spiel brachten. Er sagte Bush, er habe das gesamte Reservoir an Kandidaten überprüft – die CINCs, die vier Stabschefs und den stellvertretenden Vorsitzenden. Sowohl Herres wie Powell kamen in Frage. Seine eigene Empfehlung sei Powell.

Bush war ebenfalls mehr als einverstanden mit Powell, wollte jedoch sichergehen, daß die Beförderung eines Mannes, der noch sechs Monate zuvor einfacher Drei-Sterne-General gewesen war, innerhalb der höheren Ränge des Militärs niemanden vor den Kopf stieß. Die Fragen von Alter und Dienstjahren spielten dort eine große Rolle. Der Präsident forderte Cheney auf, diesen Punkt mit Powell eingehend zu besprechen.

Am dritten Tag der Kommandeurstagung in Belmont House war Powell gerade in einer Sitzung, als er gegen 14.30 Uhr eine Nachricht bekam, er solle Verteidigungsminister Cheney anrufen. Um 17 Uhr saß Powell leger zivil gekleidet in Cheneys Büro.

Der Minister kam direkt auf den Punkt. ›Sie sind einer der Kandidaten für das Amt des Vorsitzenden‹, sagte er. Dann spielte er darauf an, daß er Powell mit den beiden Verteidigungsministern Reagans, Weinberger und Carlucci, assoziierte und erklärte ihm, daß nun eine neue Mannschaft am

Ruder war. Er würde ein ganz anderer Minister sein. Ein Merkmal des Pentagon unter seiner Leitung sei eine verstärkte zivile Kontrolle.

Powell widersprach nicht, also ließ Cheney die Katze aus dem Sack: ›Haben Sie Interesse am Posten des Vorsitzenden? Ist das ein Posten, der Ihnen liegen würde?‹

Powell bejahte, fügte jedoch hinzu: »Ich dränge mich nicht nach dem Job. Ich bin sehr zufrieden mit meiner jetzigen Arbeit. Wenn Sie sich für einen anderen Kandidaten entscheiden, bin ich überhaupt nicht enttäuscht oder beleidigt. Aber wenn Sie und der Präsident mich wollen, stehe ich zur Verfügung.«

Cheney zählte auf, was er als Powells Qualifikationen für diesen Posten ansah: (1) Sie kennen das Pentagon; (2) Sie kennen das Weiße Haus; (3) Sie haben sich beim Heer die notwendigen Voraussetzungen erworben und bringen die richtigen Empfehlungen mit; (4) Sie kennen sich mit Rüstungskontrolle aus – ein Thema, das in den nächsten Jahren an Bedeutung noch gewinnen wird; (5) ich kenne Sie und habe gut mit Ihnen zusammengearbeitet, als ich noch im Repräsentantenhaus saß.

Das einzige Problem war, daß Powell von den allein in Frage kommenden Vier-Sterne-Offizieren diesen Rang am kürzesten innehatte. ›Werden Sie Probleme bekommen, wenn Sie so viele dienstältere Offiziere überspringen?‹ fragte Cheney direkt.

Powell hatte den Eindruck, daß diese Frage vom Präsidenten selbst kam. Er gab zur Antwort, daß die Frage berechtigt sei, doch glaube er nicht, daß er Probleme im Umgang mit den Stabschefs und CINCs haben werde. Er kannte die meisten von ihnen gut und hatte mit ihnen zusammengearbeitet. Er habe diesen Punkt bereits sorgfältig überdacht, und wenn er darin ein unüberwindliches Hindernis sähe, würde er es sagen.

Cheney stimmte ihm zu und sagte, er wolle Powell für dieses Amt. »Das wird meine Empfehlung an den Präsidenten sein.«
Powell verließ das Pentagon mit dem Gefühl, daß die Sache entschieden war. Cheney hätte nie gesagt, daß er dem Präsidenten Powell vorschlagen würde, wenn die Gefahr bestand, ihm später mitteilen zu müssen, der Präsident habe den Vorschlag abgelehnt. Er hatte seine Entscheidung sicher mit dem obersten Befehlshaber abgestimmt, bevor er mit ihm, Powell, sprach.
Cheney ging wieder ins Weiße Haus und referierte Bush Powells Antworten. Bush billigte seine Wahl.
Am nächsten Tag rief Cheney Powell an, um zu sagen, daß er mit dem Präsidenten gesprochen habe und sie beide Powell als neuen Vorsitzenden wollten. Cheney bot ihm dann den Posten formell an. Powell akzeptierte.
Einer der ersten, die Powell danach anrief, war der Stabschef des Heeres, Vuono; die beiden hatten vor längerer Zeit schon vereinbart, einander zu informieren, wenn sie gerüchteweise etwas von der Debatte über den nächsten Vorsitzenden hörten.
»Sie und ich haben vereinbart, daß ich Sie anrufen würde«, sagte Powell, »und jetzt rufe ich Sie an.«
Vuono, der die letzten 31 Jahre über Powell rangiert hatte, war nun sein Untergebener.
»Die Stabschefs werden Sie unterstützen«, sagte Vuono, nachdem er gratuliert hatte. »Sie wollen nur immer im Bilde sein, was vorgeht. Wenn Sie irgendwann mal einen Fehler machen, dann bitte den, die Stabschefs zu genau zu informieren.« Er erklärte Powell, daß er als Vorsitzender die Lasten der Stabschefs über den Fluß ins Weiße Haus tragen müßte. In diesem Punkt würden die Stabschefs sich auf ihn verlassen, denn sie waren bei den entscheidenden Sitzungen des NSC nicht anwesend.

Später an diesem Tag ging Cheney in den »Tank« (Besprechungsraum der Joint Chiefs of Staff) und informierte die Stabschefs. Die Neuigkeit von Powells Ernennung verbreitete sich wie ein Lauffeuer im ganzen Haus und über die Medien.

Crowe rief Powell in Atlanta an, um zu gratulieren. Da Powell am nächsten Tag zur offiziellen Verkündigung in Washington sein mußte, lud Crowe seine Frau Alma und ihn zum Abendessen ein.

Um 19.30 Uhr kamen die Powells in Quarters 6 an, der offiziellen Residenz des Vorsitzenden, einem unscheinbaren Backsteingebäude in Fort Myer, Virginia. Die beiden Paare sprachen über persönliche Dinge im Leben eines Vorsitzenden – das Haus, die Referenten, Familie, Protokoll, Routineaufgaben –, doch wirkte Crowe dabei lustlos, sogar schläfrig. Aber er erwachte sofort zu neuem Leben, als er von seinem Freund, Marschall Achromejew, sprach. Dieser, nun einer der wichtigsten Berater Gorbatschows, war vor zwei Wochen in den Vereinigten Staaten gewesen, um vor dem Streitkräfte-Ausschuß eine Erklärung abzugeben und einige Reden zu halten. Crowe, der seinen sowjetischen Freund nach Chicago begleitet hatte, begann Powell seine Gedanken über den Marschall zu unterbreiten und über die Notwendigkeit, einen direkten Draht zum sowjetischen Militär zu haben.

»Oh, ich habe Achromejew kennengelernt«, warf Powell mit einem leichten, ablehnenden Kopfschütteln ein. Powell war entschlossen, die Beziehungen zur Sowjetunion anders zu handhaben als Crowe – keine Trips durchs Land mit Achromejew. Es war wenig werbewirksam, wenn der Vorsitzende öffentlich seine Freundschaft mit einem sowjetischen Marschall demonstrierte, während das Pentagon gleichzeitig um die Finanzierung neuer strategischer Waffen, z.B. Tarnkappenbomber, kämpfte, um der sowjetischen Bedrohung zu begegnen.

Crowe dachte: Einem ehemaligen Nationalen Sicherheitsberater kann man nicht viel erzählen.

Gegen Ende des Monats begab sich Bush nach Kennebunkport, Maine, zu einem zweieinhalbwöchigen Urlaub in seinem Sommerhaus auf Walker's Point. Während seines Aufenthalts dort erhielt er einen privaten Anruf von P. X. Kelley, dem früheren Kommandeur des Marine Korps, der ebenfalls in der Gegend Urlaub machte. Bush lud Kelley nach Walker's Point zum Abendessen ein und fragte das ehemalige Mitglied der Joint Chiefs of Staff, wie Powell seiner Meinung nach bei den höheren Rängen der Armee als Vorsitzender aufgenommen würde, bei Offizieren also, die ihm an Dienstjahren voraus waren.

Kelley sagte, wenn er als damals jüngstes Mitglied der Joint Chiefs in Abwesenheit des Vorsitzenden turnusgemäß den Vorsitz übernahm, erhoben sich die anderen Stabschefs, sobald er den »Tank« betrat. »Machen Sie sich wegen der Stabschefs keine Sorgen«, beruhigte Kelley den Präsidenten.

10

Powell blieben noch vierzig Tage bis zu den Anhörungen im Senat wegen seiner Bestätigung. Er sah keine Notwendigkeit, sich ins militärische Äquivalent eines Klosters zurückzuziehen und die Aufgaben und Pflichten eines Vorsitzenden der Vereinten Stabschefs zu studieren. Er hatte keinen Geheimplan für bahnbrechende Änderungen, und er wollte nicht mit der Tür ins Haus fallen und lauthals neue Konzepte und Ideen verkünden. Aber er wollte einen genauen Blick auf die größeren Operationen werfen, die eventuell nach seiner Amtsübernahme ausgeführt werden mußten.

Seiner Ansicht nach gab es mehrere Krisenherde, die plötzlich aufflammen und ihn vielleicht gar ohne Vorwarnung kalt erwischen konnten. Deshalb wollte er die für diese Fälle in den Schubladen liegenden Pläne genau prüfen. Pläne würden in dem neuen Job ohnehin sein Hauptbetätigungsfeld sein. Powell wußte, daß er unter den höheren Offizieren das Image eines verhätschelten Washington-Generals hatte, der nur auf dem politischen Gleis so schnell vorwärtsgekommen war. Sie würden fragen, ob dieses Kind des Weißen Hauses denn überhaupt etwas vom Handwerk militärischer Operationen verstand.

In der Erkenntnis, daß die Entwicklung in Panama zu einer militärischen Krise führen mußte, flog er nach Fort Bragg, um sich die Panama-Pläne eingehend anzusehen. Während er dort war, tobte ein entsetzlicher Sturm, der ihn zwei Tage lang in Bragg festhielt. Carl Stiner nutzte diese Zeit, Powell ausführlich zu informieren und ihm begreiflich zu machen, daß das 18. Korps innerhalb von 12 Stunden maß-

geschneiderte Kampfverbände für fast jeden auf der Welt nur möglichen Notfall zusammenstellen konnte.
Sie gingen die PRAYER BOOK Pläne für Panama durch, auch den BLUE SPOON Plan für offensive Operationen gegen die PDF. Powell war überrascht, daß der Truppenaufmarsch so lange dauern sollte. Innerhalb eines Tages oder gar weniger Stunden konnte sich das ganze Krisenszenario von Grund auf ändern. Die Pläne stellten diesen Umstand nicht in Rechnung. Er legte Stiner dar, daß das 18. Korps in der Lage sein mußte, sich so schnell zu bewegen wie die Ereignisse selbst. Die neue, leichtere Armee hatte diese Fähigkeit, doch die vorliegenden Pläne machten sie sich nicht zunutze. Die Dinge mußten sich viel, viel schneller bewegen.
Die Pläne eröffneten keine Möglichkeit zur Überraschung, beinhalteten keine Invasion im Schutz der Dunkelheit. Spezielle Nachtsichtgeräte und andere technologische Neuerungen verliehen den US-Truppen die unschätzbare Fähigkeit, eine umfassende Operation nachts durchzuführen und dabei mehrere Ziele gleichzeitig zu treffen. Nachtoperationen waren der große Vorteil der modernen Armee. ›Hey, was machen wir?‹ fragte Powell.
Er sah keine dringende Notwendigkeit, die Pläne von heute auf morgen zu ändern, aber er entschied, daß man mit der Arbeit an einer detaillierten Revision beginnen sollte. War es möglich, ein neues Konzept zu finden, das auf Überraschung, Schnelligkeit und die *Nacht* setzte?
Bald ließ Stiner in Panama fünf seiner besten Offiziere im Wechsel die Pläne überarbeiten. Er sorgte für eine direkte Satellitenverbindung, damit er mit ihnen sprechen konnte und immer auf der Höhe der Verbesserungen war.

***

In der zweiten Augusthälfte erhielt Cheney einen Geheimdienstbericht, der aus einer FBI-Quelle stammte, wonach der kolumbianische Drogenbaron Pablo Escobar Gaviria, der milliardenschwere Boß des Medellin-Kartells, in Panama war und mit dem Gedanken spielte, seine Operationsbasis dorthin zu verlegen. Escobar, den das Magazin *Fortune* zu den zehn reichsten Männern der Welt zählte, war der Boß der weltweiten illegalen Drogenindustrie. Laut diesem Bericht war er offensichtlich der Meinung, daß Noriega ihm besseren Schutz garantieren könne, als er in Kolumbien hatte, wo die Behörden Anstalten machten, ernsthaft gegen die Drogenbarone vorzugehen. Extrem gute Informationen für eine Gegend, in der nachrichtendienstliche Erkenntnisse gewöhnlich bestenfalls lückenhaft sind, dachte Cheney.

Die Regierung hatte angekündigt, einen umfassenden Plan zu ihrem Krieg gegen Drogen vorzulegen, und der Präsident sollte über dieses Thema am 5. September abends im Fernsehen zur Nation sprechen. Cheney fühlte sich unter Druck, zum Kampf gegen das Drogenproblem aktiv etwas beizutragen. Er sah, wie Bushs Frustration wuchs.

Ein Zeichen für das verstärkte Engagement der Regierung in diesem Kampf war ein neues, umfassendes, 29 Seiten starkes Gutachten des Justizministeriums, ausgegeben am 21. Juni, nach welchem der Präsident die gesetzliche Vollmacht hatte, das FBI anzuweisen, einen Flüchtigen, der sich in einem anderen Land niedergelassen hatte, wegen Verstößen gegen US-Gesetze zu entführen. Dies konnte sogar dann geschehen, wenn die Verhaftung geltendem internationalem Recht widersprach, wie das Gutachten ausführte. Es setzte ein Gutachten der Carter-Regierung von 1980 außer Kraft, das zum genau gegenteiligen Schluß gekommen war – daß das FBI US-Gesetze nicht im Ausland vollstrecken dürfe.

Das Gutachten konnte sowohl auf Escobar wie auf Noriega angewandt werden.

Das neue Geheimdienstmaterial über den Aufenthaltsort Escobars schien ein dringend notwendiger Durchbruch zu sein. Cheney fragte Crowe, ob nicht der JCS Mittel und Wege finden könnte, bei der Verhaftung Escobars behilflich zu sein. Obwohl das Militär selbstverständlich eine solche Verhaftung nicht selbst durchführen konnte, hatte Cheney doch das Gefühl, seine Truppen könnten einen wesentlichen Beitrag dazu leisten.

Der Präsident genehmigte einen provisorischen Plan zur Festnahme Escobars, den Cheney und Justizminister Richard Thornburgh vorlegten. Die erste Phase bestand darin, »Augen« zu installieren und mit deren Hilfe taktische Erkundungen der Gegend durchzuführen, in der Escobar sich nach den FBI-Informationen verschanzt hatte. Eine Spezialeinheit, die sich bereits in Panama befand, konnte dies bewerkstelligen. Das würde die Aussagen des FBI-Informanten abstützen, und Escobar könnte rasch gefaßt werden. Das Militär würde Geheimdienstmaterial, Nachrichtenverbindungen und Schutz anbieten, aber die Verhaftung sollte das FBI oder die Anti-Drogen-Behörde DEA (Drug Enforcement Agency) vornehmen.

Drei starke Argumente wurden für die Operation ins Feld geführt. Erstens wäre die Verhaftung Escobars ein Haupttreffer im Kampf gegen die Drogen, denn sie würde unterstreichen, daß es keinen Zufluchtsort für Drogenhändler gab – speziell in Panama nicht. Zweitens würde sie Noriega eine Höllenangst einjagen, da er annehmen mußte, der nächste zu sein. Und drittens suchten die Redenschreiber des Weißen Hauses für die bevorstehende Ansprache des Präsidenten nach konkreten Beispielen für Erfolge im Drogenkrieg, und die Verhaftung Escobars wäre eine erstklassige Illustration zu Bushs Worten.

Am Ende wurde nichts aus der Operation. Das FBI hatte nur unregelmäßigen Kontakt zu seinem Informanten, der

auch nur eine sehr ungenaue Beschreibung des Ortes geliefert hatte, wo Escobar sich angeblich verborgen hielt. Die Spezialeinheit machte sich auf die Suche nach dem Haus, konnte es jedoch nicht finden. Und es gab auch Hinweise, daß der Bericht, wonach Escobar in Panama sein sollte, vom FBI lanciert worden war, als Teil einer Untergrund-Operation gegen andere Drogenhändler.
Cheney ärgerte sich, daß das Militär nicht rechtzeitig mehr nachrichtendienstliches Material hatte beibringen können. Er befahl dem Stab aller Teilstreitkräfte, seinen Nachrichtenapparat auszubauen.

***

Da die Verhaftung Escobars unterblieben war, gab es eine leere Stelle in der Rede des Präsidenten zum Drogenkrieg. Um sie zu füllen, brachten Bushs Helfer die DEA dazu, einen verdächtigen Drogenhändler zu einem Crack-Deal vor der Haustür des Präsidenten in den Lafayette Park gegenüber vom Weißen Haus zu locken. Eine versiegelte Plastiktüte voller Crack in die Kamera haltend, verkündete der Präsident der Nation am 5. September: »Das ist Crack-Kokain, das Beamte der Anti-Drogen-Behörde vor ein paar Tagen in einem Park gegenüber dem Weißen Haus beschlagnahmt haben. Es hätte leicht auch Heroin oder PCP sein können. Es sieht so harmlos aus wie Bonbons, doch es verwandelt unsere Städte in Schlachtfelder und bringt unsere Kinder um.«
Die *Washington Post* fand bald heraus, daß der Drogenkauf arrangiert worden war, eine für die Regierung peinliche Enthüllung. Der ganze Lärm um die Drogenprobleme brachte Noriega wieder ins Scheinwerferlicht, ein unschö-

nes Symbol für die amerikanische Machtlosigkeit angesichts der illegalen Rauschmittel.

Auf seiner letzten Reise nach Washington vor der Aufgabe seines Kommandos in Panama hatte Woerner das Außenministerium besucht, um mit dem stellvertretenden Minister Lawrence Eagleburger zu sprechen. Der neue Assistant Secretary für interamerikanische Angelegenheiten, Aronson, nahm ebenfalls an dem Gespräch teil und erwähnte die Möglichkeit einer militärischen Lösung in Panama.

Eagleburger warf das ganze Gewicht seiner drei Jahrzehnte an außenpolitischer Erfahrung in die Waagschale und verkündete kategorisch: »Wir werden NIEMALS in Panama einmarschieren.«

Im September, nach einer Sitzung im Weißen Haus, erklärte Crowe den höheren Rängen des Joint Staff: »Ich weiß nicht, wann es passieren wird, ich weiß nicht, was vorausgehen wird, aber ich bin überzeugt, daß wir mit militärischen Mitteln in Panama werden eingreifen müssen, um die Situation zu entschärfen, und wir sollten jederzeit dazu bereit sein.«

* * *

An einem regnerischen Mittwochmorgen, es war der 20. September 1989, begab sich Powell zur Anhörung über seine Bestätigung durch den Streitkräfte-Ausschuß des Senats ins Kapitol.

Er hatte sich einige Ziele für die Anhörung gesteckt. Erstens wollte er den Ausschuß wissen lassen, daß er die Veränderungen in der Welt sehr wohl zur Kenntnis nahm. Zweitens hatte er vor zu sagen, daß er trotz dieser Veränderungen einer Aushöhlung der Streitkräfte durch Kürzungen des Etats nicht Vorschub leisten wollte. Drittens wollte er sich

nicht gegen Admiral Crowe stellen. Er wollte eine Anhörung, die keine Schlagzeilen machte.
»Minister Weinberger hat einige Kriterien für den Einsatz von US-Streitkräften im Ausland formuliert«, sagte Senator Nunn gegen Ende der ereignislosen Anhörung zu Powell.
Powell lächelte schwach. Er erinnerte sich gut. Im Frühjahr 1984 diente Powell als Militärberater des Ministers, als Weinberger eine große Rede vorbereitete, in der er sechs Kriterien für den Einsatz des Militärs nannte. Sobald das Manuskript zur Absegnung in der Regierung die Runde machte, entspannen sich harte Auseinandersetzungen. Alle Stabschefs außer dem Vorsitzenden, General John W. Vessey, Jr., waren vehement dagegen. Reagans damaliger Nationaler Sicherheitsberater, Robert McFarlane, legte die Rede bis nach der Präsidentenwahl im Herbst auf Eis.
Am Ende setzte sich Weinberger wie fast immer durch. Am 28. November 1984 hielt er die Rede im National Press Club. Für ihn war sie die wichtigste seiner Amtszeit. Die Kriterien waren: (1) »Die Vereinigten Staaten sollten keine Truppen im Ausland kämpfen lassen, es sei denn in einem Fall, in dem lebenswichtige Interessen unseres Landes betroffen sind«; (2) der Einsatz sollte nur erfolgen »mit der klaren Absicht, zu siegen«; (3) er sollte durchgeführt werden mit »klar definierten politischen und militärischen Zielen«; (4) er »muß ständig überdacht und wenn notwendig neuen Gegebenheiten angepaßt werden«; (5) er sollte »die Unterstützung des amerikanischen Volkes und seiner gewählten Vertreter im Kongreß haben«; und (6) er sollte »das letzte Mittel sein«.
Diese Rede, wußte Powell, war Teil von Weinbergers gigantischem Kampf mit Außenminister George Shultz. Das Außenministerium drängte häufig auf militärische Lösungen seiner Probleme, während Weinberger und das Militär, die die militärischen Operationen durchführen mußten, vorsichtiger waren.

In Powells Augen waren das gute Regeln, aber er war nicht sicher, ob sie unbedingt öffentlich verkündet werden mußten. Das hatte nämlich die Wirkung, sie in Stein zu meißeln, so daß, wann immer die Vereinigten Staaten das Militär einsetzten, jemand protestieren würde: Einen Augenblick, bitte, ihr habt eine der Regeln nicht beachtet.

Nunn fragte Powell: »Glauben auch Sie, was einige sogenannte Experten gesagt haben, nämlich daß die Vereinten Stabschefs unter den Weinberger-Kriterien zu zurückhaltend sind und abgeneigt, in bestimmten Notfällen im Ausland das Militär einzusetzen?«

»Meine Erfahrung während der letzten paar Jahre hat mir gezeigt, daß die Vereinten Stabschefs durchaus bereit waren, in bestimmten Situationen dem Präsidenten den Einsatz der Streitkräfte zu empfehlen«, antwortete Powell. Er berief sich auf die Eskortierungen im Persischen Golf, Libyen und den Einmarsch in Grenada 1983.

Powell fuhr fort: »Es gibt also keinen Mangel an Bereitschaft, die Armee als politisches Instrument einzusetzen, wenn der Auftrag klar ist und sorgfältig durchdacht und wenn alle Nebenerscheinungen und Konsequenzen des Einsatzes von militärischer Gewalt berücksichtigt sind.

Ich habe nicht das Gefühl, daß sie die Weinberger-Liste Punkt für Punkt durchgehen und sagen: ›Aha, Bedingung Nummer drei ist nicht erfüllt.‹ Verteidigungsminister Weinbergers berühmte Rede und seine Richtlinien sind nützliche Richtlinien, aber ich habe sie nie als eine Kette von Bedingungen betrachtet, die sämtlich erfüllt sein müssen, bevor die Vereinten Stabschefs den Einsatz der Streitkräfte empfehlen.«

Der Ausschuß bestätigte Powell einstimmig. Innerhalb eines Tages billigte der komplette Senat seine Nominierung per Akklamation, eine Prozedur, die den am wenigsten kontroversen Fragen vorbehalten ist.

11

Am Samstag, dem 30. September, übernahm Max Thurman in Panama das Kommando Süd von Woerner. Die höheren US-Offiziere und die Attachés der Botschaften der anderen lateinamerikanischen Nationen wohnten der Ablösezeremonie in Panama Stadt bei. Unmittelbar anschließend nahm Thurman die Arbeit auf, ließ sich ausführlich über jedes Land in seinem neuen Verantwortungsbereich unterrichten – »Schutt abladen« nannte er das. Er arbeitete den ganzen folgenden Sonntag über. Nach dem Abendessen, gegen 21.30 Uhr, erhielt er einen Anruf von einem seiner Assistenten. Der CIA-Posten meldete, er sei von der Frau eines ziemlich hohen PDF-Offiziers – der Name war unklar – informiert worden, daß ihr Mann am nächsten Morgen einen Putsch gegen Noriega plane und das amerikanische Militär bitte, ein paar Straßen zu blockieren. Die Informationen der Frau waren vage.
»Okay«, sagte Thurman, »Ihr müßt Euch durch den ganzen Mist durcharbeiten und rauskriegen, wer was gesagt hat und was sie tun wollen... Findet raus, was zum Teufel da vorgeht.«
Thurman ging in seine Kommandozentrale im »Tunnel«, einem befestigten Gebäudekomplex in einem Hang in Quarry Heights, einem Stadtteil von Panama Stadt. Gegen 2 Uhr kamen zwei CIA-Leute.
»Schlechte Nachrichten«, sagte einer von ihnen. »Wir mögen den Kerl nicht, der dahintersteckt.« Sie identifizierten ihn als Major Moises Giroldi, ein ruhiges, 38jähriges Mitglied von Noriegas PDF-Führung. Der CIA hatte erst seine Frau und dann ihn selbst gesprochen. Als Major, einer der

höchsten Ränge in den Panamaic Defense Forces, war Giroldi in der Position, einen erfolgreichen Putsch durchzuführen. Aber sie hatten entdeckt, daß er vor erst 18 Monaten, im März 1988, Noriega geholfen hatte, einen Putsch niederzuschlagen. Giroldi hatte die Putschisten denunziert, und Noriega ließ sie ins Gefängnis werfen und foltern. Jetzt forderte derselbe Mann das amerikanische Militär dazu auf, zwei Haupteinfallstraßen nach Panama Stadt abzuriegeln, um Noriegas Truppen zu blockieren.

Thurman hatte sofort den Verdacht, daß es sich um einen Versuch handelte, ihn persönlich in irgendeine verrückte, hinterhältige Operation zu verwickeln, ihn militärische Unterstützung schicken zu lassen, um ihn dann als Idioten hinzustellen und so seine Glaubwürdigkeit bereits in den ersten Tagen seines Kommandos zu zerstören.

›Was also ist der Giroldi-Plan?‹ fragte er. ›Was wollen die Putschisten denn mit Noriega machen?‹

»Sie wollen ihn zum Rücktritt überreden«, erklärte einer der CIA-Männer.

»Wie bitte?« explodierte Thurman.

»Sie wollen ihn zum Rücktritt überreden. Sie hoffen, daß er nicht in der Comandancia ist, wenn der Putsch losgeht.« Giroldi plante, die Comandancia, Noriegas Hauptquartier, in seine Gewalt zu bringen, den General von seinen Nachrichtenverbindungen und von seinem Stab abzuschneiden, dann mit ihm in Kontakt zu treten und ihn davon zu überzeugen, daß seine Herrschaft zu Ende sei und er sich friedlich aufs Land zurückziehen solle.

»Lassen Sie mich sehen, ob ich das richtig kapiert habe«, sagte Thurman. »Er befindet sich also außerhalb der Comandancia, und sie reden am Telephon mit ihm und bitten ihn, sich in Ehren zurückzuziehen?«

»Ja.«

»Das ist lachhaft«, sagte Thurman. »Warum schnappen sie

ihn sich nicht und tun etwas mit ihm? So etwas habe ich noch nie gehört – das ist doch totaler Quatsch.«
Gerade 24 Stunden im Amt und nun das. Thurman kam zu dem Schluß, daß er sich wohl besser mit Washington in Verbindung setzen sollte. Er erreichte General Kelly über die abhörsichere Leitung um 2.30 Uhr zu Hause.
»Habe einen Bericht für Sie«, sagte Thurman. »Hier soll ein Putsch stattfinden.« Er faßte zusammen, was die CIA-Leute gesagt hatten und fügte hinzu, daß der Putsch für 9 Uhr geplant sei – also in ungefähr sechs Stunden – und er laut Giroldi 15 Minuten vorher über die lokalen Fernsehsender angekündigt würde.
»Was ist Ihre Empfehlung, Sir?« fragte Kelly, der nur drei Sterne hatte gegenüber Thurmans vier.
»Einfach«, sagte Thurman. »Das ist ein schlecht vorbereiteter, schlecht ausgedachter – sie wollen den Kerl zum Rücktritt überreden und hoffen, daß er nicht da ist –, schlecht geleiteter – dieser Kerl weiß nicht, wer alles an dem Putsch teilnimmt –, hoffnungslos löchriger Plan. Ich würde empfehlen, halten Sie sich da raus. Halten Sie sich total raus.«

* * *

Powell, der am 1. Oktober um 0 Uhr den Vorsitz des JCS übernommen hatte, ohne jedes Zeremoniell, hatte den Sonntag zu Hause verbracht in Erwartung seines ersten Amtstages am Montag. Er schlief, als Kelly ihn anrief.
»Uns liegen Hinweise vor, daß es in Panama zu einem Putsch kommt«, erklärte Kelly seinem neuen Chef.
Powell willigte ein, Kelly in einer Stunde im Pentagon zu treffen, doch vorher weckte er Cheney auf, um Bericht zu erstatten. Dann brach er in die regnerische Nacht auf, um

seinen ersten Dienst vier Stunden zu früh anzutreten. Als er in der Nationalen Militärischen Kommandozentrale eintraf, dem abgeschotteten Bereich des Pentagon, von wo aus der Minister, der Vorsitzende und ihre wichtigsten Mitarbeiter oftmals Operationen verfolgen und leiten, frotzelte er Kelly, weil er ihn so früh aus dem Bett geholt hatte. Sie stellten eine Handvoll Offiziere zur Bildung eines Krisenstabes (Crisis Action Team, CAT) ab, um die Lage zu beobachten und einen eventuellen Truppeneinsatz zu koordinieren.

›Das klingt faul‹, sagte Powell, nachdem er eine Zusammenfassung der Erkenntnisse über den Putsch gelesen hatte. Es schien keine Notwendigkeit für die USA zu bestehen, sich dabei zu engagieren. Weder Powell noch Kelly gefiel die Vorstellung, plötzlich involviert zu sein. Die USA sollten selbst den Zeitplan bestimmen, Noriega loszuwerden; dazu brauchten sie keinen unausgegorenen Putsch eines unausgegorenen Putschisten, sagte Powell.

Da er nur minimale Schritte unternehmen und die USA nicht in irgendeine Dummheit verwickeln wollte, stellten die detaillierten Anforderungen ein Problem dar. Auf der Straße, die die Möchtegern-Putschisten gesperrt sehen wollten, konnte eine normale Übung mit ein paar Hundert Soldaten veranstaltet werden. Das hatte Cheney auf eine entsprechende Empfehlung hin gebilligt. Die zweite Forderung, die Bridge of the Americas zu sichern, die den Kanal nach Panama Stadt hin überspannte, brächte US-Truppen nahe an Noriegas Comandancia, sein Hauptquartier, heran und konnte nicht als Routineübung maskiert werden. Powell empfahl diesen Schritt nicht.

* * *

Ein Stockwerk unterhalb von Powells Büro beschäftigte sich Konteradmiral Edward D. »Ted« Sheafer intensiv mit dem Sortieren des nachrichtendienstlichen Materials. Sheafer, 48, war der stellvertretende Direktor der Defense Intelligence Agency (Militärischer Nachrichtendienst, DIA), der den Vereinten Stabschefs zugeteilt war – Powells Nachrichtenoffizier. Er hatte jahrelang Erfahrung bei der Marine auf diesem Gebiet gesammelt und unterhielt gute Verbindungen zu allen militärischen Nachrichtendiensten und zum CIA. Diese benutzte er an diesem Morgen, um eine Lagebeurteilung für Powell zusammenzustellen. Major Giroldi konnte leicht das sein, was in der Sprache der Nachrichtendienste »dangle« genannt wird – ein Köder, der täuschen oder auf eine falsche Fährte locken soll –, meinte Sheafer. Und er setzte hinzu: »Noriega versucht vielleicht, uns als Arschlöcher hinzustellen.« Giroldi schien einen Putsch gegen die Comandancia und nicht gegen Noriega zu planen. Wenn er echt war, dann basierte er auf der falschen Vorstellung, daß man zur Übernahme der Macht nur ein Gebäude in seine Gewalt zu bringen brauchte. Das war absurd, und die Idee, den zurückgetretenen Noriega mit voller Pension aufs Land zu schicken, war sogar hirnrissig. Sheafer erklärte seinem Chef, daß der CIA die Sache nicht im Griff hatte.

Powell nahm Kelly und Sheafer mit in Cheneys Büro. Das Weiße Haus bemühte sich, eine abhörsichere Video-Konferenzleitung mit dem Pentagon zu schalten, damit Bush informiert werden konnte, doch die Technik funktionierte nicht richtig. Scowcroft schlug vor, Cheney, Powell, Kelly und Sheafer sollten alle um 9 Uhr ins Weiße Haus kommen, um mit dem Präsidenten zu beraten.

Cheney und Powell nahmen einen Wagen, Kelly und Sheafer folgten in einem zweiten. Im Oval Office faßte Powell die Situation zusammen: Weder der Anführer des Putsches noch der Plan machten einen vertrauenerweckenden Ein-

druck. Er empfahl dem Präsidenten, sich zurückzuhalten und weitere Informationen abzuwarten. ›Wenn es einen Putsch gibt, warten Sie, wie er sich entwickelt, bevor Sie handeln‹, sagte Powell.
Der Präsident stimmte zu.
Wenn der Putsch nicht an diesem Tag stattfand, so hatte sich Giroldis Frau vernehmen lassen, so werde er am nächsten Morgen starten.
Cheney und Powell absolvierten die für diesen Tag geplanten Unterredungen mit dem sowjetischen Verteidigungsminister Jasow, der als erster sowjetischer Verteidigungsminister seit dem Zweiten Weltkrieg die USA besuchte.
Bevor Powell das Pentagon zu einem offiziellen Abendessen zu Ehren von Jasow verließ, das im Anderson House stattfand, einer palastartigen alten Villa an der Massachusetts Avenue, die häufig für die Bewirtung ausländischer Würdenträger benutzt wurde, sprach er noch mit Kelly. Sie stimmten darin überein, daß der Putsch wahrscheinlich bloßes Gerede war. Sheafer berichtete, daß sie ebenso verschwommene Informationen über einen weiteren Putsch hätten, der ausgebrütet werde. Bald sprachen sie nur noch von Putsch 1 und Putsch 2.
»Meine Vermutung ist, es gibt überhaupt keinen Putsch«, sagte Kelly.

* * *

Am nächsten Morgen war Thurman in Panama bereits um 5 Uhr auf den Beinen. Um 7.40 fielen Schüsse in der Comandancia, ungefähr eine Meile von Thurmans Hauptquartier in Quarry Heights entfernt. Thurman rief Powell an. »Vermutlich ist Noriega da drin, aber ich kann es nicht mit Sicherheit sagen, da ich seine Stimme nicht gehört habe«, sagte Thurman. Er hörte mit Vorliebe selbst die elektronischen Lauscheinrichtungen ab.

Um 9 Uhr stand für Powell fest, daß ein Putsch im Gange war, aber es gab immer noch keine gesicherten Erkenntnisse, ob Noriega in der Comandancia war. Powell rief Cheney an, der sich auf einer Bustour mit Jasow zum Bürgerkriegs-Schlachtfeld in Gettysburg, Pennsylvania, befand, und teilte ihm mit, daß der Putsch begonnen hatte.

Kurz nach Mittag blockierten die US-Streitkräfte in Panama die Straße vor Fort Amador, getarnt als Routineübung. Die Panamaische Fünfte Infanterie mit Stützpunkt Amador war die PDF-Einheit, die der Comandancia am nächsten stationiert war. Zehn Minuten später verkündete der Rundfunk den Putsch.

Um etwa 12.18 Uhr erhielt Thurman die Nachricht, daß zwei panamaische Leutnants, die sich als Verhandlungsdelegation der Putschisten identifizierten, am Tor von Fort Clayton seien. Er autorisierte Generalmajor Marc Cisneros, der die Heereskräfte des Kommando Süd führte und fließend Spanisch sprach, mit ihnen zu reden.

Die Leutnants sagten, Noriega und sein Stab seien in der Comandancia unter Kontrolle der Putschisten, die nach einem ehrenvollen Weg suchten, Noriega in Panama bleiben zu lassen.

Cisneros entgegnete, die USA würden Noriega in Haft nehmen, wenn er nach Fort Clayton gebracht werde.

Die Leutnants sagten, sie hätten nicht die Absicht, irgend jemanden an die USA auszuliefern. Sie wollten, daß die Bridge of the Americas blockiert wurde.

Um 13.30 führte Thurman ein Telephongespräch mit Powell auf einer abhörsicheren Leitung.

Powell hatte einen Geheimdienstbericht bekommen, wonach Noriega in einem Zimmer eingeschlossen war, von dem

aus er telephonieren konnte. Vielleicht war er noch immer am Ruder. Obwohl die Rebellen Noriega nicht völlig unter Kontrolle zu haben schienen, war er noch nicht im Fernsehen aufgetreten, was er sicher tun würde, hätte er den Putsch niedergeschlagen. Also steckte er offenbar in Schwierigkeiten, folgerte Powell.
Thurman sagte, auch er wüßte nicht, was vorging. Er sei nur sicher, daß an diesem Morgen in der Comandancia Schüsse gefallen waren. Im Moment folge er der abwartenden Linie Bushs, um einem Konflikt oder einer Konfrontation mit Noriega oder seinen Truppen aus dem Weg zu gehen. Da es sich nicht um einen von den USA geförderten Putsch handelte, fragte sich Thurman, was er überhaupt tun könnte. Konnte er Noriega festnehmen?
»Wenn sie Ihnen Noriega bringen, dann können Sie das tun, aber Sie haben keine Vollmacht, ihn sich selbst zu holen.« Eine freiwillige Auslieferung war okay.
»Roger«, sagte Thurman.
Powell arbeitete mit Thurman drei Optionen aus:

1. Wenn Noriega von den Rebellen zu einem US-Stützpunkt gebracht wurde, konnte er übernommen werden – »mit offenen Armen«, sagte Powell.
2. Wenn US-Truppen sehr diskret und verdeckt benutzt werden konnten, um den Rebellen bei der Überstellung Noriegas an einen US-Stützpunkt zu helfen, konnte auch das von Thurman angeordnet werden. Thurman konnte den Rebellen sagen: »Wenn Sie Hilfe brauchen, Noriega herauszubringen, [und] das nicht die ostentative Zurschaustellung amerikanischer Truppen erfordert, so können Sie auf uns rechnen.« Das würde bedeuten, zwei oder drei Soldaten könnten helfen, viel mehr nicht.
3. Wenn Thurman eine Chance sah, Noriega mit einem sehr kleinen Kommandounternehmen zu fassen, konnte er das

planen. Aber das stellte in jedem Fall eine Eskalation dar und bedurfte einer Revision der Regierungspolitik. Diese Option eines Kommandounternehmens mußte von Präsident Bush genehmigt werden. »Wir behalten die Entscheidungsgewalt darüber hier«, sagte Powell. »Ich muß damit zum Präsidenten.« Powell fügte noch hinzu, daß eine Nachrichtenverbindung ins Weiße Haus stehe und er eine Genehmigung des Präsidenten schnell einholen könne, wenn Thurman eine erfolgversprechende Möglichkeit sah.

Nach Konsultationen mit den Rechtsanwälten beim JCS instruierte Powell Thurman, daß unbedingt ein Vollzugsbeamter – FBI oder DEA (Anti-Drogenbehörde) – zugegen sein müsse, um die Verhaftung vorzunehmen. »Ich will eine ordentliche Festnahme«, sagte er.
Obwohl der Putsch zu diesem Zeitpunkt recht vielversprechend aussah, hatte Powell nicht den Eindruck, er sollte die Empfehlung aussprechen, mehr militärische Unterstützung zu gewähren. Zumindest so lange nicht, bis Thurman sich mit neuen Informationen meldete. Powell klärte das alles mit Cheney ab, der wieder im Weißen Haus war, noch immer in Begleitung Jasows. Cheney ließ den sowjetischen Minister in einem Büro warten, während er Bush, Scowcroft und Baker unterrichtete. Er bekam die Genehmigung des Präsidenten für die Optionen. Cheney und Powell spürten nun beide, daß es Zeit wurde, zu handeln, und sie wollten sichergehen, daß Thurman bereit war – sich vorzuwagen, aber nicht so weit, daß er die politische Linie, die der Präsident vorgegeben hatte, übersprang.
Um etwa 2.30 Uhr teilte Thurman mit, daß der Putsch gescheitert war. Es war vorbei, und damit waren alle Möglichkeiten verstrichen, so vage und verschwommen sie auch immer waren. Noriega erschien schon bald im panamaischen Fernsehen und verurteilte die Rebellen und die Vereinigten

Staaten wegen des Versuchs, »eine Regierung des nationalen Ausverkaufs zu installieren«.

Das Weiße Haus reagierte schnell und distanzierte sich von dem Putschversuch mit der Versicherung, daß es weder eine amerikanische noch von Amerika unterstützte Aktion war. Pressesprecher Marlin Fitzwater sagte, Regierungsbeamte hätten nur von einem geplanten Putsch »rumoren« hören, seien nie direkt informiert worden.

»Wenn wir informiert worden sein sollten, so weiß der Präsident nichts davon«, sagte er, »der Außenminister weiß nichts davon, und der Verteidigungsminister weiß nichts davon.«

Cheney traf wieder im Pentagon ein, als die Mitarbeiter des Hauses gerade ins Freie strömten, um den Paradeplatz über dem Potomac zu füllen. Sie versammelten sich, um Powells zeremoniellem Amtsantritt, der für 15 Uhr vorgesehen war, zuzusehen, dem militärischen Äquivalent einer Amtseinführung, wie sie bei amerikanischen Präsidenten üblich ist. Es war ein schöner Spätsommertag geworden. Ein kräftiger Wind blies vom Fluß her.

Die Menge applaudierte, als Cheney Powell zum Podium geleitete. Powell schritt rasch die Truppenparade ab, und dann eröffnete Cheney der Versammlung, daß er in den nächsten vier Jahren mehr Zeit mit diesem neuen Vorsitzenden verbringen werde als mit seiner Familie.

Powell, der mit übergeschlagenen Beinen auf seinem Stuhl saß, wirkte gelassen. Das einzige Anzeichen dafür, daß ihm etwas im Kopf herumging, war das häufige Falten seiner großen Hände. Als er dann ans Mikrophon trat, beschrieb er ein Gemälde, das in einem Treppenschacht des Pentagon hing. Es stellte das Innere einer Kirche dar. »Eine große Kirche, erleuchtet vom hellen Sonnenlicht, das durch ein wunderschönes farbiges Glasfenster strömt. Der Kirchenraum ist leer, bis auf eine Familie, die an der Altarschranke betet. Das Licht

fällt auf die Familie, Mutter und Vater, ein junger Sohn und eine Tochter. Der Vater trägt Uniform. Man spürt vor diesem Gemälde, daß die Familie ein letztes Mal gemeinsam betet, bevor der Vater in den Krieg zieht.
Jedesmal, wenn ich an diesem Gemälde vorbeikomme, geht mir ein stummes Gebet durch den Kopf für alle, die diesem Land in Gefahrenzeiten dienen.
Unter dem Bild steht ein Wort des Propheten Jesaja. Es lautet: ›Dann hörte ich die Stimme des Herrn, der sprach: »Wen soll ich senden? Wer wird für uns gehen?« Da antwortete ich: »Hier bin ich, sende mich.«‹
Und ein wenig später sagte Powell: »Ich muß heute auch daran denken, daß die Periode, in die wir jetzt eintreten, vielleicht die historisch wichtigste in der Nachkriegsgeschichte ist.
Präsident Bush und Minister Cheney haben den richtigen Kurs bestimmt – jede sich bietende Chance nutzen, aber Vorsicht und Besonnenheit walten lassen.
Und wenn wir damit Erfolg haben, werden die Männer und Frauen unserer Streitkräfte nur den Preis ständiger Bereitschaft zahlen müssen und nicht den tragischen und teuren Preis des eigenen Lebens.«
Marybel Batjer, Powells ehemalige persönliche Referentin im Weißen Haus, ging zu ihm. Ihre beiden Eltern waren krank, und während der vergangenen Wochen hatten Powell und Armitage abwechselnd den Kontakt zu ihr gehalten, jeden Tag rief einer von beiden sie an. Sie hatte die Neuigkeiten über den Putsch in Panama gehört, und sie erkannte deutlich, daß Powell nervös war.
›Wie geht es denn mit Cheney?‹ fragte sie. Sie wußte, daß Powell während der Iran-Contra-Untersuchungen Bedenken wegen Cheney gehabt hatte. Cheneys kritiklose Parteinahme für Oberstleutnant Oliver North hatte Powell geärgert.

Powell lächelte. Der Putsch sei genau das gewesen, was er und Cheney gebraucht hätten, um das Eis zwischen ihnen zu brechen, erklärte er ihr. »Der Annäherungsprozeß ist in vollem Gange«, sagte er. »Nichts schweißt so fest zusammen wie eine Krise.«

* * *

Pete Williams verbrachte an diesem Tag viel Zeit in Cheneys Büro, da Powell, gewöhnlich in Begleitung seines Operationschefs Kelly und seines Nachrichtenoffiziers Sheafer, wiederholt hereinkam, um neue Informationen und letzte Meldungen für den Minister zu bringen. Williams war verblüfft, wie knapp und präzise Powells zusammenfassende Berichte waren. Wäre ein Fremder ins Zimmer gekommen und hätte erfahren, daß einer der Anwesenden neu in seinem Job war, hätte er niemals auf Powell getippt. Der neue Vorsitzende strahlte sehr viel Selbstvertrauen aus. Er füllte den ganzen Raum. Es umgab ihn eine Aura, die unmißverständlich verkündete: »Platz da, Leute, ich bin der Vorsitzende.« Williams bemerkte, daß Powell äußerst bemüht war, alle Informationen, die zu Cheney flossen, zu kontrollieren.

»Haben Sie eine *dropline* zu mir?« fragte er Williams nach einer solchen Unterredung auf dem Gang. Eine *dropline* ist eine automatische Telephonverbindung, die es zwei Personen gestattet, einander jederzeit sofort zu erreichen; drückt man einen Knopf am einen Apparat, wird ein Klingeln und ein Leuchtzeichen am anderen ausgelöst.

»Nein, Sir.« Obwohl Williams aus protokollarischen Gründen Vier-Sterne-Offizier war, drückte er gern seinen Respekt aus, wenn er den Vorsitzenden ansprach. Er hatte

keine Direktverbindung zu Crowe gehabt und wäre nie auf den Gedanken gekommen, eine zu verlangen.
»Ich kümmere mich darum«, sagte Powell.

* * *

Während der nächsten beiden Tage, Mittwoch und Donnerstag, griffen sowohl Demokraten wie Republikaner im Kongreß die Regierung scharf an, weil sie es versäumt habe, den Putsch auszunutzen. Der demokratische Abgeordnete Les Aspin sagte: »Wir sollten bei jeder sich bietenden Gelegenheit bereit sein, die Verwirrung und Unsicherheit bei einem solchen Putschversuch zu benutzen..., um etwas gegen Mr. Noriega zu unternehmen.«
Senator Jesse Helms, Republikaner aus North Carolina und einer der Hauptstreiter gegen Noriega im Kongreß, nannte die Regierung einen Haufen »Keystone Kops« [die recht ungeschickte Polizeitruppe aus frühen Slapstick-Filmen, A. d. Ü.] und sagte: »Nach diesem Geschehen kann man wohl von keinem Angehörigen der Panamanian Defense Forces mehr erwarten, daß er etwas gegen Noriega unternimmt.« Am Donnerstag ergriff Helms im Senat das Wort und hielt eine Rede, in der er, auf eigene Quellen gestützt, behauptete, die Anführer des Putsches hätten angeboten, Noriega auszuliefern, doch die Vereinigten Staaten hätten dies abgelehnt.
»Gelegentlich«, sagte Sam Nunn, »müssen wir damit rechnen, daß unsere Politik der Ermunterung zu einem Putsch Erfolg hat, und dann sollten wir darauf vorbereitet sein.«
Der Kongreßabgeordnete Dave McCurdy, ein gemäßigter Demokrat aus Oklahoma, sagte: »Die gestrigen Ereignisse lassen Jimmy Carter als entschlossenen Mann erscheinen. Der Schlappschwanz-Faktor macht sich mal wieder bemerkbar.«

Leitartikler verglichen den Vorfall mit Carters Kommandounternehmen zur Rettung der Geiseln im Iran und Präsident Kennedys Fiasko in der Schweinebucht.
George Wills Kolumne in der *Washington Post*, in der er Bushs Handlungsweise in dieser Situation kritisierte, war überschrieben: »Eine unseriöse Präsidentschaft.«
Bei einer Sitzung im Weißen Haus Ende der Woche verteidigte der stellvertretende Nationale Sicherheitsberater Robert Gates engagiert den CIA und das nachrichtendienstliche Material über den Putsch. Da es kein Versuch gewesen war, der von den USA gefördert oder kontrolliert wurde, konnte man überhaupt nicht zuverlässig wissen, ob Noriega unter Arrest stand oder nicht. Erst jetzt war bekannt, daß die Rebellen Noriega tatsächlich mindestens zwei Stunden lang in ihrer Gewalt hatten.
Die verpaßte Gelegenheit führte zu einem Überdenken der Ziele, die die Regierung in Panama erreichen wollte. Wollte man Noriega stürzen? Ihn verhaften und in den USA vor Gericht stellen? Eine neue Regierung etablieren helfen?
Es war ziemlich deutlich, daß Bushs harte Worte gegen Noriega nicht von detaillierten Plänen für Notfälle untermauert waren – weder vom Militär noch vom CIA, erkannte Powell. John Sununu war sehr erregt. Das war eine Frage der Koordination – seine Hauptaufgabe als Stabschef im Weißen Haus –, und es hatte nicht viel zu koordinieren gegeben. Er trat seine Leute in den Hintern.
»Das Laientheater ist zu Ende«, erklärte Bush. Er erklärte dem Nationalen Sicherheitsrat, Noriega würde eines Tages einen Schritt zu weit gehen, und dann sollten sie bereit sein. Nichts durfte dem Zufall überlassen bleiben. »Ich will von A bis Z konsequente Pläne«, sagte der Präsident.

* * *

Am Nachmittag des 6. Oktober, ein Freitag, begab sich Bush ins Walter Reed Army Medical Center, um ein gutartiges Geschwür an einem seiner Finger entfernen zu lassen. Nach der Operation fragte ihn ein Reporter: »Sir, was ist mit Panama? Einfach ausgedrückt, sagen eine Menge Kritiker, Sie hätten das vermasselt.«

»Nun«, sagte Bush, »die Leute, manche Leute zumindest, wollten anscheinend, daß ich unser volles Militärpotential auf Panama loslasse, um – Zitat – ›Noriega zu kriegen‹. Ich glaube, das ist es – eine Anschuldigung derer, die über die Resultate so enttäuscht, frustriert sind wie ich selbst. Ich glaube, das wird behauptet. Also sagen Sie mir: Was hätte ein Oberbefehlshaber tun können? Ich nehme an, man hätte die Armee in Alarmzustand versetzen können. Doch das ist nicht klug, und ich habe nicht vor, die militärischen und außenpolitischen Angelegenheiten dieses Landes so zu führen.«

Auf die Frage, ob er die Streitkräfte zu Hilfe nehmen würde, sagte Bush: »Ich würde keine Option ausschließen. Gar keine. Aber Sie müssen die Umstände zu jener Zeit in Rechnung stellen. Und an das Leben der amerikanischen Staatsbürger denken, an unsere eigenen Truppen und die Ziele, die man erreichen will. Aber sicher, ich würde diese Möglichkeit nicht ausschließen.«

Auf einer Pressekonferenz am Morgen des 13. Oktober sah Bush sich mit noch mehr Fragen zu Panama konfrontiert.

»Ich würde das Militär einsetzen, wenn es vernünftig geschehen kann«, sagte Bush. »Mit anderen Worten, ich schließe den Einsatz der Streitkräfte nicht für alle Zeiten aus.«

Er sagte auch: »Ich trage die Verantwortung für das Leben unserer amerikanischen Kids, und ich werde sie nicht in eine Schlacht schicken, solange ich nicht ein sicheres Gefühl dabei habe und solange die Offiziere und Generäle, zu denen ich volles Vertrauen habe, kein sicheres Gefühl dabei haben.«

Auf die Frage: »Ist kürzlich jemand gefeuert worden?« antwortete Bush: »Nein, und das wird wegen dieser Sache auch nicht geschehen, weil alle gute Arbeit geleistet haben – gute Arbeit... Und ich habe kein Quentchen Vertrauen verloren zu unseren hochqualifizierten Leuten, die sich um diese Dinge kümmern, eingeschlossen – und das möchte ich hier ausdrücklich wiederholen – unsere Offiziere in Panama. Sie besitzen mein vollstes Vertrauen. Ebenso wie General Powell.«

Powell, der jede Äußerung des Präsidenten genau verfolgte, hätte auf den Nachsatz »Und ich habe kein Quentchen Vertrauen verloren...« durchaus verzichten können. Er wußte sehr wohl, daß eine solche Empfindung nur dann artikuliert wurde, wenn Zweifel daran bestanden. »Mein Gott, was ist mit dieser Stadt passiert?« dachte er bei sich. Er hatte schon früher emotionsgeladene außenpolitische Debatten erlebt, aber nicht von dieser übertriebenen Intensität und quer durchs ganze politische Spektrum. Wie ein zur Lynchjustiz entschlossener Haufen. Er war nur sechs Monate aus Washington weggewesen, aber es hatte sich etwas geändert.

Er glaubte, mehrere Gründe für die Aufgeregtheit ausmachen zu können. Erstens war es eine ziemlich lahme Woche gewesen, was die Nachrichten betraf. »Newsies«, wie Powell die Journalisten nannte, hatten einen absoluten Horror vor dem Vakuum und taten alles, um es zu füllen. Zweitens, wann immer sie einen Widerspruch zwischen Worten – wie Bushs früherer Äußerung: »Sie sollten einfach alles tun, was in ihrer Macht steht, um Mr. Noriega dort wegzukriegen.« – und Taten entdeckten, stürzten sich Journalisten darauf. Drittens, die Verärgerung über Noriega hatte das Stadium

nackter Wut erreicht. Viertens, und wohl am wichtigsten, es ging um das Image des Präsidenten – anhaltende Zweifel, ob Bush vielleicht doch ein Schlappschwanz war. Neun Monate nach seinem Amtsantritt hatte Bush noch immer keine klaren Konturen gezeigt, und dieses Versagen ließ eine grundsätzliche Frage offen: War Bush in seinem tiefsten Inneren unentschlossen und zögerlich?
Powell spürte, daß es falsch wäre, Bushs Präsidentschaft nach diesem Fall zu beurteilen. Engagiert erklärte er dem Präsidenten, daß es die große Chance überhaupt nie gab – die Rebellen waren nicht entschlossen genug und hatten keinen richtigen Plan. Ein Eingreifen der USA hätte womöglich alles nur schlimmer gemacht.
Ein alter Freund Powells, der ehemalige Oberst Harry G. Summers, Jr., der einst den Lehrstuhl von General Douglas MacArthur am Army War College innehatte, schrieb einen landesweit publizierten Leitartikel über die Affäre. Unter der Überschrift: »Der stümperhafte Putsch in Panama ist unsere kleinste Sorge« las Powell: »Letzte Woche, ob wir es nun realisierten oder nicht, warfen wir einen Blick in den Abgrund. Die Entscheidungsmaschinerie unseres Landes in Sicherheitsfragen, das Herz unserer Verteidigung, präsentierte sich als reines Chaos. Es war eine Offenbarung, die angst macht...
Wenn sich die Führer unseres Landes bei einer kleineren Krise wie Panama schon so ungeschickt anstellten, was täten sie dann erst angesichts einer wirklichen Bedrohung? Würden sie auch dann noch mit Papieren herumhantieren und Operationsstäbe für alle möglichen Fälle bilden, wenn bereits Raketen auf unser Land zufliegen?«
Summers nannte Baker, Cheney und Powell die neuen »besten und intelligentesten« Männer, »erfahren im Krisenmanagement auf höchster Ebene. Und doch haben sie versagt.« Er schrieb dies dem kollektiven Entscheidungs-

prozeß innerhalb von befehlsausübenden Komitees zu: »Ein schlimmer Fall von Arteriosklerose an der Spitze – eine möglicherweise fatale Blockierung der militärischen Befehls- und Kontrollebene.«

Der Leitartikler schlug vor, der Präsident, als oberster Befehlshaber, solle direkt mit dem Militär in Kontakt treten, wie es Präsident Roosevelt im Zweiten Weltkrieg getan hatte.

Powell schien das unmöglich. Kollektiventscheidungen innerhalb von Komitees, bei denen die Perspektiven aller Abteilungen und Teilstreitkräfte berücksichtigt wurden, waren unumgänglich. Doch stimmte er zu, daß auf seiten des Militärs mehr getan werden könnte, um zu einer direkteren Verbindung von ihm selbst als Vorsitzendem zu den CINCs und anderen Gefechtskommandeuren zu gelangen.

Cheney und Powell setzten sich zusammen, um die Angelegenheit ein letztes Mal durchzugehen. Sie fragten: War dies wirklich der richtige Moment, der richtige Putsch, einer, den die Vereinigten Staaten hätten unterstützen können und müssen, wenn sie bereit gewesen wären? Die Antwort lautete, unglücklicherweise, nein.

Wenn die Lage so schlecht war, daß Offiziere wie Giroldi, ehemals ein enger Verbündeter Noriegas, diesen stürzen wollten, dann würden andere es wieder versuchen, dachte Cheney. Es war Zeit, ans Reißbrett zurückzukehren.

* * *

In Panama Stadt legte Thurman die Füße auf den Tisch, schaute aus dem Fenster und entschied sich zu einem ersten Schritt. Wenn es um Noriega zu einem größeren Aufruhr

kam, mußte er die Angehörigen der US-Truppen aus Panama herausbringen. Deshalb begann er eine Reihe von Anfragen an Washington zu richten, um eine Vollmacht zu erhalten, die Angehörigen in die USA zurückzuschicken oder sie in amerikanische Militärstützpunkte in Panama zu verlegen.
Er wurde nach Washington zitiert, um vor den Streitkräfte-Ausschüssen beider Häuser des Kongresses Erklärungen abzugeben. Nach zehn Jahren solcher Auftritte ging Thurman selbstbewußt an diese Aufgabe heran; er hatte gelernt, wie wichtig es war, seine Hausaufgaben gemacht zu haben und den Parlamentariern einige neue Leckerbissen hinzuwerfen. In getrennten Sitzungen von jeweils drei Stunden wurde er im wesentlichen nur mit einer Frage konfrontiert: Haben wir eine goldene Gelegenheit verpaßt? Seine Antwort war nein. Er stellte die Nachrichtenlage dar, die zu Beginn des Putsches bestand, und Einzelheiten, die späteren Vernehmungen von Augenzeugen in der Comandancia entstammten. Indem er diese beiden Quellen jeweils einander gegenüberstellte, konnte er deutlich machen, daß zu dem Zeitpunkt, als die beiden Verbindungsmänner der Putschisten mit General Cisneros sprachen, der Putsch in der Comandancia bereits zu Ende war.
»Ich gehe zurück nach Panama und besorge mir einen guten Eventualfallplan«, erklärte Thurman den Senatoren.
Thurman hatte die Zeitungen gelesen. Es war klar, daß niemand – weder Präsident Bush noch Cheney, noch Powell oder er selbst – einen weiteren wirklichen oder auch nur scheinbaren Mißerfolg überstehen würden.
22 Jahre zuvor hatte Major Max Thurman ein Jahr am Army Command and General Staff College in Fort Leavenworth verbracht. Eine der Lektionen, die er dort gelernt hatte, war, daß ein Offizier zwei Jobs hatte: Erstens, den ausdrücklichen Befehlen seiner Vorgesetzten zu gehorchen, und zwei-

tens, die unausgesprochenen Aufgaben, die Teil jener Befehle waren, zu verstehen und dafür zu sorgen, daß sie ausgeführt wurden. Je höher man aufstieg, desto zahlreicher wurden die unausgesprochenen Aufgaben, die einem gestellt wurden.
Die unausgesprochene Aufgabe in Panama war einfach: Wenn das je noch mal passiert, dann sei bereit. Jenes »das« war nicht bloß ein Putschversuch, überlegte Thurman, sondern alles, was den Eindruck erwecken konnte, George Bush, Max Thurman und alle dazwischen seien nicht absolut Herr der Lage.
Thurman ging zu Powell.
›Sind die Planungen mit frischer Kraft im Gange?‹ fragte Powell.
›Mit frischer Kraft‹, versprach Thurman. Er war sechs Jahre älter als Powell und bis vor zwei Wochen noch ranghöher. Thurman kannte die Regeln und respektierte sie, aber es war schon lange her, seit ihn jemand herumkommandiert hatte.
»Sie bringen Ihre Pläne und alles auf den neuesten Stand?« fragte der Vorsitzende.
»Sicher«, sagte Thurman, »wir arbeiten daran. Dafür werden wir schließlich bezahlt. Wir tun unser Bestes. Wenn ich damit fertig bin, erstatte ich Ihnen Bericht.«

12

Thurman befahl den mehr als 13.000 Männern und Frauen unter seinem Kommando, ihre Dschungel-Kampfanzüge mit dem unregelmäßigen braunen und grünen Tarnmuster jeden Tag zu tragen. Er ließ die Getränkeautomaten bei den Büros der Nachrichtendienste entfernen, damit sich die Offiziere nicht mehr dort trafen und ein ideales Ziel für die Spionage der PDF abgaben. Er intensivierte die größeren Manöver der Kategorien Drei und Vier, schickte jeweils zwischen 150 und 500 Mann zu Übungen in Schiffen, Amphibienfahrzeugen, Hubschraubern, Panzern und Flugzeugen durch ganz Panama. Jede Nacht fand mindestens eine Hubschrauberübung statt. Diese Manöver sollten völlig ziellos wirken, doch einige bezogen tatsächliche Ziele mit ein, die getroffen werden sollten, wenn je ein offensiver Einsatz gegen die PDF befohlen wurde.

In der Woche nach dem gescheiterten Putsch traf Generalleutnant Stiner nachts an Bord einer C-20 auf dem Luftwaffenstützpunkt Howard in Panama ein. Er und seine wichtigsten Planungsoffiziere und Befehlshaber trugen Zivil, um nicht die Aufmerksamkeit der PDF zu erregen.

Thurman traf sich mit Stiner und sagte, er wünsche, daß sie den BLUE SPOON Eventualfallplan verbesserten und präzisierten, bis hin zu den kleinsten Details – »bis zum letzten Schräubchen«, sagte Thurman.

›Jawohl, Sir‹, erwiderte Stiner.

›Dann werden Sie ihn mit dem 18. Korps alle zwei Monate durchexerzieren.‹

›Jawohl, Sir.‹

›Alle zwei Monate die nächsten zehn Jahre lang.‹ Und Thurman fügte hinzu: »Ich werde dann nicht mehr da sein, aber ein anderer wird an meine Stelle treten.«

Am 11. Oktober wurde Thurmans Ersuchen nach einer Verstärkung der Militärpolizei stattgegeben. Bald patrouillierte Militärpolizei rund um die Uhr auf einigen der strategisch wichtigsten Straßen. Thurman befahl seinen Hubschraubern, Übungsflüge zum Hauptquartier des Bataillon 2000 der PDF durchzuführen. Das Bataillon 2000 war eine Truppe von 800 Mann, die als Noriegas schlagkräftigste und gefährlichste galt und in Fort Cimarron, östlich von Panama Stadt, stationiert war.

* * *

Powell war bereits bestens mit der Führung der PDF vertraut. Als Reagans Nationaler Sicherheitsberater hatte er viele Stunden damit verbracht, die Akten der Nachrichtendienste über die PDF-Offiziere zu studieren, um nach einer Alternative zu Noriega Ausschau zu halten. Er war zu dem Schluß gekommen, daß keine darunter war. Den ranghöchsten 10 oder 20 Offizieren ging es allein um persönliche Macht und Reichtum. Es war unvorstellbar, daß die USA solche Halsabschneider unterstützten. In Powells Augen stellte nur Colonel Eduardo Herrera Hassan, ehemals Botschafter seines Landes in Israel, eine vernünftige Alternative dar; doch trug er in den Augen einiger Panamaer den Makel, in mehrere Umsturzversuche des CIA verwickelt gewesen zu sein, aus denen allesamt nichts geworden war.

General Kellys Einschätzung der PDF fiel sogar noch düsterer aus. Er hatte den Eindruck, das nachrichtendienstliche Material ließ den Schluß zu, daß die gesamte Führungsebene aus Mördern und Folterern bestand.

Powell war nicht sicher, daß alle so üble Burschen waren, aber das Prestige von Präsident Bush und den Vereinigten Staaten stand auf dem Spiel – konnte es das Militär da riskieren, sich an der Machtergreifung eines weiteren machtgierigen Egozentrikers zu beteiligen, ob nun direkt oder indirekt?
Es konnte nicht, folgerte Powell. Er sah nur eine mögliche Antwort: Der BLUE SPOON Plan mußte erweitert werden. Jede offensive Operation gegen die PDF mußte total sein, mußte die gesamte Führungsriege gefangensetzen oder außer Landes treiben. Dann erst konnten die gewählten Vertreter des Volkes die Macht übernehmen.
Powell gab eine Leitlinie an Thurman aus, in der er anordnete, daß der CINCSOUTH (Oberbefehlshaber des Kommando Süd) in der Lage sein mußte, auf einen Notfall in Panama innerhalb von zwei Stunden zu reagieren, mit den Truppen, die sich bereits vor Ort befanden. Und für eine Großoffensive gegen die PDF mußte der BLUE SPOON Plan radikal geändert werden: Thurman durfte nur noch 48 Stunden zur Mobilisierung für einen Großangriff brauchen – nicht mehr fünf Tage wie im vorliegenden Plan.

***

In der Woche nach dem Putsch hatte Powell Kelly und Sheafer angewiesen, eine kleine, geheime Planungsgruppe im Pentagon einzurichten. Sie setzte sich aus Offizieren aus Kellys J-3 Operationsstab und Sheafers J-2 Nachrichtenstab zusammen. Diese Gruppe sollte eng mit Thurman und Stiner und deren Leuten zusammenarbeiten, um zu gewährleisten, daß jedes Detail koordiniert und allen mitgeteilt wurde. Traditionell arbeiteten Operations- und Nachrichtenstäbe unabhängig voneinander. Jetzt wollte Powell sie Seite an Seite sehen. Ein Schlüssel für einen blitzartigen Offensivschlag war, sicherzustellen, daß die US-Truppen so exakt wie möglich wußten, was sie angriffen und wie sie angreifen würden, bis hin zu Detailfragen wie der, welche Gruppe durch welche Tür in welches Gebäude eindringen würde. Die Planer sollten dafür sorgen, daß sich jede einzelne Ziel-Mappe – Aufklärungsmaterial, Karten, Zeichnungen, Photos und alle Details über die US-Einheiten, die das betreffende Ziel angreifen würden – auf dem neuesten Stand befand und denen bekannt war, die darüber Bescheid wissen mußten. Es gab mehr als zwei Dutzend Ziele.

* * *

Am Samstag, dem 14. Oktober, ging Carl Stiner in die Ball Camp Baptistenkirche in Knoxville, Tennessee, zur Hochzeit seiner Tochter. Während des anschließenden Empfangs wurde er ans Telephon gerufen, ein Anruf aus dem Pentagon. Stiner sollte am folgenden Morgen nach Washington kommen, um dem Vorsitzenden einen Zwischenbericht über die Fortschritte bei der Revision der BLUE SPOON Pläne zu geben.
Stiner traf in der Nationalen Militärischen Kommandozentrale ein, begleitet von Generalmajor Gary Luck, 52, einem kleingewachsenen grauhaarigen Flieger und Fallschirmjäger des Heeres. Luck war der kommandierende General des Joint Special Operations Command (Vereintes Oberkommando für Spezialoperationen, JSOC).
Stiner erklärte Powell, es seien substantielle Modifikationen des BLUE SPOON Plans in Arbeit. Erstens, die konventionellen Streitkräfte und die Spezialeinheiten würden unter

einem Befehlshaber zusammengefaßt – Stiner selbst. Er gebe seine Befehle direkt an die verschiedenen Kommandeure der Teilstreitkräfte, General Luck eingeschlossen, dessen Spezialeinheiten gegen die gefährlichsten Truppen und Stützpunkte der PDF eingesetzt würden. Darunter zählten die Comandancia, das Bataillon 2000 in Fort Cimarron und das Modelo-Gefängnis, wo der CIA-Agent Kurt Muse festgehalten wurde.

Wenn er die vollen 48 Stunden Vorwarnzeit bekam, plante Stiner, weitere etwa 11.000 Mann nach Panama zu bringen, um die 13.000 beim Kommando Süd zu verstärken. Er hatte den Eindruck, es sei besonders wichtig, mit voller Kraft loszuschlagen, um gleichzeitig alle Ziele treffen zu können, die sein Planungsstab ausgemacht hatte. Gleichzeitigkeit würde die eigenen Verluste gering halten, alle Einheiten der PDF binden und bewirken, daß die Führung der PDF vertrieben wurde. Stiner sagte, er sei nicht der Ansicht, daß in den PDF viele Kämpfernaturen waren – er plante, spezielle Teams zur psychologischen Kriegsführung einzusetzen, um den PDF-Truppen und ihren Offizieren angst zu machen und sie zur Kapitulation zu ermutigen.

Der Plan war auf eine Durchführung bei Nacht ausgelegt, sagte Stiner, und seine Instruktionen von Thurman lauteten, so viele Übungen am Boden und in der Luft abzuhalten, daß die Panamaer vom Zusehen allmählich abstumpften.

Powell fragte, was geschehen sollte, falls ein weiterer Putsch versucht würde und der Präsident sich entschloß, diesen zu unterstützen. Er mußte in der Lage sein, dem Minister und dem Präsidenten zu erklären, daß das Militär geeignete Streitkräfte und einen Plan hatte, um Noriega aus den Händen möglicher Putschisten in Empfang zu nehmen oder ihn zu entführen.

Die Truppen, die während der Operation NIMROD DANCER im Mai stationiert worden waren, konnten die Streitkräfte für den sofortigen Einsatz darstellen, sagte Stiner, und es gab einige Leute für Spezialoperationen vor Ort in Panama, die Befehle des Präsidenten ausführen konnten. Aber Stiner unterstrich, daß die Truppen, die sich bereits im Land befanden, nicht ausreichten, um alles zu tun, was verlangt war. ›Meine Empfehlung wäre‹, so Stiner noch einmal zu Powell, ›den BLUE SPOON Plan total durchzuziehen.‹

* * *

Am folgenden Tag, dem 16. Oktober, ließ Powell Generalmajor Luck um 10 Uhr zu zwei halbstündigen Probe-Briefings in sein Büro kommen. Fünf Stunden später präsentierten sich Powell und Luck gemeinsam mit Cheney im Oval Office vor Präsident Bush zur Darstellung zweier streng geheimer Pläne für Spezialoperationen.
Cheney leitete die Briefings mit der Äußerung ein, der Präsident solle über die Spezialkapazitäten Bescheid wissen, welche innerhalb von neun Stunden, nachdem er die Entsendung angeordnet hatte, in Panama sein konnten: Vier Stunden zur Bereitstellung, fünf Stunden für die Reise per Flugzeug.
Der erste Eventualfallplan für eine Spezialoperation trug den Codenamen GABEL ADDER. Luck umriß, wie er mit einer Truppe von etwa 300 Mann in Panama – aber auch in jedem anderen Land der Welt – amerikanische oder irgendwelche anderen Geiseln befreien konnte. Das Team konnte auch dazu benutzt werden, einen der Drogenbarone oder Noriega selbst zu entführen. Die Spezialität des Teams war das gewaltsame Eindringen: in ein feindliches Land oder in ein verbarrikadiertes Gebäude, in dem Geiseln festgehalten wurden.

Das Team umfaßte:

– Eine Delta-Einheit, die offen oder verdeckt bei Tag und Nacht zuschlagen konnte. Die ganze Einheit konnte auf einmal benutzt werden, oder man konnte nur kleinere Gruppen daraus einsetzen.
– Eine Staffel von 16 Hubschraubern mit dem Codenamen SILVER BULLET.
– Teile des SEAL Team 6 für Unterwasseraufgaben oder Landungsunternehmen von See her.
– Spezielle Teams der Nachrichtendienste zur Unterstützung der Agenten. Ein Team von drei Abhörspezialisten mit dem Codenamen ROBIN QUART zum Beispiel verfügte über hochentwickeltes Gerät, mit dem Telephongespräche überwacht werden konnten, ohne die Leitungen anzuzapfen. Oder es konnten Gespräche aus einiger Entfernung belauscht werden, ohne Wanzen zu plazieren.
– Eine Sanitätseinheit, eine Fernmeldeeinheit und ein Kommando- und Kontrollstab.

In der zweiten halben Stunde präsentierte Luck den ACID GAMBIT Eventualfallplan, der benutzt werden konnte, um Muse aus dem Modelo-Gefängnis herauszuholen.
Einen Monat zuvor hatte Bush eine persönliche Bitte um Hilfe von Muse erhalten, in einem Brief, der in einem Buch hinausgeschmuggelt worden war. Powell war sich des Drucks, den amerikanische Geiseln auf Präsidenten ausübten, nur allzu bewußt. Eine Überreaktion auf die Notlage von Amerikanern, die im Ausland festgehalten wurden, war fast schon normal. Powells Haltung zu Geiselnahmen bestand vordringlich in dem Versuch, moderat zu reagieren und wenn möglich die Emotionen des Präsidenten im Rahmen zu halten. Doch das war schwierig. Der CIA saß dem Militär im Nacken, einen Rettungsplan zu entwickeln, und

Bush hatte klar gemacht, daß er eine Befreiungsaktion befehlen würde, wenn evident wurde, daß Muses Leben in Gefahr war.

Luck zeigte Luftaufnahmen des Gefängnisses und die Route, die ein Angriff mit Hubschraubern nehmen mußte. Er präsentierte ein maßstabgetreues detailliertes Modell des Gefängnisses in einer Schachtel, die sich ganz öffnete und die innerstädtische Umgebung des Gefängnisses, das Terrain und das Gefängnis selbst zeigte, mit allen Wachtposten, Ein- und Ausgängen und der genauen Lage von Muses 3 mal 4 Meter großer Zelle im ersten Stock. Muse befand sich dort nun schon sechs Monate in Einzelhaft.

Luck gab eine minutengenaue, manchmal gar sekundengenaue Beschreibung, wie die Delta-Truppen den zeitlich abgestimmten Angriff ausführen und zu Muses Zelle vordringen würden. Die Wachmannschaften sollten überrumpelt, vielleicht nicht einmal getötet werden. Muse wäre innerhalb von neun Minuten frei und in einem Hubschrauber in Sicherheit.

Cheney empfahl die Durchführung des ACID GAMBIT Planes nicht. Das Briefing sollte die Möglichkeit demonstrieren und beweisen, daß das Pentagon dem Wunsch des Präsidenten und des CIA nach einem Plan entsprochen hatte. Cheney wußte, daß Bush in der Muse-Frage von CIA-Direktor William Webster unter Druck gesetzt wurde. Webster wiederum stand unter dem Druck der Spezialisten für verdeckte Operationen. Cheney wußte, daß der Präsident den dringenden Wunsch des CIA teilte, unter allen Umständen eine Wiederholung des Mordes an seinem Stationschef in Beirut, William Buckley, zu vermeiden. Wie Powell war auch Cheney sicher, daß Bush eine Rettungsaktion befehlen würde, wenn Muses Leben bedroht war.

Dennoch hatte Cheney monatelang hart daran gearbeitet, die Begeisterung für eine Realisierung des ACID GAMBIT

Plans zu dämpfen. Der erste Grund war, daß Muse in keiner großen Gefahr schwebte, gut versorgt und behandelt wurde. Zweitens würde durch eine solche Rettungsaktion jedermann in Panama erfahren, daß die USA diese Kapazitäten zu einem blitzschnellen Zugreifen hatten und bereit waren, sie anzuwenden. Cheney war der Ansicht, daß es dafür lohnendere Ziele gab – die Drogenbarone oder Noriega selbst. Diese Fähigkeit im Falle Muse einzusetzen und sich damit für die Zukunft um den Überraschungseffekt zu bringen, war unklug.

Darüber hinaus glaubte Cheney, daß eine derart aufwendige und auffällige Rettungsaktion in einem Gefängnis direkt bei Noriegas Hauptquartier einen Affront gegen die PDF darstellen würde. Cheneys Rechtsberater hatten gewarnt, es könnte unabsehbare Konsequenzen haben, wenn man sich entschloß, die Souveränität eines fremden Staates zu verletzen, um einen einzigen Mann zu befreien, der wegen eines Vergehens gegen die Gesetze dieses Staates einsaß. Ein Krieg konnte wegen eines Mannes ausbrechen. Wenn Muse die einzige Sorge der USA war, wäre eine Rettung gerechtfertigt. Aber es gab noch Tausende Amerikaner in Panama, und einzeln oder in Gruppen konnten diese jederzeit zu Gefangenen oder Geiseln werden.

***

Einige der Spezialeinheiten, die im Frühjahr nach Panama verlegt worden waren, befanden sich bereits wieder in den Vereinigten Staaten. Jetzt wollte Max Thurman mehr davon. Wenn er ohne längere Vorbereitungszeit Noriega schnappen oder Kurt Muse oder andere Geiseln befreien sollte, brauchte er die Kräfte dazu in Panama selbst und nicht in

Wartestellung in Fort Bragg, von wo aus sie erst eingeflogen werden mußten. Freitag, den 20. Oktober hatte Thurman die geheime Verlegung eines Spezialeinsatz-Teams unter dem Kommando von Generalmajor Luck erbeten, und Powell hatte die Genehmigung erteilt. Powell ging mit dem Verlegungsbefehl zu Cheney, dessen Genehmigung zu *jeder* neuen Truppenverlegung in jedes Land der Welt notwendig war.

Als Gründe für die Verlegung wurden genannt: normale, umsichtige Vorbereitung für weitere Manöver der Kategorie Drei und Vier, Antwort auf verschärfte Spannungen und Erweiterung der Möglichkeiten, auf Notsituationen zu reagieren. Darüber hinaus waren die Manöver, die diese und andere Truppen in Panama durchführten, eine ausgezeichnete Übung für den Ernstfall.

Cheney war beeindruckt von dem Kontrast zwischen Thurman und seinem Vorgänger, Woerner, der keine weiteren Streitkräfte gewollt hatte.

Ohne Diskussion unterzeichnete Cheney die Befehle für die Verlegung mit dem Codenamen NIFTY PACKAGE. Im einzelnen wurden verlegt: Eine Delta-Einheit, die Hubschrauber-Staffel SILVER BULLET, bestehend aus 16 Maschinen, und die drei Abhörspezialisten ROBIN QUART, plus Luck und sein Stab von Spezialisten. Der einzige größere Unterschied zwischen diesen nun verlegten und den von Luck für die Rettungs- oder Entführungsaktion angeforderten Truppen war, daß in NIFTY PACKAGE keine Soldaten des SEAL Team 6 enthalten waren.

Hocherfreut über die Verstärkung, schickte Thurman die Truppen auf eine Reihe intensiver, abenteuerlicher Nachtübungen, was aber nur ein paar demolierte Hubschrauber zur Folge hatte.

* * *

Der Stabschef des Heeres Vuono tat sein Bestes, bei der Panama-Planung die Hand im Spiel zu behalten. Er zitierte Stiner und Luck, zwei seiner Generäle, am 27. Oktober zu einem umfassenden privaten Briefing über die Änderungen, die an BLUE SPOON vorgenommen wurden, nach Washington.
»Das ist ein verdammt kompliziert ausgetüftelter Plan«, sagte Vuono, nachdem er die groben Umrisse gehört hatte. Am Anfang der Aktion würden sich über 350 Flugzeuge und Hubschrauber mit nur geringem Abstand im Luftraum über Panama tummeln. Er drängte Stiner und Luck, sicherzustellen, daß diese Flugbewegungen richtig koordiniert waren.
»Sie müssen das so oft wie nur irgend möglich üben.«
›Jawohl, Sir‹, antwortete Stiner. Er verbrachte etwa ein Drittel seiner Zeit mit Planungen und Übungen für Panama.
Um so viele Flugbewegungen in einem so kleinen Gebiet nachts durchzuführen, mußten die Piloten, Kopiloten und Besatzungsmitglieder mit hochempfindlichen Nachtgläsern ausgerüstet werden, die es ihnen ermöglichten, fast wie bei Tageslicht zu sehen. Mit diesen Gläsern wären sie in der Lage, die eigenen Truppen von panamaischen zu unterscheiden und Hochspannungsleitungen, Türme und andere Hindernisse auszumachen. Um die Soldaten, die solche Gläser trugen, zu unterstützen, gab es noch AC-130 Kampfflugzeuge, die mit riesigen Infrarot-Suchscheinwerfern ausgestattet waren. Sie kreisten ruhig in großer Höhe, und jedes von ihnen konnte eine Fläche von der Größe mehrerer Fußballfelder beleuchten.
»Die Nacht wird uns gehören«, erklärte Stiner Vuono.

* * *

Montag, den 30. Oktober, unterzeichnete Thurman ein knapp einen Zentimeter dickes Dokument mit der Aufschrift »Commander in Chief Southern Command Operations Order 1-90 (BLUE SPOON)«. Der Plan folgte drei Prinzipien: Maximale Überraschung, minimale Kollateralschäden und minimaler Truppeneinsatz.

Am folgenden Mittwoch kamen um 14 Uhr General Kelly und sein J-3 Planungsstab in Powells Büro und informierten den Vorsitzenden detailliert über BLUE SPOON. Es war Powells dreißigster Tag im Amt.

Zwei Tage darauf, Freitag, den 3. November, veranstalteten Thurman, Stiner und Luck ein Briefing zu BLUE SPOON im »Tank« und erklärten dabei, wie zusätzlich eine bewegliche Truppe in Divisionsstärke von etwa 11.000 Mann schnell nach Panama gebracht werden könne, um bei der Ausschaltung von Noriega und den PDF zu helfen. Luck sagte, da der ACID GAMBIT Plan zur Befreiung Kurt Muses offenbar nicht isoliert ausgeführt werde, wolle er ihn in den BLUE SPOON Plan integrieren. Wenn BLUE SPOON durchgeführt wurde, so erläuterte Luck, war Muse in höchster Gefahr. Deshalb müßte seine Rettung direkt am Beginn jeder Offensivoperation stehen.

Ebenfalls am 3. November gab das Justizministerium ein 28seitiges Memorandum an Scowcroft, das über die bisherigen Regeln, nach denen das FBI im Ausland Verhaftungen vornehmen konnte, hinausging. Dieses neue Memorandum kam zu dem Schluß, daß der Posse Comitatus Act, welcher den Einsatz des Militärs bei Verhaftungen innerhalb der USA verbot, nicht für das Ausland galt. Also konnte das Militär eingesetzt werden, um Drogenhändler und flüchtige Verbrecher außerhalb der USA festzunehmen. Das Memorandum stellte fest, eine solche Interpretation »ist notwendig, damit bestimmte Strafgesetze vollstreckt werden können und um ungerechtfertigte Einschränkungen der verfassungsmäßigen Machtbefugnis des Präsidenten zu vermeiden«.

Eine Direktive des Präsidenten, die die Nachrichtendienste betraf, wurde ebenfalls in diesen Tagen ausgegeben. Darin wurde der CIA bevollmächtigt, bis zu 3 Millionen Dollar für einen verdeckten Plan zur Rekrutierung panamaischer Offiziere und Exilanten aufzuwenden, um Noriega zu stürzen. Damit befanden sich der CIA und das Militär in einem Wettlauf, wer Bush zuerst von dem Noriega-Problem befreien würde.

In der nächsten Woche nahm Powell die Sprecher des J-3 Planungsstabes mit zu Cheney, um BLUE SPOON zu skizzieren.

Eines der Ziele war Rio Hato, ein Stützpunkt 100 Kilometer südwestlich von Panama Stadt, wo Noriegas gefährliche, in Kuba ausgebildete *Macho de Monte*-Einheit saß, die den Putschversuch im Oktober niedergeschlagen hatte. Der Plan sah vor, daß die neuen F-117A Stealth Bomber der Air Force 2000-Pfund-Bomben um die Kasernen herum abwarfen, um die PDF-Truppen im Inneren zu lähmen und zu verwirren. Die mit viel Vorschußlorbeeren bedachten, aber noch nie im Kampf erprobten Flugzeuge kosteten über 100 Millionen Dollar pro Stück. Sie waren mit den neuesten Errungenschaften auf den Sektoren Technik und Design ausgestattet und durch ihre Bauweise praktisch unsichtbar für feindliches Radar. Dazu hatten sie hochpräzise Zieleinrichtungen.

»Come on, guys«, lachte Cheney vor sich hin. »Die Stealth – ihr wollt wirklich die Stealth benutzen?« Cheney dachte an die Kritik an der Grenada-Operation, bei der jede der Teilstreitkräfte sich bemüht hatte, einen Teil der Kampfhandlungen abzukriegen; die Stealth konnte ein spektakulärer Versuch der Luftwaffe sein, eine größere Rolle bei BLUE SPOON zugewiesen zu bekommen. »Warum um alles in der Welt wollt ihr die 117 einsetzen?« fragte Cheney scharf. »Als ich das letzte Mal nachgefragt habe, gab es überhaupt keine ernsthafte Luftabwehr.«

Stiner hatte sie verlangt, erklärten Powell und die J-3 Offiziere, weil die F-117A über die genauesten Zieleinrichtungen für nächtliche Bombardements verfügte. Sie hatte das fortgeschrittenste Laser-Steuerungssystem, das es dem Piloten gestattete, seine Bomben mit beinahe vollkommener Präzision punktgenau ins Ziel zu bringen.

Die F-117A sollte auch dazu benutzt werden, einen von Noriegas Schlupfwinkeln östlich von Panama Stadt zu bombardieren.

Cheney fragte sie über diesen Punkt genau aus. Wenn es je zur Durchführung des Plans käme, wüßten sie dann zumindest, ob sich Noriega im Westen oder im Osten von Panama aufhielt? Und wenn er nicht im Osten war, dann bräuchten sie dieses Ziel auch nicht zu treffen, oder?

Das Ziel wurde später von der Liste gestrichen.

* * *

Thurman und Stiner wollten noch mehr Streitkräfte in Panama in Stellung bringen. Der gescheiterte Putsch hatte deutlich gemacht, daß die USA mit den Truppen vor Ort keine Möglichkeit hatten, die Comandancia direkt unter schweren Beschuß zu nehmen. Und man konnte Noriegas Bataillon 2000 nicht daran hindern, die zehn Meilen von Fort Cimarron zur Comandancia zu marschieren, um ihn dort herauszuholen. Anfang November forderte Stiner folgendes Truppenkontingent an:

- Vier Sheridan Panzer.
- Ein Luftlande-Panzerzug.
- Sechs wendige AH-64 Apache Hubschrauber mit großer Feuerkraft, die an fliegende Spinnen erinnerten und präzise Nachtflugeinrichtungen hatten. Ursprünglich zur Panzerabwehr geplant, verfügte der Apache über schwere Bewaffnung mit Hellfire-Raketen, Granaten und 30mm-Bordkanonen (die wie Maschinengewehre Munition mit Gurtzuführung benutzen).
- Drei OH-58 Aufklärungshubschrauber.

Thurman und Powell genehmigten die Anforderung, und am 7. November unterzeichnete Cheney den Stationierungsbefehl, der den Codenamen ELOQUENT BANQUET trug.

***

Thurman spukte noch immer die Kritik an der Invasion in Grenada von 1983 im Kopf herum, als die Nachrichtenverbindungen so schlecht eingerichtet waren, daß die Einheiten nicht miteinander sprechen konnten. Ausrüstung, Frequenzen und Systeme der einzelnen Teilstreitkräfte waren nicht aufeinander abgestimmt, und es gab keinen übergreifenden Kommunikationsplan. Jetzt prüfte er höchstpersönlich die Kommunikations-Handbücher, Pläne und Befehle innerhalb von BLUE SPOON. Die Communications-Electronic Operating Instructions (Kommunikationselektronische Gebrauchsanweisungen, CEOI) bildeten einen Stapel von fast einem Meter Höhe.

»Wir werden denselben Mist nicht noch einmal machen, also streicht das zusammen«, befahl Thurman seinen Planern. Er wollte während dieses Monats regelmäßig über den neuesten Stand unterrichtet werden. Tankflugzeuge der Air Force, Transportmaschinen und taktische Luftwaffe mußten voll in die Kommunikationsverbindungen des Heeres und der Spezialeinheiten integriert sein. Als er damit fertig war, hatte er jede Seite studiert und persönlich kontrolliert, und die CEOI waren zu einem Dokument von zwei Zentimetern Dicke geschrumpft.

Thurman genehmigte außerdem den Plan, die Zahl der Angehörigen in Panama auf 500 Familien zu reduzieren. Vom 16. November an sollten alle anderen Angehörigen in die USA zurückgebracht werden.

* * *

In der Woche nach dem 20. November (Thanksgiving-Woche) flogen Stiner und ein Team aus seinem Planungsstab nach Panama, um Ausbildung und Manövertätigkeit zu überprüfen. Wieder kamen sie nachts an und wieder in Zivil. Stiner wollte ein detailliertes Briefing über die bereits ausgeführten Aktionen (»Backbrief«). Jeder US-Kommandeur hatte zu berichten, was an jedem Tag seit Stiners letztem Besuch passiert war; eine allgemeine Zusammenfassung genügte ihm nicht. Er lauschte geduldig, keine Einzelheit schien ihn zu langweilen. Er war unzufrieden mit dem Flugplan für Nachtoperationen, ein Hauptbestandteil von BLUE SPOON.

Da er hoffte, zum Thanksgiving-Dinner wieder in Fort Bragg zu sein, hatte Stiner nicht einmal eine Uniform mitgebracht. Doch bald nach seiner Ankunft meldete die US-Botschaft in Panama Stadt, daß in der Nacht dort ein Mann erschienen war, der behauptete, tagsüber für das Medellin-Drogenkartell zu arbeiten. Er sagte, das Kartell sei wütend wegen des amerikanischen Engagements im kolumbianischen Drogenkrieg, in dem das Kartell derzeit höllische Prügel bezog, und würde nun zurückschlagen. Seine Informationen waren äußerst präzise: Das Kartell arbeitete daran, zehn Bomben in amerikanischen Einrichtungen zu legen, zum Teil als Autobomben. Die Bomben richteten sich gegen ganz verschiedene Ziele – Offiziere, Truppen und Angehörige.

Ein Ziel, so der Informant, sei das US-Militärhospital Gorgas, das sich nahe bei Thurmans Hauptquartier in Quarry Heights befand. Teilweise auf Stelzen in den Hang gebaut, mit einem Parkdeck darunter, war das Hospital höchst verwundbar. Eine einzige Autobombe konnte einen gewaltigen Schaden anrichten.

Der aus dem Nichts aufgetauchte Informant wurde einem Test am Lügendetektor unterzogen, um herauszufinden, ob er die Wahrheit sagte. Die Resultate waren zwiespältig. Einen zweiten Test bestand er dann jedoch.

Als Thurman die Information in seinem Hauptquartier erhielt, rief er sofort Stiner an.

»Hören Sie«, sagte Thurman, »wir müssen jetzt vor allem auf alles vorbereitet sein.«

›Jawohl, Sir.‹

»Sie sind versetzt, mein Freund«, sagte Thurman und aktivierte damit Stiners Joint Task Force (Kampfverband aus Einheiten aller Teilstreitkräfte, JTF) von dieser Sekunde an, »also beginnen Sie mit Ihren Operationen.« Stiner war nun der Gefechtskommandeur aller Streitkräfte. Wenn etwas passierte und Washington einen Gegenschlag anordnete, so wäre Stiner in der Position, ihn auszuführen.

»Alles untersteht Ihrem Befehl«, sagte Thurman.

›Jawohl, Sir.‹
»Wird nur ein Amerikaner getötet, pusten wir ihn weg«, sagte Thurman. »Mr. Noriega muß verschwinden.«
›Jawohl, Sir.‹
Thurman schickte eine Botschaft an Powell und informierte ihn über die Notfallaktivierung der JTF.
Powell war darüber nicht glücklich. Die Entscheidung zur Aktivierung eines Kampfverbandes aus Einheiten aller Teilstreitkräfte war Cheney und Powell selbst vorbehalten. Thurman kommandierte seine Truppen in Panama und im restlichen Gebiet des Kommando Süd, aber sonst nirgends. Er konnte nicht einseitig Stiner versetzen, der unter dem Befehl des Streitkräfte-Kommandos in den Vereinigten Staaten stand.
Powell rief Thurman auf der abhörsicheren Leitung an.
»Wie aufmerksam von Ihnen«, sagte Powell sarkastisch. »Aber nächstes Mal können Sie ruhig fragen. Und die Entscheidung mir überlassen.«
Angesichts der Bedrohung durch mehrere Autobomben lag die Aktivierung des Kampfverbandes doch auf der Hand, dachte Thurman. Nach dem gescheiterten Putsch, nach der harten Kritik in der Presse, nach der ganzen Besserwisserei im Kongreß vor gerade sieben Wochen mußte der Präsident doch militärisch auf eine Autobombe antworten. Was blieb ihm sonst übrig?
»Hören Sie zu, mein Freund«, sagte Thurman zu Powell, »wenn hier eine Bombe hochgeht, dann ist das ein Auslöser.«
Powell entgegnete, das sei wahrscheinlich richtig, doch müsse die Entscheidung dem Präsidenten und dem Verteidigungsminister vorbehalten bleiben.
»Wenn so eine verdammte Bombe hochgeht«, sagte Thurman, »dann haben wir ein Riesenproblem hier, besonders wenn Amerikaner dabei getötet werden.«

Es war zwar sehr gut, einen so aggressiven Kommandeur wie Thurman zu haben, dachte Powell, aber er würde ihn fest im Auge behalten müssen.
Powell erstattete Cheney Bericht. Der Minister fürchtete ein weiteres Bombenattentat wie in Beirut, das Dutzende oder Hunderte von Opfern fordern konnte. Wegen der 13.000 Soldaten, die permanent in Panama stationiert waren – um US-Interessen zu schützen –, stand hier noch viel mehr auf dem Spiel. Wie sollte man einen Bericht über Autobomben, hinter denen das Medellin-Kartell stand, nicht ernst nehmen? fragte sich Cheney. Ja, Max ging aggressiv vor, aber das war wahrscheinlich genau richtig. Er beschloß, Thurman volle Rückendeckung zu geben. Die Joint Task Force konnte weiter operieren.
Thurman versetzte wegen der Bedrohung durch Terroristen alle US-Streitkräfte in die höchste Alarmstufe. Alles und jedes, was die Tore passierte, wurde einer »ziemlich kompletten Inspektion« unterzogen, wie er das nannte.
Thurman forderte darüber hinaus fast alle Hundestaffeln der US-Armee an, die auf Bomben trainiert waren. Die meisten bekam er auch. Agenten der Criminal Investigation Division (Kriminalpolizeilicher Dienst der Armee, CID) und Experten für Personenkontrollen wurden ebenfalls zum Kommando Süd geschickt. Cheney genehmigte diese Stationierung von Sicherheitskräften unter dem Codenamen POLE TAX noch in derselben Woche.
Stiner übernahm das Kommando über die Sicherheitsleute. »Scheiße«, sagte er, als er versuchte, Thurmans Wunsch nach Hunden umzusetzen, »es muß kein ausgebildeter Hund sein. Uns ist jeder Hund recht.« Er ließ alle Kommunikationsverbindungen prüfen, setzte noch mehr Treffen mit den Nachrichtendiensten an und intensivierte die Nachtübungen.
Im Gorgas Militärhospital führten die US-Truppen rigorose

Autokontrollen durch. Angehörige von Noriegas Bataillonen der Würde tauchten auf, um zu protestieren. Sie behaupteten, die Leute würden daran gehindert, zur Arbeit zu gehen. Es gab ein ziemliches Hin und Her, aber es fielen keine Schüsse. Weitere US-Truppen mußten geschickt werden, um die Bataillone der Würde zum Verlassen des Geländes zu bewegen.

Inzwischen zerbrachen sich Powell und andere den Kopf über den Informanten, der in der amerikanischen Botschaft mit diesen Behauptungen über Autobomben aufgetaucht war. Powell belegte das Ganze mit einem seiner Lieblingsausdrücke, »goofy« (faul). Die ganze Woche über war der Mann Nacht für Nacht in die Botschaft gekommen und hatte behauptet, den Tag über an Beratungen des innersten Kreises des Kartells teilgenommen zu haben. Powell kam zu dem Schluß, wenn das wahr wäre, dann ließe das Kartell den Mann hinterher sicher nicht so einfach in die Nacht verschwinden. Das machte keinen Sinn. Die nachrichtendienstlichen Kapazitäten der gesamten US-Armee waren in Betrieb gesetzt worden, und es gab nicht die Spur einer Bestätigung seiner Aussagen.

Ein drittes Mal wurde der Mann an den Lügendetektor angeschlossen, und diesmal fiel er mit Pauken und Trompeten durch. Alle beteiligten Dienste und Abteilungen schlossen daraus, daß er entweder schlicht gelogen hatte oder das Ganze ein ausgeklügelter Schachzug war, um die Vereinigten Staaten zu verwirren oder in Angst und Schrecken zu versetzen.

Ende November, nach Beratungen mit Powell, löste Thurman die Joint Task Force auf und schickte Stiner nach Hause.

* * *

Die Übungen der einzelnen Einheiten nach BLUE SPOON liefen gut, doch Thurman entschied, im Dezember eine Bereitschaftsübung aller Teilstreitkräfte abzuhalten, die einen vollständigen Probedurchlauf des ganzen Plans darstellte. Spezialeinheiten, die Streitkräfte vor Ort und ein paar andere Einheiten sollten in Panama üben, doch der größte Teil der Verstärkungen würde seine Manöver in den USA abhalten.
Darüber hinaus wurden in regelmäßigen Intervallen Nachtbereitschaftübungen in Panama abgehalten, eine Praxis, die der Verschleierung größerer Truppenbewegungen dienen konnte, falls der Ernstfall je einträte.
Der Plan für die Befreiung von Muse, ACID GAMBIT, wurde auf einer der kleinen Inseln vor der Südspitze Floridas durchgespielt, mit einem Modell, das um ein Viertel kleiner war als das wirkliche Modelo-Gefängnis.

* * *

In Washington dachte derweil General Kelly über die radikalen Veränderungen beim Kommando Süd innerhalb von nur zwei Monaten nach. Der ausgeschiedene General Woerner schien einen Militäreinsatz in Panama für unvorstellbar zu halten. Maxwell Thurman schien einen Krieg heraufziehen zu sehen.

13

Am späten Nachmittag des 30. November, einem Donnerstag, trafen zuverlässige Berichte im Pentagon ein, nach denen eine tausendköpfige Rebellentruppe zwei Luftstützpunkte auf den Philippinen eingenommen haben sollte. Powell, der fast den ganzen Tag mit den Stabschefs und Oberbefehlshabern in Haushaltssitzungen verbracht hatte, war beunruhigt. Es gab ständig Gerüchte darüber, daß irgend jemand einen Putsch plante, um die wacklige dreieinhalbjährige Regierung der philippinischen Präsidentin Corazon Aquino zu stürzen, aber jetzt verfügten die Rebellen über Flugzeuge.
Powell begab sich mit Karten und Geheimdienstberichten zu Cheney. ›Die Lage ist undurchsichtig‹, erklärte er dem Minister. Nachdem er sich die neuesten Informationen angesehen hatte, ging Powell zum Essen nach Hause.
Mittlerweile hatte im Weißen Haus eine interministerielle Sitzung der Stellvertreter mit Powells Vize, General Robert Herres, als Repräsentant der Vereinten Stabschefs begonnen. Die Mitglieder der Gruppe brachen ihre Sitzung ab, um den ganzen Abend lang die Krise zu beobachten, nahmen jedoch später in einer abhörsicheren Video-Konferenzschaltung die Gespräche wieder auf. Dann ersuchte der philippinische Verteidigungsminister die USA um eine Intervention.
Herres sagte, die US-Stützpunkte auf den Philippinen sollten nicht benutzt werden, um in die interne Auseinandersetzung einzugreifen, und Robert Gates, Scowcrofts Stellvertreter, teilte seine Bedenken hinsichtlich einer militärischen Verwicklung der Vereinigten Staaten.
Kurz nach elf kehrte Powell ins Pentagon zurück, um an

einer formellen Sitzung des Nationalen Sicherheitsrates teilzunehmen, die ebenfalls per Video stattfand. Vizepräsident Dan Quayle würde den Vorsitz im Nationalen Sicherheitsrat übernehmen, da sich der Präsident in Begleitung von Baker und Scowcroft auf dem Flug nach Malta zu einem Gipfeltreffen mit Gorbatschow befand.

Als die ersten Berichte über Bombardierungen durch die Rebellen eintrafen, nahm Powell seinen Sitz im Krisenraum der Nationalen Militärischen Kommandozentrale (NMCC) im Pentagon ein. Herres saß rechts von ihm, der Oberbefehlshaber für die Philippinen und den übrigen pazifischen Raum, Admiral Huntington Hardisty, der sich wegen der Haushaltsberatungen in der Stadt aufhielt, zu seiner Linken. Cheney hatte sich auf einem längeren Trip nach Europa eine Grippe geholt und blieb zu Hause. Er nahm nicht an der Videokonferenz teil, doch wurde eine Telephonverbindung von der Kommandozentrale zu seinem Haus eingerichtet, damit Powell ihn über die neuesten Entwicklungen auf dem laufenden halten konnte.

Drüben, im Lageraum des Weißen Hauses, saß Quayle am Kopf des Tisches, Robert Gates rechts von ihm und William Kristol, der Stabschef des Vizepräsidenten, links von ihm. Der große Bildschirm war in Segmente unterteilt, je eines für Powell, einen Vertreter des CIA, einen Beauftragten des Justizministeriums, Henry S. Rowen, Assistant Secretary für internationale Sicherheitsfragen im Verteidigungsministerium, und den Vertreter des Außenministeriums, den stellvertretenden Minister Lawrence Eagleburger.

»Sehen Sie, wir haben keine Wahl«, sagte Eagleburger. »Auf die eine oder andere Art müssen wir uns engagieren. Es handelt sich um eine demokratische Regierung, die wir unterstützt haben. Darüber gibt es eigentlich keine Diskussion. Darüber kann es keine Diskussion geben.« Eagleburger schlug vor, das Verteidigungsministerium austüfteln zu lassen, *wie* man eingreifen könne, doch gebe es keinen Zweifel, *daß* etwas getan werden müsse.

Nach etwa einer halben Stunde Debatte hatte noch niemand Eagleburgers Argument ernsthaft angegriffen. Angesichts der zentralen Rolle, die die USA bei der Vertreibung des Diktators Ferdinand Marcos gespielt hatten, waren sie verpflichtet, das Aquino-Regime zu stützen.

Die Krise schien sich auszuweiten. Powell erhielt Berichte, nach denen Aquinos Präsidentenpalast in Manila von Tieffliegern angegriffen und bombardiert wurde. Kurz darauf ersuchte die philippinische Regierung mehrmals darum, die beiden von den Rebellen eingenommenen Flugplätze mit den im nahegelegenen Luftwaffenstützpunkt Clark stationierten F-4 der US-Luftwaffe zu bombardieren, da die Rebellen von dort Angriffe gegen den Palast starteten. Die Bitte wurde von der Forderung nach einem sofortigen Eingreifen begleitet, das für Aquinos Rettung von ausschlaggebender Bedeutung wäre. Wenig später bat die philippinische Regierung die Vereinigten Staaten, ein Munitionsdepot zu bombardieren, das offenbar von den Rebellen benutzt wurde.

Powell war beunruhigt, da es den Gesuchen an Präzision und Schärfe fehlte. Sie erreichten das Pentagon ausnahmslos aus zweiter Hand, über den amerikanischen Botschafter in Manila, Nicholas Platt, und wurden Mrs. Aquino oder ihrem Verteidigungsminister Fidel Ramos zugeschrieben. Powell witterte Panik auf der philippinischen Seite.

Gegen Mitternacht bestätigte Botschafter Platt auf Quayles Anfrage, daß die Bitte um Intervention direkt von Aquino stammte.

Quayle sagte, sie müßten Präsident Bush eine Empfehlung geben, und ließ durchblicken, daß er Mrs. Aquinos Bitte für berechtigt hielt und die Vereinigten Staaten ihr entsprechen sollten. Das Außenministerium und der CIA teilten diese Ansicht.

Powell betonte, wie unsicher die Situation sei, und wies mehrmals darauf hin, daß sie zwar Berichte hatten, jedoch nichts bestätigt war.

›Welches Ziel verfolgen wir?‹ fragte Powell. ›Wenn wir etwas unternehmen, muß ich meinen Jungs sagen, wie ihr Auftrag lautet.‹

Außenministerium und Weißes Haus antworteten, sie versuchten, Mrs. Aquino zu unterstützen und an der Macht zu halten.

›Was ist unser vordringlichstes Ziel, wenn wir die Flugplätze bombardieren?‹ bohrte Powell und beantwortete seine Frage gleich selbst: ›Die Flugzeuge der Rebellen am Start zu hindern.‹ Diese philippinischen Flugzeuge seien T-28, alte Propellerübungsmaschinen aus dem Zweiten Weltkrieg, betonte er.

›Es gibt andere Möglichkeiten, sie am Boden zu halten.‹ Er habe ein paar moderne F-4-Kampfbomber, die, ohne auch nur eine Bombe auszuklinken, T-28-Piloten so viel Angst einjagen könnten, daß diese sich zweimal überlegen würden, ob sie wirklich starten wollten. »Ich glaube, wir könnten es schaffen, ohne uns noch mehr Probleme aufzuhalsen«, setzte er hinzu.

Die philippinischen Gesuche seien zu vage, um sie in Befehle für die Piloten der amerikanischen F-4 umzusetzen, sagte Powell. Er besitze keine präzisen Informationen über das Ziel. »Man schickt nicht einen zwei- oder dreiundzwanzigjährigen Jungen los... und erklärt ihm: Nun flieg mal schön und wirf irgendwo deine Bomben ab.« Bomben seien schreckliche Waffen, sie töteten wahllos.

Aus Powell sprach das natürliche Mißtrauen jedes Heeresoffiziers gegen die Luftstreitmacht. Die großen Bomben versprachen immer großartige Leistungen, aber er hatte sie zu oft versagen sehen – in Vietnam zum Beispiel. Doch solche Gedanken behielt er für sich.

Es sei nicht nur unklar, was sie bombardieren sollten, fuhr er fort, er könne nicht einmal garantieren, welche Seite sie mit einer Bombardierung unterstützen würden. Da es sich um philippinische Luftwaffenstützpunkte handelte, würden sich Rebellen und regierungstreue Truppen dort aufhalten. Am Ende käme es so weit, daß die USA Filipinos töteten. ›Wenn das passiert‹, sagte Powell, ›wird uns *kein Mensch* auf den Philippinen verzeihen.‹

Der Antiamerikanismus brodelte stets unmittelbar unter der Oberfläche dieser Vierzig-Millionen-Nation, die sehr empfindlich war, was ihre koloniale Vergangenheit anging. Powell konnte sich sogar vorstellen, daß Mrs. Aquino anschließend an einem Gedenkgottesdienst für die getöteten Soldaten – Rebellen oder Regierungstreue – teilnahm und die USA verurteilte.

»Versuchen wir lieber etwas anderes als eine Bombardierung«, schlug Powell vor. »Wir können uns nicht zu sehr in einen Familienkrach einmischen.«

Nachdem er seine Ansichten vorgetragen hatte, wurde die Videokonferenz unterbrochen. Er rief Cheney an, um ihm klarzumachen, daß man dabei war, eine Dummheit zu begehen, die große politische Schwierigkeiten und Image-Probleme bei den internationalen Beziehungen der Vereinigten Staaten aufwerfen könnte. Es gebe jede Menge Leute, die selbst noch nie eine Bombe abgeworfen hätten und jetzt unmittelbar vor der Entscheidung standen, genau das anzuordnen. Powell bot sich an, eine Alternative auszuarbeiten.

Cheney forderte ihn auf, sich zu beeilen. Anschließend setzte er sich von seinem abhörsicheren Telephon aus mit der Air Force One in Verbindung und bat Bushs Team, Powells Empfehlung abzuwarten, bevor es eine Entscheidung traf.

Powell war immer noch im Zweifel über die Brauchbarkeit der Informationen. Wahrscheinlich kamen sie von einem ängstlichen Jungen irgendwo da unten. Er fing an, eine Alternative zu diktieren und entwarf dabei neue Richtlinien für den Ernstfall, die das Verhalten der US-Piloten bestimmen sollten. Auf diese Weise entstanden folgende Richtlinien:

Erstens: Die US-Piloten sollten die eroberten Stützpunkte überfliegen und einen extrem feindseligen Eindruck vermitteln, mit anderen Worten, den rebellischen T-28-Piloten am Boden die Hölle heiß machen.

Zweitens: Für den Fall, daß T-28 oder andere Flugzeuge der Rebellen anrollten, sollten US-Piloten die Startbahn beschießen – der klassische Warnschuß vor den Bug also.

Drittens: Falls es zu irgendeinem Zeitpunkt den Rebellen gelingen sollte, tatsächlich abzuheben, sollten US-Piloten ihre Flugzeuge abschießen.

Powell glaubte, damit dasselbe Ziel erreichen zu können wie Aquino mit ihrer erbetenen Intervention: die Flugzeuge der Rebellen abzuschrecken.
Sowohl General Herres als auch Admiral Hardisty stimmten seinem Vorschlag zu.
Powell hatte keine Zeit, den Rat anderer Fachleute einzuholen, wie er es normalerweise getan hätte. Er stimmte seinen Vorschlag weder mit einem interministeriellen Ausschuß ab, noch legte er ihn einem Juristen vor. Er schickte die neuen Richtlinien unverzüglich Cheney nach Hause und Quayle ins Weiße Haus.
Quayle hatte eine Verbindung zur Air Force One angefordert, um mit dem Präsidenten zu sprechen und ihm eine Empfehlung zuzuleiten.
Die Debatte im Nationalen Sicherheitsrat wurde wieder aufgenommen. Es war Powell klar, daß er Zeit brauchte, um

seine Alternativen durchzusetzen, daher fuhr er fort, Fragen zu stellen und Einwände zu erheben.
»Wenn unser Ziel lautet, den Start der Flugzeuge zu verhindern«, fragte er, »müssen wir sie dann unbedingt zerstören?« Sein Plan besitze überdies den Vorteil eines geringeren Risikos für die US-Streitkräfte, zumindest am Anfang, und reduziere die Wahrscheinlichkeit, daß jemand zu Schaden kommt, auf ein Minimum. Mrs. Aquino bitte um nichts weniger als eine radikale militärische Intervention von seiten der Vereinigten Staaten. Doch gebe es kleinere Schritte, die einem solchen Einsatz vorangehen müßten.
»Unsere Interessen auf den Philippinen gehen über Mrs. Aquino hinaus«, erläuterte Powell. ›Angenommen, der Putsch gelingt? Wir wollen es uns mit den neuen Machthabern doch nicht verderben, noch ehe sie das Zepter übernommen haben.‹
Die Gruppe kam überein, Präsident Bush Powells Plan zu empfehlen.
Als Quayle die Air Force One erreichte, machten sich Spannungen bemerkbar. Anscheinend zögerte Scowcroft, Quayle das Krisenmanagement zu übertragen. Der Vizepräsident dagegen erklärte, es habe wenig Sinn, das taktische Vorgehen mit dem Präsidenten und seinen Begleitern, die sich irgendwo über dem Atlantik befanden, noch einmal in allen Einzelheiten durchzugehen, da er vom Lageraum des Weißen Hauses aus alles im Griff habe.
Quayle wollte selbst mit dem Präsidenten sprechen. Scowcroft antwortete, er wolle Bush nicht wecken, um ihm nicht die wenigen Stunden kostbaren Schlaf vor dem Malta-Gipfel mit Gorbatschow zu rauben. Doch Quayle blieb hart, bis Scowcroft schließlich nachgab und den Präsidenten weckte.
In Anwesenheit Gates' erklärte Quayle vom Weißen Haus aus dem Präsidenten: ›Wir raten Ihnen einmütig zur Intervention, aber auf folgende Art‹, und dann präsentierte er Po-

wells drei Richtlinien für den Fall des Eingreifens. Bush stimmte zu.

Gegen 1.30 Uhr Washingtoner Zeit hoben die F-4 der Air Force ab.

Dann ersuchte die philippinische Regierung die Vereinigten Staaten, einige gepanzerte Mannschaftstransportwagen zu bombardieren, die ihres Wissens nach von den Rebellen benutzt wurden.

Powell sagte, es gebe keine Möglichkeit, zu unterscheiden, welche der gepanzerten Fahrzeuge von loyalen Truppen und welche von Rebellen benutzt würden. Sie seien nicht so ohne weiteres zu identifizieren wie die T-28 der Rebellen.

›Warten wir noch‹, empfahl er.

Sobald die F-4-Einsätze begonnen hatten, hörten die Meldungen über startende T-28 oder neue Bombardierungen durch die Rebellen auf.

Gegen 2.30 Uhr morgens rief Quayle Präsidentin Aquino an. Er wollte, daß sie ihre Bitte um Unterstützung wiederholte, damit es so aussähe, als würden die USA tun, worum sie gebeten hatte, obwohl man tatsächlich ihr ursprüngliches Gesuch um Bombardierung abgelehnt hatte. Dies würde ihr gestatten, das Gesicht zu wahren, während die Administration – die sich völlig im klaren darüber war, daß die Unterstützung für Aquino sakrosankt war –, behaupten könnte, sie habe ihrer Bitte entsprochen.

Mrs. Aquino kam ans Telephon. Quayle befand sich im Lageraum.

»Hallo, Mr. Vice President«, sagte sie laut und selbstbewußt wie immer.

Quayle fragte, ob Aquino gewollt habe, daß die Vereinigten Staaten die Flugzeuge der Rebellen am Start hinderten.

Sie sagte, ja, das sei genau das, was sie gewollt habe, und bestätigte, daß die Operation der F-4 bislang erfolgreich verlaufen sei.

»Wir sind auf Ihrer Seite«, sagte Quayle.
Boyden Gray, der Rechtsberater des Weißen Hauses, der in den Lageraum gerufen worden war, um die juristischen Implikationen einer möglichen Entscheidung zum Eingreifen zu klären, fand, daß Aquino einen verantwortlicheren Eindruck machte als Quayle. Doch für Gray war Powell die entscheidende Figur in diesen frühen Morgenstunden. Der Vorsitzende der Generalstabchefs hatte nicht nur Quayle den Rücken gestärkt, sondern auch als einziger die Stimme erhoben, als es darum ging, die bei allen Anwesenden wachsende Überzeugung zu brechen, man müsse Mrs. Aquinos Bitte um eine Intervention entsprechen.
Gray wußte, daß ein scheinbar entlegenes Land plötzlich ungeahnte Bedeutung erlangen und eine völlig übertriebene Rolle für das Schicksal des amerikanischen Präsidenten spielen konnte. Das Geiseldrama im Iran 1979–80 hatte die Präsidentschaft Carters so gut wie beendet. Sechs Jahre später hatten die geheimen Waffenverkäufe an den Iran zu einem Tiefpunkt für die Reagan-Administration geführt. Gray spürte, daß Bush ein Interesse daran haben würde zu erfahren, was an diesem Abend passiert war und wer in seiner Abwesenheit den Laden geschmissen hatte.
Powell war noch immer besorgt über die Undurchsichtigkeit der Lage. Er wußte aus allen vorangegangenen Umsturzversuchen auf den Philippinen, daß die meisten Militärs und andere entscheidende Figuren warteten, bis abzusehen war, wer als Sieger aus den Unruhen hervorging, ehe sie sich auf die eine oder andere Seite schlugen. Das philippinische Militär war eine nicht zu unterschätzende politische Macht, doch niemand im Pentagon oder im Weißen Haus wußte, wo Verteidigungsminister Ramos stand. Als Powell diese Frage aufwarf, schlug Quayle vor, Ramos direkt anzurufen.
Powell hatte nicht die Befürchtung, daß Ramos zu den Rebellen überlaufen würde. Er glaubte, Ramos würde versu-

chen, den Staatsstreich auszusitzen – eine Taktik, die, gewollt oder ungewollt, für Mrs. Aquino fatal ausgehen konnte.

Die Kommandozentrale im Pentagon verfügte über eine Reihe von Dienstnummern Ramos', und Powell beauftragte einen Marineoffizier, sich die Liste zu schnappen und sie systematisch durchzuwählen. Nach vierzig Minuten hatte er Ramos erreicht.

Powell wollte sich mit dem Verteidigungsminister keinesfalls auf eine politische Diskussion einlassen. Er fragte Ramos nach seiner Einschätzung. Ramos zeichnete ein rosiges Bild – die Rebellen seien nur eine kleine Gruppe, und die regierungstreuen Truppen hätten alles unter Kontrolle. Trotz des anfänglichen Bombardements, so fuhr er fort, denke Mrs. Aquino nicht daran, den Palast zu räumen. Sie sei entschlossen, auszuharren.

Powell informierte ihn über die Entscheidung der Vereinigten Staaten, es zunächst mit der Einschüchterungstaktik zu versuchen, und erklärte, daß sie nach seinen Informationen bisher erfolgreich verliefe.

Ramos beschwerte sich nicht über die Weigerung der Amerikaner, Bomben einzusetzen, sondern sagte, die philippinische Regierung sei dankbar für die Bemühungen der USA.

Gegen drei Uhr morgens schien alles geregelt, und die Diskussion wandte sich der Frage zu, welche Informationen an Presse und Kongreß gegeben werden sollten. Powell nahm sich der Sache an und schlug vor, sie sollten sich auf das neu formulierte Ersuchen konzentrieren, zu dem Quayle Mrs. Aquino veranlaßt hatte. Es wurde beschlossen, diese Version zu verbreiten und nicht die Tatsache, daß die USA Aquinos Ersuchen um Bombardierung der Rebellen-Flugzeuge abgelehnt hatten.

Gegen 5.30 Uhr kamen Quayle, Powell und die anderen überein, daß es nichts mehr für sie zu tun gab. Auf den Phi-

lippinen war die Abenddämmerung angebrochen, und die T-28 konnten nachts nicht operieren.
Powell ging nach Hause, um zwei Stunden zu schlafen.

* * *

Quayle und sein Stabschef Bill Kristol verließen das Weiße Haus ganz unter dem Eindruck des nächtlichen Entscheidungsprozesses. Es war Quayles erste Gelegenheit gewesen, sich als Krisenmanager der Administration zu bewähren, doch beide waren sich darüber klar, daß Bush das letzte Wort gehabt hatte.
Sie wußten, wie gut die Vereinten Stabschefs gearbeitet hatten, besonders Powell. Quayle hatte die Ernennung Powells zum Vorsitzenden der Vereinten Stabschefs gegen Herres unterstützt, der die Strategische Verteidigungsinitiative SDI, ein Lieblingsprojekt des Vizepräsidenten, nicht mochte. In dieser langen Nacht der Entscheidungen hatten Powell und seine Stabschefs den Input des Verteidigungsministeriums beherrscht. Zu Quayles und Kristols Überraschung hatte Powell, nicht Cheneys ziviler Stellvertreter, Henry Rowen, auch die Diskussion über die rein politische Frage, wie Presse und Kongreß informiert werden sollten, kontrolliert. Das Wichtigste aber, Powell war mit einer weniger aggressiven, keineswegs aber weniger effektiven Lösung des Problems aufgetreten.
Gegen sechs Uhr morgens traf Pete Williams im Pentagon ein, um sich anzusehen, wie der Fallout für die Medien aussehen sollte. Nachdem er über den Sachverhalt unterrichtet worden war, beschloß Williams sicherzustellen, daß niemand die Geschichte verbreitete, Mrs. Aquino habe ihr eigenes Volk bombardieren lassen wollen. Wenig später kamen

die ersten Anrufe von Journalisten, die versuchten, sich ein Bild von der Sache zu machen. Manche hatten bereits die Version, daß Dan Quayle in seiner Rolle als Bushs Stellvertreter und Krisenmanager eine makellos entschlossene Vorstellung gegeben hatte.

Die Schlagzeilen konzentrierten sich auf dieses Thema. Ein Artikel, der am nächsten Tag in der *Los Angeles Times* erschien, begann mit den Worten: »Dan Quayles großer Augenblick kam kurz nach Mitternacht«, und fuhr dann fort: »Es war eine Gelegenheit, sich zu bewähren, und er hat sie beim Schopf ergriffen.«

Powell fühlte sich durch diese Episode in einigen seiner Vorstellungen über den Einsatz von militärischer Gewalt bestätigt.

Die erste war, daß es keinen legitimen Gebrauch von militärischen Truppen ohne klares politisches Ziel geben darf – allein die Idee, Bomben abzuwerfen, hatte diesem Kriterium nicht genügt.

Die zweite war eine Vorstellung, die in seinen Augen der griechische Geschichtsschreiber Thukydides (ca. 470–400 v. Chr.) am besten ausgedrückt hatte: »Von allen Demonstrationen der Macht beeindruckt die Zurückhaltung die Menschheit am meisten.« Powell gefiel dieser Gedanke so gut, daß er ihn aufgeschrieben und unter die Glasplatte seines Schreibtischs im Pentagon gesteckt hatte.

Die dritte war, daß die scheinbare Bereitschaft, Gewalt anzuwenden – die Säbelspitze im Gesicht des Gegners – den Job häufig genauso gut oder sogar besser erledigte als direkte Gewalt selbst. Das schlichte, aber drastische Mittel einer Drohgebärde wirkte nicht selten Wunder.

* * *

Powell fühlte sich nach zwei Monaten Amtszeit ausgezeichnet. Alles ergab sich wie von selbst, während er versuchte, mit der täglichen Routine von Problemen und Krisen fertigzuwerden. Er war vor allem ein Mann der Tat, der die militärischen Kräfte mit dem politischen System verknüpfte und das politische System wiederum an die Streitkräfte band.

Die Streitkräfte waren bestens ausgebildet und motiviert. Powell wollte sicher sein, daß es nie zu einer Wiederholung der Jahre nach Vietnam kam. Er selbst hatte turnusgemäß zwei Dienstzeiten in Vietnam absolviert, wo er an einigen Kampfhandlungen teilgenommen hatte, hauptsächlich hatte er jedoch als Berater und Stabsoffizier fungiert. In den frühen siebziger Jahren, als er in die Staaten zurückkehrte, hatte er sich als Berufsoffizier häufig abgelehnt und minderwertig gefühlt. Das Land schien eine Mauer zwischen sich und dem Militär errichtet zu haben. Damals fing das Pentagon gerade an, ein Berufsheer aufzubauen. In Powells Augen kam die Entscheidung, die Wehrpflicht abzuschaffen, einer Kapitulation der Militärs gleich. Es war, als hätte die Nation gesagt: »Mit euch Typen wollen wir nichts zu tun haben.«

In den siebziger Jahren hatte sich die Armee trotzig nach innen gewandt und versucht, die eigenen Probleme zu lösen. Powell konnte diesen Prozeß aus nächster Nähe beobachten. 1971 bekam er die Aufgabe, als Analyse-Experte unter Generalleutnant William E. DePuy zu dienen, dem Referenten des Stellvertretenden Stabschefs des Heeres. Nach Powells Meinung war er das Gehirn der Truppe, der Mann, dem es gelungen war, das Heer nach Vietnam wieder auf Vordermann zu bringen. DePuy war hart und reserviert, aber intellektuell und stets bereit zuzuhören. Powell hatte noch nie jemanden erlebt, der mit Schwierigkeiten besser fertig wurde als DePuy. Er erfaßte die Problema-

tik, entwarf einen Plan, organisierte und überwachte dessen Ausführung und forderte anschließend zu rückhaltloser Kritik an dem Projekt selbst und seiner eigenen Leistung auf.
In den siebziger Jahren, als viele sich in der Armee unbehaglich fühlten, hatte DePuy für den Entwurf einer neuen Kampfausbildung gesorgt. In sämtlichen Bereichen wurden allgemeingültige Normen aufgestellt, angefangen bei der Anzahl von Liegestützen, die ein Soldat mindestens schaffen mußte, über Trefferquoten bei den Schießübungen bis zu der Zeit, die eine Kampfgruppe braucht, um einen Fluß zu überqueren. DePuy wußte, daß eine Armee unzählige nicht besonders spektakuläre Aufgaben übernehmen muß, von denen viele langweilig und eintönig, aber letztendlich für Erfolg oder Mißerfolg entscheidend sind. Der Schlüssel lag darin, dafür zu sorgen, daß sie unter gefechtsähnlichen Bedingungen sauber ausgeführt wurden.
Gnadenloses Training bildete den Mittelpunkt des neuen Heeres. Für Powell war das wichtigste Resultat der Aktivitäten DePuys die Einrichtung eines tausend Quadratmeilen großen Nationalen Ausbildungszentrums in der Mojave-Wüste, südlich von Death Valley. Seit 1981 kamen Kampfeinheiten des Heeres für jeweils zwei Wochen hierher, um Tag- und Nachtübungen gegen gegnerische, speziell in sowjetischer Taktik ausgebildete Truppen durchzuführen. Die realistischen Kriegsbedingungen und die Übungen mit scharfer Munition machten die Soldaten und ihre Offiziere so weit wie möglich mit dem Ernstfall vertraut. Dabei ermunterte man sie geradezu, Fehler zu machen. »Durch Fehler lernen« wurde zum unausgesprochenen Motto dieser ausgesprochen harten Ausbildung.
Nach Powells Ansicht hatte DePuy der alten Armee den Krieg erklärt und das Heer in eine schlagkräftige Kampftruppe verwandelt.
Vuono, der Stabschef des Heeres, der ebenfalls für DePuy

gearbeitet hatte, war ein Anhänger von dessen Ausbildungstheorie. Jeden Monat reiste er durch das halbe Land nach Fort Leavenworth, Kansas, um die Obersten und Oberstleutnants, die das Kommando über größere Heeresverbände übernehmen sollten, zu motivieren. Vor einem Publikum von etwa siebzig Mann sprach Vuono zwei Stunden lang völlig frei. »Eine schlechte Ausbildung ist tödlich für die Soldaten«, hatte er bei einer solchen Gelegenheit in diesem Herbst gesagt. »Wenn die amerikanische Armee nicht gut ausgebildet ist, können Sie die Schuld nicht dem Kongreß zuschieben, nicht den Medien, nicht irgendwelchen mysteriösen ›denen da oben‹. Es ist Ihre Schuld, Ihre Schuld, Ihre Schuld und meine Schuld, weil wir unsere Arbeit nicht gemacht haben. Wir können nicht zulassen, daß auch nur einer unserer jungen Soldaten sein Leben verliert, weil er oder sie nicht richtig ausgebildet war, denn wenn das passiert, haben wir das schlechte Gewissen. Wir sind für sie verantwortlich.«

Powell hatte das Gefühl, daß ein weiterer Schlüssel zum Erfolg des Heeres – und in der Tat des gesamten Militärs – in einem tieferen Verständnis für Public Relations und Politik lag, und darin, wie man sie einsetzte. Am 13. Dezember sprach er vor Offizieren an der National Defense University in Washington, wo er dreizehn Jahre zuvor selbst studiert hatte. Dabei ging er ausführlich auf die Verpflichtung des modernen Armeeoffiziers ein, die politischen und medienbezogenen Komponenten seines Jobs zu begreifen.

Der Vorsitzende beschrieb, wie er an seinen Beziehungen zu Journalisten arbeitete, damit sie ihm vertrauten und seine Äußerungen zu bestimmten Ereignissen akzeptierten. »Wenn Sie alle Truppen in Bewegung versetzt haben und die Kompaniechefs sich um den Rest kümmern«, sagte er, »müssen Sie sich aufs Fernsehen konzentrieren, denn Sie können die Schlacht gewinnen und den Krieg verlieren, wenn Sie Ihre Geschichte nicht richtig verkaufen.«

Die Politik, so fuhr er fort, sei von fundamentaler Bedeutung. »Ich verbringe einen Großteil meiner Zeit damit, das politische Umfeld zu ergründen. Manchmal sagen die Leute, nun ja, dieser Powell ist ein politischer General. Tatsache ist, daß es keinen General in Washington gibt, der nicht politisch ist, jedenfalls nicht, wenn er erfolgreich sein will, denn so funktioniert unser System. So arbeitet unser Verteidigungsministerium. So formulieren wir unsere Außenpolitik. So ernten wir Anerkennung für unsere Politik.«

14

Generalleutnant Kelly war zu Hause, als am Samstag, dem 16. Dezember, um 21.25 Uhr das Telephon läutete. Es war der für das Kommando Süd zuständige Operationschef, Brigadegeneral William Hertzog aus Panama Stadt. Er wirkte nervös.
»Auf einen unserer Männer ist gerade geschossen worden«, sagte Hertzog. »Vielleicht wird er sterben.«
Kelly bat um weitere Informationen.
Hertzog sagte, es sei ein Leutnant der Marines gewesen, der auf Ausgang war. »Wir wissen nicht, was im Augenblick hier los ist. Wir versuchen noch, es rauszukriegen.«
›Gut‹, antwortete Kelly. Er legte auf und fing an zu wählen.
Powell war zu Hause, im Quarters 6. Er saß oben im ersten Stock, im Wohnbereich mit einem Arbeitszimmer, Fernsehraum und einem kleinen Eßzimmer. Dort verbrachten die Powells einen Großteil ihrer gemeinsamen Zeit, während sie das weiträumige Erdgeschoß hauptsächlich für offizielle Anlässe benutzten. Sämtliche Erkenntnisse der Geheimdienste deuteten darauf hin, daß überall auf der Welt mit einem ruhigen Wochenende zu rechnen war. Alma Powell las. Da klingelte das Privattelephon des Vorsitzenden.
»General Powell«, meldete er sich.
Kelly erstattete ihm Bericht über die Schießerei in Panama.
»Scheiße«, sagte Powell. Er bat Kelly, ihn über die weiteren Entwicklungen auf dem laufenden zu halten.
Wenig später erhielt Powell die Meldung, daß der Leutnant schwer verletzt war und kurz darauf die Bestätigung, daß der Mann im Krankenhaus gestorben war. Sein Name war Leutnant Robert Paz.

Powell rief Cheney zu Hause an. »Da braut sich was zusammen«, sagte Powell.

Kelly fuhr in sein Büro im Pentagon, wo er mit seinem für laufende Operationen zuständigen Stellvertreter, Konteradmiral Joe Lopez, verabredet war, einem gewissenhaften, zurückhaltenden Marineoffizier, der einen Zerstörer kommandiert hatte. Aus einer Handvoll Fachleute des Generalstabs stellten sie einen kleinen Krisenstab zusammen und nahmen die Arbeit in der Nationalen Militärischen Kommandozentrale auf.

Mittlerweile sickerten mehr Einzelheiten über die Schießerei durch. Paz war einer von vier Offizieren, die unbewaffnet und in Zivil auf Ausgang gewesen waren. Sie hatten in Panama Stadt zu Abend gegessen und waren dann offensichtlich auf einer Straße namens Avenue A, unweit des PDF-Hauptquartiers, falsch abgebogen. Ihr Auto wurde an einer PDF-Straßensperre angehalten. Sie gaben an, PDF-Soldaten hätten versucht, sie aus dem Wagen zu zerren, und mit Waffen bedroht, so daß der Fahrer zurücksetzte und den Bereich der Straßensperre verlassen wollte. Die PDF hatten das Feuer eröffnet. Einer der anderen Offiziere hatte einen Streifschuß am Knöchel abbekommen. Paz wurde verwundet und erlag später im Militärhospital Gorgas seinen Verletzungen.

Kelly war immer noch dabei, alle größeren Zwischenfälle, bei denen Amerikaner in Panama mißhandelt oder bedroht worden waren, persönlich zu untersuchen. Es war ihm bisher nicht gelungen, einen schlüssigen Beweis dafür zu finden, daß Noriega oder hohe PDF-Angehörige es auf eine direkte Konfrontation anlegten. Bis jetzt war noch kein amerikanischer Soldat von den PDF getötet worden. Während er in den Berichten blätterte, gewann Kelly den Eindruck, daß auch bei dem Paz-Zwischenfall die PDF nicht aggressiv reagierten, ohne provoziert worden zu sein – immerhin hatte sich der Wagen mit großer Geschwindigkeit von einer legalen Straßensperre entfernt, was ein schiefes Licht auf die ganze Angelegenheit warf.

Am gleichen Abend war General Thurman auf dem Luftwaffenstützpunkt Andrews außerhalb von Washington zu einem zweitägigen Blitzbesuch in der Stadt eingetroffen – er hatte Termine im Pentagon, im Außenministerium und im Kongreß. Thurman erklärte seine Reisen in die Hauptstadt gern, indem er ein Blatt Papier aus der Tasche zog und seine Zuständigkeitsbereiche als Oberbefehlshaber Süd (CINC-SOUTH) aufzählte. In alphabetischer Reihenfolge begann die Liste: Argentinien, Bolivien, Kolumbien..., und sie endete mit Uruguay und Venezuela. Am Schluß setzte er zögernd Washington, D.C. hinzu – er bezeichnete es als sein letztes und vielleicht wichtigstes Operationsgebiet.

Von Andrews aus war er zum Haus seines Bruders in die Stadt gefahren, hatte dort zu Abend gegessen und sich schlafen gelegt. Um elf wurde er geweckt und über die Schießerei informiert. Er fuhr direkt ins Pentagon, wo er Hertzog in Panama anrief. Die Geheimdienstler wußten mittlerweile, daß Noriega persönlich die Untersuchung und Bewertung des Zwischenfalls überwachte. ›Immer muß irgendwas passieren, wenn ich das gottverdammte Loch da unten verlasse‹, dachte Thurman bei sich. Er sah, wie sich die Dinge zuspitzten. »Es ist Zeit, daß ich mich auf den Weg mache«, erklärte er und befahl, seine Maschine startklar zu machen. Man schrieb bereits den 17. Dezember, als er gegen 1 Uhr morgens den fünfstündigen Rückflug nach Panama antrat.

* * *

Gegen 6 Uhr trafen im NMCC weitere Meldungen aus Panama ein. An der gleichen PDF-Straßensperre wie zuvor hatte sich ein zweiter Zwischenfall ereignet, der mit dem zuerst gemeldeten in Zusammenhang stand. Marineleutnant

Adam J. Curtis und seine Frau Bonnie waren etwa eine halbe Stunde vor der Schießerei angehalten und aufgefordert worden zu warten, bis ihre Personalien überprüft waren. Während sie warteten, wurden sie Zeugen der Schießerei. Daraufhin verband man ihnen mit Klebeband die Augen und brachte sie erst in ein nahgelegenes PDF-Büro und dann in ein anderes Gebäude, das sich als die Comandancia entpuppte.

Ein hoher PDF-Offizier, mindestens ein Major, hatte das vierstündige Verhör der Curtis' überwacht, in dessen Verlauf sie geschlagen und beschimpft wurden. Leutnant Curtis wurde wiederholt in die Leistengegend getreten und ins Gesicht geschlagen. Mit den Händen über den Kopf mußten sie an einer Zellenwand stehen. Nach einer halben Stunde brach Bonnie Curtis, 23, zusammen. Als Leutnant Curtis protestierte, stopfte man ihm Papier in den Mund. PDF-Angehörige kamen herein und sagten: ›Es ist besser, wenn wir sie jetzt umlegen, wir müssen sie loswerden.‹ Man hielt Leutnant Curtis einen Revolver an den Kopf. Die Panamaer betatschten Bonnie Curtis' Ausschnitt und ihre Beine. Sie erzählten ihr, wiederholte Tritte in die Leistengegend ihres Mannes würden dafür sorgen, daß er im Bett nichts mehr brachte. Mehrmals wurde sie sexuell bedroht. Dann setzte man sie auf einen Stuhl und stellte ihr Fragen zum Job ihres Mannes. Die PDF-Leute behaupteten, er arbeite für den CIA.

Nach vier Stunden wurde das Ehepaar Curtis plötzlich freigelassen. Die beiden kehrten gegen 2.15 Uhr zum US-Marinestützpunkt zurück und meldeten, was geschehen war. Der kriminalpolizeiliche Dienst der Marine befragte das Paar ausführlich über den Vorfall.

Kelly fragte sich, ob die PDF auseinanderfielen. Hatte die Lage in Panama einen Punkt gefährlicher Instabilität erreicht? In der Vergangenheit war Noriega immer peinlich darauf bedacht gewesen, einer direkten Konfrontation aus dem Weg zu gehen, bei der eine Verwicklung ranghoher PDF-Angehöriger und ihr Mangel an Disziplin sichtbar würde. Doch hier handelte es sich nicht um einen einzelnen Feldwebel, der verrückt spielte. Es war das Regime, das verrückt spielte. Hatte Noriega die Kontrolle über seine Truppen verloren? Waren die PDF dabei, sich selbständig zu machen?

Powell und Cheney wurden in allen Einzelheiten über die Festnahme und Mißhandlung des Ehepaars Curtis in Kenntnis gesetzt. Cheney beraumte für 10 Uhr an diesem Sonntagmorgen eine Sitzung in seinem Büro im Pentagon an, um die Optionen zu erörtern. Dann rief er Scowcroft an und sagte, er glaube, daß noch am gleichen Tag ein Treffen mit dem Präsidenten stattfinden müsse.

Thurman traf gegen 6 Uhr in Panama ein und fuhr in sein Hauptquartier, um sich einen Eindruck von der Situation zu verschaffen.

Um 8.30 Uhr fuhr Powell ins Pentagon und setzte sich mit Kelly und dem Krisenstab zusammen. Kelly berichtete, daß Noriega mit harten Bandagen arbeitete. Er hatte ein Kommuniqué herausgegeben, in dem er die vier US-Offiziere für die Schießerei verantwortlich machte und behauptete, daß die Männer mit ihrem Wagen eine Straßensperre der PDF durchbrochen und auf seine Comandancia geschossen hätten, wobei sie drei Panamaer, darunter einen Soldaten und ein einjähriges Mädchen, verletzt hätten.

Die drei Offiziere, die mit Paz unterwegs gewesen waren, hatten ihren Vorgesetzten ausführlich über den Zwischenfall berichtet. Noriegas Kommuniqué sei erstunken und erlogen, erklärte Kelly. Die Lauscher des US-Geheimdienstes hatten gehört, wie Noriega selbst über Telephon und Funk falsche Versionen der Geschichte verbreitete, um den Amerikanern die Schuld in die Schuhe zu schieben.

Powell rief Thurman über eine abhörsichere Leitung an. Thurman hatte seine dreizehntausend Mann bereits in die sogenannte Delta Alert versetzt, die zweithöchste Alarmbereitschaftsstufe. Diese schränkte die Bewegungsfreiheit des US-Personals und seiner Angehörigen drastisch ein. Thurman sagte, Noriegas Aktionen seien in hohem Maße provokativ. Er erinnerte Powell daran, daß erst vor zwei Tagen die von Noriega eingesetzte gesetzgebende Versammlung ihn als »optimalen Führer der nationalen Befreiung« bezeichnet und erklärt habe, Panama befinde sich »im Kriegszustand« mit den Vereinigten Staaten. Thurman sagte, die PDF-Schläger ergingen sich in Lobhudeleien und gäben Noriega alles, was er wolle.

Thurman erklärte, er sähe drei Optionen: (1) militärisch nichts zu unternehmen und nur zu protestieren; (2) einen Teil der offensiven Operation BLUE SPOON gegen die PDF in Gang zu setzen und gleichzeitig zu versuchen, sich Noriega zu schnappen; (3) den gesamten BLUE SPOON Plan durchzuführen.

»Wenn wir nichts tun, werden wir einen ungeheuren Preis bezahlen müssen«, sagte Thurman. »Denn all das wird in den Köpfen dieser Verbrecher, die ihn unterstützen und ihm Beihilfe leisten, seinen Status nur erhöhen.« Der kaltblütige Mord an Paz erfordere eine Antwort.

›Noriega zu kidnappen, wird nur Probleme schaffen‹, sagte Thurman in Ablehnung der Option Nr. 2. Sie beobachteten Noriega und wußten in 80 % aller Fälle, wo er sich aufhielt. Wenn das US-Militär Noriega fassen wollte und es mißlang und er noch seine PDF hatte, dann waren alle Amerikaner in Panama gefährdet.

Thurman empfahl die dritte Option – den Gesamtplan durchzuziehen, die PDF auseinanderzunehmen und die Sache hinter sich zu bringen. ›Wir sind darauf vorbereitet‹, sagte er. Das Kommando Süd sei voll einsatzbereit.

Nach ungefähr zehn Minuten sagte Powell: »Gut, okay, ich habe begriffen, um was es Ihnen geht... jetzt muß ich Cheney unterrichten.« Es war klar, daß Powell mit seiner Meinung hinter dem Berg hielt. »Ich melde mich wieder.«

Powell ging hinauf in Cheneys Büro, wo die beiden sich kurz vor zehn zu einem Gespräch unter vier Augen zusammensetzten. Powell hielt es für wichtig herauszufinden, welche Möglichkeiten für Cheney in Betracht kamen. Er hatte keine Lust, eine militärische Empfehlung zu geben, die abgelehnt wurde, weil sie nicht im Rahmen der politisch akzeptablen Optionen lag. Doch wie gewöhnlich schien Cheney hauptsächlich zuhören zu wollen.

Es sei eine Menge Vorbedacht in dem zu erkennen, was die PDF mit amerikanischen Bürgern machten, sagte Powell. »Das war kein spontaner Einfall der PDF.« Der BLUE SPOON Plan sei gut. Sie waren hundertprozentig vorbereitet, waren vielleicht nie zuvor so einsatzbereit gewesen.

Cheney nickte. Er zeigte keine Ablehnung und vermittelte Powell den Eindruck, daß sie einer Meinung waren.

Powell fuhr fort, es sei wichtig, eine solche Operation – jede militärische Operation – nach ihrem eigenen Zeitplan durchzuführen. Er sei dafür, den vollen BLUE SPOON Plan zu empfehlen.

Cheney widersprach nicht. Er schien für alle Möglichkeiten offen zu sein, erklärte aber, er wolle hören, was die anderen zu sagen hätten.

Zu diesem Zeitpunkt stießen zu ihnen: Assistant Secretary Henry Rowen; Richard C. Brown (stellvertretender Assistant Secretary für interamerikanische Angelegenheiten), Sprecher Pete Williams; Konteradmiral Owens (Cheneys Militärberater), Dave Addington (Cheneys ziviler Referent für besondere Aufgaben), sowie Kelly und Sheafer aus dem Stab aller Teilstreitkräfte.

Nachdem die letzten Meldungen über den Tod von Leutnant Paz und die Mißhandlung und Bedrohung von Leutnant Curtis und seiner Frau referiert worden waren, sagte

Cheney, er erwarte Beurteilungen, Einschätzungen und Empfehlungen. Er ging durchs Zimmer und fragte jeden einzeln nach seiner Meinung.
Als sie sahen, daß eine Militäraktion immer stärker in den Blickpunkt rückte, äußerten einige der anwesenden Zivilisten Zweifel. Sie fragten, ob die Informationen über den Mord an Leutnant Paz, offensichtlich das vorrangige Thema, so gesichert waren, daß sie als Beweis für die Rechtfertigung eines militärischen Einsatzes dienen konnten.
»Ich weiß nur, daß er tot ist«, antwortete Powell. Es war der ernsthafteste Zwischenfall in Panama seit fünfundzwanzig Jahren.
Die Zivilisten bohrten weiter. Würden die Fakten, so wie sie sich jetzt präsentierten, der unvermeidlich folgenden Untersuchung standhalten können? War Powell sicher? Konnte etwas dran sein an Noriegas Behauptung, daß die US-Offiziere zuerst gefeuert hätten? Rechtfertigte die Tatsache, daß sie vor der Straßensperre geflüchtet waren, die Schüsse der PDF?
Powell und die anderen erwiderten, sie seien dabei, alles zu überprüfen, aber es sehe so aus, als sei Noriegas Behauptung nachweislich falsch.
Die Zivilisten ließen nicht locker. War das ein auslösender Faktor? Sollte es einer sein?
Die meisten schienen darin übereinzustimmen, daß ihre Reaktion größtenteils von gesicherten Informationen abhing.
Als alle ihre Meinung gesagt hatten, bedankte sich Cheney höflich.
Was immer dabei herauskam, überlegte Williams, sie befanden sich in einer Krise. Er erzählte Cheney, daß er mit dem für Öffentlichkeitsarbeit zuständigen Offizier des Kommando Süd in Panama gesprochen habe. Dieser hatte erklärt, Leutnant Curtis habe sich mittlerweile wieder in der Gewalt und sei bereit, im Fernsehen zu schildern, was ihm

und seiner Frau passiert sei. Williams hielt das für eine erwägenswerte Möglichkeit.
»Lassen wir das«, fuhr Cheney dazwischen. »Wir wollen die Sache nicht noch mehr anheizen.« Cheney forderte Williams auf, eine Erklärung auszuarbeiten, die präzise wiedergab, was Paz und dem Ehepaar Curtis widerfahren war, und die er persönlich sehen wollte, bevor sie veröffentlicht wurde.

* * *

Cheney bat Powell, noch zu bleiben, damit sie unter vier Augen weiterreden konnten. Mittlerweile war ihm klar, daß Amerikaner – ganz gleich, ob Militärs oder Zivilisten – in Panama ernstlich gefährdet waren. Das verändere die ganze Situation, erklärte Cheney.
Powell stimmte zu.
Sie erörterten das Durcheinander in Panama. Es sei schon eine ganze Weile so gewesen, meinte Cheney, aber offen gesagt, übernähmen sie eine gewisse Verantwortung, wenn sie ihre Jungs dorthin schickten.
Sie könnten einfach nicht zulassen, daß so etwas passierte, antwortete Powell. Es sei wahrscheinlich an der Zeit zu handeln.
›Ja‹, sagte Cheney. ›Und nicht nur Noriega. Die ganzen PDF.‹ Es sei endlich ein Punkt erreicht, an dem sie eine militärische Intervention rechtfertigen konnten.
Powell sagte, daß er in aller Stille die Vereinten Stabschefs zusammenrufen würde, um ihre Meinungen anzuhören und sich zu vergewissern, daß alle zustimmten.

* * *

Zwar ist der Vorsitzende der Vereinten Stabschefs per Gesetz der wichtigste militärische Berater des Präsidenten und seines Verteidigungsministers, doch fungieren auch die anderen Stabschefs als militärische Berater. Powell wollte, daß sie mehr, nicht weniger Einfluß auf das System nahmen, aber er wollte auch, daß dieser Einfluß über ihn lief. Er ging zu den Sitzungen im Weißen Haus, er informierte die Stabschefs darüber, was dort erörtert wurde, und er vermittelte ihre Ansichten dem Präsidenten.

Im Moment hatte Powell allerdings keine Ahnung, was das Weiße Haus dachte. Er hatte weder mit Präsident Bush noch mit Scowcroft oder Baker gesprochen und war nicht sicher, was von oben kommen würde. Daher mußte er wissen, was sich unten tat. Powell wollte die Chefs nicht ins Pentagon rufen, wo sie mit ziemlicher Sicherheit aufgefallen wären. Eine sonntägliche Versammlung der Vereinten Stabschefs hätte die Presse in Alarmbereitschaft versetzt. Daher ließ er jedem einzeln ausrichten, er erwarte ihn um halb zwölf zum Kaffee bei sich zu Hause. Vuono wohnte in derselben Straße, in Quarters 1, und war bereits benachrichtigt; der Stabschef der Marine, Admiral Carl Trost, der bereits von dem Mord an Paz und der Mißhandlung des Marineoffiziers und seiner Frau wußte, wurde in der Kirche im Washingtoner Navy Yard kontaktiert; Al Gray, Kommandeur der Marines, stand bereit, und General Welch hatte ebenfalls bereits Probleme vorausgesehen.

Die vier Stabschefs versammelten sich in Powells Arbeitszimmer. Es lag im Erdgeschoß, im rückwärtigen Teil von Quarters 6. Alma Powell hatte angefangen, die Zimmer umzugestalten. Die Wände des kleinen Eckzimmers verbreiteten ein warmes orangebraunes Licht, und überall hingen Bilder und Andenken an die Armeekarriere des Vorsitzenden.

Powell begrüßte jeden einzeln – Al, Larry, Carl und nochmal Carl. Sie nahmen Platz, der Kaffee wurde serviert. Kelly klärte sie in etwa zehn Minuten auf und berichtete die neuesten Einzelheiten über den Mord an Paz und die Mißhandlung des Ehepaars Curtis. Am Gesicht des Vorsitzenden und seinen Fragen erkannte er, daß der Fall Curtis mehr Aufmerksamkeit auf sich zog als die Schießerei. Da erdreisteten sich Noriegas Männer, eine Familie, eine Frau, einen Nichtkombattanten, zu mißhandeln. Das Ehepaar Curtis war vollkommen unschuldig. In keinster Weise hatten die beiden die PDF provoziert. Sie waren nur zufällig Zeugen der Schüsse auf Paz geworden. Kelly faßte noch einmal den BLUE SPOON Plan zusammen, mit dem alle Chefs in Grundzügen vertraut waren, seit sie im vergangenen Monat darüber unterrichtet worden waren.

Powell berichtete, daß er sich am frühen Morgen mit Cheney und Cheneys Stab getroffen habe. Sowohl der Minister wie auch er selbst seien geneigt, dem Präsidenten am späteren Nachmittag zu empfehlen, BLUE SPOON durchzuführen. ›Noriega hat uns so weit getrieben, mehr können wir uns nicht gefallen lassen‹, sagte der Vorsitzende. Doch Cheney und er wollten ihre Meinung hören, nicht nur vom militärischen, sondern auch vom politischen Standpunkt aus. Welchen Rat sollte er dem Außenminister und dem Präsidenten von jedem einzelnen oder allen gemeinsam übermitteln?

Carl Vuono erklärte, BLUE SPOON sei ein guter Plan – komplex, ja, aber mit ihm lasse sich das Ziel erreichen, die PDF zu sprengen. Jedem Versuch, den Plan zu verwässern, sanftere Optionen zu befürworten, müsse Widerstand entgegengesetzt werden. Er habe lebhafte Erinnerungen an Vietnam, als die zivile Führung nicht bereit gewesen war, das Notwendige zu tun, um die militärischen Ziele zu erreichen. In Panama müsse der Job, anders als in Vietnam, vollständig und mit ausreichender Entschlossenheit erledigt werden, um sicherzugehen, daß die Einheiten nicht irgendwo steckenblieben. Die Truppen stünden bereit, gut ausgebildet und voll einsatzfähig. Sie waren nicht unterbesetzt, wurden kompetent befehligt und besaßen Erfahrung – anders als in Vietnam.

Vom militärischen Standpunkt aus, so Vuono weiter, war die Operation vollkommen vertretbar und reichte aus, um das gesteckte Ziel zu erreichen.

General Al Gray war nervös. »In meiner Welt gibt es akzeptable und inakzeptable Vorgänge«, sagte er. »Und dieser ist inakzeptabel.« Die Situation würde nicht besser, und es sei Zeit zu handeln, erklärte er energisch. Er stimme voll für einen militärischen Einsatz, und er sei überzeugt, daß das Volk von Panama Noriega loswerden wolle. Sie würden auf den Straßen tanzen, wenn die Vereinigten Staaten handelten und ihn beseitigten.

Kelly beobachtete, daß Gray zwar hundertprozentig hinter der Sache zu stehen schien, doch mit gemischten Gefühlen sprach. Grays Marines lagen in einem ewigen Wettstreit mit dem Heer – um Missionen, um Gelder, um Ansehen. Jeder wollte die bessere Bodentruppe sein. Panama war ein klassischer Kandidat für eine Landung der Marines; es war ein kleines Land, bestand zum größten Teil aus Küste. Doch in BLUE SPOON war fast ausschließlich der Einsatz des Heeres vorgesehen. Überraschung und Tempo diktierten eine Luftlandeaktion. Marines, die auf Schiffen transportiert wurden, brauchten häufig zu lange, um vor Ort zu sein, und ihr Anmarsch ließ sich kaum geheimhalten.

Mit arglosem Gesicht erklärte Gray, eine Expeditionseinheit der Marines (Marines Expeditionary Unit, MEU) von mehreren tausend Mann sei auf dem Rückweg von Hawaii. Sie habe gerade einen Einsatz beendet und könne nicht besser vorbereitet sein. Die MEU sei zudem für Spezialoperationen geeignet. Alles, was er, Gray, zu tun habe, sei, dafür zu sorgen, daß die Schiffe den Befehl bekamen, scharf rechts abzudrehen, und wenig später wären sie bereits gefechtsklar in der richtigen Gegend. Binnen Tagen könnten sie vor der Westküste von Panama sein.

»Das ist gut zu wissen, Al«, sagte Powell, »aber ich kann jetzt weder an den zeitlichen Vorgaben noch am Plan selbst noch etwas ändern.«

Alle Anwesenden wußten, daß die Marines zu lange brauchen würden, um nach Panama zu gelangen.

Grays Antwort darauf erschien Kelly wie Reklame für das Marine Corps, ungeniert rührte er die Werbetrommel für seine wendige Truppe, die obendrein genug Vorräte für dreißig Tage aufzuweisen hatte.

Zurückhaltung gehörte nicht zu Grays hervorstechendsten Eigenschaften, aber er versuchte sich zu beherrschen. In seinen Augen waren die leichten Truppen des Heeres, die per Fallschirm vom Himmel fielen, ein einziger Popanz – ein Zeichen, daß das Heer die reinste Attrappe war. Die Army Rangers waren leicht genug, um schnell irgendwohin zu gelangen, gut, aber auch leicht genug, um Schwierigkeiten zu bekommen, wenn die Schlacht mehr als ein paar Tage dauerte. Außerdem besaßen sie nur für wenige Tage Vorräte und Munition.

Gray sagte, wenn sich der Kampf in Panama in die Länge zöge, stünden seine Marines bereit.

Powell machte klar, daß BLUE SPOON auf schnellen Erfolg setzte: insgesamt 24.000 US-Soldaten gegen die 16.000 Mann starken PDF, von denen nur 3500 kampftauglich waren; überlegene Ausrüstung, Einsatztauglichkeit bei Nacht, Überraschungseffekt und bessere Soldaten. Für Powell lief eine Auseinandersetzung, bei der Männer und Waffen in die Schlacht geworfen wurden, auf eine Art Duell zwischen Teenagern hinaus. Und die amerikanischen Teenager waren nun mal besser.

Abschließend schlug Gray vor, für alle Fälle einige Amphi-

bienschiffe der Marines vor die Atlantikküste Panamas zu verlegen. Da solche Fahrzeuge auch vor der Küste von Nicaragua stationiert waren, stünden sie bereit, falls die Sandinistas versuchen sollten, sich einzumischen.
General Gray hatte einen Großteil der Diskussion bestritten. Schließlich unterbrach ihn der Vorsitzende und sagte: »Nun ja, das ist alles bereits geregelt, aber wir werden es im Hinterkopf behalten.«
Wie Admiral Carl Trost wußte, hatte die Marine Schiffe in der Karibik und im Pazifik stationiert, wo sie gegen den Drogenhandel eingesetzt wurden. Man hätte sie zu Hilfe rufen können. Zwar besaß es einen gewissen symbolischen Reiz, die Stärke einer Flugzeugträgergruppe oder einer mit Amphibienfahrzeugen ausgestatteten Bereitschaftsbrigade zu demonstrieren, doch glaubte er nicht, daß dies notwendig oder von großer Bedeutung sein würde. Eine Vorzeigetruppe von achthundert Marinesoldaten würde an BLUE SPOON beteiligt sein, darunter einige SEALs und Truppen auf kleinen Booten. Trost war bereit zu akzeptieren, daß dies vorrangig eine Operation des Heeres und der Luftwaffe war.
Der Stabschef der Marine hatte das Gefühl, daß die Vereinigten Staaten mit den 13.000 dort stationierten Soldaten praktisch bereits die Kontrolle über Panama besaßen. Es ging doch nur noch darum, Noriega und ein paar Dutzend seiner hohen Offiziere loszuwerden und den Rest der PDF zu neutralisieren. Ein Aspekt von BLUE SPOON belustigte ihn persönlich. Tausende von Heeressoldaten sollten per Fallschirm in Panama abgesetzt werden. Die ersten hatten seiner Meinung nach noch einen gewissen Sinn, doch der Rest der Truppen konnte ebensogut mit Flugzeugen auf den Flugplätzen landen, deren Kontrolle die US-Streitkräfte bis dahin übernommen haben würden. Der Admiral war überzeugt, daß all das nur dazu diente, so vielen Soldaten wie

möglich ihre Auszeichnung für den Einsatz im Ernstfall zu verpassen. Im Geiste sah er bereits jede Menge gebrochener Beine vor sich, die ein solcher Fallschirmeinsatz fordern mußte.

Für Trost war es offensichtlich, daß dies nicht gerade ein fairer Kampf sein würde. Vor vielen Jahren hatte er einmal mit einer Schaufel eine Klapperschlange getötet. Schon möglich, daß es ein Overkill war, aber die Schaufel hatte ihren Dienst getan. Daher gönnte er jedem seine Schaufel.

Außerdem erschien es Trost, obwohl er es nicht aussprach, als könne dies eine Antwort auf jene sein, die immer wieder behaupteten, die Stabschefs seien ein Haufen Schlappschwänze, die nicht die geringste Lust zu kämpfen hatten und nie vorausdachten oder -planten. BLUE SPOON würde diesen ewigen Nörglern das Maul stopfen. Trost erklärte den anderen, daß er BLUE SPOON voll unterstützte.

Wie immer hörte General Welch ruhig zu, sagte nicht viel und zog seine eigenen Schlüsse. Seiner Meinung nach war dies eine eminent wichtige Sitzung. Aus guten Gründen waren die Stabschefs traditionell konservativ, was die Anwendung militärischer Gewalt anging. Sie unterstützten normalerweise keine übereilten oder hauptsächlich politisch begründeten Interventionen. Für die Durchführung von BLUE SPOON jedoch schien beides zuzutreffen.

Welch erklärte, auch er sei der Ansicht, daß die Mißhandlung des Ehepaars Curtis mehr Hinweise auf chaotische Zustände enthielt als die Schüsse auf den Angehörigen der Marines. Er wolle vollkommen sicher sein, daß die beiden Aktionen nicht auf das Konto einzelner durchgedrehter PDF-Soldaten gingen.

Powell und Kelly erklärten, sie seien ganz sicher. Nicht nur die Schilderungen Curtis' und seiner Frau, auch die nachrichtendienstlichen Erkenntnisse, abgehörte Telephonate und die Überwachung des Funkverkehrs bewiesen, daß Noriega persönlich seine Organisation decke.

Unter solchen Umständen, so Welch, blieb den Vereinigten Staaten nur die Wahl, entweder Panama vollständig zu verlassen oder ganz einzumarschieren. Angesichts der internationalen Verpflichtung, den Panamakanal zu schützen, sei es für die Vereinigten Staaten unmöglich, sich an ein panamaisches Äquivalent zu der Bucht von Guantanamo zurückzuziehen, die einzige den Amerikanern verbliebene Enklave auf Kuba. Daher hätten sie im Grunde keine Wahl.

Dennoch, sagte Welch und zögerte einen Augenblick, um sich der Aufmerksamkeit der Zuhörer zu vergewissern, müßten sie die Nachteile einer großangelegten Invasion verstehen und in ihre Überlegungen einbeziehen.

Powell und die anderen schienen gespannt zu sein, was er zu sagen hatte.

Erstens, so Welch, müßten sie damit rechnen, daß die anderen lateinamerikanischen Staaten gegen das, was die USA unternahmen, zumindest protestieren würden. Die Politik der Vereinigten Staaten in der Region konnte um Jahre zurückgeworfen werden. Die Medien würden das Thema mit ziemlicher Sicherheit hochspielen. Man könne nicht darauf bauen, daß die USA öffentliche Unterstützung von ihren lateinamerikanischen Verbündeten erhielten.

Powell stimmte zwar zu, gab jedoch zu bedenken, daß die lateinamerikanischen Führer im stillen ebenso scharf wie alle anderen darauf seien, das Ärgernis Noriega loszuwerden.

Dennoch, so Welch weiter, sei dies ein Nachteil, den man im Auge behalten müsse. Außerdem werde die Reaktion wahrscheinlich auch in anderen Ländern, in denen die Vereinigten Staaten große Stützpunkte unterhielten, etwa auf den Philippinen, negativ ausfallen.

Ein zweiter Nachteil, fuhr Welch fort, sei die Möglichkeit, daß die PDF mehr Widerstand leisteten als angenommen.

Die Vereinigten Staaten müßten darauf vorbereitet sein, zu jedem notwendigen Zeitpunkt jede notwendige Anstrengung zu unternehmen, um die Lage in den Griff zu bekommen. ›BLUE SPOON verfügt unserer Meinung nach über völlig ausreichende Streitkräfte‹, sagte Welch, ›und das könnte den Präsidenten oder sonst jemanden zu der Annahme verleiten, damit sei die Sache getan. Das könnte ein Problem werden.‹ Er hoffe, daß niemand eine schnelle Lösung versprochen habe.

Drittens könnten Kritiker sagen, daß dem Verteidigungsministerium die Feinde ausgingen und es daher diese Gelegenheit nutze, auf die Notwendigkeit hinzuweisen, militärische Stärke zu demonstrieren.

Viertens, so Welch weiter, denke er an das David-und-Goliath-Problem – die realistische Möglichkeit, daß die öffentliche Meinung, teilweise aufgrund des Einflusses der Medien, in Noriega einen ohnmächtigen Zwerg sah, der auf unfaire Art überwältigt wird.

Und fünftens, so Welch schließlich, müßten sie sich vergewissern, daß sie es nicht mit einer Situation wie im Golf von Tonking zu tun hatten. Damit bezog er sich auf die zweifelhaften Angriffe der Nordvietnamesen auf US-Schiffe im Jahre 1964, die zu einem Kongreßbeschluß geführt hatten, der Präsident Johnson mit außergewöhnlichen Vollmachten ausgestattet hatte, um darauf zu reagieren. Diesmal, so warnte Welch, müsse das amerikanische Militär von der Authentizität der Provokation überzeugt sein. Es müsse klar sein, daß sich in Panama eine Lage gebildet habe, die sie nicht zu tolerieren bereit seien und dies auch von amerikanischen Bürgern, die dort unten lebten, nicht erwarten könnten.

Es war eine lange Liste von Einwänden, und es wurde nicht klar, welches Ziel Welch mit seinen Argumenten verfolgte. Schließlich faßte er zusammen. Solange sie bei der Aktion

diese Nachteile im Blick behielten und gleichzeitig genügend Engagement zeigten, um sie im Verlauf der Geschehnisse zu überwinden, unterstützte er die Operation. Es gebe keine andere Lösung.
Dann ergriff Powell das Wort. Er erklärte, Kelly und er würden rüberfahren und mit dem Präsidenten sprechen. Er werde ihm empfehlen, BLUE SPOON durchzuführen. »Ich will nur sicher sein, daß wir alle einer Meinung sind.« Wieder fragte er jeden einzelnen nach seiner Meinung.
Alle vier Stabschefs sprachen ihm ihre volle Unterstützung aus.
Mit großen Generalstabskarten unter dem Arm, auf denen die vorgesehenen Angriffspunkte in Panama eingezeichnet waren, stiegen Powell und Kelly in den Wagen des Vorsitzenden und ließen sich zum Weißen Haus fahren.
Es war ein schöner, winterlicher Sonntag. Die Straßen der Stadt waren weihnachtlich geschmückt. Ein Fest, das der Familie und dem Frieden vorbehalten war, vielleicht die schwierigste Zeit im Jahr, um dem Präsidenten einen offensiven Militäreinsatz zu empfehlen, dachte Powell.
Kelly und Powell trugen legere Zivilkleidung, als sie durch das Weiße Haus in Bushs Privatbereich im ersten Stock marschierten. Der Präsident erwartete sie um 14 Uhr. Unten im Erdgeschoß ging gerade eine der vielen Weihnachtspartys der Bushs zu Ende, diesmal für die engere Verwandtschaft und Freunde. Weihnachtssänger in Kostümen aus dem 18. Jahrhundert sangen sich die Kehle aus dem Hals, ein paar Gäste standen noch herum.
Cheney, der nach der morgendlichen Konferenz im Pentagon ebenfalls ein paar Weihnachtspartys besucht hatte, traf ein. Baker, Scowcroft, Bob Gates und der Sprecher des Weißen Hauses, Marlin Fitzwater, kamen dazu. Bush trug ein weißes Hemd, einen blauen Blazer, graue Hosen, braune Schuhe und ein Paar hellroter Socken, einer mit dem Wort

»Fröhliche«, der andere mit »Weihnachten« verziert. Kelly fand, daß es die schrecklichsten Socken waren, die er je im Leben gesehen hatte.

Powell fiel auf, daß die einzigen entscheidenden Figuren, die fehlten, Vizepräsident Quayle und Stabschef Sununu waren. Normalerweise wäre Powell nicht zu einer solcher Sitzung gegangen, ohne sich zuvor über die Haltung der verschiedenen Teilnehmer zu informieren, doch die Ereignisse hatten sich dermaßen überschlagen, daß er keine Gelegenheit gefunden hatte, herauszubekommen, welche Position jeder einzelne vertrat.

Kelly gab eine siebenminütige Zusammenfassung der Fakten, die über den Mord an Leutnant Paz und die Mißhandlung des Ehepaars Curtis bekannt geworden waren. Der zweite Vorfall, so fuhr er fort, sei von einem hohen PDF-Offizier überwacht worden. Kelly merkte, daß dieser Punkt Bush und die anderen mehr beunruhigte als die Schüsse auf Paz. Kelly, der eine Invasion befürwortete, hielt sich an die Tatsachen, trug jedoch so dick auf, wie er konnte. Diese beiden Vorfälle seien beispiellos, erklärte er, selbst für Noriegas Panama.

Powell präsentierte dem Präsidenten nur eine Option: BLUE SPOON.

›Warum schnappen wir uns nicht einfach Noriega?‹ fragte Bush. ›Erläutern Sie mir, warum wir das Ganze nicht mit geringerem Aufwand durchziehen können.‹

Powell rasselte seine Argumente über die Notwendigkeit einer Zerschlagung der PDF herunter und fügte hinzu, ein massiver Truppeneinsatz sei tatsächlich *weniger riskant* als ein Engagement auf niedrigerer Ebene. Es sei der vernünftigere Weg, erklärte er Bush. Im Grunde bliebe ihnen nur die Wahl, jetzt zu bezahlen oder später. ›Wenn Sie nur hingehen und sich Noriega schnappen, haben Sie nicht viel gewonnen, denn er wird vermutlich umgehend durch einen anderen korrupten Gangster der PDF ersetzt.‹

»Sie werden nicht verhindern können, daß amerikanisches Blut vergossen wird«, warnte Powell, »doch mit einer kleineren Truppe wäre es vielleicht mehr als bei einem entscheidenden Schlag gegen die PDF.«
Der Vorsitzende fuhr fort, er brauche eine Vorlaufzeit von mindestens 48 Stunden, um die Truppen bereitzustellen und auszurüsten und den Flugtransport für BLUE SPOON zu organisieren. Die ideale Stunde X sei 1 Uhr morgens, spät genug, um die PDF zu überraschen – es ließe ihnen jedoch fünf Stunden bis zum Morgengrauen, um sie zu enthaupten. Außerdem fiele ein Beginn der Offensive um 1 Uhr fast mit der Flut zusammen, ein großer Vorteil für die Navy SEALs. Bei Ebbe verwandelten sich einige der Landegebiete in ausgedehnte Schlammzonen, so zäh, daß nicht einmal hartgesottene SEALs sich hindurchkämpfen könnten. Ein weiterer Vorteil sei, daß auf dem internationalen Flughafen Torrijos, einem der Schlüsselziele, nach 1 Uhr nur noch ein einziges Flugzeug planmäßig landen sollte.
BLUE SPOON habe die komplette Zerschlagung der PDF und der panamaischen Regierung zum Ziel. »Wir werden das Land mehrere Wochen lang in unserer Gewalt haben«, sagte Powell und unterstrich, daß dieser Plan kein selektiver Schlag oder eine simple Rein-Raus-Operation war. ›Schlimmes wird geschehen, Mr. President‹, sagte der Vorsitzende. ›Es wird Verluste geben, auf ihrer Seite und auf unserer, beim Militär ebenso wie unter der Zivilbevölkerung.‹ »Doch wir werden alles in unserer Macht Stehende tun, um sie so gering wie möglich zu halten.«
Scowcroft erkundigte sich nach der Höhe der Verluste.
»Wir werden Verwundete auf beiden Seiten haben«, antwortete Powell. »Es wird Tote geben und chaotische Zustände. Wir müssen alle Polizeikräfte des Landes lahmlegen.« Er vermied es, Zahlen zu nennen.
Er sagte, er könne einen raschen Erfolg garantieren, doch

nicht präzise vorhersagen, wie lange das Ganze dauern werde.

»Fragen Sie uns nicht nach zwei Tagen, wann wir nach Hause kommen, Mr. President«, sagte Powell. »Es kann sein, daß sich die PDF beim Anblick der ersten Landetruppen ergeben und uns mit ›Welcome Yankee‹-Transparenten empfangen, es kann aber auch sein, daß wir in wochenlange Kämpfe verwickelt werden.«

Bush hakte nach. Er hatte alle möglichen Fragen zu den kritischen Punkten des Plans. Einige waren sehr spezifisch, zum Beispiel, wie lange es dauern würde, um von einer Straße zu einer anderen zu gelangen. Irgendwann sagte er: »Also, ich weiß nicht.«

Powell befürchtete, daß die Diskussion ziellos dahinplätscherte, wie ein Segelboot, das kreuz und quer durch eine Bucht laviert. Er wußte nicht, wo sie hinführte. Nachdem er alle Fragen beantwortet hatte, schloß er: »Meine Empfehlung lautet, den gesamten Plan durchzuziehen. Ich kann Ihnen versichern, daß alle Stabschefs geschlossen hinter mir stehen.«

Als Powell fertig war, ergriff Cheney das Wort. »Ich unterstütze die Empfehlung des Vorsitzenden«, sagte er, an Bush gewandt.

Kelly hatte den Eindruck, daß Cheneys relative Zurückhaltung darauf zurückzuführen war, daß er vor Beginn des Treffens mit dem Präsidenten gesprochen hatte und davon ausging, daß dieser seine Einstellung bereits kannte, er also nicht mehr viel zu sagen brauchte.

Tatsache war jedoch, daß Cheney keineswegs unter vier Augen mit Bush gesprochen hatte. Ihm war nur klar, daß der Präsident nach dem fehlgeschlagenen Putsch das Problem Panama endlich vom Tisch haben wollte. Und es war Powells Aufgabe, den Stein ins Rollen zu bringen, indem er den militärischen Plan darstellte.

»Ich glaube ebenfalls, daß wir einmarschieren sollten«, sagte Baker. »Sie wissen, daß das State Department seit langem dafür ist, allerdings ist mir durchaus klar, daß wir Nachteile haben werden.«

Dann skizzierte der Außenminister, welche internationalen Reaktionen eine solche Invasion heraufbeschören würde. Die Organisation der Amerikanischen Staaten werde sich verpflichtet fühlen, den Eingriff zu verurteilen, sagte er, aber das sei vorauszusehen. Die einzelnen lateinamerikanischen Regierungen und Länder der dritten Welt könnten ähnlich empfinden. Mexiko werde mit Sicherheit sehr hart reagieren. Selbst Verbündete wie die befreundeten Regierungen in Westeuropa würden die USA kritisieren, denn es wäre eine gute Gelegenheit, Uncle Sam auf die Finger zu klopfen. Die Sowjets würden ihr übliches negatives Statement abgeben. Doch insgesamt, so Baker, glaube er nicht, daß ein Land seine Kritik tatsächlich ernst meinte. Er vermute eher, daß die meisten Regierungen ihnen hintenherum zu verstehen geben würden, daß sie neutral, möglicherweise sogar erleichtert waren.

Baker bot an, die anderen Regierungen, die Verbündeten und die Sowjets über das State Department zu informieren. Natürlich würde der Präsident einen Großteil dieser Anrufe selbst tätigen wollen.

Scowcroft mischte sich erneut in die Debatte. Powell hatte den Eindruck, daß Scowcroft gern Bushs Scharfschützen spielte.

›Wie steht es mit den Verlusten?‹ fragte er noch einmal, diesmal mit lauterer Stimme.

Powell erklärte, er könne keine Zahlen nennen.

›Und die materiellen Schäden?‹

Auch das sei schwer zu sagen, antwortete Powell, aber es sei ein großer Truppeneinsatz geplant, und der Schaden werde beträchtlich sein, obgleich sie nicht beabsichtigten, das Land in Schutt und Asche zu legen. Jeder der 28 Angriffspunkte

sei aus einem speziellen Grund ins Auge gefaßt worden – Konzentration von PDF-Soldaten, mögliche Noriega-Schlupfwinkel, das Hauptumspannwerk und der Madden Damm, über den ein Großteil des Wassers im Kanal kontrolliert wurde, und der daher unbedingt geschützt werden mußte. Ein Verlust des Damms könnte die Schiffahrt im Kanal bis zu einem Jahr blockieren. Außerdem müsse der CIA-Mann Kurt Muse gerettet werden, daher habe man den alten ACID GAMBIT Rettungsplan in BLUE SPOON integriert.
Würden sie Noriega gefangennehmen?
Er würde die besten Männer für Spezialoperationen auf ihn ansetzen, die er zur Verfügung hatte.
Eines der erklärten Ziele des Präsidenten sei die Wiederherstellung der Demokratie in Panama, bohrte Scowcroft weiter. Würde es dazu kommen? Und wenn ja, wie?
Es sei geplant, kurz vor Beginn der Invasion Endara, den Gewinner der Mai-Wahlen, heimlich als Präsidenten von Panama zu vereidigen.
Bald verlagerte sich die Aufmerksamkeit von der Operation selbst auf die Konsequenzen. In diesem Augenblick, so dachte Powell, sah es endlich so aus, als würde Bush zustimmen wollen. Das Segelboot hatte seine Irrfahrt beendet und steuerte direkt auf sein Ziel zu.
Jemand fragte nach den Reaktionen der Öffentlichkeit und der Medien.
Marlin Fitzwater, der bisher kaum etwas gesagt hatte, bemerkte jetzt, seiner Meinung nach würden beide im großen und ganzen positiv ausfallen. »Natürlich gibt es gewisse Elemente in der Presse, die Sie kritisieren werden«, sagte er zu Bush. Er persönlich glaube jedoch nicht, daß dies ein großes Problem darstellte.
Nach einer Stunde und vierzig Minuten sagte Bush, als wollte er die Meinung, die sich über Noriega herauskristalli-

siert hatte, zusammenfassen: »Der Kerl wird nicht locker lassen. Es kann höchstens schlimmer werden.«
Nach Powells Ansicht waren die sechs Schlüsselfragen gestellt und auch beantwortet worden. War die Provokation groß genug, um eine Invasion zu rechtfertigen? Powell glaubte ja. Hatten sich die PDF verändert, waren sie außer Kontrolle geraten? Wieder ja. Würde BLUE SPOON das Problem lösen? Ja. Würde der Plan Verluste und materielle Schäden möglichst gering halten? Ja. Würde er zur Wiederherstellung der Demokratie führen? Ja. Und die Reaktion der Öffentlichkeit oder der Presse? Wahrscheinlich positiv.
»Okay, dann los«, sagte Bush. Er sah Powell an und sagte sehr leise: »Es geht los.«
»Roger, Sir.«
Kelly spürte, wie sich vor Aufregung sein Magen zusammenzog, das erste Mal in seinen zwei Jahren als Operationschef. Sie schickten junge Amerikaner in die Schlacht, und einige von ihnen würden sterben. Die Waffe war entsichert. Und der Finger lag am Abzug.
Da BLUE SPOON eine mindestens achtundvierzigstündige Vorlaufzeit brauchte, wurde die Stunde X auf 1 Uhr morgens, Mittwoch, den 20. Dezember festgesetzt.
›Wer kann von der Entscheidung erfahren, ohne daß die operative Sicherheit gefährdet wird?‹ fragte jemand.
›Die wenigen, die für die erfolgreiche Durchführung der Operation entscheidend sind‹, ordnete Bush an. Es war klar, daß er ein absolutes Minimum meinte.

**

Powell und Kelly schwiegen, als der Wagen sie ins Pentagon zurückbrachte. »Ich möchte, daß Sie die Information persönlich weitergeben«, sagte Powell. Er bezog sich ausschließlich auf die Schlüsselfiguren in den Kommandos, die an dem Plan beteiligt sein würden. »Ich will keinen offiziellen Befehl. Ich möchte, daß Sie die Leute einfach über das (abhörsichere) Telephon anrufen.« Powell sagte, sein Stellvertreter, General Bob Herres, und der gegenwärtige Direktor des Stabs aller Teilstreitkräfte, Generalleutnant Michael P. C. Carnes, könnten am nächsten Tag benachrichtigt werden.

Sowohl Powell als auch Kelly fragten sich, wie lange die Aktion geheimgehalten werden könnte. Sie hofften, die Abendnachrichten am Montag zu überstehen, ohne daß direkte Informationen durchgesickert waren. Am Dienstag würden mit Sicherheit irgendwo Gerüchte auftauchen, aber vielleicht kämen sie spät genug oder wären so vage, daß ihnen trotz allem die Chance blieb, in der Stunde X einen Überraschungseffekt zu erzielen.

Im Pentagon angelangt, rief Powell die vier Oberbefehlshaber an, die unmittelbar betroffen waren.

Einer davon war Max Thurman. Powell erzählte ihm, daß BLUE SPOON gebilligt worden sei, der offizielle Befehl aber erst am nächsten Tag käme.

»Roger.«

Anschließend informierte er den Oberbefehlshaber des Kommandos für Spezialoperationen, General James J. Lindsay, und den Oberbefehlshaber des Streitkräfte-Kommandos, General Edwin H. Burba, Jr.

General Hansford T. Johnson im Hauptquartier des US-Transportkommandos auf dem Luftwaffenstützpunkt Scott in Illinois rechnete nicht mit einem Einsatzbefehl. Erst vor wenigen Monaten hatte er das Pentagon verlassen, wo er als Direktor des Stabs aller Teilstreitkräfte unter Admiral Crowe gedient hatte, und verfügte daher über gute Kontakte nach Washington. Am frühen Sonntagmorgen hatten er und seine Leute informell Order erhalten, ihre Maschinerie zur

Errichtung einer Luftbrücke für BLUE SPOON anzuwerfen. Manche aus Johnsons Stab hatten gemeldet, sie sähen sich nicht in der Lage, schnell genug die für einen Einsatz notwendigen Piloten zusammenzutrommeln. Doch am Nachmittag hatten sie Entwarnung bekommen und den Befehl, alles wieder abzublasen. Als Powells Gespräch durchgestellt wurde, war Johnson ein wenig überrascht, den Vorsitzenden zu hören.
»Ich bin vom Präsidenten bevollmächtigt, Ihnen mitzuteilen, daß BLUE SPOON durchgeführt wird«, sagte Powell.
»Wir sind bereit«, antwortete Johnson, trotz der Warnungen über einen eventuellen Mangel an Piloten.
Dann rief Powell alle Stabschefs an, um sie über Bushs Zustimmung zu informieren. Er entschuldigte sich bei Vuono, weil er nicht zu dessen Weihnachtsparty am Nachmittag gekommen war. Auch Cheney war nicht dagewesen.
Mit seiner letzten Amtshandlung an diesem Abend sorgte Powell dafür, daß die wichtigsten Einheiten für Spezialoperationen in Marsch gesetzt wurden. Die führende Delta-Einheit mit dem Kodenamen AZTEC PACKAGE und eine SILVER-BULLET-Staffel von Hubschraubern würden wahrscheinlich in den Staaten zurückbleiben, zum Schutz gegen mögliche terroristische Anschläge irgendwo anders auf der Welt. Ansonsten sollte ein Großteil der militärischen Spezialeinheiten, mehr als 4000 Mann, nach Panama verlegt werden. Viele davon hätten nur die einzige Aufgabe, in den ersten Stunden der Operation Noriega aufzuspüren und, wenn alles gut ging, gefangenzunehmen.
Es wurde Befehl ausgegeben, 20 Aufklärungs- und Kampfhubschrauber der Spezialeinheiten in riesigen C-5 Militärtransportmaschinen nach Panama zu entsenden. Sie sollten im Schutz der Nacht ausgeladen und bis zur Stunde X in Hangars versteckt bleiben.

* * *

Kelly war eine Möglichkeit eingefallen, die Geheimhaltung der Operation zu gewährleisten. Als erstes versammelte er den für Panama gebildeten Krisenstab in seinem Büro im Pentagon und schickte ihn nach Hause. Dann rief er den für Öffentlichkeitsarbeit zuständigen Offizier beim Generalstab, Kapitän zur See Erwin A. Sharp, und ließ ihn wie vorgesehen seinen Weihnachtsurlaub antreten.

Als alle gegangen waren, bestellte Kelly seinen für laufende Operationen zuständigen Stellvertreter Joe Lopez und vier jüngere Offiziere aus dem Lateinamerika-Team in sein Büro und bat sie, auf den Ledersofas und Sesseln Platz nehmen.

»Wir werden BLUE SPOON durchziehen«, sagte Kelly, bat sich größtmögliche Verschwiegenheit aus und forderte sie auf, bei jedem Schritt vor allem die operative Sicherheit im Auge zu behalten.

Dann erhielt Kelly einen Anruf von General Lindsay, dem Oberbefehlshaber des Kommandos für Spezialoperationen. Lindsay sagte, er fände den Namen schrecklich, er sei völlig ungeeignet für einen solchen Einsatz. »Wollen Sie Ihren Enkelkindern erzählen, daß Sie bei BLUE SPOON (Blauer Löffel) mitgemacht haben?« fragte er Kelly.

Es könnte schlimmer sein, dachte dieser. Einer der Einsatzpläne für einen möglichen Zwischenfall in Panama hieß BLIND LOGIC. Andere Operationen im Lauf der Jahre hatten ebenso merkwürdige Codenamen gehabt. Ein General hatte STUMBLING BLOCK und LIMA BEAN durchgeführt. Kelly und Joe Lopez spielten mit Vorschlägen für einen neuen Namen. »Wie wäre es mit JUST ACTION (Gerechte Aktion)?« fragte Kelly.

»Oder JUST CAUSE (Gerechte Sache)?« gab Lopez zurück.

Beide fanden diesen Codenamen viel besser als BLUE

SPOON. Sie legten ihn den höheren Entscheidungsinstanzen vor, die ihn billigten.

Aus Panama war mittlerweile ein Fax mit Berichten über die Befragungen von Marineleutnant Curtis und seiner Frau Bonnie durch den kriminalpolizeilichen Dienst der Marine gekommen. Bonnie Curtis' detaillierte Schilderung über ihre Behandlung war noch schlimmer als das, was Präsident Bush, Cheney und Powell berichtet worden war. Die zweieinhalbseitige Zusammenfassung mit dem JCS-Eingangsstempel vom 17. Dezember, 12.37 Uhr, sagte über die Befragung von Mrs. Curtis: »Der Leiter des Verhörs machte obszöne Bemerkungen, von der Art: ›Wenn du nicht die Wahrheit sagst, schiebe ich dir meinen Finger rein‹ oder ›Hättest du nicht Lust, Bekanntschaft mit meinen Dreiundzwanzigzentimeterschwanz zu machen?‹«

Powell kehrte nach Quarters 6 zurück. Dort erledigte er noch ein paar Anrufe, um sicherzugehen, daß die entscheidenden Leute wußten, was die anderen taten. Anschließend, als er merkte, daß es im Moment nichts mehr zu tun gab, wurde ihm das ungeheure Ausmaß der Entscheidung erst richtig bewußt. Sie würden in den Krieg ziehen. Er hatte am eigenen Leib erfahren, mehr aber noch davon gehört und gelesen, welche Selbstzweifel den Befehlshaber am Vorabend einer Schlacht plagen. Jetzt trafen ihn solche Befürchtungen mit voller Wucht, und auch als er die Pläne wieder und wieder durchging, wurden seine Zweifel nicht zerstreut oder vertrieben. BLUE SPOON war ein unglaublich kompliziertes Vorhaben, das äußerste Präzision erforderte – ein falscher Zug und alles stürzte in einer Kettenreaktion zusammen, wie Autos, die auf dem Highway ineinanderrasten. Die F-117A, die aus ihrem Stützpunkt in Nevada kamen, würden Rio Hato, eine wichtige Basis der PDF bombardieren – aber nur eine Minute bevor die Rangers dort abspringen sollten. Das war eng. F-117A, die zu spät dran waren

oder Rangers, die zu früh sprangen, würden eine Katastrophe auslösen. Die AC-130-Kampfhubschrauber hätten nur zehn Minuten, um die Comandancia »vorzubereiten« – d.h. zu zerstören – bevor die Infanterie losschlug. Powell fragte sich, ob die SEAL-Teams auch untereinander gut genug organisiert und voll in den Rest des Plans integriert waren.
Und schließlich: Wo steckte Noriega? Wußte er Bescheid? Würde er Verdacht schöpfen? Etwas rauskriegen?

15

Als Powell am Montag, dem 18. Dezember, in aller Frühe ins Pentagon fuhr, hatte er ein mulmiges Gefühl. Er ging nach oben, um Cheney Druck zu machen. Cheney kannte solche Befürchtungen nicht. Schon als er den Job des Außenministers akzeptierte, wußte er, daß er möglicherweise eines Tages die Entscheidung treffen mußte, Gewalt anzuwenden und Männer in den Tod zu schicken. Als er im Pentagon einzog, forderte er die Geheimberichte über alle wichtigen Einsätze des US-Militärs seit Vietnam an und studierte sie. Er war unter Ford im Weißen Haus gewesen, als 1975 der Abzug der Soldaten aus Südostasien begann, und hatte im gleichen Jahr erlebt, wie die Mayaguez, ein US-Handelsschiff, von Kambodschanern gekapert wurde, worauf die Regierung Marines zur Befreiung der Mannschaft entsandte. Doch zum Zeitpunkt der Invasion war die Crew bereits frei. Einundvierzig Amerikaner hatten bei diesem Einsatz ihr Leben verloren. Immer wieder hatte Cheney erlebt, daß Männer an der Spitze – der Präsident, der Nationale Sicherheitsberater, der Verteidigungsminister – dazu neigten, sich unnötig und kontraproduktiv in militärische Operationen einzumischen.
Auch die Berichte über den Bombenanschlag in Beirut 1983 und die Grenada-Operation spiegelten diese Tendenz wider. Cheney war zu dem Schluß gelangt, daß das einzige Mittel dagegen eine saubere, klar definierte Befehlshierarchie war, so kurz wie nur möglich. Und bloß keine Einmischung von oben. Besser, man kam sich nicht ins Gehege.
Als oberster Vermittler zwischen dem uniformierten Militär und dem Weißen Haus hatte Cheney den Eindruck, daß er

wie jeder andere dazu beitragen konnte, Störungen von außen zu verringern und die Befehlshierarchie so knapp wie möglich zu halten. Aber er war nicht der Mann, der Krisen einfach aussaß. Er wollte sich vergewissern, daß er den Einsatzplan verstand und billigte, um sämtliche Fragen beantworten zu können, die möglicherweise vom Weißen Haus an ihn gerichtet wurden.

An diesem Morgen stellte Cheney die Fragen. Powell hatte den Eindruck, daß er sich jede Kleinigkeit bis hin zur Ausrüstung des letzten Rekruten einprägen wollte.

Später bat Powell Kelly zu sich und begann seine eigene Befragung. Er wollte jede Phase, jeden einzelnen Schritt des Plans überprüfen.

»Warum tun Sie das?« hielt Powell ihm fast aggressiv entgegen, als sie auf eines der Ziele zu sprechen kamen, auf das eine Spezialeinheit angesetzt worden war.

Kelly dachte bei sich: ›Mann, Scheiße, nicht ich bin verantwortlich, sondern der Bursche da unten, Thurman oder Stiner.‹ Doch Kelly beantwortete, so gut er konnte, diese und eine ganze Reihe anderer Fragen, die auftauchten, während Powell den Plan Schritt für Schritt durchging.

Powell war besorgt, daß manches vielleicht nur eingeplant worden war, um etwas zu demonstrieren. Nachdem er anfänglich die Bedeutung von ausreichender Kampfkraft oder »Masse« während der Operation gepredigt hatte, suchte er jetzt nach Details, auf die man verzichten konnte. Er sprach davon, Schäden und Risiken verringern zu wollen.

Kelly erschien es, als habe der Vorsitzende eine Drahtbürste aus seinem Schreibtisch gezaubert, mit der er nun alles und jeden bearbeitete, einschließlich sich selbst. Das war notwendig und unausweichlich, folgerte Kelly; immerhin stand eine Menge auf dem Spiel. Die Nervosität des Generals vor der Schlacht war nicht nur Ausdruck persönlicher Angst oder Furcht vor dem Scheitern, sondern offenbarte eine grö-

ßere, eine moralische Sorge. Jetzt entdeckte Kelly sie bei Powell; das Custer-Syndrom oder so etwas Ähnliches. Powell hatte Angst, daß sie aus reiner Dummheit Menschenleben aufs Spiel setzen könnten.
Kelly hatte seine eigenen Sorgen. Er dachte an seinen Ruhestand und wollte nicht in Schimpf und Schande ausscheiden.
Powells Drahtbürste fand einiges, das ihm überflüssig erschien. Wie Cheney während einer früheren Debatte über den Plan schon angeregt hatte, war es nicht nötig, einen Unterschlupf Noriegas an der panamaischen Küste anzugreifen, weil es keinerlei Anzeichen dafür gab, daß er ihn benutzen würde.
Powell fragte nach Einzelheiten über die F-117 A Stealth-Bomber und ihren vorgesehenen Einsatz bei den PDF-Kasernen von Rio Hato.
Zwei 2000-Pfund-Bomben sollten etwa 50 Meter von den Kasernen entfernt einschlagen, sagte Kelly. Diese Bombardierung des Kasernenumfelds könnte einige Fensterscheiben zerdeppern, die Truppen aus dem Schlaf reißen und vielleicht ein paar durch Kurzschlüsse verursachte Brände bewirken, aber viel mehr würde nicht passieren.
›Wer sagt das?‹ fragte Powell.
›Na ja, so haben es die Waffenexperten jedenfalls behauptet‹, antwortete Kelly, wohl wissend, daß diese Leute für die Resultate nicht zur Verantwortung gezogen würden. Kelly hatte mit Carl Stiner über die Bombardierung des Zielumfelds gesprochen und wußte, daß Stiner seine eigenen kleinen Ängste ausstand; er sorgte sich um die Zuverlässigkeit der F-117A, die noch nie im Einsatz erprobt worden waren. 50 Meter, da war nicht viel Spielraum für den Fall, daß jemand einen Fehler machte.
Powell wußte, daß die Vereinigten Staaten Panama nach der Invasion so rasch wie möglich wieder auf die Beine bringen mußten. Dabei würden sie sich auf die Unterstützung der

panamaischen Bevölkerung verlassen müssen, was wiederum bedeutete, daß sie so wenig einfache PDF-Soldaten wie möglich töten durften, die in den Kasernen schliefen und sich, so Powells Hoffnung, rasch ergeben würden. Er ordnete an, die Zielentfernung zu den Gebäuden drastisch zu vergrößern. Die Bombenziele wurden auf 180 von der einen und 220 Meter von der anderen Kaserne verlegt.
Während dieser Arbeit gewann Powell allmählich wieder seine Ruhe. Es war ihm klar, daß er nur die Lektionen seiner militärischen Erfahrung befolgte. Als frischgebackener Major hatte er 1966 in der Heeresinfanterieschule von Fort Benning, Georgia, genau dieses Fach unterrichtet – Führung und Planung.
Als der Abend dämmerte, spürte Powell einen Anflug von Zufriedenheit.

* * *

Am selben Montag war Stiner, wie üblich in Zivilkleidung, abends in Panama eingetroffen. Gegen 22 Uhr versammelte er seine Befehlshaber bis hin zur Bataillonsebene, 30 Offiziere im ganzen, und baute sich vor ihnen auf. »Es ist so weit«, sagte er. »Es geht los.« Dann fuhr er fort, oberstes Gesetz sei absolute Geheimhaltung. Sie sollten nur ihre eigenen Einsatz- und Geheimdienst-Offiziere informieren, mit anderen Worten ausschließlich Personen, die Zugang zu streng geheimen Informationen hatten.
Stiner machte sich Sorgen, daß etwas durchsickern könnte. Angehörige der US-Truppen, Männer ebenso wie Frauen, wohnten überall in Panama, manche sogar in denselben Gebäuden wie PDF-Soldaten. Stiner bat, aus Gründen der operativen Sicherheit um Vorschläge für den spätestmöglichen

Zeitpunkt, an dem die unteren Offiziersränge und die Truppe alarmiert werden sollten. Man vereinbarte, bis zum nächsten Abend zu warten – 20 Uhr für die Offiziere, also knappe fünf Stunden vor der Stunde X, und 22 Uhr für die Truppen. Die Soldaten sollten versammelt und informiert werden. Dann sollten sie abtreten, um sich mit Munition zu versorgen und zum Einsatz fertigzumachen. Der Zugang zu den Telephonen wurde gesperrt. Stiner gab die Order aus, daß es keine gesteigerten Aktivitäten geben solle, kein wie auch immer geartetes Signal.

***

Auch Cheney sorgte sich um die Geheimhaltung. Er beschloß, daß Pete Williams den Medienpool, die kleine Gruppe von Journalisten, die für alle Nachrichtenagenturen über die Invasion berichteten, erst nach den Fernsehnachrichten am nächsten Abend verständigen sollte. Das wären weniger als sechs Stunden vor der Stunde X, so daß die Journalisten keine Möglichkeit mehr hatten, rechtzeitig zum Beginn der Operation JUST CAUSE in Panama einzutreffen.
Der Minister trug Powell seine Befürchtungen vor. ›Fast alles sickert irgendwann durch‹, sagte er. ›Was passiert, wenn die Sache auffliegt? Wenn sie an die Öffentlichkeit gelangt? Hat Max in Panama die Möglichkeit, loszuschlagen und die Operation zu beginnen? Wenn wir Dienstag abend den Kasten einschalten und es heißt, die Amerikaner sind auf dem Vormarsch, kann Max dann mit dem, was er bereits zur Verfügung hat, früher loslegen als geplant?‹
Powell überprüfte es und versicherte Cheney, daß dies der Fall sei.

Am selben Abend saß Tom Kelly nach den Nachrichtensendungen vor dem riesigen Schreibtisch in seinem fensterlosen Büro. Zu ruhig das Ganze, dachte er. Bis zur Stunde X waren noch etwa dreißig Stunden. Es lief zu glatt. Nichts ging schief. Von Minute zu Minute wuchsen seine bösen Vorahnungen. Irgend etwas mußte doch falsch laufen. Zwar war das gesamte Training, die Planung, alles Geld, alle Aufmerksamkeit auf jede Kleinigkeit nur dazu bestimmt, einen Fehler zu verhindern, doch man rechnete trotzdem damit. Er schien geradezu darauf zu warten, daß etwas passierte. Dann konnte er sich voll reinstürzen, alles wieder hinbiegen, die Karre aus dem Dreck ziehen. Er war ein Mann, der Action brauchte. So aber verpuffte all seine Energie mit Warten.

* * *

Am Dienstag, dem 19. Dezember, um 7 Uhr ließ Powell seinen obersten Referenten für Öffentlichkeitsarbeit, Oberstleutnant Bill Smullen kommen, teilte ihm mit, daß die Operation stattfinden würde, und verpflichtete ihn zu äußerster Geheimhaltung.
»Ich möchte, daß alles so normal weiterläuft wie möglich«, sagte Powell. Er warf einen Blick auf den Terminkalender für diesen Tag und sah, daß er mit dem Offiziersanwärter Tom Daily von der Marineakademie zum Lunch verabredet war. Bei einem Footballspiel zwischen Angehörigen des Heeres und der Marine vor einigen Wochen hatte Daily den Vorsitzenden angesprochen und ihm eine Wette über den Ausgang angeboten. Powell hatte angenommen, und die Navy gewann. Daily hatte sich einen Lunch mit dem Vorsitzenden im Pentagon ausbedungen, der zufällig auf den ungeeignetsten aller möglichen Zeitpunkte, den Vortag der größ-

ten militärischen Operation der USA seit Jahren festgesetzt wurde. Okay, entschied Powell, lassen wir es bei dem Lunch. Er dauerte fünfundvierzig Minuten.
Am Nachmittag hatte Powell noch einen unwichtigen Termin, diesmal mit Tiffani Starks, der halbwüchsigen Tochter eines Oberstleutnants der Luftwaffe, den Powell kannte. Tiffani hatte Powell zum Thema eines High-School-Aufsatzes gewählt, den sie über eine berühmte Persönlichkeit schreiben mußte. Powell beschloß, den Termin einzuhalten, der auf fünfzehn Minuten angesetzt war. Als Tiffani und ihr Vater gegen 16.30 Uhr im Vorzimmer erschienen, wurde Powells Zeit allmählich knapp. ›Ich kann keine Viertelstunde erübrigen‹, erklärte er seinem Stab. ›Machen Sie fünf Minuten draus.‹ Tiffani kam herein, und Powell gab ihr Auskunft, was ihn bewogen hatte, bei der Armee zu bleiben, und ob er sich je hätte vorstellen können, General zu werden.
Ansonsten war der Tag mit Briefings und letzten Diskussionen über die bevorstehende Invasion ausgefüllt. Cheney und Powell fuhren zum Weißen Haus, um Bush auf den neuesten Stand zu bringen. Auf die Frage, ob sie den Tarnkappenbomber F-117A einsetzen sollten, antwortete Bush: »Wenn das der beste ist, setzt ihn ein.«
Cheney wollte immer mehr Informationen. Als er sein Amt von Crowe übernahm, war Powell aufgefallen, daß Kelly und die wichtigsten Vertreter des Operationsstabes regelmäßig in Cheneys Büro marschierten, um Cheneys Militärberater Bill Owens über die verschiedensten Angelegenheiten zu unterrichten. Powell hatte dies unterbunden und erklärt, daß er selbst den Minister und dessen Stab über Operationen und andere Fragen auf dem laufenden halten werde. Jetzt, wenige Stunden vor der Stunde X, entdeckte Powell, daß er zuviel zu tun hatte, um ständig auf sämtliche Fragen Cheneys eingehen zu können. Jetzt war die Operation wichtiger

als sein Bedürfnis, Cheneys einzige Informationsquelle zu sein.
»Gehen Sie rauf und erzählen Sie ihm alles, was er wissen will«, sagte Powell seinen Leuten.

* * *

Gegen 5 Uhr hatte Powell die Stabschefs zu einer letzten Rücksprache in sein Büro bestellt. Cheney kam herunter, um dabeizusein. Für Cheney war dies ein symbolischer Augenblick, der ihn mit Befriedigung erfüllte. Er zeigte, daß er eng mit den Stabschefs zusammenarbeitete. Er hatte das Gefühl, daß die Befehlshierarchie so, wie sie jetzt verlief, von ihm zu Powell, nicht zu den Stabschefs als Komitee, genau richtig war.
»Machen Sie sich keine Sorgen, wenn die ersten Berichte eintreffen«, sagte Gray, der Kommandeur der Marines, an Cheney gewandt. »Es ist ein Nachteinsatz, und da geht immer was schief. Irgendwas wird auch hier passieren, aber am nächsten Morgen können Sie auf eine erfolgreiche Operation zurückblicken.«
Powell war froh, daß sie endlich aufgehört hatten, an seinem Plan herumzudoktern. Er konzentrierte sich wieder auf seine Sorgen wegen der Medien. Man munkelte, Reporter von CBS und NBC wüßten, daß eine Operation im Gange war, hätten jedoch keine Vorstellung von ihren Dimensionen. Auf CBS begann Dan Rather die Nachrichten mit den Worten: »Militärtransportmaschinen der US-Luftwaffe sind von Fort Bragg, North Carolina, Stützpunkt der Fallschirmjäger der 82. Luftlande-Division, einer Elite-Fallschirmtruppe der Armee, gestartet. Das Pentagon hat bisher weder bestätigt noch dementiert, daß sie auf dem Weg nach Pa-

nama sind. Die einzige offizielle Verlautbarung ist, daß das 18. ebenfalls in Braggs stationierte Luftlande-Korps eine sogenannte ›Luftlandebereitschaftsübung‹ durchgeführt hat.«
NBC-Reporter Ed Rabel sagte: »C-141 Starlifter der Vereinigten Staaten flogen heute nach Panama, wo die Maschinen den ganzen Nachmittag über in zehnminütigen Abständen landeten. Mit ihrem Eintreffen wurden die Sicherheitsmaßnahmen um den Luftwaffenstützpunkt erheblich verschärft. Soldaten in voller Kampfausrüstung waren auf dem Gelände zu sehen.« Am Ende der kurzen Meldung erklärte Rabel: »Bisher wollte niemand bestätigen, daß diese Flugzeuge Teil einer US-Invasionsstreitmacht sind. Doch die Spannung wegen eines möglichen US-Schlags wächst auf beiden Seiten.«
Powell verfolgte die Fernsehberichte. Mächtig nah dran, aber sie hatten dicht gehalten. Er würde sich bei einigen Reportern bedanken müssen.
Kelly war erstaunt, daß noch immer nichts durchsickerte. Immerhin war bereits jede Menge Aluminium auf dem Weg nach Panama.
Powell, der zum Abendessen nach Hause gefahren war, sagte seiner Frau Alma, er führe wieder ins Pentagon und wisse nicht, wann er nach Hause käme. Natürlich waren ihr die Aufregung und die vielen Anrufe nicht entgangen, aber er hatte ihr nicht erzählt, was los war; das tat er nie. Es gehörte zu den Grundregeln der Familie Powell, ihr Privatleben so weit wie möglich von militärischen Angelegenheiten zu trennen.
Nach dem Abendessen fuhr Powell ins Pentagon und legte sich hin.
Im Gebäude war es geradezu unheimlich still. Im Krisenraum des Nationalen Militärischen Kommandozentrums arbeiteten etwa fünfzehn Personen in einer Atmosphäre unterdrückter Erregung und Nervosität. Abhörsichere Telephon-

leitungen zum Kommando Süd waren eingerichtet, die Fernseher auf die drei wichtigsten Stationen und CNN eingestellt. Auf einer Leinwand an der Wand erschienen laufend die neuesten Daten über den Verlauf der Operation JUST CAUSE.
Kelly und Sheafer saßen an einem langen Tisch in der Mitte des Raums. Kelly überwachte die Vorbereitungen und beriet sich in regelmäßigen Abständen mit Thurman, dessen näselnde Stimme von einem Lautsprecher übertragen wurde, so daß alle im Raum mithören konnten. Kelly pochte immer wieder auf die Frage, die sie im Augenblick am meisten interessierte, den Aufenthaltsort von Noriega. Sie hatten ihn gegen 18 Uhr verloren. ›Wir müssen ihn kriegen, verdammt noch mal‹, sagte Kelly. ›Wo ist er?‹ Die Vereinigten Staaten hatten Noriega seit mehr als einem Jahr auf Schritt und Tritt verfolgt. Es gab drei bis vier Dutzend Leute in Panama, das sogenannte ›Noriega Tracking Team‹, die keine andere Aufgabe hatten, als ihn zu beschatten. Und ausgerechnet jetzt war er ihnen entwischt.
Gegen 23.30 Uhr meldete Thurman über den Lautsprecher, daß Noriega wahrscheinlich in Colon war. Dort hatten ihn seine Beschatter jedenfalls zum letzten Mal gesehen.
Powell beendete seine kurze Schlafpause und erschien um Punkt 23.52 Uhr im Krisenraum. Er trug einen schwarzen Pullover mit vier Sternen auf jeder Schulter und seine grüne Armeehose. Das Hemd stand am Hals offen, und man sah den Ansatz des weißen T-Shirts.

* * *

Währenddessen hörte ein PDF-Lauscher in Panama Stadt, wie sich zwei US-Soldaten, die Stiners Ausgangsverbot ir-

gendwie hatten umgehen können, über die Stunde X unterhielten und meldete es nach oben weiter an Noriega.
»Die Amerikaner kommen nicht«, sagte Noriega. »So etwas tun sie nicht.« Er beraumte ein Treffen für den nächsten Morgen um acht Uhr in der Comandancia an, um die Lage zu besprechen.
US-Agenten schnappten Teile einer Unterhaltung auf, in der jemand von den PDF sagte: »Der Tanz beginnt um eins.«
Stiner war überzeugt, daß sich das auf die Stunde X bezog und die Operation verraten worden war. Er griff nach der direkten Leitung zu Thurman.
»Wir müssen den Start vorverlegen«, sagte Stiner und erklärte, es sähe so aus, als wüßten die PDF Bescheid.
»An welche Zeit denken Sie?« fragte Thurman.
»Dreißig Minuten früher?«
»Okay, legen Sie los«, sagte Thurman und gab die Information an Washington weiter, ohne eine Zustimmung einzuholen.
Aber es gab Komplikationen. Die Rettung von Muse und der Anschlag auf die Comandancia erforderten präzise Koordination. Eine Drehbrücke mußte über den Kanal gelegt werden, um vier Sheridan Panzer auf einem Hügel zu postieren. Von dort konnten sie die Comandancia mit direktem Feuer belegen. Doch in einer der Schleusenkammern des Kanals lag ein Schiff, das herausgeschleppt werden mußte, bevor man die Drehbrücke installieren konnte.
Wieder setzte sich Stiner mit Thurman in Verbindung.
»Dreißig Minuten sind zu knapp«, meldete er. »Wie wär's mit fünfzehn?«
»Fünfzehn sind auch okay«, sagte Thurman.
Um 0.07 Uhr erließ Thurman offiziell den Befehl an das Vereinte Oberkommando für Spezialoperationen (JSOC), die Muse-Rettungsmission um X minus 15 Minuten oder 0.45 Uhr auszuführen. Um 0.18 gab er dieselbe Zeit als Start

für den Anschlag auf die Comandancia und die Mission der Navy-SEALs auf dem Flughafen Puenta Paitilla an. Dort sollte die Elitetruppe an Land kommen und Noriegas Privatjet, ein mögliches Fluchtmittel, fluguntauglich machen.

Um 0.29 Uhr hörten Powell und die anderen im Krisenraum über Lautsprecher die Meldung, eine US-Bürgerin sei von Angehörigen der PDF auf dem US-kontrollierten Luftwaffenstützpunkt Albrook in Panama Stadt verwundet worden. In den nächsten fünf Minuten kamen weitere Meldungen von Thurman über Geschützfeuer bei Fort Amador und Maschinengewehrfeuer in Albrook und an der strategisch wichtigen Bridge of the Americas, die über den Kanal führte. Präsident Bush hatte Cheney und Powell erklärt, der Punkt, von dem an es kein Zurück gab, sei erreicht, sobald Endara zustimme, sich als Präsident von Panama vereidigen zu lassen und um eine Intervention der USA zu bitten. Falls Endara nicht mitspielte, müßten sie ihn sich persönlich vorknöpfen.

Um 0.39 Uhr meldete sich Thurman erneut. Die Vereidigung von Endara zum neuen Präsidenten von Panama war vollzogen.

Zwar standen einige Einheiten schon vorzeitig an ihren Plätzen, doch der offizielle Start von JUST CAUSE erfolgte pünktlich um X minus 15. Genau in diesem Augenblick erklang Thurmans Stimme aus dem Lautsprecher und meldete Schüsse aus der Umgebung der Comandancia. Die PDF feuerten auf die Hubschrauber, die Muse aus dem nahe gelegenen Modelo-Gefängnis befreien sollten.

Unterteilt in Kampfverbände mit Namen wie Task Force Red, Task Force Bayonet und Task Force Semper Fi, machten sich die sorgfältig auf diesen Moment vorbereiteten Truppen überall in Panama Stadt und Umgebung an die Arbeit. Task Force Bayonet zum Beispiel hatte die Aufgabe, Fort Amador, die Comandancia und PDF-Gebäude in ganz

Panama-Stadt zu besetzen. Task Force Red war verantwortlich für die einander benachbarten Flugplätze Torrijos und Tocumen sowie für Rio Hato.

Etwa um die Zeit, die für den Beginn der Operation festgesetzt war, erschien Präsident Bush im Oval Office. Er trug einen dunkelblauen Pullover und darunter Hemd und Krawatte. Er unterschrieb einen knappen Befehl, der die Streitkräfte ermächtigte, Noriega und andere Personen in Panama, die wegen diverser Verstöße gegen das Betäubungsmittelgesetz in den Vereinigten Staaten unter Anklage standen, zu ergreifen und gefangenzunehmen.

Um 0.57 Uhr wurde Geschützfeuer von der panamaischen Atlantikküste gemeldet.

Um 1 Uhr verkündete das Militär offiziell die höchste Verteidigungsbereitschaft, genannt DEFCON 1, die anzeigte, daß Kampfhandlungen begonnen hatten. Zur gleichen Zeit erhielt der Krisenraum eine Meldung, wonach sich der PDF-Kommandeur des militärischen Distrikts 3, einer von insgesamt sieben militärischen Distrikten, aus den Kampfhandlungen heraushielt.

***

Aus seinen Erfahrungen im Weißen Haus unter Ford kannte Cheney die menschliche Reaktion auf diese Art von Krise. Die Lage wurde immer ernster, und alle blieben die ganze Nacht auf den Beinen, um die neuesten Meldungen über Ereignisse zu verfolgen, an denen sie doch nichts ändern konnten. Wenn der Augenblick des Handelns oder Entscheidens endlich kam, waren alle erschöpft und in der denkbar schlechtesten Verfassung, vernünftige Urteile zu fällen. Daher war Cheney nach dem Abendessen in sein Büro gegangen und hatte sich dort in einem kleinen Schlafraum hingelegt. Nach einigen Stunden stand er auf und benutzte zum ersten Mal überhaupt die (zu seinem Büro gehörende) Dusche.

Dann ging er in den Krisenraum, wo Powell, Kelly und Sheafer bereits bei der Arbeit saßen. Es war zwei Minuten nach eins. Er setzte sich neben Powell an die Längsseite des langen Tisches.

Fast im gleichen Augenblick kam vom SOUTHCOM eine zweite Meldung über den Kommandeur des PDF-Distrikts 3. Gute Neuigkeiten: der Kommandeur hatte seiner Einheit befohlen, die Kampfhandlungen einzustellen. Das war bedeutsam, denn es hieß, daß mehrere Kompanien auf seiten der PDF ausgeschaltet waren.

Um 1.07 Uhr gab es eine Meldung, nach der US-Truppen, die mit Hilfe eines Lautsprechers die PDF Truppen in der Comandancia aufgefordert hatten, die Waffen niederzulegen, beschossen worden waren. Nur zwei Minuten später meldete CNN, US-Truppen hätten Noriegas Hauptquartier angegriffen.

Um 1.11 hörten Powell und Cheney aus dem Lautsprecher die Nachricht, das Delta Team sei auf dem Dach des Modelo-Gefängnisses gelandet. Zwei Minuten später kam die Meldung, Muse sei draußen.

Um 1.14 Uhr hieß es, auf einem der Kampfschauplätze, dem Luftwaffenstützpunkt Albrook, seien die PDF auf dem Rückzug.

Um 1.17 meldete SOUTHCOM, die Comandancia fordere Verstärkung an.

Um 1.19 sprangen Rangers per Fallschirm über dem Kernzielbereich von Rio Hato ab.

Der PDF-Kommandeur der 5. Kompanie in Balboa habe seinen Widerstand aufgegeben, berichtete Thurman um 1.23 Uhr.

In der nächsten Verlautbarung hieß es, die Marines in der amerikanischen Botschaft würden mit rückstoßangetriebenen Granaten beschossen.

Kurz vor 1.30 Uhr brachte SOUTHCOM ein paar positive Meldungen: Alle Rangers waren in Rio Hato gelandet, und die Bridge of the Americas war gesichert.

Dann hieß es plötzlich, der Hubschrauber, der Muse aus dem Modelo-Gefängnis geholt hatte, sei abgestürzt und es gebe Hinweise, daß Muse und die Mannschaft dabei ums Leben gekommen waren. Powell stand die Enttäuschung ins Gesicht geschrieben. Muse war der Kerl, den sie für den Präsidenten hatten rausholen sollen, und dann fiel sein Hubschrauber runter.

Ungefähr zur gleichen Zeit kam die Meldung, US-Truppen seien in Noriegas vermeintlichen Unterschlupf, ein Haus am Strand, eingedrungen und hätten es leer vorgefunden. Im ganzen Raum herrschte Niedergeschlagenheit. Das war ein harter Schlag – weder Muse noch Noriega.

Powell wußte, daß es ein Appartement in der Nähe von Colon gab, in dem Noriega gelegentlich untertauchte. Er hatte das Gefühl, daß zuviel Zeit zwischen der Durchsuchung des Strandhauses und der des Appartements verstrich, und rief Thurman an, um ihm das vorzuhalten.

»Wann knöpfen wir uns endlich das Appartement vor?« brüllte er.

»Wir sind dabei«, antwortete Thurman.

Bald darauf meldete er sich wieder. Sie hatten das Appartement auseinandergenommen; es war ebenfalls leer gewesen. Ein dritter Tiefschlag innerhalb weniger Minuten.

***

Drüben im Weißen Haus schaltete Bush das Fernsehen in seinem Arbeitszimmer ein. Um 1.40 erschien Marlin Fitzwater auf dem Bildschirm. »Heute morgen um 1 Uhr hat der Präsident den Streitkräften der USA das Signal für einen geplanten Einsatz in Panama gegeben, der zum Schutz des Lebens amerikanischer Bürger, zum Erhalt der integralen Bestandteile der Kanalverträge und zur Ergreifung Manuel Noriegas dienen soll.«

»Noriega«, so Fitzwater zu den Journalisten, die um ihn herumstanden, »hat am Freitag vergangener Woche den Vereinigten Staaten den Krieg erklärt.«

»Haben Sie General Noriega schon erwischt, Marlin?« fragte ein Journalist.

»Wir wissen nicht, wie lange es dauern wird, aber das ist unser eigentliches Ziel«, antwortete Fitzwater. »Zur Zeit haben wir es noch nicht erreicht.«

»Marlin«, fragte ein anderer Journalist, »können Sie uns sagen, wer die Operation kontrolliert?«

»Das Pentagon.«

***

Kurz vor 2 Uhr morgens erhielten Powell und Cheney eine Meldung von Thurman. In der amerikanischen Botschaft war wieder Ruhe eingekehrt, und am Flughafen Tocumen lief alles nach Plan. Der Flughafen sollte besetzt und eine dort stationierte PDF-Kompanie neutralisiert werden. Eine Stunde zuvor hatten AC-130 und AH-6 das Feuer auf die Infanteriekompanie eröffnet, und drei Minuten später waren Rangers mit Fallschirmen abgesprungen, um den Widerstand der PDF zu brechen.

Minuten später kam die Nachricht, der Kommandeur des

militärischen Distrikts 6 habe seine Truppen angewiesen, ihre Posten vor dem Eintreffen der Amerikaner zu verlassen. Um 2.20 Uhr wurde gemeldet, Muse habe den Absturz überlebt und sei in Sicherheit. Augenblicklich entspannte sich die Atmosphäre, man atmete auf. Powell und Cheney wußten, daß sie eines ihrer Hauptziele erreicht hatten.
Powell griff zum Telephon und rief CIA-Direktor Webster an. »Wollte Sie nur wissen lassen, daß wir Ihren Mann haben und er in Sicherheit ist«, sagte Powell, nun voller Optimismus.
Cheney rief im Weißen Haus an. Beim ersten Anruf in dieser Nacht, kurz nachdem er im Krisenraum eingetroffen war, hatte er mit Scowcroft gesprochen. Danach wurden seine Anrufe auf Anweisung des Präsidenten gleich zu ihm persönlich durchgestellt. Cheney meldete sich jede halbe Stunde. Jetzt berichtete er Bush, daß Muse draußen und in Sicherheit war. Darüber hinaus hatte das Delta-Team die Aufgabe in Rekordzeit erledigt, schneller als zu besten Trainingszeiten.
SOUTHCOM meldete um 2.40 Uhr, die Comandancia stehe in Flammen.
Doch die Stimmung sank erneut, als Thurman um 2.49 Uhr berichtete, Noriega sei immer noch auf freiem Fuß. Abgesehen von diesem Problem schien die Operation im großen und ganzen gut und planmäßig voranzuschreiten. Kurz nach 3 Uhr erfuhren sie, daß PDF Truppen in Colon, am Flughafen Tocumen und nahe der costaricanischen Grenze ihren Widerstand aufgegeben hatten. Die PDF ergaben sich nahezu kampflos auf breiter Front. Innerhalb der nächsten halben Stunde war das Feuer in der Comandancia gelöscht.
Powell hörte zu, machte sich Notizen und sprach leise mit Cheney. Keiner von beiden versuchte, persönlich in die Operation einzugreifen. Beide hatten das Gefühl, daß das Thurmans Sache und die seiner Kollegen war. Powell emp-

fand zwar Erleichterung über die vielen Erfolgsmeldungen, aber er wußte auch, daß Krieg – besonders einer, der im Dunkeln stattfindet –, immer eine besondere Sache ist. Es war zu erwarten, daß schlechte Nachrichten, vor allem die wirklich niederschmetternden, sich am langsamsten bis zu ihm nach Washington durchkämpften. Außerdem war ihm klar, daß die ersten Informationen mit großer Wahrscheinlichkeit falsch waren.

Immer mehr schlechte Nachrichten kamen herein. Drei Kampfgruppen von Navy SEALs, die schon vor der Stunde X zum Flughafen Puenta Paitilla vorgerückt waren, um Noriegas Privatjet fluguntauglich zu machen, waren auf erbitterten Widerstand der PDF gestoßen. Von der fünfzehn Mann starken Gruppe, die zuerst angriff, waren vier durch Kugeln der PDF umgekommen und sieben verwundet worden. Zwar war es den SEALs am Ende gelungen, das Flugzeug auszuschalten, doch der Schock über den Tod dieser Elitesoldaten fuhr allen im Krisenraum Versammelten in die Glieder.

Die Noriega-Frage ließ Powell die ganze Nacht keine Ruhe. Um 3.39 Uhr erhielten sie eine Meldung des Nachrichtendienstes, daß der Diktator geflohen und immer noch in Sicherheit war. Der Bericht gründete sich auf ein abgehörtes Telephongespräch. Anderthalb Stunden später meldete SOUTHCOM, ein zweites abgehörtes Gespräch deute darauf hin, daß Noriega in einem befestigten Haus Unterschlupf gefunden hatte, dessen Standort unbekannt war.

Cheney fuhr fort, den Präsidenten jede halbe Stunde auf den neuesten Stand zu bringen. Die Comandancia lag in Schutt und Asche. Die militärischen Schlüsselziele waren überrannt, ein Großteil des organisierten PDF-Widerstands ausgeschaltet worden. Um 4 Uhr ging Bush zu Bett.

Gegen 4.30 Uhr fing Powell an, seinen Teil – die militärischen Details – eines Briefings vorzubereiten, mit dem Cheney und er in ein paar Stunden vor die Öffentlichkeit treten wollten. Sein Blick schweifte über die großen Generalstabskarten, die sie im NMCC benutzten. Die Karten zeigten viel zu viele Einzelheiten für eine simple Kurzinformation wie diese – Mönchslatein nannte er das. Spezialoperationen, die in der Öffentlichkeit nicht bekannt werden sollten, wären identifizierbar. Er wußte, daß sein Briefing gut sein mußte, und diese Karten durften ihm keinen Strich durch die Rechnung machen. Powell ließ den Kartenzeichner des Pentagon rufen und gab ihm den Auftrag, die Karten drastisch zu vereinfachen.

Dann nahm er seine Notizen und zog sich in ein kleines Zimmer neben dem Krisenraum zurück, an dessen Wand eine Karte von Panama hing. Brigadegeneral im Heer Tom White, Powells Adjutant, brachte ihm eine Tasse Kaffee. Der Vorsitzende saß fünfzehn oder zwanzig Minuten wie in Trance, wobei er sich abwechselnd Notizen machte und die Karte studierte. Einem anderen Mitarbeiter gegenüber bemerkte er, die Haltung der amerikanischen Öffentlichkeit zu dieser Operation stehe und falle mit seiner und Cheneys Präsentation. Als er fertig war, ging Powell ins Badezimmer seines Büros, zog den Pullover aus und wechselte die Kleidung: Hemd, Krawatte und eine Uniformjacke.

Ein Vorteil des nächtlichen Angriffs war, daß die Administration einen möglichst zeitigen Zeitpunkt im Frühstücksfernsehen wählen und ihre Darstellung des Einsatzes unters Volk bringen konnte, noch bevor die Nachrichten des Tages begannen. Angesichts des massiven Einsatzes von US-Truppen stand es so gut wie fest, daß ein paar erste Erfolge vermeldet werden konnten.

Laut Plan sollte der Präsident gegen 7 Uhr eine Rede an die Nation halten, dann folgte das Briefing und eine Pressekonferenz im Pentagon mit Cheney und Powell.

***

Um 6.30 Uhr kehrte Bush ins Oval Office zurück. Seine in elf Abschnitte untergliederte Rede war bereits fertig vorbereitet. Es blieb nicht genug Zeit, sie in den Teleprompter einzuspeisen; er mußte eine getippte Version ablesen, die er mit eigenen Notizen versehen hatte. Gegen 7.20 Uhr saß Bush vor den laufenden Kameras. Er gab einen breiten Überblick der Situation. »General Noriegas willkürliche Drohungen und Angriffe auf Amerikaner stellten eine erhebliche Gefahr für die fünfunddreißigtausend amerikanischen Staatsbürger in Panama dar«, sagte er.
»Die USA beabsichtigen, ihre zuletzt nach Panama entsandten Truppen so rasch wie möglich abzuziehen.«
Er rief seinem Publikum »die schrecklichen Bilder des frisch gewählten [panamaischen] Vizepräsidenten Ford, blutüberströmt, brutal zusammengeschlagen« ins Gedächtnis zurück.
Bush erklärte: »Ich habe mich erst zu dieser Aktion entschlossen, als ich überzeugt war, daß uns kein anderer Weg mehr offenstand.«
Unmittelbar danach erschienen Cheney und Powell im Presseraum des Pentagon, um die Journalisten zu unterrichten und Fragen zu beantworten. Cheney gab eine Erklärung ab, die im wesentlichen die Aussagen des Präsidenten wiederholte.
Powell betrat das Podium, Kelly stand bei den neuen Generalstabskarten.
»Es gibt Einzelheiten, auf die ich aus Gründen der Sicherheit nicht näher eingehen kann«, sagte Powell. Er sprach frei und ließ sich bedeutend mehr Zeit als Cheney, während er selbstbewußt die Geographie von Panama und die Details der Operation erläuterte, Einheiten mit Missionen und Standorten in Verbindung brachte. Er behielt genug Mönchslatein bei, um zu zeigen, daß er sich mit seinen Truppen auskannte

– der 193. Infanterie-Brigade, der 7. Infanterie-Division, der 82. Luftlande-Division oder der 16. Brigade der Militärpolizei –, und verwies nicht weniger als sechzehn Mal auf verschiedene Einheiten.
Er begann mit einer Erfolgsmeldung. Die US-Truppen hatten das Gefängnis in Gamboa eingenommen, »in dem einige PDF-Angehörige sitzen, die nach einem gescheiterten Putschversuch im Herbst dieses Jahres verhaftet worden waren, und jetzt gibt es siebenundvierzig oder achtundvierzig glückliche Gefängnisinsassen, die wir befreit haben.« Das Hauptumspannwerk sei gesichert, fuhr er fort, ebenso der Madden-Damm. Eine Infanterie-Kompanie der PDF im Norden sei neutralisiert worden. Die Bridge of the Americas über den Kanal war besetzt, die Umgebung des Luftwaffenstützpunkts Howard unter Kontrolle. Das gleiche galt für Rio Hato, die Comandancia und den internationalen Flughafen Torrijos. »Wir haben darüber hinaus Spezialoperationen durchgeführt, um die Marine der PDF zu paralysieren«, sagte Powell. Berichten über Geiselnahmen amerikanischer Bürger werde noch nachgegangen.
»Den General konnten wir bisher noch nicht ausfindig machen«, fuhr Powell mit unterdrücktem Zorn fort. »Aber wir haben dem Diktator praktisch die Zügel aus der Hand genommen. Er ist jetzt ein entflohener Verbrecher und wird als solcher behandelt.«
Die amerikanische Botschaft sei vorübergehend beschossen worden, ohne daß es Verletzte gegeben habe.
Bislang deuteten vorläufige Erkenntnisse darauf hin, daß neun Amerikaner im Einsatz getötet und 39 verwundet worden seien.
Die meisten Fragen richteten sich an Powell.
Auf eine, die Noriega betraf, antwortete er: »Er hat eine unglaubliche Fähigkeit bewiesen, Katastrophen zu überleben.

Aber es bleibt abzuwarten, ob ihm das auch diesmal gelingt.« »Diese Schreckensherrschaft ist vorbei«, sagte Powell an anderer Stelle.

»Im großen und ganzen ist der organisierte Widerstand zusammengebrochen«, äußerte er und fuhr fort, die meisten, die jetzt noch auf der Straße wären, seien »Gangster und Unruhestifter«.

Es kamen immer mehr Fragen zu Noriega.

»Wir suchen nach ihm. Er hat keinerlei Rechte mehr – wir kontrollieren sämtliche Stützpunkte, die noch vor acht Stunden in seiner Hand waren.«

Am Ende der Sitzung, als die Fragerei vorbei war, trat Powell noch einmal ans Mikrophon und sagte: »Ich möchte noch sagen, daß ich hoffe, Sie verstehen, wie kompliziert diese Operation war und wie kompetent sie von den Streitkräften der Vereinigten Staaten ausgeführt wurde. Wir alle, der Minister und ich, aber auch unsere Mitarbeiter bedauern den Verlust amerikanischer Soldaten zutiefst. Aber für die Durchsetzung unserer nationalen Interessen und im Kampf für die Demokratie ist das manchmal notwendig.«

* * *

Alma Powell hatte nicht gewußt, daß ihr Mann an diesem Morgen im Fernsehen sprechen würde, doch ein Familienmitglied hatte sie angerufen, um es ihr zu sagen. Normalerweise war sie sehr kritisch, was seine öffentlichen Auftritte anging, doch heute rief sie ihn im Pentagon an. »Das hast du gut gemacht«, sagte sie.

* * *

Powell erhielt erste Anrufe von Befehlshabern der Streitkräfte im ganzen Land, die ihre Truppen anboten und ihn ihrer Einsatzbereitschaft und ihres Enthusiasmus versicherten.

Unter den Anrufern war auch der Befehlshaber der 101. Luftlande-Division in Fort Campbell, die insgeheim in Alarmbereitschaft versetzt worden war, um Nicaragua anzugreifen, falls die Sandinistas militärische Schritte unternahmen. Powell hätte, dank eines Programms namens TENCAP – Tactical Exploitation of National Capabilities (Taktische Nutzung nationaler Kapazitäten) –, das die laufenden Erkenntnisse der Nachrichtendienste für den unmittelbaren Einsatz in Panama nutzbar machte, schon sehr früh Informationen über einen solchen Schritt erhalten. Mit Hilfe von Satelliten und Bodenstationen, aufgefangenen Funksprüchen und anderen Kommunikationsmitteln waren die US-Nachrichtenoffiziere in der Lage, die kubanische und nicaraguanische Reaktion auf die Operation JUST CAUSE zu beobachten und zu entscheiden, ob diese Länder Noriega in irgendeiner Form zu Hilfe kommen würden.

Außerdem wurden von Satelliten und Aufklärungsflugzeugen gemachte Photos von Fort Bragg aus via Satellit an die Terminals des Kommando Süd gesendet. Diese Verbindung versorgte Thurman und Stiner zum Beispiel mit Aufnahmen vom Flughafen Tocumen und Dokumentarmaterial von anderen kritischen Punkten in Panama, einschließlich der Comandancia, Fort Cimarron und Rio Hato.

Am 21. Dezember – D-Day plus 1, wie er auf pentagonesisch hieß –, waren fast alle Hauptziele der Operation erreicht. Die Kampfverbände hatten ihre Aufgaben erledigt und die Schlüsselpunkte unter Kontrolle gebracht. Der JCS ordnete die Durchführung von BLIND LOGIC an, dem Operationsplan aus der ursprünglichen PRAYER BOOK

Serie, um der neuen zivilen Regierung von Panama zu helfen. Der Kanal, der während der Kampfhandlungen geschlossen worden war, wurde tagsüber wieder für den Verkehr freigegeben. Eine von den Medien hochgespielte Schwierigkeit – die Geiselnahme von amerikanischen Staatsbürgern im Marriott Hotel, darunter einige Journalisten, durch die PDF –, wurde an diesem zweiten Tag gelöst, als US-Soldaten das Hotel stürmten und die Geiseln befreiten.
Überall auf der Welt gab es Kritik am Einmarsch der Vereinigten Staaten in Panama. Auf einer Pressekonferenz am Donnerstag, einen Tag nach der Operation, wurde Bush nach der harten Reaktion der Sowjets auf JUST CAUSE gefragt. Der Präsident antwortete, am liebsten würde er Gorbatschow ein Telegramm schicken und sagen: »Schauen Sie, wenn ein amerikanischer Marine getötet wird, dann ist das schlimm. Doch wenn die Frau eines amerikanischen Staatsbürgers eingeschüchtert, mißhandelt und sexuell bedroht wird, während man gleichzeitig versucht, ihren Mann, einen Marineleutnant mit Tritten in die Hoden gefügig zu machen, dann, Mr. Gorbatschow, werden Sie verstehen, daß der Präsident etwas unternehmen muß.«

* * *

Der gescheiterte Versuch, Noriega gefangenzunehmen, und andere Probleme, darunter eine Welle von Plünderungen in Panama Stadt, sorgten am Donnerstag und Freitag für harsche Kritik der Presse an der Operation. Diese Tage bildeten einen Tiefpunkt für Powell, doch als er Freitag abend – D plus 2 – nach Hause ging, hatte sich seine Stimmung wieder

gebessert. Noriega war immer noch nicht aufgetaucht, ansonsten aber schien die Lage unter Kontrolle zu sein. Er war nicht erstaunt, daß viele Zeitungsberichte, die er an diesem Wochenende, besonders am Samstag, sah, leicht überholt und pessimistisch wirkten. Nach jahrelanger Beobachtung der Medien wußte Powell, daß Zeitungen im allgemeinen zwölf Stunden hinter den tatsächlichen Ereignissen hinterherhinken. In einem Artikel wurde er als der Mann bezeichnet, der die Invasion Panamas empfohlen hatte.
Sie wollen mich mürbe machen, sagte er sich, beunruhigt und belustigt zugleich. Jemand im Weißen Haus oder Außenministerium versuchte, ihm Panama in die Schuhe zu schieben.
Am Sonntag, als positivere Berichte erschienen, besuchte Bush das Pentagon. »Junge, Junge, Colin«, sagte er zu Powell. »Gestern sah es ja noch schlimm aus, aber heute ist es deutlich besser.«

***

Der flüchtige Noriega, noch immer wie vom Erdboden verschluckt, trübte das Bild der Operation am meisten. Die USA setzten eine Belohnung von einer Million Dollar auf Hinweise aus, die zu seiner Ergreifung führten, in der Hoffnung, ein PDF-Mitglied oder ein anderer Panamaer würde sich melden, der nur darauf wartete, daß die Noriega-Ära zu Ende ging. Powell nannte das Untertauchen Noriegas »den letzten kleinen Schönheitsfleck«, und betonte immer wieder, daß Noriega als Herrscher ausgespielt habe. Er war inzwischen soweit, die Jagd auf den untergetauchten General als eine Art Kreuzzug zu betrachten.
Ersten Meldungen zufolge waren große Mengen Drogen

und merkwürdige religiöse Utensilien in Noriegas Haus gefunden worden. Fortan nannte Powell Noriega einen »drogensüchtigen, voodoobesessenen Verbrecher«. (Die vermeintlichen Drogen in Noriegas Unterschlupf entpuppten sich später als Tamales, die Papierschnipsel mit den Namen von Noriegas Feinden enthielten. Offenbar waren sie Teil eines Rituals, um Gegner auszuschalten, und hatten nichts mit Drogen zu tun.)

Vor Beginn der Operation war man im Pentagon allgemein der Meinung gewesen, daß Noriega lieber im Kugelhagel sterben würde, als sich den Amerikanern zu ergeben. Nun wurde die Suche nach ihm beinahe zu einer Obsession.

»Wir werden sein Robin-Hood-Image zerstören« erklärte Powell am 23. Dezember in seinem Büro. Einem Journalisten, der ihm mit immer neuen Fragen über die Bedeutung von Noriegas Ergreifung auf die Nerven ging, antwortete er: »Leck mich!«

Am nächsten Tag, dem 24. Dezember, fuhr gegen 15.30 Uhr ein Wagen vor der Residenz des vatikanischen Botschafters und päpstlichen Nuntius in Panama vor. General Noriega stieg im T-Shirt, zwei halbautomatische Gewehre vom Typ AK-47 über der Schulter, aus dem Wagen, betrat die Nuntiatur und bat um politisches Asyl.

Powell wußte, daß dieser Schritt das Problem keineswegs lösen würde. Noriega konnte sich auf unbestimmte Zeit in der Residenz festsetzen und eine diplomatische Verstimmung bewirken.

Der Vorsitzende erwartete, daß Thurman und Stiner Ideen entwickelten. Er mahnte zur Vorsicht, kam jedoch zu dem Schluß, daß es am besten war, wenn er nicht wußte, was sie aushecken.

Stiner war klar, daß er die doppelte Unverletzlichkeit der päpstlichen Nuntiatur als Botschaft und Eigentum der Kirche respektieren mußte. Dennoch gab es Mittel und Wege,

die Kirche unter Druck zu setzen. Ein Erzbischof, der sich zufällig in Panama aufhielt, wurde zu einem Rundgang durch Noriegas ehemaliges Haus und seine Amtsräume eingeladen. Er bekam einiges von dem zu sehen, was die Soldaten dort gefunden hatten: Jede Menge Zauberkram, eine ganze Bibliothek über Hitler, Alben mit pornographischen und sadistischen Photos und ein großes Poster mit allen katholischen Priestern in Panama und anderen hohen katholischen Beamten in Mittelamerika, das den Eindruck einer Abschußliste machte.
Der Nuntius, Hochwürden Sebastian Laboa, vereinbarte ein Treffen mit Thurman und Stiner. Dabei überreichte er ihnen eine handgeschriebene Notiz mit der Vollmacht, im Falle einer Schießerei innerhalb der Nuntiatur diese zu stürmen, um so viele Menschenleben wie möglich zu retten und die Verluste auf ein Minimum zu beschränken.
Stiner fuhr in sein Hauptquartier und setzte sich über den heißen Draht mit Kelly im Pentagon in Verbindung. Er ersuchte um neue Richtlinien für den Ernstfall, die es seinen Truppen erlauben würden, die Residenz des Nuntius zu betreten, falls dieser darum ersuchte oder Schüsse fielen.
Das Ersuchen wurde an Powell und Cheney weitergeleitet, die es billigten, und innerhalb einer Stunde hatte Stiner seine neue Vollmacht.
Am nächsten Tag, Mittwoch, den 27. Dezember, wiesen Thurman und Stiner ihre Truppen an, die Nuntiatur mit ohrenbetäubender Rock- und Heavy-Metal-Musik zu beschallen, um zu verhindern, daß die Verhandlungen des SOUTHCOM mit dem päpstlichen Nuntius belauscht werden konnten. Man hörte den Lärm noch mehrere Blocks entfernt.
Andere Soldaten gaben vor, das Gebäude auf eine Erstürmung vorzubereiten. Hohes Gras und Gebüsch in der Umgegend wurde gestutzt, um die Sicht zu erleichtern, Straßenlaternen zerschossen, die Straßen mit Drahtverhauen verbar-

rikadiert. Ein Dutzend Soldaten patrouillierte um die Mauern der Nuntiatur, andere bezogen Posten in einem Parkhaus zwanzig Meter hinter der Residenz, ein Black-Hawk-Helikopter des Heeres landete mehrmals in der Nähe, um Truppen und Material auszuladen, leichte Panzer und gepanzerte Mannschaftswagen blockierten sämtliche Straßen in der Gegend.
Doch Noriega rührte sich nicht.
Am Freitag, dem 29. Dezember, sah Powell einen CNN-Bericht, demzufolge US-Truppen in die panamaische Residenz des nicaraguanischen Botschafters eingedrungen waren. Die Kamera zeigte ein Schild von der Größe eines Kanaldeckels, das unmißverständlich darauf hinwies, daß es sich um die Residenz des Botschafters handelte. Auf dem Bürgersteig vor dem Haus machte Powell die unverkennbaren Spuren von gepanzerten US-Mannschaftswagen aus. Er schäumte vor Wut. Die Besetzung einer Botschaft war absolut tabu. Einer internationalen Konvention zufolge waren derartige Gebäude immun; sie waren Eigentum des jeweiligen Staates. Die iranischen Studenten hatten sich 1979, als sie die US-Botschaft in Teheran stürmten, ebenfalls darüber hinweggesetzt.
Powell rief Thurman an, um Licht in die Angelegenheit zu bringen.
Als dieser nicht gleich antwortete, wußte Powell, daß etwas schief gelaufen war. Er zog Cheney zu Rate.
»Okay, wir sollten dafür sorgen, daß die Sache bereinigt wird«, erwiderte Cheney ruhig, »aber nicht allzu hart mit unseren Jungs ins Gericht gehen.«
Als Thurman schließlich zurückrief, erklärte er, sie besäßen Erkenntnisse, nach denen die Residenz vor Waffen strotzte. Die Durchsuchung habe vier Uzi-Maschinenpistolen, zwölf AK-47, sechs Abschußvorrichtungen für rückstoßbetriebene Granaten und siebzehn Bajonette zutage gefördert. Im

übrigen, so Thurman weiter, sei nicht zu erkennen gewesen, daß es sich um eine diplomatische Residenz handelte.
»Das ist nicht zu übersehen!« brüllte Powell. »CNN hat's gerade gezeigt. Hören Sie auf, mich zu verarschen, diesmal sind wir dran!«
Da er wußte, daß Thurman ein Hitzkopf war, hatte Powell sich angewöhnt, einige Exzesse des CINCSOUTH zu übersehen. Doch jetzt gerieten die Dinge außer Kontrolle. Powell führte ein langes Gespräch mit seinem Befehlshaber und erläuterte ihm, wie wichtig es war, daß sie nicht eine glänzende Operation im nachhinein durch dumme Schnitzer trübten. Powell begann, einen Teil der Machtbefugnis wieder nach Washington zu verlagern.

* * *

Am 3. Januar, einem Mittwoch, um 20.44 Uhr kam Noriega in Uniform aus der Nuntiatur und ergab sich Mitgliedern der Delta-Einheit. Als man ihm Handschellen anlegte, beschimpfte er lauthals den Nuntius, der in der Nähe stand. Offensichtlich hatte Noriega erwartet, als Staatsoberhaupt oder Kriegsgefangener behandelt zu werden, und beschuldigte jetzt den Nuntius, ihn hintergangen zu haben. Der Nuntius segnete Noriega, bevor dieser von einem Hubschrauber zum Luftwaffenstützpunkt Howard gebracht und dort von einem Beamten der Drug Enforcement Agency (DEA, amerikanische Anti-Drogen-Behörde) verhaftet wurde.
Um 21 Uhr informierte Cheney das Weiße Haus. Vierzig Minuten später betrat Bush den Presseraum des Weißen Hauses und verlas eine Erklärung zu Noriegas Festnahme.
»Die Auslieferung von General Noriega bedeutet einen

wichtigen Meilenstein in der Operation ›Gerechte Sache‹. Die Vereinigten Staaten setzten ihre Mittel nach Maßgabe politischer, diplomatischer und moralischer Prinzipien ein...

Der besondere Dank unserer Nation gilt den Soldaten, die verwundet wurden, und den Familien all jener, die ihr Leben hingegeben haben. Ihr Opfer kam einer edlen Sache zugute und wird niemals vergessen werden.«

Endlich lichtete sich auch der Nebel, hinter dem Noriegas Bewegungen kurz vor seiner Aufgabe verborgen gewesen waren. Die amerikanischen Beschatter hatten den General gegen 18 Uhr in Colon verloren. Zu Beginn von JUST CAUSE, so erfuhr Powell jetzt, hatte sich der General in einem Bordell in Tocumen aufgehalten. Als er die Schüsse hörte, zog er sich an und sprang in ein Fluchtfahrzeug. Über eine vielbefahrene Schnellstraße raste er nach Panama Stadt und tauchte unter. Er zog von einem Unterschlupf zum anderen und fand Zuflucht in Häusern von Freunden und Komplizen.

Am 5. Januar flog Powell nach Panama, um Kommandeuren und Truppen einen Besuch abzustatten. Am nächsten Tag hob er dort bei einem Treffen mit Journalisten das politische Ergebnis der Operation hervor: »Das Wichtigste, das wir erreicht haben, ist die Tatsache, daß wir das Land seinem Volk zurückgeben konnten.«

Wozu eine derart große Streitmacht? fragte jemand.

»Weil ich davon überzeugt bin, daß man bei einer solchen Mission nicht sparen sollte, sondern im Gegenteil alles einsetzen muß, was man braucht, um sie erfolgreich auszuführen.«

›Welchen Einfluß wird Ihrer Meinung nach die Operation auf die Debatte über Kürzungen im Verteidigungshaushalt haben?‹ fragte ein anderer.

»Vielen Dank für diese Frage«, donnerte Powell. »Ich hoffe,

sie hat eine große Wirkung... eine enorme Wirkung... Wir hier kriegen immer weniger Mittel, und die Welt verändert sich vor unseren Augen – reißen Sie das nicht auseinander... Glauben Sie ja nicht, daß dies der richtige Zeitpunkt ist, um die bewaffneten Streitkräfte der USA abzuschaffen, denn Sie würden sich irren. Es gibt noch immer genügend Gefahrenherde auf der Welt.«
Er wußte, daß seine Erklärung wenig oder keinen Eindruck machen würde. Dennoch hatte er das Gefühl, daß Panama ein Geschenk des Himmels war.
Er flog nach Hause, erleichtert, daß die Operation vor Ort nicht anders aussah als vom Pentagon aus. Es gab keinerlei Anzeichen für vertuschte Geheimnisse. Politikern und Medien blieb gar keine andere Wahl, als die Operation zum Erfolg zu stempeln. Eine CBS-Umfrage zeigte, daß 92 Prozent der Panamaer die militärische Aktion der USA unterstützten.
Am nächsten Tag, einem Samstag, hockte Powell wieder in der Garage hinter Quarters 6 und widmete sich einer seiner Lieblingsbeschäftigungen: der Bastelei an alten Autos.

In den Wochen und Monaten nach der Operation tauchte Panama immer mal wieder in den Medien auf, häufig mit Berichten über bisher nicht bekannt gewordene Schnitzer.
Nach Beschwerden von Journalisten, die bei Beginn der Operation von der Berichterstattung über JUST CAUSE ausgeschlossen worden waren, räumte der für Öffentlichkeitsarbeit zuständige Stab des Verteidigungsministeriums Fehler im Umgang mit dem Presse-Pool ein. In einem Vermerk zu diesem Thema an die CINCs schrieb Powell, daß »ansonsten gelungene Operationen keine absoluten Erfolge sind, solange die Medienaspekte nicht richtig gehandhabt werden.«
Ein Fallschirmjäger des Heeres wurde wegen Totschlags angeklagt, weil er am vierten Tag der Operation einen unbe-

waffneten panamaischen Zivilisten an einer Straßensperre getötet hatte, später jedoch von einem Militärgericht freigesprochen.

Erste Schätzungen, die Mitte Januar vom Kommando Süd veröffentlicht wurden, sprachen von 314 getöteten Soldaten und 202 Zivilisten auf panamaischer Seite, sowie 23 gefallenen US-Soldaten. Die CBS-Nachrichtensendung »60 Minutes« berichtete, bis zu viertausend panamaische Zivilisten seien in dem Konflikt umgekommen. Untersuchungen von anderen Organisationen in Panama und den Vereinigten Staaten deuteten darauf hin, daß SOUTHCOM nicht weit von der Wahrheit entfernt war, obgleich es die getöteten Soldaten des Gegners wahrscheinlich über-, die Anzahl der ums Leben gekommenen Zivilisten dagegen unterschätzt hatte. Die SOUTHCOM-Zahlen wurden im allgemeinen akzeptiert.

Als *Newsweek* schrieb, bis zu 60 % der US-Verluste könnten durch eigenes Feuer verursacht worden sein, räumte das Pentagon zum ersten Mal ein, daß 2 der 23 ums Leben gekommenen US-Soldaten und 19 von insgesamt 324 US-Verletzten auf das Konto der eigenen Truppen gingen.

* * *

Powell fiel in seinen normalen Rhythmus zurück. Panama, die größte Militäraktion der USA seit Vietnam, lag hinter ihm. Jetzt richtete sich die Aufmerksamkeit wieder auf die militärischen Bedürfnisse der Ära nach dem Kalten Krieg. Er verbrachte viele Stunden in seinem Büro, ließ sich informieren, telephonierte und versuchte, eine Strategie für die Veränderungen zu entwickeln. Er war überzeugt, daß er sich am besten auf seine Instinkte verließ, aber zugleich hatte er eine

Sammlung von Regeln und Maximen, die er als praktische Hilfe für die täglich neu anfallenden Entscheidungen benutzte. Viele standen auf einer selbst entworfenen Liste, die er unter der Glasplatte auf seinem Schreibtisch stets vor Augen hatte und gelegentlich auch Besuchern mit auf den Weg gab:

COLIN POWELLS REGELN

1. Es ist nicht so schlimm, wie du glaubst. Morgen früh sieht die Sache ganz anders aus.
2. Reg dich auf, aber dann vergiß es.
3. Achte darauf, daß dein Selbstbewußtsein nicht so eng mit deiner Stellung verknüpft ist, daß es zum Teufel geht, wenn du deine Stellung verlierst.
4. Es läßt sich schaffen!
5. Paß auf, für was du dich entscheidest. Du könntest es kriegen.
6. Achte darauf, daß widrige Tatsachen einer guten Entscheidung nicht im Weg stehen.
7. Du kannst für andere keine Entscheidung treffen. Laß du auch andere nicht für dich entscheiden.
8. Achte auf Kleinigkeiten.
9. Teile Anerkennung mit anderen.
10. Bleibe ruhig. Sei freundlich.
11. Folge deiner Vision. Stelle Forderungen.
12. Laß dich nicht von Schwarzsehern oder deinen Ängsten leiten.
13. Ewiger Optimismus schenkt doppelte Kraft.

Links von dieser Liste lag ein Zettel mit einem handgeschriebenen Aphorismus, der nicht für die Öffentlichkeit bestimmt war: MANCHMAL BEDEUTET VERANTWORTUNG, SICH'S MIT DEN LEUTEN ZU VERDERBEN.

Es gab noch einen anderen Grundsatz, nach dem Powell zu leben versuchte, besonders in seinem Beruf. Gelegentlich verriet er ihn, aber er stand nirgendwo geschrieben. Er kannte ihn auswendig: »Du erfährst nie, womit du durchkommst, wenn du es nicht versuchst.«

TEIL 2

16

Anfang April 1990 erhielt der saudiarabische Botschafter in den Vereinigten Staaten, Prinz Bandar bin Sultan, einen Anruf seines Onkels, König Fahd.
Fahd teilte ihm mit, der irakische Präsident Saddam Hussein habe gerade angerufen und ihn gebeten, jemanden nach Irak zu entsenden, um ihn persönlich zu treffen. Er habe eine dringende Sache zu besprechen, die Amerika betraf. Fahd wünschte, daß Bandar diese Mission übernahm. Bandar war unmittelbar beteiligt gewesen, als die Vereinten Nationen 1988 nach acht Jahren Krieg zwischen Iran und Irak einen Waffenstillstand ausgehandelt hatten, und Saddam Hussein hatte eingewilligt, ihn als Abgesandten zu empfangen.
Bandar, 41, nahm eine einzigartige Stellung in Washington ein. Die meisten Botschafter verbrachten ihre Zeit auf irgendwelchen Feierlichkeiten und in den Randzonen der wirklichen Macht. Bandar dagegen war seit Jahren mit Bush, Baker, Cheney, Scowcroft und Powell befreundet und hatte sie mit seiner schulterklopfenden Respektlosigkeit und Offenheit für sich eingenommen. Dadurch eröffnete er der saudischen Königsfamilie einen Kanal zu den höheren Ebenen der amerikanischen Regierung. Bis zu Bandars Akkreditierung im Jahre 1983 hatten die Saudis nur über obskure Beamte des Außenministeriums gewirkt. Bandar bestand darauf, mit der Spitze zu verhandeln; er entwickelte Beziehungen zu Leuten, die bereits an der Macht waren und Dutzenden anderen, die eines Tages dorthin kommen könnten.
1981, bevor er Botschafter wurde, hatte er mit Unterstützung des damaligen Vizepräsidenten Bush Präsident Reagan zu einem bedeutenden Waffengeschäft mit Saudi-Arabien

bewegen können. Während der ersten Amtszeit Reagans hatten Bush und Bandar mehrmals im Jahr zusammen gegessen. Bandar hatte den Eindruck, daß Bush gegenüber dem Nahen Osten eine ausgewogene Haltung vertrat und sich weder emotional noch ausschließlich den Interessen Israels verpflichtet fühlte.

Er war ein arabischer Gatsby, der glanzvolle Partys veranstaltete und jedem, der für sein Land wichtig sein könnte, die Hand entgegenstreckte. Bandar hatte den Vizepräsidenten ernst genommen, selbst als Bush nur als schlappe Nr. 2 hinter Reagan galt. 1985, in einer Zeit, als Bush wegen seiner Ineffizienz von allen Seiten angegriffen wurde, gab der Prinz eine Party für den Vizepräsidenten, auf der die Sängerin Roberta Flack für Unterhaltung sorgte. Bandar fuhr sogar mit Bush zum Fischen. Er wußte, daß persönliche Beziehungen einen schneller vorwärtsbrachten als alles andere. Er war 17 Jahre saudischer Kampfflieger gewesen, galt als Liebling König Fahds und trat noch immer ziemlich kämpferisch auf. Er paßte genau in das Bild des harten Burschen mit Cowboystiefeln, das einen Aspekt der Bush-Administration ausmachte. Bandar sprach perfekt Englisch und hatte viele amerikanische Angewohnheiten übernommen.

Er bearbeitete politische Kreise und Vertreter der Medien mit Zigarren, Geschenken, Einladungen, Informationen, schlüpfrigen Geschichten und Witzen (zum Beipiel schenkte er einem israelischen Journalisten, mit dem er sich angefreundet hatte, die lebensgroße, aufblasbare Nachbildung einer nackten Frau). Er war elegant und aufmerksam, wirkte jungenhaft und skrupellos zugleich.

Fahds Wunsch deutete darauf hin, daß Bandar Gelegenheit haben würde, als Vermittler zwischen Saddam und den Vereinigten Staaten aufzutreten; es war also genau die Art von Aufgabe, die ihm am meisten lag. Er brach in seinem Privatjet unverzüglich in den Irak auf. Am 5. April wurde er am

Flughafen von Saddam Husseins Privatsekretär in Empfang genommen, der ihn zu dem irakischen Präsidenten bringen sollte. Doch Sicherheitsbeamte teilten Bandar und dem Sekretär mit, daß Saddam sich an einem anderen Ort aufhielt, als zunächst geplant gewesen war. Der persönliche Sekretär erklärte Bandar daraufhin, daß niemand Saddams Aufenthaltsort erfahren durfte. Auch die übrigen hohen Regierungsbeamten kannten ihn nicht – nicht einmal Saddams Bruder, der Chef des Geheimdienstes. Nur die Leibwächter wußten im voraus, wo sich ihr Führer jeweils aufhalten würde. Diese Einteilung machte es anderen hochrangigen Irakern schwer, wenn nicht unmöglich, Saddam zu stürzen.
Als Bandar dann mit Saddam zusammentraf, erklärte der irakische Präsident, er habe um das Treffen ersucht, nachdem amerikanische Regierungsbeamte auf seine Rede vom 1. April maßlos übertrieben reagiert hätten. In dieser überall verbreiteten Ansprache war Saddam auf die Schlagkraft seiner chemischen Waffen eingegangen und hatte gedroht, halb Israel in Brand zu stecken, falls dieses ihn angreifen sollte. Der Westen, so Saddam wörtlich, »wird einem Irrtum erliegen, wenn er meint, er könne Israel Deckung geben, wenn es herkommt und losschlägt... Ich schwöre bei Gott, unser Feuer wird halb Israel verschlingen, wenn es versucht, irgend etwas gegen Irak zu unternehmen«.
Das State Department hatte die Rede als »provokativ, verantwortungslos und empörend« bezeichnet. Am 3. April gab das Weiße Haus eine Erklärung heraus, in der die Äußerungen »höchst bedauerlich und unverantwortlich« genannt wurden. Am gleichen Tag sagte Präsident Bush: »Das ist nicht der Zeitpunkt, um über den Einsatz von chemischen oder biologischen Waffen zu sprechen. Es ist nicht der Zeitpunkt, um die Spannungen im Nahen Osten noch zu verschärfen... Ich fand diese Äußerungen schädlich... Es wäre angebracht, diese Äußerungen zurückzunehmen.«

Saddam erklärte Bandar, seine Worte seien so mißverstanden worden, als plane er einen Offensivschlag gegen Israel. Bandar gegenüber sagte er, er wünschte, seine Rede wäre anders formuliert gewesen. Er habe sie vor Angehörigen seiner Streitkräfte in einem öffentlichen Forum gehalten, die Gemüter hätten sich erhitzt, die Leute hätten geklatscht und geschrien. Wie sie beide wüßten, so Saddam weiter, habe es in der arabischen Welt noch niemandem geschadet, Israel zu bedrohen, daher habe er es getan. Er habe jedoch mit einem Angriff *nur für den Fall* gedroht, daß er selbst angegriffen werde. Schließlich lag ein Überraschungsangriff der Israelis im Bereich des Möglichen. 1981 hatte Israels Luftwaffe einen Präventivschlag verübt und den atomaren Forschungsreaktor Osirak südlich von Bagdad zerstört. Die Erinnerung daran war noch nicht verblaßt. Doch habe er keinesfalls einen neuerlichen Angriff provozieren wollen. Der irakische Führer wußte, daß die kürzliche Hinrichtung eines britischen Journalisten, des im Iran geborenen Farzad Bazoft, ihm ebenfalls die Kritik des Westens einbrachte. Doch, so Saddam weiter, der Journalist habe spioniert, und man habe direkte Verbindungen zwischen ihm und Israel entdeckt.

»Wenn ich jetzt von Israel angegriffen würde«, sagte Saddam, »könnte ich keine sechs Stunden durchhalten. Als ich [1981] das erste Mal angegriffen wurde, befand ich mich in einem Krieg [mit Iran] und konnte behaupten, ich war im Krieg. Doch wenn ich jetzt angegriffen würde, könnte kein Mensch verstehen, warum das passiert.« Er würde bei einem neuerlichen Angriff sein Gesicht verlieren. Ein arabisches Gipfeltreffen stand bevor, und Bandar kannte Saddams Stolz.

»Ich möchte Präsident Bush und Seine Majestät, König Fahd versichern, daß ich Israel nicht angreifen werde«, betonte Saddam. Im Gegenzug würden die Amerikaner auf Israel einwirken müssen, um zu garantieren, daß Israel keine Angriffe gegen Irak richtete.

Da weder Irak noch Saudi-Arabien diplomatische Beziehungen zu Israel unterhielten, bat Saddam Bandar, der regelmäßig direkten Kontakt zu Bush hatte, die Botschaft über die Vereinigten Staaten zu überbringen und auf dem gleichen Weg eine Antwort in Empfang zu nehmen.
»Wünschen Sie, daß wir Bush dies als unseren persönlichen Eindruck vermitteln?« fragte Bandar. »Oder ist es eine Botschaft von Ihnen an den Präsidenten?«
»Es ist eine Botschaft von mir an den Präsidenten«, erwiderte Saddam.
Bandar sagte, er werde die Botschaft in die Vereinigten Staaten mitnehmen.
Es trat eine Pause in der Unterhaltung ein. Dann kam Saddam plötzlich aus heiterem Himmel auf die »imperialistisch-zionistische Verschwörung« zu sprechen.
»Übrigens müssen wir wegen dieser Verschwörung äußerst vorsichtig zu Werke gehen, denn die imperialistisch-zionistischen Kräfte verbreiten die Theorie, ich führte Böses gegen meine Nachbarn im Schilde. Ich führe nichts gegen meine Nachbarn im Schilde.«
Saddam nannte diese Nachbarn nicht beim Namen, doch Bandar verstand ihn so, als meinte er die kleinen Golf-Anrainerstaaten wie die Vereinigten Arabischen Emirate und Kuwait.
»Nun, Mr. President«, sagte Bandar, »Ihre Brüder, Ihre Nachbarn hegen keinerlei Mißtrauen gegen Sie. Und wenn Sie mir sagen, daß Sie keine bösen Absichten haben, dann hat auch niemand von uns einen Grund, sich darüber Sorgen zu machen.«
»Nein, nein«, antwortete Saddam, »aber es ist wichtig, daß wir den imperialistisch-zionistischen Kräften oder Gerüchtemachern nicht erlauben, einen Keil zwischen uns zu treiben.«
Dann begann Saddam, seine verbale Attacke auf Israel zu

rechtfertigen, obgleich er immer wieder beteuerte, daß er den jüdischen Staat nicht angreifen werde. Israel sei der natürliche Zündfunke, wenn man vorhabe, eine Krisenatmosphäre zu schaffen, sagte er. Der Waffenstillstand zwischen Iran und Irak sei jetzt zwei Jahre alt, und das irakische Volk fange an, in seinem Eifer nachzulassen. »Ich muß sie hochpeitschen, ihre Emotionen mobilisieren, damit sie vorbereitet sind, wenn etwas passiert.«

Vier Stunden später reiste Bandar wieder ab. Er bereitete einen achtzehnseitigen Aktenvermerk für seine Unterlagen vor, in dem er seine Diskussion mit Saddam zusammenfaßte. Bandar erstattete auch König Fahd Bericht, der ihn anwies, sich auf seine persönlichen Beziehungen zum Weißen Haus zu stützen und die Botschaft direkt an Bush weiterzugeben. Keine Mittelsmänner.

Saudi-Arabiens nördliche Gebiete grenzten in einer Länge von mehr als fünfhundert Meilen an Irak. Ein stabiler Irak, mit dem man freundschaftlich verbunden war, lag daher im Interesse König Fahds. Seit Jahren verbürgte er sich für Saddam, der sich vom gemäßigten arabischen Lager fernhielt. Irak war wie Syrien und Libyen ein geächteter Staat, der häufig mit Terrororganisationen in Verbindung gebracht und eklatanter Menschenrechtsverletzungen beschuldigt wurde.

Der Krieg zwischen Iran und Irak hatte den Saudis Gelegenheit verschafft, den Irak stärker an sich zu binden. Bandar war als Vermittler zwischen dem Irak und dem damaligen CIA-Direktor William J. Casey aufgetreten, damit der Irak während des Krieges mit streng geheimen Satelliteninformationen über iranische Truppenbewegungen versorgt wurde. Die Saudis hatten überdies mit Frankreich einen Vertrag über Lieferungen französischer Kampfflugzeuge vom Typ Mirage an den Irak unterzeichnet und Saddam zahllose andere große und kleine Gefallen getan.

Bandar hatte den Eindruck, daß Saddam für die Hilfestellung zwar dankbar war, zugleich aber das Gefühl verabscheute, abhängig zu sein.
Vier Tage nach seinem Treffen mit Saddam kam Bandar ins Oval Office, um mit Bush zu sprechen.
»Seine Majestät hat mich geschickt, um Ihnen eine Botschaft zu überbringen, die ich von Präsident Saddam für Sie erhalten habe. Darin versichert er, daß er nicht die Absicht hat, Israel anzugreifen.« Es sei eine direkte Botschaft, fuhr Bandar fort, keine saudische Interpretation, nicht King Fahds Gedanken, sondern ausschließlich die Saddams. Saddam habe erklärt, er werde zurückschlagen, falls Israel ihn angriff, doch nicht von sich aus eine Attacke gegen Israel starten.
Bush schien völlig verblüfft. »Nun, wenn er es nicht vorhat, warum um alles in der Welt muß er es dann erklären?«
Bandar erinnerte Bush an den israelischen Angriff auf den irakischen Reaktor von 1981. Saddam sei schon einmal getroffen worden. Es gab Israelis, die behaupteten, ein neuer irakischer Reaktor sei gebaut und müsse zerstört werden: Früher oder später sei das unvermeidlich. Es gab also Gründe für die Nervosität.
Bush war skeptisch.
›Saddam hat den Verdacht, daß eine Verschwörung gegen ihn im Gang ist‹, sagte Bandar.
›Blödsinn‹, antwortete Bush. ›Es gibt keine Verschwörung gegen ihn. Es ist sein Verhalten, das die Leute beunruhigt.‹
›Saddam ist paranoid‹, sagte Bandar, ›wie die meisten sicherheitsbesessenen Militärherrscher. Da kommt eins zum anderen und wird plötzlich bedrohlich.‹ Bandar erklärte Bush, daß der britische Journalist Bazoft die Telephonnummer eines israelischen Beamten in seiner Tasche gehabt habe, als er verhaftet wurde, und vor dem Hauptquartier der Palästinensischen Befreiungsorganisation gesehen worden sei, be-

vor die Israelis es angriffen. Bandar führte auch Saddams andere Punkte auf – seine Sorge über den arabischen Gipfel, und die Angst, gedemütigt zu werden. Bandar sagte, seiner Meinung nach sei Saddam erschüttert über die Reaktion im Westen und Präsident Bushs Äußerungen. Jetzt versuche der Iraker nur, alle zu beschwichtigen und das Richtige zu tun.

Bush sagte, er werde darüber nachdenken, doch es bliebe dabei, daß Saddam sich nicht zu diesen verbalen Attacken hätte hinreißen lassen dürfen.

Zwei Tage später setzte sich Saddam mit König Fahd und dem irakischen Botschafter in den Vereinigten Staaten, Mohamed Mashat, in Verbindung und fragte, ob bereits eine Antwort von Bush vorliege. Der irakische Führer wollte, nachdem er seine Erklärung abgegeben hatte, Israel nicht anzugreifen, eine ausdrückliche Zusicherung Bushs, daß Israel den Irak nicht angreifen werde.

Es war Mitte April, als König Fahd Bandar anwies, Bush erneut aufzusuchen.

Bandar bat um einen dringenden Termin noch am gleichen Tag. Bush war sehr beschäftigt, konnte jedoch ein paar Minuten für Bandar erübrigen.

Im Weißen Haus hatte Bush nur zwischen zwei Sitzungen Zeit, und die beiden sprachen im Stehen miteinander.

»Sie müssen wissen, Mr. President, daß es ihnen wirklich sehr ernst ist und sie Ihnen dies versichern wollen«, sagte Bandar. Saddam und die Iraker würden Israel nicht angreifen. »Und sie hätten gern die Zusicherung, daß Israel keinen Angriff gegen ihr Land plant, denn sie werden allmählich nervös.«

»Ich will nicht, daß überhaupt jemand irgend jemanden angreift«, antwortete Bush. Er wolle nur, daß die Leute sich einigten, in der Region und überall sonst. »Wir werden mit den Israelis sprechen, und dann setze ich mich wieder mit

Ihnen in Verbindung. Aber erst einmal sollen sich alle beruhigen.«
Bush deutete auch an, daß Saddam ihm ein Rätsel sei. »Wenn der Kerl es wirklich ernst meint, warum zum Teufel läuft er dann überall herum und setzt solche Sachen in die Welt?«
Anschließend kontaktierte das Weiße Haus die israelische Regierung, die erklärte, wenn Irak keinen Angriff gegen ihr Land führe, werde auch Israel nichts gegen den Irak unternehmen. Diese israelische Zusicherung leiteten die USA direkt an Saddam weiter.
Bandar informierte König Fahd über seinen persönlichen Eindruck dieser Zusicherung, und dieser rief Saddam an.

Drei Monate später, in der Woche des 16. Juli 1990, saß ein gut gekleideter, stämmiger Mann mit schütterem Haar in einem Pentagon-Büro am innersten Ring des ersten Stocks und telephonierte wie ein Buchmacher. Über die abhörsicheren roten, grauen und grünen Apparate konnte er streng geheimes Codewort-Material mit der National Security Agency (Nationale Sicherheitsbehörde, NSA), dem CIA, dem National Photographic Intelligence Center (Nachrichtendienstliche Bildauswertungsstelle) und anderen US-Nachrichtendiensten innerhalb und außerhalb des Pentagons durchgehen.
Walter P. »Pat« Lang Jr., ein fünfzigjähriger ehemaliger Oberst im Heer, war nationaler Nachrichtendienstoffizier der Defense Intelligence Agency (Militärischer Nachrichtendienst, DIA), zuständig für den Nahen Osten und Südasien, der erfahrenste zivile Nachrichtenexperte des Pentagon für diese Region. Er erstattete dem Leiter des DIA Bericht, einem Drei-Sterne-General mit circa 5000 zivilen und militärischen Mitarbeitern, die die nachrichtendienstlichen Informationen für Heer, Marine, Luftwaffe und Marinekorps koordinierten. Die Behörde hat die Aufgabe, dem JCS und dem Verteidigungsminister vereinheitlichte Zusammenfassungen nachrichtendienstlichen Materials vorzulegen, die nicht mehr nur den Standpunkt einer Teilstreitkraft wiedergeben. Lang war einer derjenigen, die das Rohmaterial persönlich zu sehen bekamen, auswerteten und dann in verdaulicher Form an die höchsten Ebenen im Pentagon weiterleiteten, bis hin zu Cheney und Powell. Lang hatte nicht nur praktische Kenntnis von Satellitenphotographien und Ab-

hörtechnik, sondern war auch Experte für den Nahen Osten und sprach fließend Arabisch. Er war ein halbes Dutzend Mal im Irak gewesen und hatte in den frühen 80ern drei Jahre als Militärattaché in Saudi-Arabien gedient.

An diesem Vormittag saß Lang über den am gleichen Morgen aufgenommenen Satellitenaufnahmen dieser Region. Da, wo noch gestern eine leere Wüste im Südosten des Irak, nördlich von Kuwait, gewesen war, entdeckte er jetzt die Spitze einer irakischen Panzer-Division mit modernsten, von den Sowjets an Irak gelieferten schweren T-72-Panzern. Die Photos zeigten auch, wie alle Arten von Kriegsgerät in Eisenbahnwaggons verladen wurden, Ausrüstung, die nur der Republikanischen Garde, der Elitetruppe Präsident Saddam Husseins, gehören konnte. Diese Truppe existierte hauptsächlich, um das Regime in der Hauptstadt Bagdad zu schützen und hielt sich normalerweise in der Nähe von Bagdad, im Zentrum Iraks auf. Warum waren die Panzer Hunderte von Meilen verlegt worden? Die Photos der hochauflösenden Satellitenkameras waren so gestochen scharf, daß Lang sogar erkennen konnte, daß die Panzer zur Hammurabi-Division gehörten, benannt nach dem babylonischen König, der das erste formale Rechtssystem begründet hatte. Lang wußte aus seinen achtjährigen Beobachtungen der Schlachten im Krieg zwischen Iran und Irak, daß es keine schlagkräftigere Division in ganz Irak gab.

Irak hatte sich erbittert gezeigt, daß Kuwait seine Ölförderquoten, die von der Organisation erdölexportierender Länder (OPEC) festgelegt worden waren, gesteigert und damit die Preise nach unten getrieben hatte. Zwar war Kuwait einst Teil der Basra-Provinz von Irak gewesen, doch hatten die Briten dem Land 1961 die Unabhängigkeit zugestanden. Es gab zwar diverse Grenzkonflikte und Feindseligkeiten, doch praktisch hatte sich Irak mit Kuwaits Status als eigenständige Nation abgefunden, als Irak 1963 Kuwaits Aufnahme in die arabische Liga billigte.

Für Lang war die militärische Logik überwältigend: die Bewegung dieser Einheit bedeutete, daß Saddam beabsichtigte, auf irgendeine Art Gewalt anzuwenden. Doch Lang mußte mehr sehen. Die Aufnahmen eines Tages reichten nicht aus, um Alarm zu schlagen.

Am nächsten Morgen waren die Bilder noch beunruhigender. Die gesamte Hammurabi-Division, alle dreihundert Panzer und mehr als 10.000 Mann hatten unweit der kuwaitischen Grenze Stellung bezogen. Eine zweite Division, die »Medina al-munawwara« oder »Erleuchtete Stadt«-Division – ein weiterer erstklassiger Panzer-Verband der Republikanischen Garde – tauchte an der Grenze auf. Am dritten Tag konnte man eine dritte, die Division »Auf Gott Vertrauen Wir« erkennen, die sich auf die Gegend nördlich von Kuwait zubewegte.

Bis zum 19. Juli standen mehr als 35.000 Mann aus drei Divisionen zehn bis dreißig Meilen vor der kuwaitischen Grenze. Die Panzer waren in der klassischen Igelstellung angeordnet, um ein Höchstmaß an Verteidigung zu gewährleisten. Überdies erleichterte die Spirale das Auftanken und die Versorgung.

Über Jahre hinweg hatte Lang die Entwicklung im Irak aufmerksam verfolgt. 1986, während des Krieges gegen Iran, beobachtete er, wie der Irak militärisch einen bedeutenden Schritt vorankam. Der langgestreckte Staat von beinahe 18 Millionen Einwohnern in einer Region, die größer ist als der Bundesstaat Kaliforniens, konnte militärisch nicht länger der Dritten Welt zugerechnet werden. Seine 1 Million Mann starke Armee war die viertgrößte der Welt. Mittlerweile galt der Irak als eine bedeutende nicht-nukleare Macht.

Die meisten übrigen Experten für den Nahen Osten im CIA

oder anderen Nachrichtendiensten hatten ihm widersprochen. Der DIA war bekannt dafür, daß er jede militärische Bedrohung durch andere Staaten übermäßig aufblähte. Doch 1987, als die Kriegsführung des Irak immer raffinierter wurde und irakische Soldaten zwanzig- bis dreißigtausend Iraner in einer einzigen Schlacht töteten, sah Lang seine Einschätzung bestätigt. In der letzten großen Bodenschlacht hatten 65.000 iranische Soldaten das Leben verloren. Damals, so Langs Einschätzung, hätte Irak seine Armee weit nach Iran marschieren lassen können. Statt dessen hatten die Iraker 1988 beschlossen, ihre Gewinne zu konsolidieren und Frieden zu schließen; in Langs Augen ein weiser Entschluß. Daher war ihm die plötzliche Verlegung von drei Divisionen an die kuwaitische Grenze ein Rätsel. Im Herbst 1989 war eine streng vertrauliche Gesamtbeurteilung, die die Einzeleinschätzungen aller Nachrichtendienste, einschließlich CIA und DIA, repräsentierte, zu dem Ergebnis gekommen, daß Saddam die Golfregion zwar beherrschen wolle, wahrscheinlich aber nicht zu militärischen Mitteln greifen werde, um dieses Ziel zu erreichen, weil der achtjährige Krieg die Wirtschaft des Landes erheblich belastet hatte.

Da war noch etwas, das keinen Sinn ergab. Während des Krieges zwischen Iran und Irak hatten US-Satelliten gezeigt, daß die Iraker ihre Operationen und Schlachten in unbesiedelten Teilen der Wüste gewissenhaft trainierten. Lang fand keinen Hinweis darauf, daß Saddam die drei an die kuwaitische Grenze beorderten Divisionen in eine Schlacht oder dergleichen schicken wollte. Er folgerte, daß Saddam nicht beabsichtigte, seine Truppen in nächster Zukunft einzusetzen. Daher hoben die nachrichtendienstlichen Zusammenfassungen, die er zu diesem Zeitpunkt nach oben weiterleitete, zwar die außergewöhnliche Natur der Truppenbewegungen hervor, sagten jedoch keinen Einsatz voraus.

Powell erfuhr aus der Zusammenfassung der nachrichtendienstlichen Erkenntnisse, daß 35.000 irakische Soldaten innerhalb von drei Tagen verlegt worden waren. Ernst, aber nicht besorgniserregend, entschied er. General Kelly und die Analyse-Experten des JCS sagten, es sehe aus, als setze der irakische Führer Saddam Hussein die Stationierung bei den laufenden Ölverhandlungen als Druckmittel ein. Sie gingen davon aus, daß Saddam vielleicht ein einzelnes kuwaitisches Ölfeld besetzen oder zwei kleine Inseln im Persischen Golf einnehmen könnte, auf die er ein Auge geworfen hatte.

Anfang des Monats hatte der Vorsitzende eine sechstägige Gesprächsreise durch Marokko, Ägypten, Jordanien und Israel gemacht. Die Staatsoberhäupter und hohe Beamte hatten die Möglichkeit von Feindseligkeiten im Nahen Osten in nächster Zukunft heruntergespielt, und Powell war, von der anhaltenden Stabilität in der Region überzeugt, nach Hause zurückgekehrt.

Dennoch beunruhigte ihn die Entwicklung im Irak. Saddam hatte sich von seinem machtlosen Parlament zum Präsidenten auf Lebenszeit ausrufen lassen. Das erinnerte an Noriega, der sich zum Obersten Führer hatte ernennen lassen. Powell wollte ein paar vorbereitende Planungsmaßnahmen in die Wege leiten. Während seiner drei Jahre als Weinbergers Militärberater war er einem stets wiederkehrenden Phänomen im Krisenmanagement begegnet: Nie waren die Vereinten Stabschefs ausreichend vorbereitet. Sie vermittelten nie den Eindruck, auf die Situation eingestellt, einsatzbereit und so weit Herr der Lage zu sein, daß sie die Bedürfnisse des Ministers hätten erfüllen und seine Fragen beantworten können.

Powell setzte sich mit dem General im Heer, H. Norman Schwarzkopf, 55, in Verbindung, Chef des Zentralkommandos der US-Streitkräfte für die Golfregion, dem CINC, der für den Nahen Osten und Südwestasien zuständig war. Da die Golfstaaten keine sichtbare US-Präsenz in der Region wünschten, befand sich Schwarzkopfs CENTCOM-Hauptquartier im Luftwaffenstützpunkt MacDill in Florida. CENTCOM bestand zum größten Teil nur auf dem Papier. Sein Chef verfügte über einen siebenhundertköpfigen Stab, doch in einer Krisensituation hätten ihm Gefechtseinheiten aus aller Welt zugeteilt werden müssen.

Schwarzkopf, ein stämmiger, aggressiver und selbstbewußter früherer West-Point-Footballspieler (Jahrgang von 1956), war auch als »der Bär« oder »Stormin' Norman« bekannt. Mit seinen ein Meter dreiundneunzig erinnerte er an eine größere Version des Schauspielers Carroll O'Connor aus der alten Fernsehserie »All in the Family«. Der Stabschef des Heeres Vuono nannte ihn »H. Norman Cigar« – Vuono hatte das Gefühl, daß sich hinter seinem grimmigen Äußeren ebensoviel Rauch wie Feuer verbarg.

Als Vorgesetzter war er gefürchtet. Er tobte, wenn er frustriert oder unzufrieden war, und im übrigen stand er in dem Ruf, seinen Jähzorn an Unschuldigen auszulassen. Manchmal explodierte Schwarzkopf, wenn Zivilisten aus dem Pentagon es wagten, trotz wenig oder gar nicht vorhandener militärischer Erfahrung mit Vorschlägen zu kommen, die er für indiskutabel hielt. Als der Undersecretary des Heeres vor einigen Jahren Roboter als Infanteristen und funkgesteuerte gepanzerte Wagen einsetzen wollte, hatte Schwarzkopf mit den Fäusten auf den Schreibtisch gehauen und eine fürchterliche Schimpftirade losgelassen.

Schwarzkopf kannte den Nahen Osten, weil er als Teenager zwei Jahre in Teheran verbracht hatte. Sein Vater, ein Zwei-Sterne-General im Heer, war von General George Marshall dorthin entsandt worden, um eine nationale iranische Polizeitruppe aufzubauen.

Powell hatte Schwarzkopf vor fünf Jahren kennengelernt, als beide in Fort Myer, Virginia wohnten. Zwei Jahre später, als Powell Nationaler Sicherheitsberater und Schwarzkopf

Stellvertretender Operationschef des Heeres oder »kleiner Chef« war, hatten sie sich angefreundet. Der CINC für das Zentralkommando war ein Posten, der nach einer Vereinbarung der Stabschefs abwechselnd von Generälen der Armee und der Marines übernommen wurde. Doch 1988 hatte die Marine versucht, ihn mit einem Admiral zu besetzen. Die Marineleute machten geltend, daß seit 1987, als sie begonnen hatten, kuwaitische Tanker durch den Persischen Golf zu eskortieren, diese Aufgabe der Marine den Schwerpunkt des Kommandos bilde. Es sei absurd, einen General in Florida zu haben, der Operationen aus Tausenden von Seemeilen Entfernung leiten müsse.

Powell hielt es für einen Fehler, der Marine den Posten zu überlassen. CENTCOM war geschaffen worden, um eine rasche Stationierung von Bodentruppen im Nahen Osten zu koordinieren und zu befehligen. In einer echten Krise lagen die Probleme auf dem Land. Daher tat er alles, um den Kandidaten des Heeres, General Schwarzkopf, zu unterstützen.

Schwarzkopf war einer der vielen Vier-Sterne-Generäle, die Powell auf seinem Weg zum Vorsitzenden überholt hatte, doch inzwischen war er einer von Powells Lieblings-CINCs, da er zu den wenigen gehörte, die sich auf die doppelte Realität einer verminderten sowjetischen Bedrohung und einer kleineren US-Truppe hatte umstellen können. Außerdem schätzte Powell Schwarzkopfs Hitzköpfigkeit. Wenn er glaubte, daß Powell unrecht hatte oder jemanden vor den Kopf stieß, nahm er kein Blatt vor den Mund.

Jetzt bat Powell Schwarzkopf um eine Bewertung des irakischen Truppenaufmarschs, und der General erwiderte, es sehe ganz so aus, als habe der Irak die Absicht, eine – begrenzte – Strafexpedition gegen Kuwait zu führen. Powell forderte Schwarzkopf auf, ihm einen Zwei-Stufen-Plan für denkbare US-Reaktionen auf Operationen Iraks gegen Kuwait auszuarbeiten. Kuwait besaß zehn Prozent aller Ölreserven der Welt. Es ging bei der einen Stufe darum, was die US-Truppen tun konnten, um einen Vergeltungsschlag gegen Irak zu führen, bei der anderen, was die USA defensiv unternehmen konnten, um einen irakischen Schlag zu verhindern. Powell versprach, Schwarzkopf unverzüglich und persönlich alle spezifischen nachrichtendienstlichen oder sonstigen Erkenntnisse zuzuschleusen, die er bei Gesprächen auf höherer Ebene herausbekommen würde. Außerdem verabredeten sie, daß Schwarzkopf so bald wie möglich ins Pentagon kommen sollte, um die Stabschefs im »Tank« zu informieren.

Bei einem Pressefrühstück am 19. Juli, noch bevor die nachrichtendienstlichen Informationen über den irakischen Truppenaufmarsch durchgesickert waren, wurde Cheney nach den irakischen Drohungen gegen Kuwait wegen des Ölproblems gefragt. »Wir würden natürlich jede Bedrohung der amerikanischen Interessen oder amerikanischer Freunde in der Region sehr ernst nehmen«, antwortete Cheney.

Mittlerweile hatten die Vereinigten Arabischen Emirate, der kleine Ölstaat am Persischen Golf, dem der Irak ebenfalls vorwarf, zuviel Öl zu produzieren und damit die Preise nach unten zu treiben, die Vereinigten Staaten diskret um zwei große Tankflugzeuge vom Typ KC-135 gebeten. Die Tankflugzeuge würden den Vereinigten Arabischen Emiraten erlauben, rund um die Uhr Maschinen zu Patrouillenflügen in der Luft zu haben. Schwarzkopf, Powell, der Undersecretary für militärpolitische Angelegenheiten Paul Wolfowitz und Cheney waren dafür, daß die Vereinigten Staaten der Bitte entsprachen. Das Außenministerium war zunächst dagegen, konnte jedoch am Samstag, dem 21. Juli, abends zu einer Zustimmung bewegt werden, und erst dann gab das Weiße Haus sein Okay.

Daraufhin wurde ein kurzfristig angesetztes Manöver der US-Marinestreitkräfte mit den Vereinigten Arabischen Emiraten bekanntgegeben. Zwei US-Schiffe verließen den Hafen und schlossen sich mit vier anderen im Golf zusammen. Dieses Manöver war im Grunde nichts anderes als eine Tarnung für die KC-135. Am 24. Juli bestätigte Pete Williams offiziell die Anwesenheit der KC-135 und auch das Marine-Manöver und stellte die Aktion als ein Signal für die Unterstützung der Vereinigten Arabischen Emirate und Kuwait dar. Die Scheichs der Vereinigten Arabischen Emirate tobten vor Wut und kabelten nach Washington, sie hätten die Aktionen geheimhalten und öffentliche Erklärungen vermeiden wollen. Offensichtlich machte den arabischen Staaten die Vorstellung, auf Tuchfühlung mit dem amerikanischen Militär zu gehen, noch immer zu schaffen.

* * *

In der Zwischenzeit studierte Pat Lang die Satellitenaufnahmen von Irak. Im Rhythmus von etwa einer Division pro Tag hatte Saddam fünf zusätzliche Divisionen – vier Infanterie-Divisionen und eine für Spezialoperationen – in Stellungen nördlich von Kuwait verlegt. Innerhalb von elf Tagen waren acht Divisionen zusammengezogen worden. Jede hatte 300 bis 400 Meilen zurückgelegt. Riesige Schwertransporter schafften die Panzer heran und schützten so deren empfindliche Ketten für den Einsatz in der Schlacht. Alles in allem hatte Saddam 100.000 Mann an der Grenze stationiert. Eine Verlegung von so vielen Soldaten hätte für jede Nation eine beträchtliche militärische Leistung bedeutet. Da diese taktischen Einheiten normalerweise im Zentrum Iraks lagen, um für denkbare Zwischenfälle an allen Grenzen zur Verfügung zu stehen, ging Saddam ein gewisses Risiko ein, wenn er sie alle für eine einzige Mission einsetzte.

* * *

Innerhalb einer Stunde zitierte Saddam am 25. Juli die amerikanische Botschafterin im Irak, April Glaspie, in seine Kommandozentrale. Glaspie blieb keine Zeit, neue Anweisungen aus dem State Department einzuholen.

Die amerikanische Politik dem Irak gegenüber war verworren. Regierungsbeamte hatten Saddams Drohungen gegenüber Israel, die Verlegung irakischer Abschußrampen für SCUD-Raketen in die Nähe der israelischen Grenze und die Versuche Iraks, illegal wichtige Bausteine für Atomwaffen in seinen Besitz zu bringen, scharf kritisiert. Gleichzeitig hatte die Bush-Administration die Bemühungen des Kongresses blockiert, Wirtschaftssanktionen gegen den Irak zu verhängen oder die Nahrungsmittelhilfe der Vereinigten Staaten zu kürzen. Bakers letzte offizielle Äußerung zu den Beziehungen zwischen den USA und Irak klang optimistisch; er gehe davon aus, daß »es eine Möglichkeit zur Verbesserung« gebe, »und diese Möglichkeit wollen wir nutzen«.

Glaspie, 48, Berufsdiplomatin und seit 1988 Botschafterin im Irak, traute Saddam nicht über den Weg. Kollegen gegenüber hatte sie geäußert, den »Gangster« in seine Schranken weisen zu wollen.

»Was kann es bedeuten, wenn Amerika sagt, es wolle seine Freunde schützen?« * fragte Saddam, offensichtlich in Anspielung auf Cheneys Erklärung, daß die Vereinigten Staaten ihre Verbündeten im Golf nicht allein lassen würden. »Es kann nur Vorurteile gegen Irak bedeuten. Diese Äußerung,

---

* Die wörtlichen Zitate stammen aus einer irakischen Übersetzung, die von einer Bandaufnahme des Treffens gemacht wurde. Ein US-Beamter sagte, der für das State Department angefertigte offizielle Bericht der Botschafterin Glaspie über das Gespräch stimme mit der irakischen Version überein, Glaspie behauptete jedoch später, die Iraker hätten nur 80 % des Gesprächs veröffentlicht.

das Manöver und andere Erklärungen haben die Vereinigten Arabischen Emirate und Kuwait ermuntert...
Die Vereinigten Staaten müssen sich mit der Lage besser auseinandersetzen und dann erklären, mit wem sie Beziehungen aufrechterhalten wollen und wer ihre Feinde sind.«
Glaspie sagte: »Ich habe direkte Anweisung vom Präsidenten, bessere Beziehungen zum Irak aufzubauen.«
»Aber wie?« fragte Saddam.
Glaspie sagte, mehr Gespräche und Treffen könnten helfen. Sie erwähnte, daß sie ein ABC-News-Porträt von Saddam und sein Interview mit Diane Sawyer gesehen habe. »Die Sendung war billig und ungerecht«, sagte Glaspie. »Und sie spiegelt sehr gut wider, was sich in den amerikanischen Medien abspielt. Nicht einmal die amerikanischen Politiker selbst sind davor gefeit. Das sind die Methoden westlicher Medien. Ich freue mich, daß Sie selbst sich den Diplomaten anschließen, die sich den Medien stellen. Denn Ihre Präsenz in den Medien, und sei es nur für fünf Minuten, würde uns helfen, dem amerikanischen Volk den Irak nahezubringen. Das wiederum würde das gegenseitige Verständnis erleichtern. Wenn der amerikanische Präsident Kontrolle über die Medien hätte, wäre sein Job um einiges leichter.«
Später sagte Glaspie zu Saddam: »Aber wir haben keine Meinung zu den innerarabischen Konflikten, insbesondere zum Grenzstreit mit Kuwait.« Und sie wies im weiteren Verlauf darauf hin, daß die USA auf eine gewaltlose Lösung drängten. »Ich habe Anweisung, Sie im Geist der Freundschaft – nicht im Geist der Konfrontation – nach Ihren Absichten zu fragen.«
Saddam erklärte, daß er nach einer Intervention des ägyptischen Präsidenten Hosni Mubarak Gesprächen mit den Kuwaitis zugestimmt habe.
»Das ist eine gute Nachricht«, sagte Glaspie. »Herzlichen

Glückwunsch.« Sie setzte hinzu, daß sie vorgehabt habe, eine für die kommende Woche geplante Reise in die Vereinigten Staaten zu verschieben, doch mit dieser guten Neuigkeit werde sie Bagdad schon am Montag verlassen.

***

Powell war erleichtert, als er das Telegramm sah, das Glaspie über ihr Treffen mit Saddam nach Washington geschickt hatte. Es vermittelte den Eindruck, daß es für Verhandlungen zwischen Irak und Kuwait noch Spielraum gab. Gewiß deuteten die vielen irakischen Truppen an der Grenze darauf hin, daß irgend etwas Merkwürdiges im Gange war. Doch seine Tage erschienen ihm erfüllt mit Menschen und Dokumenten, die über merkwürdige, unverständliche Vorgänge berichteten. In mancher Hinsicht war es eine Welt voller verwischter, unscharfer Bilder, deren Feineinstellung er im allgemeinen der Zeit überließ.
Der Schwall von Informationen, den Powell durchging, ließ ihn ungerührt. Es gab keine Hinweise auf unmittelbar bevorstehende Schwierigkeiten. Er wußte, was eine Landstreitmacht tun mußte, um sich auf eine Schlacht vorzubereiten, und die irakische Armee verhielt sich nicht so, als habe sie die Absicht anzugreifen. Vier Punkte sprangen ins Auge: (1) Es fehlte an Kommunikationssystemen – aufgefangene Funksprüche zeigten, daß die Verbindung viel zu lose für eine Invasion war; (2) die vorhandenen Artilleriebestände reichten für einen offensiven Angriff nicht aus; (3) es fehlte generell an Munition, und (4) der Logistik»schwanz« – die Nachschublinien –, mit dessen Unterstützung die Panzerverbände hätten angreifen können, war ungenügend.

***

Der 27. Juli, ein Freitag, war im großen und ganzen ein Routinetag für Powell – mehrere Besucher von auswärts und eine Sitzung des Defense Planning Resources Board (Aufsichtsrat für die Planung von Verteidigungsresourcen) eine von vielen politischen Kommissionen und Kontrollgremien des Pentagon. Außerdem würde er an dem wöchentlichen Appell der Marines und einem Empfang teilnehmen, den Al Gray in der Kaserne der Marines gab, ein beliebtes Ritual an lauen Freitagabenden.

Der saudische Botschafter Prinz Bandar hatte anfragen lassen, ob er nachmittags gegen vier auf einen Sprung vorbeikommen könne. Powell und Bandar kannten sich seit mehr als zehn Jahren. Sie hatten zusammen Racquetball gespielt, als Bandar vor seiner Zeit als Botschafter noch Major der saudiarabischen Luftwaffe war und nach Washington abkommandiert war, während Powell damals einen seiner ersten Posten im Pentagon innehatte.

Powell war gegenüber Bandar, einem Spezialisten für unkonventionelle Lösungen und Beziehungen, immer ein wenig auf der Hut. Bandar bewahrte im Büro seiner luxuriösen Residenz fünfzehn bis zwanzig verschlossene Aktenkoffer mit den Einzelheiten von verdeckten Operationen oder Geheimarrangements mit Einzelpersonen und Ländern auf. Auf der Iran-Contra-Affäre prangten Bandars Fingerabdrücke; er war der Mittelsmann gewesen, als die Reagan-Administration dafür gesorgt hatte, daß die umstrittenen 25 Millionen Dollar über geheime saudische Kanäle an die nicaraguanischen Contras flossen; er hatte mit dem CIA-Direktor William J. Casey zusammengearbeitet, um in Beirut einen Mordanschlag auf einen vermeintlichen Terroristenführer aus dem Nahen Osten zu planen – als die Autobombe explodierte, tötete sie statt des Terroristen achtzig Passanten –, und er hatte für die Saudis ein riesiges 3-Millarden-Dollar-Geschäft mit China zum Kauf ballistischer Raketen eingefädelt.

Bandar legte sich mächtig ins Zeug, um mit den fünf wichtigsten Figuren in der Administration – Bush, Baker, Scowcroft, Cheney und Powell – gute Kontakte zu halten. Keine politischer orientierte Gruppe hätte seines Erachtens die US-Regierung führen können. Zu einem gewissen Grad fand er die fünf untereinander austauschbar – jeder halb Staatsmann, halb Krieger, halb Politiker, halb alles. Ein äußerst gefährlicher innerer Zirkel, der in der Kunst des Politikmachens zu erstaunlichen Leistungen fähig war, wie er einmal gesagt hatte. Doch von den fünf hielt er Powell für den vorsichtigsten.

An diesem Freitagnachmittag erzählte Bandar Powell, alle Welt im Irak und im Nahen Osten versichere dem saudischen König Fahd, daß Saddam nicht in Kuwait einmarschieren werde. Saddam habe dies sogar Mubarak von Ägypten und König Hussein von Jordanien persönlich gesagt. ›Dazu wird es nicht kommen‹, sagte Bandar zuversichtlich. Saddam behauptete, es handle sich nur um eine militärische Übung seiner Elite-Divisionen. Saddams Vorladung der amerikanischen Botschafterin Glaspie sei ein positives Zeichen, fuhr Bandar fort. Natürlich habe die Überstellung der KC-135 an die Vereinigten Arabischen Emirate Saddams Aufmerksamkeit geweckt. Zwar laute die offizielle saudische Haltung in dieser Frage – er hatte eine diesbezügliche Anweisung seiner Regierung erhalten –, daß es ein Fehler der Vereinigten Arabischen Emirate gewesen sei, um die Flugzeuge zu bitten, doch glaube die saudische Regierung, daß die Vereinigten Staaten richtig daran getan hätten, sie ihnen zu überlassen, nachdem sie gefragt worden waren. Bandar sagte, er persönlich sei der Ansicht, daß die Vereinigten Arabischen Emirate sich richtig verhalten hätten.

Auch Powell war überzeugt, daß Saddam nur mit dem Säbel rasselte. Seine Informationen bestärkten ihn in dieser Ansicht.

›Die Krise hat ihren Höhepunkt überschritten und sieht einer friedlichen Lösung entgegen, jedenfalls für den Augenblick‹, sagte Bandar. ›Diese Woche, dieses Jahr wird nichts passieren.‹ Aber er sagte voraus, daß sie in Zukunft noch Ärger mit Saddam bekommen würden.
Bandar und die Saudis hatten für Kuwait nur Verachtung übrig und sahen die kuwaitische Herrscherfamilie und Regierung im großen und ganzen als merkantile Klasse ohne jede nationale Identität. Für sie war ihr Land eher ein Geschäft als ein Staat. Wenn Bandar mit guten Freunden ausging und zur Toilette mußte, sagte er: »Ich muß mal nach Kuwait.«
Zuversichtlich, daß keine unmittelbare Krise bevorstand, plante Bandar, in der kommenden Woche nach Europa zu reisen und im August mit seiner Familie eine Reise um die Welt zu starten, mit Zwischenstopps in Singapur, China, Bali und Hawaii.
Powell sagte, auch er glaube, daß der August ruhig werde, und er wolle ein wenig ausspannen.
»Nun, Colin«, sagte Bandar, »es sieht gut aus. Alles scheint planmäßig zu verlaufen. Aber wenn er das hier eskaliert, müssen Sie wahrscheinlich uns allen zu Hilfe kommen.« Die Saudis hatten zig Millarden Dollar in amerikanische Waffen, zusätzliche Flugplätze und enorme militärische Anlagen investiert. Jahrelang war daraus die stillschweigende Vereinbarung abgeleitet worden, daß die Vereinigten Staaten als ihre Beschützer fungierten.
»Beten wir, daß er nichts eskalieren läßt«, sagte Powell.
»Schön und gut, aber was machen wir, wenn doch?«
Powell hielt sich bedeckt. Bandar las in seinen Augen nur Mißtrauen.
»Das kann ich nicht sagen«, antwortete er. »Das müßte der Präsident entscheiden.«
Bandar ließ nicht locker und versuchte es ein drittes Mal.

›Als früheres Mitglied des Nationalen Sicherheitsrates, als Vorsitzender, wie würden Sie es einschätzen? Na kommen Sie, Colin.‹

»Rein hypothetisch würde ich, wenn man mich fragte, ob wir eingreifen sollten, nein sagen« antwortete Powell. »Wenn ich den Befehl erhielte, würde ich gehen, aber nur um zu gewinnen. Ich verliere nicht gern.«

Bandar sagte, er hoffe, so weit werde es nicht kommen.

»Das hoffe ich auch«, antwortete der Vorsitzende.

* * *

Da der stellvertretende Nationale Sicherheitsberater Bob Gates nicht in der Stadt war, hatten keine interministeriellen Arbeitssitzungen der Stellvertreter über die Lage in Irak und Kuwait stattgefunden. Robert Kimmitt, Undersecretary für politische Grundsatzfragen im Außenministerium, beraumte für diesen Freitag, 27. Juli, eine solche Sitzung im State Department an.

Eine allgemein optimistische Stimmung charakterisierte das Treffen. Bandars positiver Eindruck über das Gespräch zwischen Glaspie und Saddam hatte sich bereits herumgesprochen. Außerdem war eine persönliche Botschaft des ägyptischen Präsidenten Mubarak an Präsident Bush eingetroffen, in der er seine Einschätzung, daß keine unmittelbare Gefahr bestehe, bekräftigte und die USA aufforderte, nichts zu äußern oder zu unternehmen, was die Situation beeinflussen könnte. ›Überlassen Sie die Sache den Arabern‹, riet Mubarak. Dieser Botschaft wurde im Weißen Haus großes Gewicht beigemessen; Scowcroft interpretierte sie als Aufforderung, sich wieder abzuregen.

Eine direkte Botschaft von Baker an den Irak wurde aufgesetzt und in Umlauf gebracht. In gemäßigtem Ton versicherte sie Saddam, daß die Vereinigten Staaten versuchten, sich mit dem Irak zu einigen und einen Weg zu finden, mit ihm zusammenzuarbeiten, doch der Irak müsse mitspielen.
Paul Wolfowitz erhob im Namen des Verteidigungsministeriums Einwände und drängte auf deutlichere Worte. Wenn eine schärfere Formulierung nicht in Frage komme, so Wolfowitz, dann sei es besser, überhaupt keine Erklärung zu schicken. Doch die allgemeine Meinung ging dahin, daß Saddam seinen arabischen Bruder Mubarak nicht hintergehen würde.
Der stellvertretende CIA-Direktor Richard Kerr sagte, das Ausmaß des Aufmarschs mache es schwierig, die Möglichkeit einer militärischen Aktion auszuschließen, doch seine Fachleute wiesen auf starke Gegenargumente hin: Iraks wirklicher Feind – Israel – lag im Westen. Und es sei ohne Beispiel, daß ein arabischer Staat einen anderen angegriffen habe.
Daraufhin wurde Bakers moderate Botschaft abgeschickt.
Später versuchte Wolfowitz im Pentagon herauszufinden, wie man indirekt auf die Situation einwirken konnte. Er schlug vor, die sogenannten MPS-Versorgungsschiffe vom US-Luftwaffenstützpunkt auf der Insel Diego Garcia im Indischen Ozean zu verlegen; es war die dem Persischen Golf nächstgelegene Nachschubbasis, aber immer noch 3000 Meilen entfernt. Diese Schiffe konnten für eine Marineeinheit von mehr als 16.000 Mann Nahrung für dreißig Tage, Munition und Nachschub transportieren.
Powell war gegen eine solche Demonstration von Stärke. Wozu? ›Was soll sie bewirken? Wie lautet der Auftrag?‹ fragte er.
Der Vorsitzende setzte seine Truppen normalerweise nicht als Signal ein, und im übrigen hatte er keine Lust, den exoti-

schen Ideen der Zivilisten nachzugeben, die Truppen einsetzten, ohne daß ein klares Ziel in Sicht war. Aber ebenso wenig wollte er sie aufgrund eines vagen Ziels in Bewegung setzen und dann riskieren, daß die Administration den Militärs mitten in der Operation erklärte, was sie eigentlich wollte. Die MPS-Versorgungsschiffe zu verlegen, wäre ein Signal für den Einsatz von Bodentruppen, und der stand im Augenblick nicht zur Debatte. Den Vereinigten Arabischen Emiraten die KC-135 zu schikken, hatte nicht viel gebracht, sagte er sich, und im Rückblick fand er, daß es sogar ein Fehler gewesen war. Die Erklärung dazu hatte den Vereinigten Arabischen Emiraten, nicht den Irakern, einen höllischen Schreck eingejagt. Wenn er Versorgungsschiffe entsandte, würden die Nachrichtenmedien mit Sicherheit Wind davon bekommen, und dann müßte die Administration eine Erklärung parat haben.

Wolfowitz hatte das Gefühl, daß diese Haltung die Auswirkungen unterschätzte, die eine derartige Demonstration von Stärke auf die diplomatischen Gespräche haben könnte. Er war überzeugt, daß Zweideutigkeit gelegentlich von Nutzen sein kann.

Powell warf ein, daß Kuwait keine Hilfe angefordert habe. Versorgungsschiffe waren keine akzeptable Lösung. Wo sollten die Marines landen?

Wolfowitz gab ihm recht. Der kuwaitische Botschafter hatte ihn Anfang der Woche im Pentagon aufgesucht und sich beunruhigt gezeigt. Wolfowitz hatte dem Botschafter jede Gelegenheit gegeben, Unterstützung zu erbitten, doch der hatte keinen Gebrauch davon gemacht.

Schwierig, jemandem zu helfen, der keine Hilfe will, dachte Powell. Kuwait hatte seine kleine Armee von 20.000 Mann nicht in Bewegung versetzt, um den irakischen Truppen an der Grenze die Stirn zu bieten.

Die Versorgungsschiffe blieben im Indischen Ozean.

* * *

Am Montag, dem 30. Juli, setzte sich Pat Lang hin, um dem DIA-Direktor, Generalleutnant Harry E. Soyster, und den anderen Abteilungsleitern innerhalb der Behörde eine streng geheime elektronische Botschaft zu übermitteln. Das abhörsichere, interne elektronische Kommunikationssystem, genannt E-Mail, erlaubte eine schnelle, beinahe augenblickliche Kommunikation mittels Computer mit dem Chef. Soyster würde noch entscheiden, ob er es ausweiten würde.

»Ich habe mir den Verlauf des Truppenaufmarschs entlang der kuwaitischen Grenze angesehen«, tippte Lang auf seinem Zenith 386 Computer. »Es gibt einige Bewegung im Artillerie- und Logistikbereich; Flugzeuge sind in der Luft. Saddam hat absolut keinen Grund dazu, es macht keinen Sinn, wenn sein Ziel nur darin besteht, Kuwait einzuschüchtern. Er hat sich die Möglichkeit geschaffen, ganz Kuwait und den gesamten Osten von Saudi-Arabien zu überrennen. Wenn er angreift, werden wir nach allem, was wir über ihn wissen, keinerlei Vorwarnung bekommen.

Ich glaube nicht, daß er blufft. Ich habe sein Persönlichkeitsprofil gelesen. Er weiß nicht, wie man blufft. Nichts in seinem früheren Verhalten weist darauf hin, daß er dazu fähig ist.

Ich fürchte, daß die Kuwaitis so halsstarrig auf seine Bedingungen reagieren werden, daß sie nicht einmal seine Mindestforderungen erfüllen.

Mit anderen Worten, Saddam Hussein hat Truppen zusammengezogen, die für sein Ziel, wenn es denn ein Bluff

sein soll, völlig unangemessen erscheinen. Dann gibt es nur eine Antwort: Er hat die Absicht, sie zu benutzen.«
Die Deutung, Saddam versuche, seine Nachbarn einzuschüchtern, genügte Langs Test nach den Regeln der Vernunft nicht. Kuwait verfügte weder über die Möglichkeit, nachrichtendienstliche Erkenntnisse zu sammeln, noch über Satelliten, um die riesige irakische Armee an seiner Grenze zu sehen. Nur die Vereinigten Staaten hatten genaue Kenntnis, und Saddam konnte nicht einschätzen, ob sie ihre Informationen weitergeben würden oder nicht. Wenn also 100.000 Soldaten nur eine Demonstration von Stärke, nur Theater waren, dann ging es an dem kuwaitischen Publikum, für das es bestimmt war, vorbei.
Schließlich drückte er auf die Taste und jagte seine Botschaft los.
Nach Langs Ansicht gab es zu viele Leute, die mit der Zusammenstellung formeller Geheimdienstberichte befaßt waren, und diese wiederum gingen durch zu viele Hände und Komitees. Die Berichte tendierten dazu, die Unterschiede auszubügeln und zu einem Ganzen zu verschmelzen, das am Ende gar nichts mehr aussagte. Die oberste Regel im Geheimdienst lautete: Irre dich nie. Die Analyse-Experten mußten nicht unbedingt recht haben, aber es war eine Katastrophe, wenn sich herausstellte, daß sie unrecht hatten. Daher gingen sie mit ihren formellen Berichten und Bewertungen lieber auf Nummer Sicher.
Langs neueste Analyse sollte einschlagen wie ein Blitz. Doch dann ging ihm eine schreckliche Wahrheit auf. Politiker, hatten sie erst einmal bestimmte Ideen oder Deutungen im Kopf, ließen sich weder durch Geheimdienstberichte noch Unwetter davon abbringen. Die Grundhaltung, etwas *um keinen Preis* glauben zu wollen, war unter Umständen übermächtig. Und letzten Endes konnte er nicht beweisen, daß Saddams Truppen tatsächlich eingesetzt würden.

Aber es gab noch ein anderes Motiv. Anfang des Monats hatte er zwei Tage auf einem Seminar der Rand Corporation verbracht, dessen Teilnehmer sich mit einer Bedrohung Kuwaits durch Irak auseinandersetzen sollten. Sie waren zu dem Ergebnis gekommen, daß die einzige effektive Möglichkeit, einer solchen Situation vorzubeugen, darin bestand, daß der Präsident der USA Saddam erklärte, er werde ihn zur Rechenschaft ziehen, wenn er auch nur einen Schritt über die Grenze tat. Lang integrierte diesen Vorschlag nicht in seinen Bericht; er war Geheimdienst-Offizier, und es gehörte nicht zu seiner Aufgabe, politische Empfehlungen zu geben.
Soyster antwortete, daß er seine Einschätzung nicht teile. Der DIA-Direktor fand es schlicht unvorstellbar, daß Saddam derart anachronistische Methoden anwenden und ein fremdes Land einfach einkassieren würde. Das war heute nicht mehr üblich. Aber Soyster wußte auch, daß er Langs Einschätzung nicht ignorieren konnte. Er ließ sie durch Boten an Cheney und Powell überbringen und legte ihr den Vermerk bei, er wolle ihnen Langs Schlußfolgerung nicht vorenthalten.
Powell hielt Langs Interpretation für ein rein persönliches Urteil. Es basierte keineswegs auf neuen Erkenntnissen, an denen man nicht vorbei konnte. Fernmeldewesen und Munition der Irakis waren noch immer nicht ausreichend, und es gab keine irakischen Flugzeuge, die den Angriff der Bodentruppen hätten unterstützen können.
Auch der stellvertretende CIA-Direktor Kerr teilte Powell mit, daß die Möglichkeit einer Invasion bestehe, doch der CIA hatte noch keinen schriftlichen Geheimdienstbericht abgeliefert. Powell schloß daraus, daß es auch hier um kaum mehr als eine bloße Vermutung ging. Wieder stützte sich die Analyse vor allem auf persönliche Schlußfolgerungen, und Powell sah keine unumstößlichen Tatsachen, die sie untermauert hätten.
Nachdem Lang seine Einschätzung der Lage übermittelt

hatte, bekam er den Auftrag, den kuwaitischen Botschafter in Washington über den Aufmarsch in Kenntnis zu setzen. Er beschrieb ihm die Situation bis in die kleinste Einzelheit und fragte am Schluß: »Nun, werden Sie irgend etwas tun?« »Was können wir tun?« antwortete der Botschafter.

***

Auf seiner üblichen mittäglichen Pressekonferenz am Dienstag, dem 31. Juli, wurde Pete Williams nach einer Meldung gefragt, die an diesem Tag auf Seite 16 der *Washington Post* erschienen war. »Stimmt es, daß die Iraker 100.000 Soldaten an die kuwaitische Grenze verlegt haben?«
»Das würde nachrichtendienstliche Erkenntnisse berühren, die wir nicht diskutieren können«, sagte Williams.
Der Reporter ließ sich nicht abwimmeln. »Sie haben es in der Vergangenheit nicht abgelehnt, solche Informationen zu geben; Sie haben sich nur geweigert, zu erklären, woher sie stammten. Sie können also nicht bestätigen, daß die Truppen da sind?«
»Ich habe Berichte über Truppen dort gesehen«, antwortete Williams und folgte damit der Vorgabe der Regierung, das Thema herunterzuspielen, »aber wir haben hier nie über Zahlen gesprochen oder weitere Kommentare dazu abgegeben. Ich glaube, das State Department hat verlauten lassen, es sei natürlich besorgt über Truppenaufmärsche in der Gegend und könnte aufzählen, so wie wir es hier getan haben, was unsere Interessen am Golf sind, aber wir haben nie Zahlen genannt oder haben diese Art von Information ausgegeben.«

***

Als Lang am Mittwoch, dem 1. August, gegen 6 Uhr in seinem Büro erschien, wurde er von einigen seiner Mitarbeiter bereits erwartet. Sie führten ihn zu den neuesten Aufnahmen von der kuwaitisch-irakischen Grenze, die vor wenigen Augenblicken im DIA eingetroffen waren.
Alle drei Panzer-Divisionen der Iraker hatten ihre Formation verlassen und waren alarmierend nah, bis auf drei Meilen, an die kuwaitische Grenze herangerollt. Es war atemberaubend, ein wunderbares militärisches Manöver. Die Divisionen »Hammurabi« und »Auf Gott Vertrauen Wir« hatten Stellungen nahe der vierspurigen Schnellstraße bezogen, die geradewegs ins Zentrum von Kuwait führte. Hunderte von Panzern standen nebeneinander – alle Kuwait zugewandt, im Abstand von fünfzig bis siebzig Metern. Sie bildeten eine einzige Todeslinie, über Meilen hinweg. Und hinter den Panzern rückte jetzt die Artillerie vor.
Die »Erleuchtete Stadt«-Division hatte sich an die Westgrenze von Kuwait bewegt. Auch hier standen die Panzer meilenweit in Reih und Glied.
Die Kommando-Panzer hatten ihre traditionelle Schlachtposition hinter dieser Linie in der Mitte der Divisionen bezogen.
Lang merkte, daß er sich geirrt hatte: Es gab doch eine Vorwarnung. Hier war sie. Saddam wußte genau, was er tat. Während Langs Blick über die Bilder wanderte, ging ihm auf, daß Panzerverbände ihre Absichten gar nicht deutlicher ankündigen konnten. Es war, als lade jemand ein Gewehr, lege es an, berühre mit dem Finger den Abzug. Er sah, wie sich der Muskel spannte; es passierte genau jetzt, in Zeitlupe, vor seinen Augen.
Die Aufnahmen zeigten auch, daß sich etwa achtzig Hubschrauber näher an die Grenze bewegt und klassische Boden- und Luftangriffsstellungen bezogen hatten.

Lang entwarf eine streng geheime Blitzwarnung höchster Dringlichkeitsstufe, in der er die Situation beschrieb und einen Angriff für diese Nacht oder den nächsten Morgen voraussagte. Ein anderes, ebenfalls streng geheimes Bulletin ging an hohe Beamte im Pentagon. In Windeseile machte das Gerücht unter denen, die Zugang zu vertraulichen Informationen hatten, die Runde. Es würde eine lange Nacht für die Nahost-Stäbe werden.
An diesem Morgen las Powell eine CIA-Bewertung, nach der alles darauf hindeutete, daß Saddam in Kuwait einmarschieren würde. Powell wußte, daß diese eindeutige Stellungnahme sehr ernst war. Der CIA versuchte zu vermeiden, allzu häufig blinden Alarm zu schlagen. Im nächsten Augenblick flatterte die DIA-Warnung auf seinen Schreibtisch. Saddam hatte nicht nur über Nacht seine Panzer in Stellung gebracht hatte, sondern auch Fermeldewesen, Artillerie, Munition, Logistik und Luftflotte waren jetzt an ihrem Platz. Eine militärische Weiche war gestellt. Powell wußte jedoch auch, daß es bei einem totalitären Regime nur eine Möglichkeit gab, sicher zu sein, was es beabsichtigte: Man mußte herausbekommen, was im Kopf des Führers vorging, und weder DIA noch CIA hatten verläßliche Informanten in der irakischen Regierung. Er war kein Wahrsager. Aber vor ihrer Nase war plötzlich eine ungeheuer effektive Landstreitmacht zum Leben erwacht. Kuwait – mein Gott, dachte Powell, dabei hätte Irak seine Polizeitruppen hinschicken können, um das Land zu besetzen.
Am späten Vormittag nahm Powell an einem Treffen mit Cheney über nukleare Befehls- und Kontrollstrukturen teil. Unter anderem ging es um pannensichere Verfahren innerhalb des weltweit stationierten US-Militärs, um nicht genehmigte Detonationen von Kernwaffen zu verhindern. Anschließend ging Powell zu einem Essen des Präsidenten des

kleinen westafrikanischen Landes Togo, der sich gerade in Washington aufhielt.

Am Nachmittag unterrichtete Schwarzkopf die Vereinten Stabschefs und Cheney im »Tank«. Nachdem er einen Lagebericht über die Verteilung der 100.000 irakischen Soldaten erstattet hatte, sagte er, sie seien so positioniert, daß sie Saddam die Möglichkeit mehrerer Optionen eröffneten – nicht nur zum Angriff. Er sagte keine Invasion oder Grenzverletzung voraus.

Auch Cheney war der Ansicht, wenn Saddam eine Invasion plante, würden sich seine Vorbereitungen in nichts von dem unterscheiden, was zu tun sei, wenn er die Kuwaitis nur einschüchtern wollte. Es war unmöglich, zwischen beiden zu unterscheiden. Der Bluff war nur glaubwürdig, wenn Saddam genau das tat, was er getan hatte: Wenn er die Panzer aufmarschieren ließ und in Stellung brachte, wenn er für Munition, Kommunikation und Logistik sorgte. Saddam vermutete wahrscheinlich, daß die Vereinigten Staaten ihre nachrichtendienstliche Erkenntnisse an Kuwait weiterleiteten, und die Zahl von 100.000 Soldaten hatte tags zuvor in der *Washington Post* gestanden.

Schwarzkopf sagte, es gebe so gut wie nichts, was er tun könne. Es stünden nur etwa 10.000 Angehörige der US-Truppen in der Region, fast ausschließlich Marinesoldaten. CENTCOM verfügte über keine Bodentruppen in der Nähe. Kurz kam Schwarzkopf auf den Operationsplan 90–1002 des Zentralkommandos zu sprechen, einen streng geheimen Eventualplan, der die Verlegung von 100.000 Mann der Landstreitkräfte innerhalb von drei bis vier Monaten vorsah. »Ten-oh-two«, wie er genannt wurde, hatte seine Ursprünge in den frühen achtziger Jahren, als die Vereinten Stabschefs routinemäßig Planspiele für einen Krieg gegen die Sowjetunion oder den Iran entwickelten. Er umfaßte auch einen detaillierten Transport- und Logistikplan. Danach könnten

am Tag 1 taktische F-15-Jagdbomber in die Region entsandt werden; bis zum Tag 7 wäre die einsatzbereiteste Bodentruppe, die sogenannte Division Ready Brigade, die aus etwa 2300 Soldaten aus der 82. Luftlande-Division bestand, am Boden stationiert; am Tag 17 landeten die Marines aus den Vereinigten Staaten und würden mit Munition, Vorräten und Ausrüstung versorgt, die mit Versorgungsschiffen aus Diego Garcia herangeschafft worden waren, und erst am Tag 27 würden die ersten schweren Panzer eintreffen.
Das Ganze hatte einen großen Haken. Man benötigte 30 Tage Vorwarnzeit zur Vorbereitung, bevor mit der Truppenverlegung überhaupt begonnen werden konnte.
Powell fand die Perspektive des Gefechtskommandanten ernüchternd. Aber es herrschte auch ein Anflug von Ungläubigkeit im »Tank«. Es war schwer zu glauben, daß Saddam 100.000 Soldaten einsetzen oder brauchen würde, um in Kuwait einzumarschieren, einem Land, das er mit viel weniger Aufwand besetzen könnte. Es war zu viel für zu wenig. Niemand, am wenigsten Powell, konnte mit Sicherheit sagen, was Saddam tun würde. Da es keinerlei Hinweise gab, schien es, als bliebe den amerikanischen Streitkräften im Augenblick überhaupt keine Möglichkeit zu reagieren.
Doch Powell glaubte nun selbst nicht mehr daran, daß Saddam bluffte. Er schlug vor, daß Cheney im Weißen Haus Alarm auslöste. Es war Zeit, Bush zu mobilisieren; vielleicht konnte man ihn dazu bringen, über geheime, diplomatische Kanäle eine Warnung an Saddam zu schicken. ›Wir müssen etwas unternehmen‹, sagte Powell zu Cheney.
Sie drängten das Weiße Haus. Doch in den Augen Powells vertrat das Weiße Haus entweder eine völlig andere Meinung über den Umgang mit diesem Problem, oder ihr Vorschlag ging einfach unter.

***

General Tom Kelly hielt eine Invasion noch immer für unwahrscheinlich, trotz der nachrichtendienstlichen Erkenntnisse. Und der Operationsplan 90-1002 war nicht fertig. Bisher hatten nur junge Stabsoffiziere an ihm gearbeitet; auf höherer Ebene war er noch nicht so aufmerksam studiert und analysiert worden wie der BLUE SPOON Plan für Panama zuvor. Etwa sechzig Prozent von Kellys Arbeitszeit ging für den Drogenkrieg drauf. Jeden Tag gab es kleine Einsatzbefehle – zwei oder drei Mann, die aus Gründen der Zusammenarbeit oder Ausbildung oder für eine hauptsächlich passive Tätigkeit in andere Länder geschickt wurden, um diese bei der Bekämpfung des Drogenhandels zu unterstützen. Kelly, der im nächsten Jahr pensioniert werden sollte, war nicht mit ganzem Herzen bei diesem Kampf gegen Drogen, der eigentlich nicht zu seinem Operationsbereich gehörte.

Gegen 16 Uhr ging Powell zu einer Abschieds- und Ordenszeremonie, die Cheney für seinen scheidenden Militärberater, Konteradmiral Bill Owens, gab. Dieser wurde als Zwei-Sterne-Admiral praktisch eine Stufe höher eingestuft und sollte jetzt die renommierte Sechste Flotte im Mittelmeer übernehmen, die eigentlich einem Drei-Sterne-General gebührte.

Schwarzkopf flog nach Florida zurück.

Cheney war nicht beunruhigt. Er betrachtete die CIA- und DIA-Warnungen normalerweise nicht als unbedingt zutreffend. Fast wöchentlich flatterten ihm Meldungen über einen bevorstehenden Putsch auf den Philippinen ins Haus. Und alle Machthaber im Nahen Osten – Mubarak in Ägypten, Fahd in Saudi-Arabien, König Hussein von Jordanien, die Kuwaitis selbst – sagten, daß Saddam nicht einmarschieren würde. Das alles sei nur eine Masche, sagten sie, ein Trick, um seine Macht zu vergrößern.

Außerdem zeigte sich Cheney verschnupft über die Reaktion der Vereinigten Arabischen Emirate auf die Unterstützung, die das Pentagon ihnen hatte zukommen lassen. Amerikas Freunde in der Region, darunter die Vereinigten Arabischen Emirate, wollten am liebsten beides zugleich: ›Schützt uns, nur laßt es niemanden wissen. Am besten bleibt ihr Typen hier irgendwo in der Gegend, aber haltet die Schiffe und Flugzeuge, mit denen ihr uns beschützt, möglichst auf Tauchstation.‹

***

Gegen 21 Uhr erhielt Cheney einen Anruf von Konteradmiral Owens. Die irakischen Truppen hatten die Grenze zu Kuwait auf beiden Angriffslinien überschritten. Hunderte von Kampfpanzern rollten süd- und ostwärts nach Kuwait City.
Cheney war keineswegs schockiert. Er bat Owens, ihn auf dem laufenden zu halten.
Powell erhielt ebenfalls einen Anruf. Der Vorsitzende beschloß, zu Hause zu bleiben und sich weitere Informationen zu besorgen. Der stellvertretende Vorsitzende Admiral David Jeremiah fuhr ins Pentagon, um dort die Nacht zu verbringen. General Kelly wurde gegen 21.10 Uhr kontaktiert und erschien zwanzig Minuten später im Krisenraum, wo ihn ein Team von Planungsspezialisten und anderen Experten erwartete, die dabei waren, das Material der Nachrichtendienste auszuwerten. Er setzte sich in die Mitte des langen Tisches vorn im Raum vor die Wand mit den drei großen Bildschirmen. Auf einem wurden alle wichtigen Ereignisse mit Datum und Uhrzeit sowie laufend neue Erkenntnisse und Entwicklungen festgehalten. Ein anderer war auf die 24stündige Nachrichtensendung von CNN eingestellt; Kelly wollte im

Auge behalten, was an die Öffentlichkeit ging. Er wußte, wenn es nicht korrekt war, würde Powell etwas unternehmen wollen, um den Eindruck richtigzustellen.

Kelly hatte eine abhörsichere Leitung zu Schwarzkopfs Zentralkommando in Florida schalten lassen. Die irakischen Panzer erreichten Kuwait City nach etwa dreieinhalb Stunden. Erst vor wenigen Tagen hatte der DIA einen Major, einen Spezialisten in Sachen Nachrichtenübermittlung, in die amerikanische Botschaft von Kuwait geschickt. Er brachte es fertig, Aussagen von Informanten und abgehörtes Material aus der Stadt zu schleusen und zu beschreiben, wie die Stadt buchstäblich einkassiert wurde. Kelly machte sich Sorgen um die amerikanische Botschaft in Kuwait. Der Kampf tobte auf allen Seiten. Die kleine kuwaitische Armee versuchte, Widerstand zu leisten, war jedoch zahlenmäßig hoffnungslos unterlegen.

Scowcroft war bereits zu Hause in Maryland, als der Anruf kam. Er war überrascht. Er hatte fest geglaubt, daß es nur ein Bluff war. Saddam hatte seit Monaten einen Redeschwall nach dem anderen losgelassen, aber es ging immer um Öl und Ölpreise und um ein paar strittige Gebietsansprüche, nicht um die grundsätzliche Souveränität von Kuwait. Nichts in Saddams jüngsten Ausbrüchen oder Absichtserklärungen hatte darauf schließen lassen, daß Irak die Regierung von Kuwait für illegitim hielt. Scowcroft hätte erwartet, daß Saddam gewissermaßen ein rhetorisches Fundament legte, bevor er zu derart drastischen Mitteln griff. Scowcroft fand, daß es ziemlich offensichtliche Nachteile für Saddam hatte, seine Nachbarn anzugreifen; die Weltöffentlichkeit würde mit Sicherheit negativ reagieren.

Scowcroft kehrte ins Weiße Haus zurück und informierte Bush. Der Präsident erklärte, es müsse auf der Stelle etwas unternommen werden. Da Bob Gates in Urlaub war, setzte

Scowcroft eine Krisensitzung der interministeriellen Arbeitsgruppe der Stellvertreter mittels abhörsicherer Videoleitung an, die er vom Lagerraum aus persönlich leitete.
Eine öffentliche Erklärung wurde erarbeitet, die Scowcroft Bush zur Absegnung vorlegte. Um 23.20 wurde eine Erklärung veröffentlicht, welche die Invasion scharf verurteilte und einen »unverzüglichen und bedingungslosen Rückzug aller irakischen Truppen« forderte.
Scowcroft, der Rechtsberater des Weißen Hauses Boyden Gray und Beamte aus dem Finanzministerium fingen an, einen Plan zu entwickeln, um irakische Guthaben in den Vereinigten Staaten einzufrieren und sämtliche Geschäfte mit dem Aggressor zu unterbinden. Es war klar, daß Kuwait überrannt wurde, daher entwarf man zusätzlich einen zweiten Plan, um kuwaitische Guthaben einzufrieren. So würde Saddam an die Vermögenswerte in Höhe von schätzungsweise 100 Milliarden Dollar, die kuwaitische Staatsbürger im Ausland investiert hatten, nicht herankommen. Beide Pläne wurden zu Dringlichkeitserlassen verkleinert, die Bush zur Unterschrift vorgelegt werden sollten.
Im Komitee der Stellvertreter drängte Scowcroft auf weitere Aktionen, um zu demonstrieren, daß die Vereinigten Staaten die irakische Invasion äußerst ernst nahmen.
›Was ist mit Bodentruppen?‹ wurde er gefragt. ›Das würde unsere Entschlossenheit am deutlichsten unter Beweis stellen.‹
Nein, antwortete Scowcroft. Er wolle Mittel, die (a) sehr, sehr rasch verlegt werden konnten und (b) keine unmittelbare, sichtbare Präsenz darstellten. Er schlug eine Staffel von F-15-Jägern vor – ungefähr vierundzwanzig Flugzeuge, die man Saudi-Arabien anbieten könnte, falls das Königreich sie akzeptierte.
Die anderen – Kimmitt aus dem Außenministerium,

Wolfowitz und Jeremiah aus dem Pentagon, sowie Kerr vom CIA stimmten zu.

Als nächstes beraumte Scowcroft eine Sitzung des Nationalen Sicherheitsrats für den frühen Morgen an. Das Pentagon meldete, General Schwarzkopf halte sich in der Stadt auf, und es könnte nützlich sein, ihn zu dem Treffen hinzuzubitten, da er über die Aufstellung aller Truppen im Nahen Osten am besten unterrichtet sei.

Schwarzkopf befand sich zu diesem Zeitpunkt allerdings schon wieder in seinem Hauptquartier in Florida. Gegen 2.30 Uhr meldete sich Powell bei Kelly im Krisenraum. ›Rufen Sie Schwarzkopf an‹, befahl Powell. ›Sagen Sie ihm, daß ich ihn morgen früh um sieben in meinem Büro sehen will. Um acht Uhr findet eine Sitzung des Nationalen Sicherheitsrats im Weißen Haus statt; ich möchte, daß er daran teilnimmt.‹

Kelly ging auf die abhörsichere Leitung zu Schwarzkopf.

»Sir«, meldete er sich. »Tom Kelly. Gerade hat der Vorsitzende angerufen und Ihnen ausrichten lassen, daß er Sie morgen früh um sieben in seinem Büro erwartet.«

Lange Pause.

»Ja, Sir, heute früh.«

Lange Pause.

»Ja, in viereinhalb Stunden.«

***

Gegen 4 Uhr legte sich Scowcroft in seinem Büro hin. 45 Minuten später war er wieder auf den Beinen und um 5 Uhr an der Tür von Bushs Schlafzimmer, um die Präsidialerlasse über das Einfrieren von irakischen und kuwaitischen Guthaben unterschreiben zu lassen.

Powell kam um 6 Uhr im Pentagon an. Gegen 6.50 Uhr tauchte Schwarzkopf auf, und die beiden führten ein Gespräch hinter verschlossenen Türen, bis sie um 7.30 Uhr ins Weiße Haus fuhren.
Der vollständige Nationale Sicherheitsrat versammelte sich um 8 Uhr im Kabinettsraum. Außer Powell und Schwarzkopf nahmen auch Cheney und Wolfowitz daran teil. Kimmitt vertrat Baker, der sich zu einem Treffen mit dem sowjetischen Außenminister Eduard Schewardnadse in Sibirien aufhielt.
Vor Beginn der Sitzung mußte man Schwarzkopf auffordern, seine streng geheimen Karten und Overhead-Folien wegzupacken. Bush sollte einige Fragen von ausgewählten Journalisten beantworten und seiner Besorgnis über die Invasion auch im Fernsehen Ausdruck verleihen.
»Wir diskutieren nicht über eine Intervention«, erklärte Bush den Journalisten.
»Sie denken nicht über eine Intervention oder die Entsendung von Truppen nach?« fragte einer der Journalisten.
»Ich beabsichtige keine derartigen Aktionen«, antwortete er.
Scowcroft glaubte, daß Bush nicht meinte, was dieser Satz sagte. Er improvisierte. Es war ganz sicher zu früh, um irgend etwas auszuschließen; die Äußerung würde später korrigiert werden müssen.
Bush sagte, es gebe keinen Beweis dafür, daß andere Länder im Nahen Osten bedroht seien, fügte jedoch hinzu, er wolle, daß »diese Invasion rückgängig gemacht wird und sie aus Kuwait vertrieben werden«.
Außerdem sagte er: »Ich bin sicher, daß es zu regen diplomatischen Aktivitäten kommen wird. Ich habe die Absicht, mich aktiv daran zu beteiligen.«
Wieder einmal fiel Powell der scharfe Kontrast zwischen Bush und Reagan auf. Bush hatte acht Jahre beobachtet, wie Reagan operierte – und delegierte. Anders als Reagan wollte

Bush stets Einzelheiten kennen, sämtliche Einzelheiten. Er wollte der Macher sein, der so viel wie möglich selbst erledigte. ›Es geht nicht darum, ob ein Stil gut und der andere schlecht ist‹, sagte sich Powell. ›Er ist nur anders.‹ Gelegentlich mußte Powell sich daran erinnern, daß Bush vom Volk gewählt worden war, nicht von seinen Beratern. Eine Folge seiner Haltung war, daß der oberste militärische Berater Powell unter Bush eine untergeordnetere Rolle spielte als der Nationale Sicherheitsberater Powell unter Reagan.

Als die Journalisten weg waren, wandte sich Scowcroft in dem diskreten Versuch, die Richtung vorzugeben, der Tagesordnung zu, doch der Präsident übernahm die Leitung der Sitzung persönlich.

CIA-Direktor Webster begann mit einem Bericht über die Erkenntnisse der Geheimdienste. Kuwait war von mehr als 100.000 Soldaten überfallen worden, weit mehr, als nötig gewesen wären. Die irakischen Truppen in Kuwait würden mit Nachschub versorgt und reorganisiert, manchmal nur zehn Meilen von der saudischen Grenze entfernt. Es wäre ein Leichtes für sie, ihren Marsch fortzusetzen und die dürftige Verteidigung der Saudis zu durchbrechen. Saudi-Arabien verfüge über eine militärische Streitmacht von weniger als 70.000 Mann, und nur eine kleine Einheit stehe zwischen den irakischen Verbänden und den ausgedehnten Ölfeldern der Saudis. Er stellte die Situation als ernst, aber nicht prekär dar.

Als nächstes gab Bob Kimmitt einen Überblick über die diplomatischen Aktivitäten. Der Sicherheitsrat der Vereinten Nationen habe fast die ganze Nacht getagt und die Invasion verurteilt. Auch die Arabische Liga werde zusammengetrommelt, doch bisher sei noch niemand dem Beispiel der USA gefolgt und habe irakische und kuwaitische Guthaben im Ausland eingefroren.

Der Präsident sagte, man müsse nun über zusätzliche Wirtschaftssanktionen nachdenken. Er habe rasch gehandelt und die Guthaben eingefroren – eine Aktion, die Saddam und andere, die an die Trägheit der amerikanischen Bürokratie gewohnt waren, sicher nicht erwartet hätten, wie er mit einigem Stolz hinzufügte. Als ehemaliger UNO-Botschafter wollte Bush sicherstellen, daß die Vereinten Nationen in der Frage weiterer Maßnahmen aktiv würden. UNO-Botschafter Thomas Pickering, der um 6.30 Uhr von New York nach Washington geflogen war, sagte, sie seien bereits dabei. Der Präsident und Scowcroft nahmen Kontakt zu Jim Baker auf, der mit den Sowjets verhandelte.

Als ehemaliger US-Botschafter in China fragte Bush an, ob die chinesische Regierung die Position der USA unterstützte. Er ließ durchblicken, daß er mit ihrer Hilfe rechne, da er seine Kritik am letztjährigen Gemetzel unter den Studenten auf dem Platz des Himmlischen Friedens gemäßigt hatte.

Scowcroft und das Außenministerium kümmerten sich weiter darum.

Bush kündigte an, er wünsche massive diplomatische Anstrengungen. Man solle nichts unversucht lassen, was den Druck verstärken und die internationale Meinung gegen Irak aufbringen könne.

Darauf erläuterte Finanzminister Nicholas Brady, daß der Irak potentielle Gewinne aus Ölverkäufen in Höhe von etwa 20 Millionen Dollar pro Tag aus der kuwaitischen Produktion ziehen könne. Insgesamt kontrolliere Irak mittlerweile 20 Prozent der bekannten Ölreserven der Welt. Wenn Saddam auch Saudi-Arabien besetzte, wären es 40 Prozent.

Als früherer Texas-Oil-Mann schien Bush von der Vorstellung, Saudi-Arabien könnte in Saddams Hände fallen, geradezu entsetzt. Er präsentierte eine umfassende Analyse über den Einfluß auf die weltweite Verfügbarkeit von Rohöl und die Preisentwicklung. Könnten die USA und andere ein Embargo irakischen Öls durchsetzen? Würde Saddam irakisches und kuwaitisches Öl zurückhalten? Oder eher versuchen, den Weltmarkt zu überschwemmen? Was wären die Folgen für die US-Reserven?

Schon mit 20 Prozent des weltweit verfügbaren Rohöls würde Saddam imstande sein, die Weltpreise zu manipulieren; die USA und ihre Verbündeten wären ihm auf Gedeih und Verderb ausgeliefert. Höhere Ölpreise würden die Inflation anheizen und die ohnehin düsteren Aussichten für die amerikanische Wirtschaft weiter verschlimmern.

Powell dachte, daß es zwar viel Gerede und Spekulationen über das Öl gäbe, doch Bush hatte immerhin den Vorteil, aufgrund seiner Tätigkeit im Ölgeschäft den Markt zu kennen.

Sununu schlug vor, Irak daran zu hindern, kuwaitisches Öl auf dem Weltmarkt zu verkaufen und damit einen raschen Nutzen aus der Invasion zu ziehen.

Eine Vermarktung des Öls könne normalerweise nicht mit wirtschaftlichem oder politischem Druck verhindert werden, wandte Cheney ein. Hinsichtlich der augenblicklichen Lage informierte der Verteidigungsminister darüber, daß große Tankflugzeuge der US-Luftwaffe vom Typ KC-10, die dazu benutzt wurden, andere Flugzeuge in der Luft aufzutanken, nach Saudi-Arabien verlegt worden seien.

Eine Bomberstaffel, setzte Powell hinzu und bezog sich damit auf die F-15-Staffel, stehe bereit, um nach Saudi-Arabien zu fliegen, sobald die Saudis ihr Einverständnis gäben.

Energieminister James Watkins, der frühere Stabschef der Marine, bemerkte, das irakische Öl würde durch Pipelines in der Türkei und Saudi-Arabien gepumpt. Der ehemalige Admiral war der Ansicht, die Pipelines gäben interessante Ziele ab. Sie seien Saddams wirtschaftliche Lebensader. Ob man sie mit Luftangriffen ausschalten könne?

Powell antwortete, das sei möglich. Er wisse nicht, wieviel

irakisches Öl durch die beiden Pipelines transportiert werde oder wie dauerhaft ihre Stillegung sein könne. Doch unter militärischen Gesichtspunkten seien lineare Ziele – gerade Linien wie Straßen, Eisenbahnschienen und Pipelines – nicht reizvoll. Sie konnten zu leicht repariert und erneut funktionstüchtig gemacht werden.
Daraus entwickelte sich die Frage, ob es möglich sei, Iraks gesamte Anlagen für den Ölexport lahmzulegen, nicht nur die Pipelines, sondern auch Raffinerien, Umschlaghäfen und Pumpstationen.
Cheney antwortete, das mache nicht viel Sinn. Saddams Schlag gegen Kuwait sei unter anderem ein Versuch, die Hand auf die internationalen Ölreserven zu legen. Die Vereinigten Staaten konnten nicht damit antworten, daß sie die internationalen Ölreserven bombardierten.
Scowcroft war besorgt, weil sich die Diskussion im Kreis drehte. Auf diese Weise würde es damit enden, daß sie überhaupt nichts taten. »Wir können uns nicht mal den *Anschein* leisten, nichts zu tun«, sagte er.
Cheney erklärte, die Verbindung zwischen der eine Million Mann starken irakischen Armee und 20 Prozent der weltweiten Ölreserven stelle eine erhebliche Bedrohung dar. Man müsse unterscheiden, ob man Saudi-Arabien verteidigen oder Irak aus Kuwait vertreiben wolle, sagte er und ließ durchblicken, daß er persönlich den Schutzauftrag favorisierte.
»Mit anderen Worten, das Problem hat gewisse Ähnlichkeit mit ERNEST WILL«, sagte Scowcroft. Damit spielte er auf die Operation an, mit der 1987–88 kuwaitische Öltanker im Golf geschützt werden sollten.
»Aber die militärischen Anforderungen wären viel höher«, antwortete Cheney.
Powell erklärte, das irakische Militär habe eine sehr professionelle Operation durchgeführt. Dann stellte der Vorsit-

zende General Schwarzkopf vor, der jetzt seine Karten und Pläne von der Region mit den eingezeichneten irakischen Angriffsrouten ausbreitete.

Zwei Stufen der Reaktion seien denkbar, sagte der General. Die erste Stufe bestehe aus vereinzelten Vergeltungsmaßnahmen. Da weder das Heer noch die Luftwaffe der Vereinigten Staaten über eine unmittelbar einsatzbereite Truppen in der Region verfügte, müßten alle Schläge von in der Gegend stationierten Flugzeugträgern der US-Marine ausgehen. Mögliche Ziele für derartige Schläge umfaßten die irakische Armee in Kuwait, aber auch militärische oder strategische Ziele im Irak selbst oder wirtschaftliche Ziele im Irak, etwa die Pipelines, die in die Türkei oder nach Saudi-Arabien liefen. Auch irakische Öltanker auf See kämen in Betracht. Diese Attacken wären begrenzte Strafmaßnahmen. Sie könnten nicht lange aufrechterhalten werden und würden das irakische Militär oder die irakische Wirtschaft wahrscheinlich nicht besonders hart treffen.

In der zweiten Stufe gehe es dann um die Durchführung des Plans 90–1002 zur Verteidigung der saudischen Halbinsel. Sie werde Monate dauern und 100.000 bis 200.000 Männer und Frauen aus allen Teilstreitkräften betreffen. Diese Stufe sei nur durchführbar, wenn Saudi-Arabien oder ein anderes Land den USA gestatte, eine Reihe von Stützpunkten aufzubauen – was unwahrscheinlich war, wenn man an die zögerliche Haltung der Araber in der Vergangenheit dachte.

Sununu drängte weiter auf die Möglichkeit wirtschaftlicher Maßnahmen. Ob es denn keine Möglichkeit gebe, Irak daran zu hindern, kuwaitisches, aber auch sein eigenes Öl zu verkaufen, fragte er. »Mit wem macht der Irak Geschäfte?«

Wirtschaftssanktionen hätten noch nie große Wirkungen erzielt, entgegnete Richard G. Darman, der Budgetdirektor. Das internationale Handelssystem kümmere sich nicht um die Verhängung eines Embargos oder die Schließung einer

Grenze. Der Markt reagiere auf Preise; während eines Embargos steigen die Preise, und der Anreiz, das Embargo zu unterlaufen, wächst.
Stimmt, sagte der Präsident. Irak werde einfach einen neuen Mittelsmann suchen. Wo es etwas zu verdienen gab, würde auch jemand das Öl kaufen und verkaufen. »Wie bei meinen Freunden in Texas«, fügte er hinzu.
Es sei wichtig, die gemäßigten arabischen Staaten während der Krise voranmarschieren zu lassen, bemerkte Kimmitt.
Darman äußerte, er habe den Eindruck, ihre Ziele seien nicht ganz klar. Nach Schwarzkopfs Ausführungen sei die Invasion von Kuwait eine vollendete Tatsache, und er sehe nicht, wie es möglich sein solle, das irakische Öl vom Markt zu verbannen.
»Was meinen Sie?« fragte Bush.
Darman war nicht klar, ob Bush sich auf seine Bemerkung über die Besetzung Kuwaits oder die Möglichkeit, das Öl vom Markt zu verbannen, bezog.
Darman antwortete dem Präsidenten auf die Ölmarktfrage. Er sagte, ein Embargo erfordere Durchsetzungsmechanismen. Er wußte, daß auch ein Militäreinsatz dazu notwendig sein konnte, etwa die Möglichkeit, die Marine zur Durchsetzung einer Blockade heranzuziehen, vielleicht ein Schritt, der größer war, als der Präsident zu tun bereit war.
»Aber wir können nicht einfach akzeptieren, was in Kuwait passiert ist, nur weil es zu schwierig ist, etwas zu unternehmen«, sagte Bush. Er gab nicht zu erkennen, ob er das Militär für diesen oder irgendeinen anderen Zweck einzusetzen bereit war.
Die Pipelines zu kappen, würde wirtschaftliche Auswirkungen haben, sagte Darman, aber es müßte rasch passieren.
Am Ende der Sitzung hatte Powell den Eindruck, daß

nach wie vor alles in der Luft hing. »Wollen wir nicht bei Saudi-Arabien eine Grenze ziehen?«, fragte er. Dieses Land war das eigentliche Interesse der Vereinigten Staaten.
Pickering äußerte, eine solche Grenze belasse Kuwait auf der anderen Seite, in den Händen des Irak.
Die Sitzung endete ergebnislos.

* * *

Boyden Gray verließ den Raum mit dem Eindruck, das Militär habe nun eine echte Chance. Es sah so aus, als wollte Bush tatsächlich etwas unternehmen. Im Verlauf der Jahre hatte Gray Bush häufig in kämpferischer Stimmung gesehen – in mancher Hinsicht schien das seinem Temperament zu entsprechen –, doch selten so wie heute. Die träge, nüchterne Stimmung am Abend zuvor, als sie den Präsidialerlaß aufgesetzt hatten, war verflogen. Jetzt zeigte Bush die Züge eines Mannes, der in die Enge getrieben wird. Aber Gray wußte, daß er genau dann stets zu Hochform auflief, genau wie bei einem Tennismatch, wenn er im letzten Satz 1 zu 4 im Rückstand lag.
Darman empfand die Situation als brenzlig. Angesichts der lebenswichtigen Interessen der Vereinigten Staaten in der Region und Saddams vergangener Aggressionen war es eine mittlere Katastrophe, daß die Geheimdienste der USA keinen Schimmer von Saddams Plänen gehabt hatten und das Militär nicht über angemessene und ausgearbeitete Eventualfallpläne verfügte. Als er die grünen Heeresuniformen von Powell und Schwarzkopf sah, dachte Darman mit Schrecken daran, daß das Militär Bodentruppen für den Nahen Osten fordern würde. Das konnte zu einem neuen Vietnam führen. Paul Wolfowitz, der alles aus dem Hintergrund beobachtet

hatte, war besorgt, daß der Sicherheitsrat sich mit seinem Gerede selbst paralysieren könnte. Es war ein Teufelskreis: die Regierung konnte ohne die Unterstützung der Araber nichts tun, sie würde diese Unterstützung nicht bekommen, also konnte sie nichts tun.

Powell hatte Bush aufmerksam beobachtet und hatte nicht den Eindruck, es sei klar, was der Präsident tun oder ob er den Verlust von Kuwait hinnehmen werde. Er wußte, daß Bush noch am gleichen Tag nach Aspen, Colorado, fliegen würde, um dort eine Rede zu halten und die britische Premierministerin Margaret Thatcher zu treffen. Sie würde wie immer mit ihrer Überzeugung nicht hinter dem Berg halten und einen starken Einfluß auf den Präsidenten ausüben.

Cheney rätselte ebenfalls darüber, was der Präsident tun würde. Der Minister fühlte sich ein bißchen überrumpelt. Er hatte dem Präsidenten keine praktikablen militärischen Optionen anzubieten.

Scowcroft war beunruhigt. Irak bildete eine gefährliche Bedrohung für die lebenswichtigen Interessen der Vereinigten Staaten. Dies ging zurück auf die Carter-Doktrin von 1980, als Präsident Carter in seinem Bericht zur Lage der Nation erklärt hatte: »Jeder von einer fremden Macht unternommene Versuch, Kontrolle über den Persischen Golf zu erlangen, wird als Angriff auf die lebenswichtigen Interessen der Vereinigten Staaten von Amerika gewertet. Ein solcher Angriff wird mit allen erforderlichen Mitteln, einschließlich militärischer Gewalt, abgewehrt werden.« Saddam war nicht weniger feindselig oder bedrohlich als irgendeine andere fremde Macht. Die Doktrin schien im Prinzip anwendbar zu sein.

Doch der Nationale Sicherheitsberater sah, daß ein anderes, größeres Prinzip auf dem Spiel stand. Das Vietnam-Syndrom war noch keineswegs vergessen – und die Militärs wollten keine Gewalt anwenden, wenn nicht alle hinter ih-

nen standen. Cap Weinbergers sechs Bedingungen für den Einsatz militärischer Gewalt verdeutlichten diesen Zustand der Lähmung. Weinbergers Bedingungen forderten fast einen Volksentscheid, bevor Gewalt angewendet werden durfte. Eine Kriegserklärung ohne ein moralisches Anliegen oder einen Auslöser wie Pearl Harbor war nicht möglich.
Scowcroft glaubte, daß die USA an solchen selbst auferlegten Vorgaben ersticken könnten. Für Scowcroft war der Krieg nicht mehr und nicht weniger als ein Instrument der Außenpolitik. Präsident Bush hatte das in Panama demonstriert. Die Administration war nicht losgerannt und hatte eine Umfrage gestartet oder versucht, Unterstützung zu bekommen. Nein, Bush hatte seine Autorität als oberster Befehlshaber der Streitkräfte in die Waagschale geworfen. Dann waren die Unterstützung der Öffentlichkeit und des Kongresses gefolgt.
Nach der Sitzung ging Scowcroft mit dem Präsidenten ins Oval Office zurück.
Zwar hatten Sununu, Darman und einige andere ihren Befürchtungen über die wirtschaftlichen Konsequenzen der Invasion Ausdruck verliehen, doch Scowcroft gab dem Präsidenten zu verstehen, daß die Sitzung im wesentlichen an den wichtigen Fragen der Außenpolitik vorbeigegangen sei.
›Mr. President‹, sagte Scowcroft, ›ich glaube, Sie und ich sind die einzigen, die auf das hier wirklich vorbereitet sind.‹
Bevor sie ihr Gespräch beenden konnten, mußten sie nach Aspen, Colorado, aufbrechen, wo Bush seine Rede halten sollte. Kurz vor dem Abflug hatte Bush jedoch noch ein Gespräch unter vier Augen mit seinem Rechtsberater Boyden Gray. Der Präsident wollte sich über seine verfassungsmäßigen Rechte im Falle einer Entsendung oder des Einsatzes einer Luftstreitmacht informieren – Option Stufe 1.

* * *

Cheney und Powell waren spät dran. Sie mußten zum Kapitol hinaufhasten, um Sam Nunn, Les Aspin und sechs andere ranghohe Mitglieder diverser Verteidigungsausschüsse über die sogenannten »Streitkräfte der Zukunft« und den Plan des Pentagons zu informieren, den Umfang des Militärs innerhalb der nächsten fünf Jahre um 25 Prozent zu verringern. Dies war ein Aspekt von Powells Konzept einer »Basis-Armee«, die die Vereinigten Staaten nicht unterschreiten konnten, ohne ihre Sicherheit zu gefährden. Die Stabschefs zum Mitmachen zu bewegen, war eine Aktion für sich gewesen. Stellenweise kam es ihm vor, als versuche er, einen Fuß in einen drei Nummern zu kleinen Schuh zu zwängen. Aber er hatte sich durchgesetzt.
Es war Ironie des Schicksals, daß die Invasion und das heutige Briefing auf denselben Vormittag gefallen waren. Er erklärte den Parlamentariern, daß die Vereinigten Staaten sich kurzfristig nicht mehr auf einen globalen Konflikt einzustellen bräuchten. Dafür müsse man sich jetzt auf unvorhersehbare Ereignisse in bestimmten Regionen gefaßt machen, und hier war so eines – Saddams Überfall auf Kuwait. Den Führern des Kongresses schien die neue Idee für die Streitkräfte der Zukunft zu gefallen, und sie sprachen ihm ihre Zustimmung aus. Aber die meisten Fragen drehten sich um die Invasion.
Bei der nachmittäglichen Pressekonferenz in Colorado schwenkte Bush bereits leicht um: »Wir legen uns auf keine Optionen fest, aber wir schließen auch keine aus.«
Zwei Stunden später sprach Bush mit König Fahd von Saudi-Arabien. Aus seiner Zeit als UN-Botschafter und CIA-Direktor unterhielt Bush gute Beziehungen zu den Monarchen im Nahen Osten – den »befreundeten Majestäten«, wie sie im CIA häufig hießen. Fahd und er wußten beide, daß sie nur zum Hörer greifen mußten, wenn es etwas zu besprechen gab.

Der unermeßlich reiche Fahd, 69, galt als übervorsichtiger, zaudernd pro-westlich eingestellter Monarch, der dazu neigte, seine außenpolitischen Ziele durch Finanzdiplomatie, mit anderen Worten Schmiergelder, zu erreichen. Die beiden sprachen fast eine halbe Stunde miteinander. Fahd stellte viele Fragen. Er wollte wissen, welchen Eindruck die USA von Saddams Plänen hatten, und was Bush tun könne, um den Saudis zu helfen. Sie stimmten überein, daß die Attacke auf Kuwait inakzeptabel war, einigten sich jedoch nicht auf ein gemeinsames Handeln.
Auf dem Rückflug nach Washington sprach Bush von der Air Force One aus mit König Hussein von Jordanien und Präsident Mubarak von Ägypten, die sich in Alexandria aufhielten. Die beiden Staatsmänner reichten sich den Hörer hin und her. Ihre Botschaft lautete: Geben Sie uns mehr Zeit und überlassen Sie uns Arabern die Lösung des Problems.

***

Pete Williams wollte mehr Information und wußte, daß der Joint Staff – die »J-boys«, wie er sie häufig nannte – seine beste und nächstliegende Quelle war. Dort fand sich immer etwas – ein Plan, eine Analyse oder jemand, der sein Leben lang an dem betreffenden Problem gearbeitet hatte. Es kam nur darauf an, sich durch das Labyrinth der Bürokratie zu kämpfen. Am Nachmittag ging er runter in General Kellys Büro. Normalerweise machte Kelly den Eindruck eines Mannes, der nichts und niemand auf der Welt fürchtete und einen nie vergessen ließ, daß er der Mann mit den Sternen auf der Schulter war. Jeder seiner Sätze klang wie eine unumstößliche Tatsache.

General Kelly war pessimistisch. »Wir können nichts machen«, sagte er. Ohne schwere Bodentruppen – Panzer-Divisionen – in der Region gebe es effektiv keine Möglichkeit, auf Saddams Vorstoß zu reagieren. Kelly sagte, das Militär wolle sich nicht in einen Landkrieg in Südwestasien verstricken lassen, nein danke.
»Wir hoffen, daß Ihr Politiker nicht träumt«, setzte Kelly hinzu. »Das wird kein Panama... Falls daran gedacht ist, es mit den Irakis aufzunehmen, möchte ich Euch lieber warnen.« Eine frontale Panzeroffensive sei eine »große Schweinerei«, sagte Kelly, der einen Großteil seiner Karriere als Panzerkommandant gedient hatte. »Wir können uns keinen Landkrieg leisten.«

***

Ursprünglich sollte Cheney Bush nach Colorado begleiten, doch dann hatte er abgesagt und statt dessen eine Sitzung mit seinen wichtigsten zivilen und militärischen Beratern angesetzt. Etwa fünfzehn Personen versammelten sich in seinem Büro, eine ungewöhnlich hohe Zahl für Cheney, der kleine Gruppen von zwei, drei oder vier bevorzugte.
General Kelly machte den Anfang. ›Hier ist die Geschichte von der Besetzung Kuwaits durch Irak‹, sagte er. Sein Ton zeigte, wie beeindruckt er als Profi von der raschen, präzisen und technisch brillanten Durchführung der irakischen Operation war.
›Okay Jungs‹, sagte Cheney. ›Was machen wir?‹
Powell erklärte, die Stabschefs und Schwarzkopf arbeiteten noch an den Optionen.
Cheney schien nicht glauben zu wollen, daß es nicht mehr Optionen gab.

›Es ist nicht so einfach‹, sagte Powell. Sie hätten es mit einer riesigen Invasion zu tun, die aus heiterem Himmel gekommen und bereits vollzogen sei. Saddams Mission sei damit erst einmal abgeschlossen.
Die Spannung in dem überfüllten Raum wuchs.
»Ich brauche ein paar Optionen, die ich dem Präsidenten vorlegen kann«, sagte Cheney.
Powell wiederholte noch einmal, daß sie daran arbeiteten.
Sowohl er als auch Kelly wollten zeigen, daß sie nicht mit unausgegorenen Vorschlägen ankommen würden. Powell war dagegen, daß das US-Militär ein, zwei chirurgische Schläge ausführte, die nichts weiter als Nadelstiche sein konnten.
Wie sollte es danach weitergehen? Es gab nicht viel, was man aus der Distanz tun konnte, und das Pentagon würde einen Eindruck von Hilflosigkeit und Schwäche vermitteln.
›Wie wäre es mit einem selektiven Schlag gegen die Pipelines in Saudi-Arabien oder in der Türkei?‹ schlug jemand vor.
Kelly antwortete, das sei sinnlos. So präzise könne ein Bombardement nicht sein. Wenn die Pipelines getroffen würden, sei es ein Leichtes, sie umgehend wieder instand zu setzen. Die Verlierer bei einer solchen Mission wären Saudi-Arabien, die Türkei oder beide, denn ein solches Vorgehen würde unweigerlich Vergeltungsmaßnahmen nach sich ziehen. Es sei provozierend und unpraktisch. Mit solchen Schritten lieferten sie Saddam nur einen Vorwand, gegen diese Länder vorzugehen.
Dann kam der Vorschlag, es sei vielleicht an der Zeit, sich Saddams chemische und nukleare Anlagen vorzunehmen, denn dies sei eine Bedrohung, die langfristig von Irak ausgehen werde.

Diese Idee wurde schnell verworfen; sie hätte eine ernste Eskalation bedeutet.
Pete Williams und Dave Addington, Cheneys Referent für besondere Aufgaben, standen auf und verließen die Sitzung, bevor sie beendet war. Sie hofften, den anderen Hinterbänklern zu signalisieren, daß es Zeit zum Gehen war. Cheney mochte keine großen Sitzungen, das war bekannt, besonders wenn sich etwas zusammenbraute.
Als Cheney und Powell schließlich allein waren, sagte der Minister, er fühle sich blockiert. Der Präsident brauche keine politischen Ratschläge. Was sie beide, er und Bush, jetzt erwarteten, seien militärische Optionen, und die schienen nicht zu kommen.
›Mr. Secretary‹, sagte Powell, ›das Ganze spielt sich mehr als 6000 Meilen von hier entfernt ab. Wir haben keine Bodentruppen in der Region, und ein Luftangriff wäre dasselbe wie in den Wind zu pinkeln. Außerdem könnte er etwas provozieren, was wir nicht wollen – einen Angriff auf Saudi-Arabien.‹
Es war der aggressivste Wortwechsel, den sie je gehabt hatten.

***

Kelly wußte nicht, was man von ihm verlangte. Die JCS und ihre Operationsleute brauchten zuerst eine Erklärung über das militärische Ziel und die Mission. Sollten sie dafür einen Plan erarbeiten? Vergeltungsmaßnahmen gegen Irak? Die Befreiung Kuwaits? Die Verteidigung anderer arabischer Staaten? Er hatte von der politischen Ebene keine Leitlinien bekommen – weder vom Präsidenten noch vom Verteidigungsminister. Ohne ein Ziel blieben Diskussionen über

Optionen ziemlich abstrakt. Als Diensterweiterung führte er den sogenannten Bereitschaftsdienst ein, bei dem die Offiziere in Wechselschichten arbeiteten, damit wichtige J-3-Vertreter 24 Stunden am Tag im Pentagon verfügbar waren. Doch bald saßen er und sein Stab herum, drehten Däumchen und warteten auf ihren Einsatz.
Powell studierte die Äußerungen, die der Präsident an diesem Nachmittag im Pentagon gemacht hatte. Er war daran gewöhnt, Bushs öffentliche Erklärungen zu analysieren. Der Vorsitzende mußte die politische Linie des Präsidenten kennen, und dieser Präsident neigte dazu, wenigstens Teile seiner Gedanken in Reden und Kommentaren vor der Presse einfließen zu lassen. Manchmal trat die politische Linie klar und präzise hervor. Andere Male erlebte Powell Überraschungen. Die Erklärungen von Aspen wirkten moderat. Später hatte Bush auch von seinem Telephongespräch mit König Hussein und Präsident Mubarak berichtet: »Sie haben um Zurückhaltung gebeten. Sie sagten, sie bräuchten ein wenig Zeit, um eine arabische Lösung zu finden... [Sie sagten:] Gebt uns die Möglichkeit, diese Krise als Nachbarn und als Araber zu lösen. Und ich habe ihnen klar gemacht, daß die Krise wegen der blanken Aggression über eine rein regionale Auseinandersetzung bereits hinausgegangen ist.«

* * *

Cheney kochte. Schon der Überfall auf Kuwait war eine Bedrohung amerikanischer Interessen, und der Präsident hatte das Recht auf ein breites Spektrum von Optionen, einschließlich militärischer Optionen. Er ließ Admiral Bill Owens kommen, der nur noch zwei Tage für ihn arbeiten sollte. »Was kann die Navy tun?« fragte Cheney. Er erwartete Ideen für einen unverzüglichen selektiven Schlag gegen Irak. Er stellte sich etwas vor, das Saddam Hussein nachdrücklich warnte, möglicherweise mit Hilfe von Geschossen, die aus Dutzenden von Meilen abgefeuert werden konnten, so daß keine US-Soldaten gefährdet waren.

›Die Marine verfügt über die Möglichkeit, äußerst wirkungsvolle Tomahawk-Marschflugkörper abzuschießen‹, erklärte Owens. Die sogenannten T-LAMS (Tomahawk Land Attack Missiles) konnten auf Ziele im Irak programmiert werden.

Cheney forderte Zahlen und Einzelheiten und wies Owens an, bei seinen Navy-Freunden im dritten Stock Erkundigungen einzuziehen und mit irgend etwas wiederzukommen. Und zwar unverzüglich. ›Machen Sie sich an die Arbeit, stellen Sie alles auf den Kopf und kriegen Sie raus, was wir tun können und wie schnell wir es tun können.‹ Es gebe immer etwas zu holen, man müsse nur das richtige Büro oder die richtige Schublade finden. Und der JCS habe nichts anzubieten.

Cheney gab den gleichen Auftrag auch seinem jungen Militärberater, Luftwaffenoberst Garry R. Trexler, und forderte ihn auf herauszufinden, was die Luftwaffe plante oder überlegte.

Cheney nannte das »dem System auf den Zahn fühlen«. Die verschiedenen Dienste abzuklopfen und informelle Verbindungen zu nutzen war genau das, was Powell Cheneys Meinung nach oft getan hatte, als er noch Militärberater unter Cap Weinberger war.

Cheney hatte das Gefühl, daß er wie jeder hohe Beamte in der Regierung auf viele Informationsquellen angewiesen war. Es kam nicht in Frage, daß er sich von den Vereinten Stabschefs oder Colin Powell abhängig machte.

* * *

Als Bush und Scowcroft nach Washington zurückgekehrt waren, nahmen sie ihre Diskussion über die unbefriedigende Sitzung des Nationalen Sicherheitsrats wieder auf. In Scowcrofts Augen wurde viel zu viel verschleppt – indem man sagte, alles sei zu schwierig und das Problem ohnehin zu weit entfernt, das Militär und die Administration müßten erst einmal ihre Probleme über den Haushalt beilegen, und die Lage sei vielleicht letztendlich doch nicht so schlimm.

Bush nickte. Auch er hielt die Lage für äußerst ernst.

›Mr. President‹, sagte Scowcroft, ›ich glaube nicht, daß Sie unbedingt federführend sein sollten. Lassen Sie mich ein Handlungskonzept entwerfen, und dann können wir immer noch sehen, was passiert.‹

Sie beraumten eine weitere Sitzung des Nationalen Sicherheitsrats für den nächsten Morgen an; dann zog sich Scowcroft zurück, um einige seiner Vorstellungen zu Papier zu bringen.

An diesem Abend gab Powell in Quarters 6 ein Essen für den britischen Admiral Sir Benjamin Bathurst, den NATO-Kommandeur der English Channel Forces. Mit Dutzenden von hohen ausländischen Kommandeuren Kontakt zu halten, zu beraten und gesellschaftlich zu verkehren, war Routine und verschlang einen Großteil seiner Zeit. Admiral Jeremiah und dreißig weitere Gäste waren anwesend. Irgendwann während der Cocktails legte Powell Jeremiah herzlich den Arm um die Schultern. Er schien sehr glücklich über seinen neuen Stellvertreter zu sein. Powell wirkte entspannt. Er war freundlich, äußerte jedoch in seiner Rede beim Essen, daß die irakische Invasion eine ernüchternde Wirkung gehabt habe – »wie ein kalter Waschlappen im Gesicht«.

Das Dinner verlief ungestört, trotz der Krise. Er erzählte seinen Gästen, daß er in seinem Leben viele Demütigungen habe einstecken müssen. So hatte er an einem Wochenende, als er Reagans Nationaler Sicherheitsberater war, an der Hochzeit der Tochter seines Freundes Vernon Jordan teilgenommen habe. Die Kirche war voller Politiker und Journalisten, »*newsies*« gewesen. Nachdem Alma und er Platz genommen hatten, piepte plötzlich sein Signalgerät und zeigte an, daß er in seinem Büro anrufen sollte. Er stürmte aus der Kirche. Die *newsies* und alle anderen hatten es auch gehört, saßen jedoch in der Kirche fest. Er setzte sich in seinen Wagen und rief im Weißen Haus an, wo man ihm mitteilte, daß es einen Attentatsversuch auf den türkischen Präsidenten Turgut Özal gegeben habe. Er tätigte noch ein paar Anrufe und sorgte dafür, daß das System reibungslos reagierte.

Als er zehn Minuten später in die Kirche zurückkam, reckten alle den Hals, um an seinem Gesicht abzulesen, wie ernst die Sache war, die ihn abberufen hatte. Er machte eine große Show draus, stapfte grimmig und mit wichtigem Gesichtsausdruck zu seiner Bank zurück. Als er sich hinsetzte, beugte sich Alma zu ihm rüber und fragte, was geschehen sei. Daraufhin flüsterte er ihr seine heiße Insiderinformation zu.

»Colin, um Himmels willen«, sagte sie. »Das habe ich schon vor drei Stunden im Radio gehört.«

Als das Gelächter verebbt war, setzte Powell hinzu, man sehe, wie dünn die Luft in der politischen Stratosphäre werden könne, und es sei nicht schlecht, eine imaginäre kleine Sauerstoffmaske vor dem Kopf baumeln zu haben. Immer wenn er glaubte, alles liefe wie geschmiert und er hätte die Sache im Griff, nehme er einen Zug, um wieder auf den Boden zurückzukommen. An diesem Tag, so schloß er, habe er statt der Sauerstoffmaske Saddam Hussein.

* * *

Am nächsten Tag, Freitag, den 3. August, tagte der Nationale Sicherheitsrat erneut im Weißen Haus. Scowcroft hielt seine Notizen in der Hand und begann: »Wir müssen herausfinden, was die langfristigen Interessen für unser Land und für den Nahen Osten sind, wenn die Invasion und Besetzung Kuwaits eine vollendete Tatsache bleibt. Wir müssen unsere Überlegungen mit der Tatsache beginnen, daß dies inakzeptabel ist. Ja, es ist schwierig, viel zu unternehmen. Es gibt eine Menge Gründe, warum wir dieses und jenes nicht tun können, aber es ist dennoch unsere Aufgabe.«
Wolfowitz hatte den Eindruck, daß Scowcroft in diesen Minuten den Schwerpunkt insgesamt verlagerte. Das schien sogar Sununu zu bremsen, der sonst jede im Kabinett erwogene Option unter Beschuß nahm und alle Ungewißheiten, die er ausmachen konnte, hinterfragte.
Darman sah in Scowcrofts Einführung eine Aufforderung an das Kabinett, sich zusammenzuschließen, Schulterschluß zu demonstrieren.
Der Präsident ließ durchblicken, daß er die Meinung seines Nationalen Sicherheitsberaters teilte. Die Teilnehmer berieten über Wirtschaftssanktionen und Möglichkeiten der Zusammenarbeit zwischen der Administration, den Verbündeten und den Vereinten Nationen. Man mußte eine Mauer um Saddam ziehen, ihn isolieren.
Sie debattierten über einen CIA-Bericht, der den Standpunkt vertrat, die Invasion stelle eine Bedrohung für die aktuelle Weltordnung dar, und ihre langfristigen Auswirkungen auf die Weltwirtschaft könnten verheerend sein. Saddam sei entschlossen, Irak zu einer Supermacht zu machen – ein Gegengewicht zu den Vereinigten Staaten, der Sowjetunion und Japan aufzubauen. Die Kontrolle über 20 Prozent der weltweiten Ölreserven werde ihm reichlich Einfluß sichern. Außerdem enthielt der Bericht besorgnis-

erregende Angaben über die irakischen Kapazitäten: nach Einschätzung des CIA würde es Saddam keinerlei Schwierigkeiten bereiten, seine in Kuwait stationierte Armee nach Süden zu dirigieren und innerhalb von drei Tagen 275 Meilen weiter in Riad, der saudischen Hauptstadt, zu stehen.
Snowcroft erklärte, man müsse zweigleisig fahren. Erstens müßten die Vereinigten Staaten seiner Ansicht nach bereit sein, Gewalt anzuwenden, um einen irakischen Vormarsch zu verhindern, und man müsse es auch aller Welt deutlich zeigen. Zweitens müsse Saddam gestürzt werden, am besten mit einer verdeckten Aktion des CIA, die vor der Weltöffentlichkeit möglichst geheimgehalten werden sollte.
Bush wies den CIA an, Pläne für eine verdeckte Operation zu entwickeln, die das Regime destabilisieren und, so seine Hoffnung, Saddam entmachten würde. Er wolle auf allen Fronten versuchen, die irakische Wirtschaft zu lähmen, den Widerstand gegen Saddam in seinem eigenen Land und anderswo zu stärken und Ausschau nach alternativen Führern im Militär oder in der irakischen Gesellschaft zu halten. Er wisse, daß eine verdeckte Aktion schwierig, wenn nicht unmöglich sei angesichts der Tatsache, daß Saddam einen Polizeistaat führte und jede Abweichung oder Opposition brutal unterdrückte. Dennoch wolle er herausbekommen, was getan werden könnte. Einen besseren Grund für eine verdeckte Aktion im Interesse der nationalen Sicherheit habe es nie gegeben.
Bush schloß damit, er wolle Cheney, Powell und Schwarzkopf am folgenden Tag in Camp David sehen, um sich ein Bild über die militärischen Optionen zu machen.

***

Einige Stunden später erzählte einer der Stabschefs im Pentagon Powell, daß Konteradmiral Owens und andere aus Cheneys Mannschaft ihre Führungsstäbe aufforderten, auf Anordnung des Ministers die Pläne für selektive Schläge gegen Irak auszugraben. Powell marschierte auf der Stelle in Owens' Zimmer im Bürokomplex des Ministers, wo Powell selbst drei Jahre lang gesessen hatte. Es lag im zweiten Stock.
»Ich habe etwas gegen eigenständige Aktivitäten aus diesem Büro«, erklärte er Owens, einem schlanken, höflichen Mann, der an diesem Tag zum letzten Mal in Cheneys Amtszimmer arbeitete. »Versuchen Sie so was nie wieder.« Der Vorsitzende drohte Owens mit dem Finger. Powell hatte Visionen von Oberstleutnant Oliver Norths Iran-Contra-Operationen. Wie North hatte Owens die offiziellen Kanäle verlassen, um auf kurzfristige Bedürfnisse und Launen des Chefs zu reagieren. Das war ein Weg, der nicht nur den Chef, sondern das ganze Land in eine Katastrophe stürzen konnte. Derartige Machenschaften aus der Vergangenheit würden sich nicht wiederholen, solange Powell etwas zu sagen hatte. Er selbst hatte derartige Impulse eingedämmt, als er hier, in diesem Büro, unter Weinberger arbeitete. Er hatte die Iran-Contra-Affäre überlebt und war anschließend ins Weiße Haus unter Reagan gekommen, wo er als stellvertretender Sicherheitsberater half, den Nationalen Sicherheitsrat zu säubern. Nachdem er ohne einen Kratzer aus diesem Skandal hervorgegangen war, würde er nicht zulassen, daß unter seiner Ägide als Vorsitzender ähnlich verhängnisvolle Einzelaktionen erneut ins Kraut schossen.
Owens, gefangen zwischen den beiden mächtigsten Männern im Pentagon, erzählte Powell nicht, daß er nur Cheneys Befehle befolgte.
»Wir werden Ihnen alle wichtigen Informationen geben, die Sie brauchen«, sagte der Vorsitzende. Er bestehe nur darauf, daß sämtliche Informationen und Optionen von den Streit-

kräften über ihn und die Vereinten Stabschefs liefen. »Ich habe keine Lust, etwas ausführen zu müssen, das sich jemand ausgedacht hat, ohne daß ich je davon gehört habe.«
Als er sich beruhigt hatte, erinnerte Powell Owens daran, daß der Militärberater den Druck, der vom Minister kam, auffangen müsse. ›Machen Sie keine dummen Sachen, nur um irgendwelche spontanen Sonderwünsche zu erfüllen‹, mahnte Powell. ›Fangen Sie den Druck auf und tun Sie Ihre Pflicht.‹ Der Vereinte Stab arbeitete, die Stabschefs arbeiteten, und Schwarzkopf arbeite ebenfalls.
Owens nahm die Rüge schweigend entgegen.
Powell hielt noch immer an seiner Einstellung fest, daß die Anwendung von Gewalt ungeheuer heikel war. Er lehnte die Behauptung ab, man brauche nur ein paar Bomben zu werfen und Tomahawk-Raketen abzufeuern und könnte damit einen »chirurgischen« und begrenzten Angriff führen. Schon der Begriff »chirurgisch« und das ihm zugrunde liegende Konzept brachten Powell zur Weißglut. Es war die moderne militärische Illusion, der einige Leute immer dann erlagen, wenn sich das Land in einer Auseinandersetzung mit jemandem wie Saddam befand: ›Braten wir ihm ein paar über, damit er sieht, was wir können, und auf unserer Seite kriegt keiner eine Schramme ab.‹ Hirngespinste.
Am Nachmittag traf sich Powell mit den Stabschefs. Ein frischer Wind war in die Runde gefahren. Die neuen Chefs der Luftwaffe und Marine, General Michael J. Dugan und Admiral Frank B. Kelso II., waren erst seit einem Monat im JCS. Vuono und Gray, die das Heer und die Marines befehligten, waren jetzt alte Hasen. Die Frage, die alle beschäftigte, lautete: Welches Ziel wollen die Vereinigten Staaten als Nation erreichen? Denn das war noch unklar, entweder weil Präsident Bush es noch nicht entschieden oder aber weil er vergessen hatte, ihnen seine Entscheidung mitzuteilen.
Die Chefs und die Streitkräfte müßten jetzt eng zusammen-

arbeiten, sagte Powell. ›Bringen Sie einen Konsens zustande, arbeiten Sie mit Schwarzkopf, wir wollen keine Lösung, an der nur eine Teilstreitkraft beteiligt ist, und keine Einzelaktionen.‹

* * *

An diesem Nachmittag arrangierte Scowcroft ein Treffen mit Prinz Bandar im Weißen Haus.
Bandar war in London gewesen, als er etwa vierzig Stunden zuvor von der Invasion in Kuwait erfahren hatte. Auf der Stelle flog er in seinem Privatjet in die Vereinigten Staaten zurück. Während er den Atlantik überquerte, versuchte er zu verdauen, was passiert war. Er rief sich sein Treffen mit Saddam vor weniger als vier Monaten in Erinnerung zurück. Damals hatte Saddam auf eine Zusicherung gedrängt, daß Israel den Irak nicht angreifen werde. Kaum war Bandar in Washington gelandet, wies er seine Leute an, den achtzehnseitigen Vermerk über das Treffen zu suchen. Beim Lesen fiel es ihm wie Schuppen von den Augen. ›Mein Gott, der Kerl hat das Terrain zum Angriff vorbereitet!‹ Saddam hatte von Amerikanern und Israelis die Zusicherung verlangt und auch erhalten, daß er keinen Angriff zu befürchten habe. So hatte er seine westliche Flanke vor Israel geschützt und sich die Möglichkeit geschaffen, im Osten mit Kuwait zu machen, was er wollte. Bandar kam zu dem Schluß, daß er und die Bush-Administration in eine Falle getappt waren. Diese Erkenntnis wurde noch verstärkt, als er hörte, daß Saddam keinen einzigen Soldaten auf der Westflanke hatte.
Bandar war äußerst besorgt, als er am Freitagnachmittag im Weißen Haus erschien, um Scowcroft zu treffen. Dieser hatte im Gegensatz zu Powell eine recht positive Meinung

über Bandar; als Nationaler Sicherheitsberater hatte er Bandar als ziemlich offen erlebt. Bandar hatte wiederholt bewiesen, daß er einen direkten Draht zu König Fahd hatte und die Einstellung des Königs sehr präzise einschätzen konnte. Wenn das überhaupt möglich war, so schien Bandar in den meisten Angelegenheiten der US-Seite zuzuneigen. Daher sorgte Scowcroft dafür, daß Bandar direkten Zugang zu Bush bekam, wenn das nötig war.

Zu Beginn des Treffens sagte Scowcroft, er spreche im Namen des Präsidenten. Die Saudis hatten das amerikanische Angebot einer F-15-Staffel noch nicht beantwortet, und Scowcroft wußte, daß ein solches Schweigen, zumindest im Moment, einem saudischen Nein gleichkam. Er sagte, Bush sei bereit, sein Angebot zu erweitern. Die Haltung Bushs laufe darauf hinaus, daß die Vereinigten Staaten dazu tendierten, auf jede nur denkbare Art zu helfen.

Bandar erinnerte Scowcroft, daß erst vor einem Jahrzehnt, als der Schah von Persien gestürzt wurde, Präsident Carter den Saudis angeboten hatte, sozusagen als Geste der Freundschaft ein paar F-15-Staffeln nach Saudi-Arabien zu entsenden. Seine Majestät hatte angenommen. Als die Flugzeuge unterwegs waren und bereits die halbe Strecke zurückgelegt hatten, erklärte Carter, sie seien unbewaffnet. Bandar sagte, die Konsequenzen für die Saudis seien verheerend gewesen und heute noch nicht vergessen. Offen gestanden sei die Regierung besorgt. Sie frage sich, ob die Amerikaner Manns genug seien, einzugreifen. »Wir wollen nicht, daß Sie eine Hand ausstrecken und sie dann wieder zurückziehen, um uns diesem Kerl an unserer Grenze auszuliefern, der bis dahin doppelt so verrückt sein wird, wie er jetzt schon ist«, sagte der Botschafter.

»Ich kann Ihnen versichern, daß wir das nicht tun würden« antwortete Scowcroft. »Wir meinen es ernst und werden alles tun, um Sie zu schützen.« Doch setzte er hinzu, daß man im Gegenzug erwartete, daß auch die Saudis ihre Ernsthaftigkeit unter Beweis stellten und US-Truppen in ihrem Land akzeptierten.

In diesem Moment kam zufällig Präsident Bush in Scowcrofts Büro.

»Das ist Ihr Freund?« sagte Bush zu Bandar in einer deutlichen Anspielung auf Bandars frühere Bitte nach einer Nicht-Angriffs-Zusicherung für Saddam.

Bandar lachte leise.

»Erinnern Sie sich noch?« fragte Bush. »Das ist der Typ, von dem Sie mir gesagt haben, er sei in Ordnung.«

»Schnee von gestern, Mr. President«, sagte Bandar. Er räumte ein, daß sowohl die Saudis wie auch die Vereinigten Staaten reingelegt worden waren.

Bush wandte sich dem aktuellen Problem zu. Er sagte, er sei verärgert, daß Kuwait offenbar erst eine halbe Stunde oder wenige Minuten vor dem Einmarsch der Iraker Hilfe von den Vereinigten Staaten erbeten habe. Er befürchte, daß die Saudis, die möglicherweise als nächste auf Saddams Liste standen, ihr Ersuchen zu lange hinauszögerten und die USA dann nicht in der Lage wären, ihnen zu helfen.

›Welche Art von Hilfe können Sie anbieten?‹ fragte Bandar. ›Wie viele Flugzeuge? Welche Art von Waffen?‹ Wenn darüber beraten werden solle, müsse König Fahd präzise Informationen bekommen.

Bush und Scowcroft erklärten, darauf könnten sie nicht antworten. Dafür seien Cheney und Powell zuständig.

Bandar ließ nicht locker und spielte sarkastisch auf Jimmy Carters unbewaffnete F-15 an. Bush wirkte fast verletzt von der Vorstellung, es gebe Bedenken und die Saudis zweifelten an seiner Entschlossenheit. Er schien Bandars Fragen persönlich zu nehmen.

»Ich gebe Ihnen mein Ehrenwort«, sagte Bush schließlich zu Bandar. »Ich werde diese Sache mit Ihnen durchstehen.«

Bandar spürte, wie ihn ein Schauer überlief. Der Präsident der Vereinigten Staaten hatte soeben seine persönliche Ehre verpfändet.

***

Scowcroft rief Cheney an und sagte, der Präsident habe beschlossen, den Saudis zu helfen. Er solle ihm das Beste zeigen, was sie zu bieten hätten, Stufe 2 – den Plan für eine großangelegte Operation. »Schnappen Sie sich Bandar und machen Sie ihm klar, was wir für ihn tun können.« Der Präsident wolle keine halben Sachen. Er habe sein Wort gegeben. Dies sei ein Ernstfall. Um die Saudis zu überzeugen, habe der Präsident angeordnet, daß Cheney Bandar die streng geheimen Satellitenaufnahmen zeigen solle. Sie würden die Gefahr demonstrieren, die entstand, wenn Saddam seine Truppen in Richtung Saudi-Arabien zusammenzog.
Cheney vereinbarte für den späten Nachmittag ein Treffen mit Bandar im Pentagon. Vorher aber hatte Cheney mit Powell noch ein Hühnchen zu rupfen. Bush brauchte endlich einen Überblick über die militärischen Optionen.
Der Minister und der Vorsitzende unterhielten sich unter vier Augen. Nun müsse Schluß sein mit der Hinhalterei, dem Zeitschinden oder auch nur dem Anschein davon, sagte Cheney. Das Weiße Haus rede Tacheles, und sie könnten mit den militärischen Alternativen nicht länger hinter dem Berg halten. Es sei an der Zeit, daß die Empfehlung der Militärs sich dem Ernst der Lage anpasse. Dem Präsidenten sei im Moment am besten geholfen, wenn man ihm mehr militärische Ratschläge gebe. Das Pentagon müsse endlich seine Arbeit tun. Cheney klang äußerst entschieden.

»Das alles ist erst möglich, wenn wir wissen, wo es lang geht«, erwiderte Powell.
Cheney erklärte, das sei mittlerweile klar. Scowcroft habe gerade angerufen, um ihnen etwas mitzuteilen: Der Präsident wünsche, daß sie Bandar Stufe 2 – Operationsplan 90–1002 – unterbreiteten. Auf Anweisung des Präsidenten solle Bandar auch die neuesten streng geheimen Luftaufnahmen sehen.
Die Spannung löste sich. Beide Männer wußten, daß sie einander brauchten.

* * *

Vor dem Treffen mit Bandar fühlte Cheney dem System ein bißchen mehr auf den Zahn. Lang, der Nahost-Spezialist des DIA, hatte an diesem Tag noch eine seiner elektronischen Botschaften geschickt, in der er die möglichen Folgen der Krise analysierte. Im Mittelpunkt stand die hohe Wahrscheinlichkeit, daß die Saudis sich einigeln und jede nach außen erkennbare Unterstützung ablehnen würden, obgleich sie ihr großes Land mit einer Streitmacht von weniger als 70.000 Mann verteidigen mußten. Sie hatten ihren Luftraum für amerikanische Militärmaschinen gesperrt und das Angebot, die Luftaufklärung in der Region mit amerikanischen AWACS-Flugzeugen (Airborne Warning and Control System, Frühwarnflugzeuge mit Radarsystem) zu verstärken, ausgeschlagen. Cheney zitierte Lang in sein Büro. Anscheinend war er der einzige Experte, der dem irakischen Truppenaufmarsch in den vergangenen Wochen die Aufmerksamkeit geschenkt hatte, die er offensichtlich verdient hatte. Cheney erklärte, er wolle sich mit ihm über die Iraker unterhalten. Seine ent-

scheidende Frage lautete: »Was ist das eigentlich für ein Volk?«
Lang, der die Geheimdienst-Gemeinde seit Jahren auf die Bedrohung durch den Irak hinwies, nahm die Gelegenheit begeistert wahr. »Es ist beeindruckend«, sagte er. »Es verfügt über eine sehr fähige Streitmacht und eine entwickelte Industrie als Grundlage. Für ein Dritte-Welt-Land ist es modern. Die Leute sind nationalistisch. Sie sind gefährlich.« Er untermauerte seine Analyse mit Statitistiken und Anekdoten.

***

Cheney kannte Prinz Bandar seit Jahren und mochte ihn. Er fand es beachtlich, daß ein einfacher Botschafter einen so weitgehenden Einfluß auf die US-Regierung, Washington und die internationalen Beziehungen nehmen konnte, denn Bandar fungierte de facto auch als Saudi-Connection zu Premierministerin Thatcher, den Sowjets und den Chinesen. Doch Cheney war besorgt, daß der Prinz seine eigenen Ziele verfolgen könnte. Ließ man ihm freie Hand, würde Bandar versuchen, die Außenpolitik der Vereinigten Staaten, Saudi-Arabiens und, wenn er schon einmal dabei war, der ganzen Welt zu bestimmen. Kurz, Cheney hielt Bandar für ein bißchen unkonventionell und glaubte nicht unbedingt, daß er eine hundertprozentige Verbindung zu König Fahd darstellte. Vielleicht wurden Botschaften aus anderen Gründen verzerrt, auf die Cheney im Traum nicht gekommen wäre.
Als Bandar am Nachmittag des 3. August im Büro des Verteidigungsministers erschien, nahm er neben Cheney und Powell in einem Armstuhl an dem kleinen runden Konferenztisch Platz. Auch Paul Wolfowitz und der Nahost-Ex-

perte des Nationalen Sicherheitsrats, Richard Haass, waren anwesend.

»Der Präsident hat mich beauftragt, Ihnen darzustellen, was die Vereinigten Staaten tun könnten, um das Königreich bei seiner Verteidigung zu unterstützen«, sagte Cheney. Er fügte hinzu, die USA würden, falls sie ins Land kämen, Unmengen von Soldaten mitbringen. Er versprach, daß seine Regierung es als sehr, sehr ernste Verpflichtung ansehen würde, wenn der König sie bat, sein Land zu schützen. Natürlich seien die Vereinigten Staaten in der Lage, von einem ihrer Flugzeugträger aus einen Einsatz zu fliegen und ein paar Bomben auf Saddam abzuwerfen, aber das würde ihn nur noch wütender machen, fuhr Cheney fort. Es würde das wirkliche Problem nicht lösen. Der Schlüssel seien Bodentruppen.

Cheney wußte, daß Bandar mit Saudi-Arabien telephoniert hatte und demnächst dorthin fliegen wollte, um persönlich mit dem König zu sprechen. Er wollte sichergehen, daß der Botschafter sein Angebot in allen Einzelheiten verstand.

Um das Problem, das auf die Saudis zukam, zu verdeutlichen, legten Cheney und Powell ihm Abzüge von Luftaufnahmen mit extrem hoher Auflösung vor und zeigten ihm die drei irakischen Panzer-Divisionen, die die erste Angriffswelle nach Kuwait getragen hatten. Eine war dabei, sich durch Kuwait auf die saudische Grenze zuzubewegen; die anderen könnten folgen. Weitere irakische Divisionen bezogen Stellung hinter den Panzerverbänden, genau wie bei der Invasion von Kuwait vor zwei Tagen. Die Linie der Divisionen glich einem Schwert, das auf das Königreich gerichtet war. Es schien äußerst gefährdet.

Powell brauchte etwa zehn Minuten, um den Operationsplan 90–1002 zusammenzufassen, der mehr als vier Divisionen, drei Flugzeugträger und viele Flugzeugstaffeln betreffen würde. Er gestattete Bandar einen Blick in das große

Buch mit dem streng geheimen Operationsplan und den Karten, die die mögliche Verlegung der Truppen über die Monate hinweg darstellten. »Das ist eine ziemlich große Streitmacht«, sagte Powell.
»An welchen Umfang haben Sie gedacht?« fragte Bandar. Powell antwortete, er wolle 100.000 bis 200.000 Mann in die Region entsenden.
Bandar schnappte nach Luft. »Nun, das beweist zumindest, daß Sie es ernst meinen, und vielleicht ist Ihnen jetzt klar, warum wir diese taktischen Jägerstaffeln nicht wollten.«
›Es ist ernst‹, sagte Powell.
»Wir sind auch der Meinung, daß Sie die Situation ernst nehmen müssen«, sagte Bandar und versuchte, die Oberhand zu gewinnen. Wenn eine solche Streitmacht schon jetzt in Saudi-Arabien stünde, wäre das Königreich imstande, aggressive Aktionen zu starten, etwa den Irakern die Pipelines zuzudrehen. Ohne eine derartige defensive Truppe seien Seiner Majestät die Hände gebunden, denn Saddam könne jederzeit einmarschieren und Saudi-Arabien überrennen. Bandar sagte, er stimme dem Plan zu und sei dafür, ihn in die Tat umzusetzen. Er versprach, dem König und seinem Vater, dem saudischen Verteidigungsminister, zu vermitteln, was man tun könne.
Bandar erklärte, daß er und andere saudische Beamte versuchten, Kontakt zu Saddam aufzunehmen, um herauszubekommen, welche Absichten er verfolgte, bisher jedoch ohne Erfolg. Nach Bandars Darstellung war König Fahd nicht imstande gewesen, Saddam in den ersten zehn Stunden nach der kuwaitischen Invasion zu erreichen. Als sie dann miteinander gesprochen hätten, habe Saddam die Befürchtungen König Fahds abgetan und erklärt, die Bewegung seiner Truppen in Richtung der saudischen Grenze sei eine Übung. Dann war der Vizepräsident des irakischen revolutionären Kommandorates nach Saudi-Arabien gekommen, um sich

mit König Fahd zu treffen, und hatte durchblicken lassen, er könne auch kein Licht auf Saddams Absichten werfen.

Bandar sprach von beherrschter Panikstimmung in seinem Land – beherrscht, weil, wie jeder weiß, königliche Hoheiten niemals in Panik geraten. Irgendwann hatte er einmal gesagt: »Haltung ist etwas ungeheuer Wichtiges in unserem Land, selbst wenn sie völlig sinnlos ist.«

Es sei zu insgesamt drei ernsten Grenzüberschreitungen der Iraker gekommen, die fünf oder mehr Meilen auf saudisches Territorium vorgestoßen waren, berichtete Bandar. Der irakische Stabschef habe den Saudis erklärt, es handele sich um ein Versehen seiner Soldaten, und geschworen, jedem irakischen Soldaten, der auch nur einen Finger über die Grenze strecke, den Arm abzuhacken. Nach dem dritten feindlichen Einfall sei es den Saudis nicht mehr möglich gewesen, die irakische Obrigkeit über den speziell zwischen den beiden Ländern eingerichteten heißen Draht zu erreichen. Bei einem dieser Grenzzwischenfälle hätten sich die Iraker erst zurückgezogen, nachdem sie eine Brücke auf einer von ihnen benutzten, gut markierten Piste gesprengt hatten.

Als Bandar sich verabschieden wollte, erklärte Cheney, wenn die Saudis die US-Truppen anforderten und Präsident Bush zustimmte, könnten sie General Schwarzkopf oder jemand anderen für die Koordinierung schicken, um sicherzustellen, daß die Kampfflugzeuge der US-Luftwaffe nur da landeten, wo die Saudis dies wollten.

Bandar versicherte ihnen, daß er eine sofortige Entsendung von US-Truppen befürworten werde. Dann verabschiedete er sich.

Wolfowitz äußerte Erstaunen über den plötzlichen Ernst auf beiden Seiten. Er schlug vor, angesichts von Bandars offensichtlicher Erwärmung für die Idee einer Militärhilfe die US-Truppen in Alarmbereitschaft zu versetzen, vor allem die Luftlandetruppen, die als erste abkommandiert würden.

»Er klopft nur Sprüche«, sagte Powell. »Ich glaube nicht, daß es Zeit ist, die 82. Luftlande-Division zu alarmieren.« Eine Brigade der 82. stand ohnehin immer in Alarmbereitschaft.
Cheney stimmte zu, sagte Powell jedoch, er wolle, daß Schwarzkopf die wichtigsten Befehlshaber aus allen Streitkräften mit nach Camp David brachte. Er wußte, daß persönliche Kontakte von großer Bedeutung für den Präsidenten waren. Menschen existierten für Bush erst dann, wenn er sie persönlich kennengelernt hatte. Cheney erklärte, es sei wichtig, daß der Präsident die Männer, die möglicherweise die Operation leiten würden, mit eigenen Augen sah. Er bat Owens, dafür zu sorgen, daß einer der großen Hubschrauber des Weißen Hauses, der sogenannten »White Tops«, sie alle am nächsten Morgen abholte und nach Camp David brachte, um Bush ihren Plan zu erläutern.

* * *

Später spürte Owens Cheney beim Friseur des Pentagon auf, wo der Verteidigungsminister sich gerade einen neuen Haarschnitt verpassen ließ. Sununus Büro habe die Bitte um einen Hubschrauber abgelehnt, berichtete Owens.
Typisch für Sununus Büro, dachte Cheney. Er hatte den Eindruck, daß Sununu sich als Stabschef zu wichtig nahm. Als Cheney diesen Job unter Ford innegehabt hatte, war er stets darauf bedacht gewesen, im Hintergrund zu bleiben und den Eindruck eines stellvertretenden Präsidenten tunlichst zu vermeiden. Sununu dagegen sonnte sich geradezu in diesem Glanz. Einmal kam Bush zu spät zu einer Kabinettssitzung, und Sununu hatte sich auf den Stuhl des Präsidenten niedergelassen – ein kleiner Fauxpas, aber in Cheneys

Augen ein Symbol für die Selbstüberschätzung, mit der Sununu sein Amt versah.
Als Verteidigungsminister verfügte Cheney über mehr Hubschrauber als jeder andere. Er wies Owens an, eigene Hubschrauber für den Flug bereitzustellen.

* * *

Bandar rief König Fahd an, um ihm Bericht zu erstatten. Fahd wollte sich vergewissern, daß die Bedrohung aus dem Irak real war. Sie wußten beide, daß die Kuwaitis das Ersuchen um amerikanische Unterstützung so lange hinausgezögert hatten, weil sie den Verdacht hegten, die irakische Bedrohung sei nur ein Vorwand, um amerikanische Truppen auf ihrem Territorium zu stationieren.
Die Satellitenaufnahmen bewiesen zweifelsfrei, daß sich das Königreich in großer Gefahr befinde, sagte Bandar dem König. Die Bedrohung sei ernst.
»Haben Sie die Luftaufnahmen gesehen – mit eigenen Augen?« fragte Fahd.
»Jawohl, Sir.«
»Dann sagen Sie ihnen, sie sollen kommen und die Aufnahmen mitbringen.«

18

Am 4. August flogen Cheney, Powell, Wolfowitz, Schwarzkopf und einige seiner führenden Befehlshaber nach Camp David. Es war ein bedeckter Samstagmorgen.
Cheney war mit dem Operationsplan 90–1002 zufrieden. Es war der einzige, der ihnen zur Verfügung stand, und er hatte keine Lust, mitten in einer Krise gewissermaßen das Rad neu erfinden zu müssen.
Sie zogen sich in den modernen Konferenzraum des Präsidenten-Refugiums zurück.
Bush, Quayle, Cheney, Sununu, Webster und Wolfowitz saßen auf der einen Seite des acht Meter langen Konferenztisches. Auf der anderen Seite nahmen Baker, Scowcroft, Powell, Schwarzkopf, Fitzwater und Richard Haass Platz. Fünf kleine Modellflugzeuge standen in der Mitte des Tisches.
Webster eröffnete die Sitzung mit einem Bericht über die neuesten nachrichtendienstlichen Erkenntnisse. Gewöhnlich schenkte man dem CIA-Direktor bei diesen Sitzungen nicht viel Aufmerksamkeit, da die meisten hohen Regierungsmitglieder seine Briefings für eine Art Zusammenfassung der verschiedenen Nachrichtendienstberichte und Analysen hielten, die sie bereits gelesen hatten.
An diesem Morgen jedoch sprach sein Bericht für sich selbst: Eine unnötig große irakische Streitmacht von mehr als 100.000 Mann befand sich in Kuwait. Einige dieser irakischen Einheiten bewegten sich auf die saudische Grenze zu und bezogen dort Stellung – es erinnerte auf fatale Weise an das, was sie vor der Invasion Kuwaits beobachtet hatten. Zwischen Saddam und den großen saudischen Ölfeldern

stand nur noch ein Bataillon der Nationalgarde von Saudi-Arabien mit weniger als 1000 Mann.

Cheney wandte sich an Powell, der sagte, General Schwarzkopf werde anschließend einen detaillierten Vortrag über die Stufe-Zwei-Option halten, die sie bereits besprochen hatten, Operationsplan 90–1002. »Ich bin durchaus der Meinung, daß dieser Plan durchführbar ist«, sagte der Vorsitzende der Vereinten Stabschefs. »Er wird seinen Auftrag, nämlich einen Angriff aufzuhalten und zu beantworten, erfüllen. Sollte nachträglich die Entscheidung getroffen werden, nach Kuwait vorzustoßen«, sei dies innerhalb desselben Plans »machbar, aber kostspielig«. Auf jeden Fall »müßten (Reservisten) einberufen werden, um diese Streitmacht über längere Zeit aufrechtzuerhalten«.

Zusammenfassend sagte er: »Ein Teil des Plans dient der Abschreckung, der andere dem Angriff. Je schneller wir etwas zur Abschreckung dort haben, um so besser. Was wir am schnellsten hinschaffen können, ist die Luftwaffe. Die Marine ist in Stellung. Weitere Schiffe sind unterwegs. Innerhalb eines Monats könnten wir eine beträchtliche Landstreitmacht in Saudi-Arabien haben. Aber es wäre schwierig, sie über einen längeren Zeitraum dort zu stationieren. Da bleibt nicht viel für anderswo« auf der Welt, wenn es zu einer neuen Krise käme.

Der Vorsitzende erinnerte die Anwesenden daran, daß diese Situation angesichts des Umfangs der Streitkräfte, die nötig wären, um auf die Bedrohung zu reagieren, und der Entfernung, die sie zurücklegen müßten, nicht mit Panama vergleichbar sei.

›Wie steht es mit der irakischen und der saudischen Luftwaffe?‹ fragte Sununu, der zwischen Quayle und Webster saß.

›Irak besitzt 1127 Kampfflugzeuge‹, antwortete Schwarzkopf. ›Darunter nur eine begrenzte Anzahl moderner Ma-

schinen. Die irakische Luftwaffe ist hauptsächlich auf Verteidigung ausgerichtet.‹
Schwarzkopfs Luftwaffenkommandeur, Generalleutnant Charles Horner, erklärte, die Saudis verfügten über 60 F-15 und 115 ältere F-5 Kampfflugzeuge, die die Vereinigten Staaten geliefert hätten. Er erinnerte daran, daß die Saudis während der Invasion von Kuwait die Maschinen der kleinen kuwaitischen Luftwaffe, die einen eintägigen aussichtslosen Kampf geführt hatte, zwar aufgetankt, nicht aber mit neuer Munition versorgt hätten.
Schwarzkopf begann seinen Vortrag mit der Bemerkung, die Iraker hätten zwar eine große Armee, »doch sind sie keine Riesen.« Ihre Streitkräfte bestünden aus:

* Einer Gesamt-Landstreitmacht von 900.000 Mann, die in 63 Divisionen unterteilt sind, doch nur acht von ihnen, die Republikanische Garde, konnten ihnen wirklich gefährlich werden.
* 5747 Panzern, von denen 1072 von der Sowjetunion gelieferte T-72 waren. Die meisten T-72 Panzer befanden sich mittlerweile in Kuwait.
* Etwa 10.000 leicht gepanzerten Fahrzeugen, von denen nur 1600 moderne Typen waren.
* Etwa 3500 Artilleriegeschützen, von denen nur 330 fahrbar waren, der Rest mußte transportiert werden.
* Einer Gesamtzahl von 3000 Zugmaschinen für den Transport von Panzern. Dies war eine bemerkenswerte Zahl, sagte Schwarzkopf, die gesamte US-Armee verfüge nur über 500.

»Um die Luftwaffe würden wir uns nach einer relativ kurzen Zeit nicht mehr sorgen müssen. Und die Marine ist ohnehin kein Problem.«
Zusammenfassend sagte der General, die Stärken der Iraker lägen eindeutig im Umfang ihrer Landstreitkräfte und in ih-

ren chemischen Waffen, die sie während des Iran-Irak-Krieges und 1988 gegen ihre eigenen Staatsbürger, die kurdischen Rebellen im Norden Iraks, eingesetzt hatten.

Ihre Schwäche liege in dem zentralisierten Kommando- und Kontrollsystem, ihrer Abhängigkeit vom Ausland, was Ersatzteile anginge, und ihrer mangelnden Erfahrung bei Operationen, die hinter der Front tief ins Landesinnere vorstießen, da sie hauptsächlich an Frontalangriffe gewohnt seien wie jene des Iran im Iran-Irak-Krieg.

Schwarzkopf erklärte, es würden 17 Wochen benötigt, um den Abschreckungsteil des Plans 90–1002 durchzuführen, der die Stationierung von insgesamt 200.000 bis 250.000 Mann aus Heer, Marine, Luftwaffe und Marines in der Region vorsah.

Der Teil des Plans, bei dem es um den Aufbau einer offensiven Option ging, sei etwas ganz anderes. Die Befehlshaber in der Armee sprächen normalerweise von einem erwünschten Verhältnis von 3 zu 1, 4 zu 1 oder gar 5 zu 1 für den Angreifer. Bei einer Offensive wären die Vereinigten Staaten der Angreifer, und in diesem Falle erfordere der Plan sechs zwei drittel Bodendivisionen, etwa 150.000 Mann auf seiten der USA. Im Vergleich zu einer irakischen Streitmacht von 100.000 entspreche dies zwar nicht den traditionellen Erfordernissen, doch die bessere Ausrüstung der Vereinigten Staaten, wie auch die überlegene Taktik, Kontrolle des Luftraums und des Meeres und viele andere Faktoren – die Wirtschaftsblockade, eventuelle Streitkräfte anderer Nationen – machten einen Angriff möglich.

Was den offensiven Teil des Plans anbetraf, so Schwarzkopf weiter, müsse man mit 8 bis 12 Monaten rechnen, um die US-Truppen zu stationieren, die notwendig wären, um Saddam aus Kuwait zu vertreiben.

Powell fand, daß es ungemein wichtig war, diesen langen Vorbereitungszeitraum zu unterstreichen. Man mußte in Erwägung ziehen, daß Saddam seine gesamte Armee von 900.000 Mann zur Verfügung hatte, um gegen alles zu kämpfen, was die Vereinigten Staaten ins Feld warfen. Daher waren die Abschreckung und die Offensive schwierig, vielleicht sogar mehr als schwierig. Das mußte der Präsident von Anfang an wissen. Powell wollte nicht, daß das Militär mit irgendwelchen Hirngespinsten ankam, die das Ganze als Kinderspiel deklarierten.

Schwarzkopf fuhr fort, die Schwierigkeiten hervorzuheben, mit denen die Vereinigten Staaten zu rechnen hatten. Sechzig Prozent des Personals für logistische Unterstützung mußten erst aus der Reserve eingezogen werden. Die USA seien, was Treibstoff anbelangte, von Lieferungen anderer Staaten im Nahen Osten abhängig. Mit Engpässen bei der Munitionsversorgung mußte gerechnet werden, wenn es zum Krieg kam.

Es wurde kurz die Möglichkeit einer Luftoffensive erwogen, da die Vereinigten Staaten in diesem Bereich offensichtlich überlegen waren. Hunderte von Flugzeugen könnten hierfür freigestellt werden, erklärte Schwarzkopf, und er zählte auf, wie diese Einheiten innerhalb von Tagen und Wochen verlegt werden konnten.

Cheney und Powell machten deutlich, daß sie mit dem Einsatz der Luftwaffe allein nicht zufrieden waren.

Powell hatte das Gefühl, daß er wenigstens etwas erreicht hatte: Cheney war mittlerweile wie er überzeugt, daß eine Landstreitmacht unverzichtbar war.

Cheney selbst hielt starke Landstreitkräfte für das Rückgrat der Luftstreitmacht. Seiner Meinung nach mußte man *alle* Komponenten einer Truppenverlegung kritisch durchleuchten. Eine defensive oder offensive US-Luftüberlegenheit konnte das tun, was sofort erforderlich war, und er hoffte, mit Erfolg, doch sicher war man nie. Natürlich würde die Luftwaffe behaupten, sie könne mit allem fertig werden, doch Cheney wußte, daß er diese Ansicht weder teilen noch dem Präsidenten vorschlagen konnte. Jedenfalls erforderte jede Truppenverlegung, gleichgültig, ob sie defensiver oder offensiver Natur war, Bodentruppen.

Cheney brachte die Sprache wieder auf eine mögliche Bodenverteidigung zurück. Wie stand es mit den chemischen Waffen des Irak? Was würde geschehen, wenn US-Streitkräfte im August mit ihren Schutzanzügen in der saudischen Wüste operieren müßten?

Schwarzkopf antwortete, alle Einheiten, die verlegt würden, hätten auf dem Nationalen Truppenübungsplatz in Kalifornien unter Bedingungen trainiert, die denen der saudischen Wüste ähnlich waren. »Die Schutzanzüge sind sehr unbequem«, fuhr er fort. »Sie setzen die Kampffähigkeit herab. Aber wir haben viel damit trainiert.«

Als man wieder auf die Möglichkeit einer Luftoffensive zu sprechen kam, warnte Cheney: »Wir können aus der Vergangenheit sehen, daß Luftoffensiven oft nicht die Resultate gebracht haben, die man sich von ihnen erhofft hatte.«

»Ich bin kein Mann, der allein auf die Luftstreitmacht setzt«, entgegnete Schwarzkopf, fügte jedoch hinzu: »Es gibt vier Faktoren, die dafür sprechen, daß der Luftwaffe hier eine besondere Stellung zukommt. Erstens, es handelt sich um eine Gegend voller möglicher Angriffsziele – alles ist leicht auszumachen. Zweitens hat der Irak keine Erfahrung mit Luftangriffen.« Während des achtjährigen Iran-Irak-Krieges hatten die Iraner keine nennenswerte Luftwaffe besessen, so daß die Iraker daran gewohnt seien, unter freiem Himmel zu operieren.

»Die Luftwaffe könnte eine Menge Unordnung und Verwirrung stiften«, fuhr Schwarzkopf fort. »Drittens verfügen wir über hochentwickelte Munition mit einer nie dagewesenen Präzision. Viertens könnte ein Luftangriff einen bedeutenden Einfluß auf die Iraker im Hinterland haben,

die in der Vergangenheit noch nie einer Gefahr ausgesetzt waren.«
Doch Garantien gebe es nicht, betonte Schwarzkopf noch einmal.
Powell sagte, er sähe das Problem in der Frage der Abschreckung – Saddam mußte daran gehindert werden, in Saudi-Arabien einzufallen. »Wenn man abschrecken will, baut man keine Scheinverteidigung, keine rein optische Abschreckung auf«, sagte der Vorsitzende. Irak habe eine der größten Landstreitkräfte der Welt, also müsse man ihm mit einer Landstreitmacht entgegentreten. »Wenn Sie es tun, dann machen Sie keine halben Sachen.«
Es wurden Befürchtungen geäußert, daß ein Ausbruch der Kämpfe eine Gefahr für die heiligen Stätten der Moslems in Saudi-Arabien mit sich bringen konnte, eine Entwicklung, die die ganze arabische Welt in Aufruhr versetzen würde. Die beiden wichtigsten heiligen Stätten des Islam befänden sich in Saudi-Arabien – Mekka, die Geburtsstadt Mohammeds, und Medina, der Ort, an dem er begraben liegt.
›Wo liegt Mekka?‹ fragte Sununu.
Man erklärte ihm, Mekka liege auf der anderen Seite Saudi-Arabiens, etwa 700 Meilen südwestlich von Kuwait.
»Die Saudis fragen sich, wie ernst wir das Ganze nehmen«, sagte Scowcroft. »In der Luft können wir eine Menge erreichen, aber was wir brauchen, sind Landstreitkräfte. Die Luftwaffe kann sich immer sehr schnell aus dem Staub machen. Dieser Plan stützt sich zu sehr auf Luftüberlegenheit.«
Prinz Bandar habe sich besorgt gezeigt, daß die USA nur eine Staffel von Kampfflugzeugen entsenden könnten, sagte Cheney, doch sei er von der Ernsthaftigkeit des am Tag zuvor erläuterten Plans beeindruckt gewesen.
Bush mischte sich in das Gespräch ein. »Was mir Sorgen bereitet, sind die Saudis«, sagte der Präsident, »Immerhin könnten sie in letzter Minute einen Rückzieher machen und

ein Marionettenregime in Kuwait akzeptieren. Wir sollten sie fragen, wieweit *sie* sich engagieren wollen.«
»Das ist wie bei der Henne und dem Ei«, sagte Scowcroft. »Sie können nicht den ersten Schritt tun, ohne zu wissen, ob sie sich auf uns verlassen können.«
»Aber schließlich sieht es so aus, als stünde das eigene Land vor einer Invasion«, entgegnete der Präsident. »Da greift man zur Mistgabel und eilt an die Grenze.«
»Aber wir haben es mit dem Nahen Osten zu tun«, sagte Scowcroft. Er erinnerte daran, daß auch die Kuwaitis nicht mobil gemacht hatten, als sie bedroht wurden.
»Was ist denn mit dieser Rückzugserklärung?« fragte der Präsident in Anspielung auf eine am Vortag von den Irakern verbreitete Erklärung, in der behauptet wurde, ihre Streitkräfte würden binnen zwei Tagen mit dem Rückzug aus Kuwait beginnen.
Die Runde schien einhellig der Meinung zu sein, diese Erklärung könnte unter Umständen ausreichen, die arabischen Staaten zu bewegen, umzuschwenken und sich darauf zu verlassen, daß alles gut ausging. Es könnte zugleich bedeuten, daß sie möglicherweise die Vereinigten Staaten drängten, sich rauszuhalten.
»Unterschätzen Sie Saddam Hussein nicht«, warnte Scowcroft. »Der bringt es fertig, eine Brigade aus Kuwait abzuziehen und den Saudis diesen Vorwand zu liefern.«
Dies brachte die Diskussion wieder auf die unbeantworteten Fragen zurück. Was führte Saddam im Schilde? Was waren nur taktische Züge? Wie sahen seine eigentlichen Ziele aus?
»Es gibt drei Dinge, die die Iraker von einer Marionettenregierung erwarten«, sagte Sununu. »Erstens, das Kapital, zweitens, Schuldenerlaß und drittens, Kontrolle über das Erdöl.«
Schwarzkopf korrigierte ihn leicht und erklärte, die Bedingungen vor dem Einmarsch der Iraker seien gewesen: Kor-

rektur der irakisch-kuwaitischen Grenze zugunsten des Irak, Schuldenerlaß, eine Zahlung von 4 Milliarden US $ und Kontrolle über zwei winzige Inseln, Warba und Bubiyan an der nordwestlichen Golfküste. Saddam wolle die unbewohnten Inseln in seinen Besitz bringen, da sie dem Irak den Zugang zum Golf versperrten.

Auf die Frage, ob sich der Irak zurückziehen werde oder nicht, antwortete Schwarzkopf: »Sie haben eine Menge Spezialeinheiten in Zivil dorthin geschickt, möglicherweise, weil sie beabsichtigen, sie zurückzulassen.«

»Selbst wenn sich die Iraker völlig zurückziehen«, sagte Powell, »wird es einen neuen Emir und eine neue Lage geben.« Powell war der Ansicht, der Staat Kuwait werde ein neues Oberhaupt haben und der Status quo in Kuwait und der übrigen Region für immer verändert sein.

»Das Ganze dient nur dazu, der Arabischen Liga zu schmeicheln«, sagte Scowcroft. Die Versammlungen der Arabischen Liga verfolgten im allgemeinen den Zweck, mit öffentlichen Brüderküssen und theatralischen Gesten die arabische Einheit zu demonstrieren. »Kuwait ist unter den Arabern nicht beliebt«, fügte Scowcroft hinzu.

»Deshalb muß unser Hauptaugenmerk der Verteidigung Saudi-Arabiens gelten«, sagte Bush schließlich.

Powell war erfreut darüber, daß der Präsident seine Meinung zu teilen schien, jedoch immer noch unsicher, wie Bush sich entscheiden würde.

Das Treffen wurde vertagt, die führenden Regierungsmitglieder jedoch – außer Bush noch Quayle, Sununu, Baker, Scowcroft, Cheney, Powell, Webster – gebeten, zu bleiben und an einer Sitzung auf höchster Ebene teilzunehmen. In dieser kleineren Gruppe wurden einige streng geheime Informationen über die Saudis auf den Tisch gelegt. Freunde und Alliierte der USA zu bespitzeln, ist eines der riskantesten Unternehmen der verschiedenen Nachrichtendienste.

Der Freund von heute kann der Feind von morgen sein – Freundschaften sind immer Schwankungen unterworfen. Jedenfalls waren die Geheimdienste angewiesen, ein breites Netz auszuwerfen. Informationen über Freunde waren wegen der Versorgung vieler befreundeter Staaten mit Kommunikations- und Verschlüsselungssystemen durch die Vereinigten Staaten, der gemeinsam benutzten Funkfrequenzen und der schlichten Anwesenheit der in befreundeten Staaten operierenden US-Geheimdienste oft einfacher zu erhalten als über neutrale oder verfeindete Staaten. Um solche Informationen zu sammeln, benutzten die Nachrichtendienste alles, von einfachsten Methoden wie Telephonüberwachung bis hin zu exotischen Maßnahmen wie elektronische Überwachung von Vibrationen an Fenstern von Gebäuden oder auch Informanten in befreundeten Regierungen.

Die Geheimdienstberichte verdeutlichten, daß die saudischen Führer kalte Füße bekamen, und wie so oft in der Vergangenheit schienen sie darüber nachzudenken, sich freizukaufen, indem sie Saddam Milliarden aus ihren Erdöleinnahmen anboten. Die Saudis waren bekanntlich auch früher schon bereit gewesen, Erpressungsgeld zu zahlen.

Unter den Versammelten herrschte Pessimismus über die Araber allgemein. Jeder zog über sie her. Man könne sich nicht auf sie verlassen; sie würden sich sogar von dem Dieb, der ihnen die Kehle durchschnitt, loskaufen. Es wurden Stimmen laut, die dafür waren, die ganze Krise auf Sparflamme zu halten und herunterzuspielen; schließlich verfügten die USA nicht über unbegrenzte Macht und könnten nicht jenen helfen, die sich nicht selbst helfen wollten.

Trotz der negativen Note, mit der das Treffen zu Ende ging, wurde beschlossen, daß Präsident Bush König Fahd anrufen solle, um das Terrain zu sondieren und ihn festzunageln.

Cheney und Powell verließen Camp David um die Mittagszeit. Der Verteidigungsminister machte Halt in seinem Büro

im Pentagon, wo sich einige seiner Referenten eingefunden hatten und erfahren wollten, was entschieden worden war.
»Was zum Teufel erwarten Sie?« fragte Cheney halb im Scherz und weigerte sich, Einzelheiten zu nennen. Er packte einen Haufen Papiere ein und fuhr nach Hause.

* * *

Scowcroft blieb beim Präsidenten, während dieser den saudischen König anrief. Es war Zeit, ein wenig Druck auszuüben. Bush erzählte dem König, daß Saddam Truppen in der Nähe der saudischen Grenze zusammenziehe. Die Saudis müßten handeln.
Fahd erklärte, Saudi-Arabien werde keine Bodentruppen benötigen, um sich zu verteidigen. Die Saudis bräuchten nur Luftunterstützung und vielleicht Kriegsgerät. Der König fuhr fort, Prinz Bandar habe ihm von seinem gestrigen Briefing im Pentagon erzählt. ›Ich habe ihn so verstanden, daß Sie ein Team schicken werden, um mich über die neuesten Satellitenaufnahmen und Ihre Möglichkeiten zu unterrichten, uns bei der Verteidigung unseres Landes zu helfen‹, sagte Fahd Bush. »Wo bleibt dieses Team?«
Bush hatte nicht die leiseste Ahnung, wovon der König sprach. Er wußte nichts von einem derartigen Plan; er hatte mit keinem seiner Berater darüber gesprochen.
»Mir war nicht bekannt, daß Sie ein Team erwarten, aber wir werden eines zusammenstellen«, versprach er dem König.
Fahd sagte, ja, er wünsche ein Team, ein technisches Team oder Planer auf unterer Ebene.
Später fiel Bush und Scowcroft auf, daß sich Bush und der König nur auf die Idee mit dem Team hatten einigen kön-

nen und daß unklar geblieben war, was für eine Art Team das beste sei. Wen sollte man schicken? Mit welchem erklärten Ziel? Wann? Es folgte eine Runde von Telephongesprächen, in denen sich Bush, Baker und Scowcroft mit anderen über die Möglichkeiten berieten. Cheney erklärte, alles, was er am Tag zuvor dem Prinzen Bandar angeboten habe, sei die Entsendung eines Koordinationsteams, um sicherzustellen, daß die US-Streitkräfte am richtigen Ort ankamen, falls sie angefordert wurden.

Bandar glaubte, er habe Scowcroft gegenüber die Idee eines Teams erwähnt. Scowcroft konnte sich nicht erinnern.

»Ich bin dafür«, sagte Bush Scowcroft. »Aber in großem Stil.« Und später fügte er hinzu. »Ich möchte jemanden persönlich hinschicken. Es muß klar sein, daß das Team nicht zurückkommen kann, ohne daß Entscheidungen getroffen worden sind.« Der Präsident wollte das Team benutzen, um den Druck auf König Fahd zu verstärken.

Bush erwog die Möglichkeit, Scowcroft zu schicken. Ein unbedeutender Beamter würde die Saudis in die bequeme Lage versetzen, keine Entscheidung treffen zu müssen. Scowcroft dagegen oder ein ranghohes, repräsentatives Team würde es dem König schwerer machen, sie hinzuhalten oder nein zu sagen. Sie beschlossen, König Fahd ein Angebot zu machen, das er nicht ablehnen konnte.

Bush setzte seine persönlichen diplomatischen Aktivitäten fort. Er rief den türkischen Präsidenten Turgut Özal und den kanadischen Premierminister Brian Mulroney an, zwei Staatsmänner, die sich bereits vehement gegen Saddams Invasion von Kuwait ausgesprochen hatten.

Der Präsident sprach auch mit dem Emir von Kuwait, Scheich Jaber al Ahmad al Sabah. Der schweigsame Emir, seit 1978 Oberhaupt der großen kuwaitischen Herrscherfamilie, war wenige Minuten, bevor die irakischen Besetzer in seinen Palast eindrangen, um ihn gefangenzunehmen oder

zu töten, mit seinem Wagen nach Saudi-Arabien entkommen.
Dem Emir gegenüber zeigte sich Bush verständnisvoll und persönlich betroffen. Er gab dem Exilkuwaiter ein Versprechen: Die Vereinigten Staaten würden ihm helfen, sein Land wiederzugewinnnen, und Sorge tragen, daß er wieder an die Macht kam.

***

Als Powell von dem Gespräch zwischen Bush und Fahd über die Entsendung eines »Teams« erfuhr, erkannte er sofort Bandars Handschrift. Der Prinz hatte offensichtlich Überstunden gemacht. Aus Bushs Hilfsangebot und Cheneys Vorschlag, Schwarzkopf bei einer eventuellen Operation als Koordinator einzusetzen, war ein »Team« geworden, das dem König die Lage schildern sollte. Powell nannte es »ein taktisches Mißverständnis« von Bandars Seite. Bandar hatte wieder einmal auf seine clevere Art die beiden Nationen aufeinander zugeführt. Doch Bush wußte immer noch nicht, wen er schicken und was genau er Fahd anbieten sollte. Der König hatte bereits seine Abneigung gegen eine Stationierung von US-Bodentruppen geäußert, denen in Schwarzkopfs Operationsplan 90–1002 eine Schlüsselstellung zukam.
Scowcroft befürchtete, daß die Mission des Teams zum Scheitern verurteilt war. Er führte eine Reihe von Gesprächen mit Bandar. Wenn klar sei, daß das Team nicht imstande wäre, Ergebnisse zu erzielen, machte er Bandar deutlich, würde der Präsident einen Beamten des Außenministeriums oder Verteidigungsministeriums schicken. Falls jedoch eine Aussicht auf Erfolg bestehe, falls ein US-Regie-

rungsbeamter den König überzeugen oder den Ausschlag geben könnte, würde Bush einen hohen Beamten wie ihn, Scowcroft, oder den Verteidigungsminister mit dieser Aufgabe betrauen. Gleichzeitig versuchte er herauszubekommen, ob sich der König unter Umständen bereit finden könnte, dem Angebot, US-Streitkräfte zu entsenden, zuzustimmen, bevor der Präsident jemanden schickte. Mit anderen Worten, könnten sie davon ausgehen, daß die Sache abgemacht sei, bevor der Präsident seinen Mann schickte?
Bandar antwortete, der König sei noch nicht so weit; innerhalb der Herrscherfamilie fänden intensive Beratungen statt. Er selbst werde am selben Nachmittag nach Saudi-Arabien fliegen, um den Beratungen beizuwohnen und seine Argumente für ein Akzeptieren von US-Truppen vorzubringen. Er versprach, Scowcroft anzurufen, sobald er in Saudi-Arabien angekommen sei und mit dem König gesprochen habe. Mittlerweile hatte Bush entschieden, daß Cheney das Team anführen sollte, wenn die Saudis sich bereit erklärten, Cheney zu empfangen. Er war vom Rang her in der Lage, den Präsidenten persönlich zu vertreten, und zugleich als Verteidigungsminister in jeder Hinsicht ermächtigt, militärische Angelegenheiten zu erörtern.
Gegen 15 Uhr rief Scowcroft Cheney zu Hause an und erklärte ihm, wie die ersten Gespräche mit Bandar von diesem zur Idee eines Teams entwickelt und ausgedehnt worden seien. ›Aber es könnte helfen, den König unter Druck zu setzen‹, sagte Scowcroft. ›Und der Präsident möchte, daß Sie das Team anführen.‹ Es bestünden jedoch im Augenblick noch Zweifel, ob der König jemanden mit einem so hohen Rang wie Cheney empfangen wolle, da es ihm damit fast unmöglich gemacht würde, nein zu sagen.
›Warten wir ab‹, meinte Scowcroft zum Verteidigungsminister. ›Saddam könnte helfen, die Saudis umzustimmen, wenn er weiterhin Truppen an der Grenze zusammenzieht und

sich weigert, den Saudis seine Absichten zu erläutern.‹ Saddams Schweigen jage den Saudis eine höllische Angst ein.
Etwa eine Stunde später rief Cheney seinen Sprecher Pete Williams an, der zu Hause war und seinen Wagen wienerte. Er wies ihn an, die Koffer zu packen, sie würden am nächsten Tag nach Saudi-Arabien fliegen. »Ich bin nicht sicher, daß wir wirklich fliegen, aber es sieht ganz danach aus«, sagte Cheney. »Morgen um 10 Uhr wissen wir es genau.«

* * *

Williams packte und fuhr am Sonntagmorgen ins Pentagon, um auf die 10-Uhr-Entscheidung zu warten. Er las die Morgenzeitungen und sah sich die üblichen Talkshows am Sonntagvormittag an.
Schwarzkopf, der wieder einmal aus Florida gerufen worden war, traf im Büro des Verteidigungsministers ein. Während sie noch auf Nachrichten von den Saudis warteten, kam auch Scowcroft ins Pentagon. Cheney, der seine Kenntnisse über den Irak vertiefte, hatte eine Gruppe von Experten zu einem Briefing eingeladen. Die Gruppe bestand aus dem DIA-Beamten Pat Lang, dem ehemaligen US-Botschafter im Irak, David G. Newton, und zwei weiteren Experten.
Lang konzentrierte sich auf die irakische Armee, während Newton über die interne Lage im Irak sprach.
»Wenn irgend jemand Ihnen sagt, die Iraker seien unfähig«, sagte Lang, »dann glauben Sie ihm nicht. Sie sind verdammt zäh. Sie könnten ohne weiteres bis Dhahran vorstoßen [eine Ölstadt an der saudischen Golfküste]. Saddam blufft nicht.« Der irakische Präsident verfüge über jede Menge hochmodernen Kriegsgeräts.
Cheney erklärte, er interessiere sich für das Land Irak und

wolle wissen, was für ein Mensch Saddam sei. »Ich möchte erfahren, wie das Ganze vom irakischen Standpunkt aussieht.«

Botschafter Newton hielt einen etwa halbstündigen Vortrag. Er hatte von 1984 bis 1988 im Irak als Botschafter gedient und wußte eine Menge über das Land. Ihm war völlig bewußt, daß es Cheney und anderen US-Politikern an Material aus erster Hand über Saddams Entscheidungsfindung mangelte. Der US-Geheimdienst hatte einen Informanten im inneren Zirkel Saddams, doch dieser nahm nicht an den regelmäßigen Sitzungen der Berater des irakischen Präsidenten teil. Es gab also keine echten Insiderinformationen.

Die Invasion hatte Newton völlig überrascht. Wenn andere arabische Staatsoberhäupter wie König Hussein und Mubarak kategorisch gesagt hatten, ›Sehen Sie, Saddam hat mir versichert, daß er das nicht tun wird‹, gab es allen Grund anzunehmen, daß sie recht hatten. Die Araber hatten eine Art Club der Staatsoberhäupter, dessen Mitglieder dazu neigten, die persönlichen Erklärungen der anderen als absolute Wahrheiten zu betrachten. Daher hatte Newton gefolgert, der massive Truppenaufmarsch an der Grenze sei ein politisches Druckmittel gewesen. Jetzt befürchtete er, die USA könnten Opfer ihres eigenen »rational man syndrome« werden, ihrer Neigung, ausländische Staatsführer als völlig rationale Entscheidungsträger zu betrachten. Bei einem Einmannunternehmen wie dem Irak konnte man auf diese Weise keine Voraussagen machen.

Newton berichtete Cheney, Saddam sei »ein zäher, rücksichtsloser, abgebrühter, intelligenter und manchmal brutaler Führer, der gewohnt ist, sich durchzusetzen.« Saddams gesamte politische Geschichte sei gekennzeichnet von der Fähigkeit zu überleben. Er toleriere keine politische Opposition und habe sogar selbst politische Gegner getötet – trotzdem war Newton der Auffassung, daß einige Geschichten über Saddams Exekutionen übertrieben waren. Da die meisten Iraker die Ansicht vertraten, Kuwait sei Teil des Irak, so Newton weiter, sei Saddams Raubpolitik wohl populär, doch wie auch immer, die öffentliche Meinung habe keinerlei Einfluß auf Saddams Handlungen.

Saddam glaube an den praktischen Nutzen von Gewalt, fügte Newton hinzu. Er sei dem Leid anderer Menschen gegenüber gleichgültig und rechtfertige seine Handlungen damit, daß sie höheren Zielen des irakischen Staates dienen. Der Mann sei kaltblütig.

Schon möglich, daß Irak sich, durch den Krieg ausgezehrt, nach Frieden sehnte, seine Armee voll von eingezogenen Bürgern war, die nach zehn Jahren Dienst wieder nach Hause wollten, dennoch sei es falsch zu glauben, man könne die irakische Armee einfach überrennen.

Newton, der insgesamt vier Mal mit Saddam zusammengetroffen war, äußerte, der irakische Präsident halte sich für stärker als die USA und respektiere keine demokratischen Staaten.

Die Experten erklärten Cheney und Scowcroft auch, Saddam leide nicht an einem Masada-Komplex, er sei kein Selbstmörder. Sein Ziel sei Macht, und er besitze die Flexibilität und die manipulativen Fähigkeiten eines Mannes, der seine Macht zu maximieren sucht.

* * *

Scowcroft rief Bandar an, der sich jetzt in Saudi-Arabien befand. Der Nationale Sicherheitsberater war der Meinung, es sei von entscheidender Bedeutung, ein ranghohes Team nach Saudi-Arabien zu entsenden. Das Team müsse erfolgreich sein. Sollte es scheitern, wäre dies gleichbedeutend mit einer

Einladung an Saddam einzumarschieren. Es würde dem irakischen Führer schlüssig beweisen, daß die Vereinigten Staaten und Saudi-Arabien nicht zusammenhielten, daß die USA Saudi-Arabien weder verteidigen noch unterstützen würden und die Saudis den Schutz der Vereinigten Staaten nicht suchten.

Gegen Mittag gab Bandar Scowcroft zu verstehen, der König sei nicht bereit, eine Person vom Range Cheneys zu empfangen. Fahd wolle jemanden auf einer unteren Stufe, offensichtlich um leichter ablehnen zu können. Es war genau das, was Scowcroft befürchtet hatte.

Doch Bush erklärte nur: ›Was soll's, schicken wir jemand anders.‹ Es wurde vereinbart, General Schwarzkopf zu entsenden. Da der General jetzt das Team leiten sollte und nicht zur Unterstützung einer Mission Cheneys eingesetzt wurde, mußte er einige seiner führenden Offiziere und Planer mitnehmen. Er würde also zum dritten Mal innerhalb von vier Tagen nach Florida zurückfliegen, sie abholen und von da aus sofort in seiner eigenen Maschine nach Saudi-Arabien reisen.

Die neuesten Geheimdienstmeldungen verdeutlichten, daß Saddam seine Streitkräfte nicht aus Kuwait zurückzog. Statt dessen wurden dort immer mehr irakische Truppen konzentriert.

***

In Saudi-Arabien wurde Bandar berichtet, der König habe saudische Spähtrupps über die Grenze nach Kuwait geschickt, um die irakischen Truppen zu beobachten, von denen Bandar berichtet hatte. Die Spähtrupps seien zurückgekommen und hätten nichts berichten können. Es gäbe keine

Spur von irakischen Einheiten, die sich auf das Königreich zubewegten.
Bandar erklärte dem König, daß er Satellitenaufnahmen gesehen habe. Die Berater des Königs debattierten unter sich. Es wurden erhebliche Zweifel geäußert. Bandar schlug vor, der König solle sich selbst überzeugen. Die Zweifel seien ein Grund mehr, dem amerikanischen Team, das kam, um die Situation zu erklären, eine positive Antwort zu geben, so sein Argument, und im übrigen sei er der Meinung, man solle Cheney empfangen, nicht einen niedrigen Regierungsvertreter.
Schließlich stimmte König Fahd zu.
Bandar rief Scowcroft an. Die Cheney-Mission sei genehmigt, sagte er. »Schicken Sie ihn los.«
Scowcroft war erleichtert, machte sich jedoch Gedanken über den plötzlichen Meinungsumschwung der Saudis. Bandar hatte den Eindruck, Scowcroft habe überstürzt gehandelt. Derartige Sachen bräuchten ihre Zeit, sagte er. Es gab immer ein Hin und Her.
Beide stimmten überein, dies müsse nicht zwangsläufig heißen, daß der König die weitaus wichtigere Entscheidung getroffen hatte, US-Truppen zu akzeptieren. Dies konnte Bandar nicht mit absoluter Sicherheit bestätigen. Doch am Ende des Gespräches hatte Scowcroft das Gefühl, daß sie das Risiko eingehen und Cheney schicken sollten.
Der Präsident stimmte zu.
Scowcroft rief Cheney wieder an. »Man empfängt Sie«, sagte er. »Es kann losgehen.«
Die Abflugzeit wurde auf 14.30 Uhr desselben Tages festgesetzt. Cheney würde Gates, General Schwarzkopf und noch ein halbes Dutzend Personen mitnehmen.
Vor seiner Abreise sprach Cheney mit Bush, der sich noch in Camp David befand. Es gab keine Zeit für formelle schriftliche Anweisungen. Der Präsident umriß die Mission am Te-

lephon. ›Bringen Sie den König dazu, die US-Truppen zu akzeptieren‹, sagte er, ›überreden Sie ihn, die Einladung auszusprechen. Versichern Sie ihm, daß die Regierung der USA sich zur Verteidigung Saudi-Arabiens verpflichtet und keinen Rückzieher machen wird.‹ Sollte König Fahd die US-Truppen anfordern, würde Bush sie in großen Mengen schicken, und sie würden so lange wie nötig bleiben, keinesfalls aber länger, als die Saudis es wünschten.

Powell erfuhr erst von Cheneys Reise nach Saudi-Arabien, als der Verteidigungsminister schon beinahe in der Luft war. Während er sich die Ereignisse der letzten Tage noch einmal durch den Kopf gehen ließ, war er nicht imstande, präzise festzulegen, wann der Präsident sich für diese massive Stationierung entschieden hatte. Es gab kein einziges Arbeitspapier, in dem die Entscheidung, mögliche Alternativen oder Auswirkungen dargestellt wurden. Es hatte keine klaren Aussagen über die Ziele gegeben. Das einzige, was deutlich wurde, war die tiefe, ja persönliche Sorge des Präsidenten um das Schicksal Saudi-Arabiens.

Powell hatte das Gefühl, seiner Rolle gerecht geworden zu sein, indem er auf die Notwendigkeit hingewiesen hatte, es gründlich zu machen – Bodentruppen, Raketen und Flugzeuge, Operationsplan 90–1002. Schwarzkopf war unterwegs nach Saudi-Arabien, mit Cheney und seiner Kopie von Plan »Ten-oh-two«, der die Stationierung von 250.000 Mann aus allen Teilstreitkräften vorsah.

An diesem Nachmittag verfolgte Powell das Programm von CNN, als Bush aus Camp David zurückkehrte und auf dem Rasen vor dem Weißen Haus aus dem Hubschrauber stieg. Der Präsident trat direkt vor die Mikrophone, um über seine politischen Aktivitäten zu berichten – seine Gespräche mit den Staatsoberhäuptern der Türkei, Japans, Kanadas, Frankreichs, der Bundesrepublik und dem entmachteten kuwaitischen Emir. »Fazit: Keiner scheint gewillt, sich mit weniger

zufriedenzugeben als einem totalen Rückzug der irakischen Streitkräfte aus Kuwait und der Ablehnung jeglicher Marionettenregierung«, sagte der Präsident.
»Werden Sie militärisch etwas unternehmen?« wurde Bush von einem Journalisten gefragt.
»Ich werde mich mit Ihnen gewiß nicht über meine Optionen unterhalten, aber Sie können sicher sein, daß sie weit gefächert sind.« Bush war offenkundig verärgert. »Irak hat wieder gelogen. Sein Präsident hat angekündigt, man werde heute mit dem Rückzug beginnen, aber es gibt nichts, was darauf schließen ließe.«
Als Bush von den Journalisten bedrängt wurde, fauchte er: »Warten Sie ab. Machen Sie Ihre Augen auf, und Sie werden sehen.«
Er drohte ihnen sichtlich erzürnt mit dem Finger und sagte: »Ich sehe sehr deutlich unsere Entschlossenheit, diese Aggression rückgängig zu machen... Sie wird nicht von Dauer sein. Diese Aggression gegen Kuwait wird nicht von Dauer sein.«
»Hoppla«, sagte Powell bei sich. Damit hatte der Präsident deutlich und kategorisch ein neues Ziel gesteckt. Es galt nicht nur, einen Angriff auf Saudi-Arabien durch Abschreckung zu verhindern und den Wüstenstaat zu verteidigen, sondern die Invasion Kuwaits rückgängig zu machen. Powell war verblüfft. Er war nicht konsultiert worden. Seit dem Camp David-Treffen am Morgen zuvor hatte er nicht mit dem Präsidenten gesprochen.
Zwar hatte Bush bereits einen Tag nach der Invasion gesagt, er wolle sie rückgängig machen, aber bisher war noch nichts in Stein gemeißelt worden. Und da war sie nun, die persönliche, emotionsgeladene Erklärung.
Powell hatte schon häufiger gesehen, wie Präsidenten aus dem Hubschrauber stiegen und derart drastische Erklärungen gaben. Manchmal war das bloß eine Entgleisung, oft

aber steckte eine Absicht dahinter. Vielleicht hatten Baker, Scowcroft oder Cheney dem Präsidenten nahegelegt, seine Intention auf diese Weise kundzutun. Vielleicht war es etwas, worüber der Präsident schon lange brütete. Doch Powell wußte, daß er mit Sicherheit an dieser Entscheidung nicht beteiligt war. Es hatte keine Sitzung des Nationalen Sicherheitsrats, keine Debatte stattgefunden. Der Vorsitzende begriff nicht, warum der Präsident dieses neue Ziel gesetzt und die Meßlatte für einen Erfolg so drastisch nach oben verschoben hatte. Saddam daran zu hindern, in andere Staaten wie Saudi-Arabien einzufallen, war eine Sache, doch eine bereits stattgefundene Invasion rückgängig zu machen, etwas ganz anderes. Militärisch gesehen war es ein Unterschied wie Tag und Nacht. Die Verteidigung Saudi-Arabiens konnte gelingen, ohne daß es zum Kampf kam. Schwarzkopf hatte Bush erklärt, es werde acht bis zwölf Monate dauern, um die US-Streitkräfte auf das Niveau zu bringen, das erforderlich war, um Saddam aus Kuwait zu verjagen. Eine Invasion rückgängig zu machen, war wahrscheinlich die schwierigste militärische Aufgabe, die man sich denken konnte, und Powell, der ranghöchste Militär der Vereinigten Staaten, hatte nicht einmal Gelegenheit erhalten, seine Einschätzung der Situation darzulegen.
Bushs wütende Erklärung ging viel weiter, als Powell erwartet hatte. Powell staunte über die Entwicklung, die Bush innerhalb von drei Tagen gemacht hatte. Es kam ihm vor, als habe der Präsident einen Revolver in jeder Hand und ballere wild drauflos.

* * *

Am Abend nahm Powell an einer Sitzung des Nationalen Sicherheitsrats im Weißen Haus teil. Bush war immer noch fest entschlossen, wie er sah. Er war bestimmt und selbstsicher. Sollte Cheney grünes Licht bekommen, würde der Präsident die Truppenverlegung anordnen. Powell versuchte, seine Kommentare und seinen Rat auf diese offensichtlichen Tatsachen abzustimmen. Bei dem Treffen führte er vier Punkte ins Feld:

* Saddam wollte keinen Krieg und konnte auch keinen Krieg gegen die USA überstehen. Er war skrupellos, aber nicht irrational. Er würde einsehen, daß er eine bewaffnete Auseinandersetzung mit der Supermacht USA nur verlieren konnte. Jedenfalls war es wichtig, Saddam dazu zu bringen, einen Krieg mit den Amerikanern zu vermeiden, daher mußte man die Truppen entsenden.
* Wie er schon früher betont habe, mußten ausreichende Streitkräfte entsandt werden, keine Scheinverteidigung, keine rein optische Abschreckung. Der Operationsplan 90-1002 garantierte die Kontrolle des Luftraums und des Meeres. Die Bodentruppen mußten mehrere schwere Divisionen stark sein, um zugleich eine glaubwürdige Abschreckung und eine glaubwürdige Kampftruppe darzustellen.
* Eine symbolische Einheit – Teile der 82. Division Ready Brigade – mußte sofort entsandt werden, als Demonstration ihrer Entschlossenheit.
* Die Truppenverlegung mußte für Saddam sichtbar sein, damit er wußte, daß jeder Angriff auf Saudi-Arabien zu Kampfhandlungen mit amerikanischen Bodentruppen führen würde.

Bush schien an Powells Punkten Gefallen zu finden und hatte keine Probleme mit ihnen. ›Alles, was für den Job nötig ist‹, sagte er.

Powell hatte das Gefühl, daß die Geheimdienstmeldungen immer hysterischer wurden. Je besorgniserregender sie klangen, desto ruhiger wurde er. Powell glaubte, Saddam pokerte nur. Der irakische Führer meinte, er könnte Kuwait behalten, es sei den Einsatz wert. Kuwait war sein Ziel – klein, unbeliebt, kaum mehr als eine Fußnote in der Region. Die reichen Kuwaitis bildeten eine ewige Quelle des Neids für die Habenichtse in der arabischen Welt. Saddam würde wissen, daß Saudi-Arabien etwas ganz anderes war. Saudi-Arabien anzugreifen, ging zu weit; es wäre ein direkter Angriff auf den vom Erdöl abhängigen Westen.

Baker realisierte wie Powell, daß es keine Debatte darüber gegeben hatte, ob man die Truppenverlegung vornehmen sollte oder nicht. Genausowenig war über den Umfang der Stationierung gesprochen worden. George Bush hatte die Entsendung beschlossen; ihr Umfang war im Operationsplan 90–1002 festgelegt.

Baker war dafür, Probleme mit Verhandlungen und Abkommen zu lösen. Er machte enorme Fortschritte dabei, den Kalten Krieg wegzuverhandeln, und hoffte auf eine baldige Gelegenheit, auch in dieser neuen Krise auf die Diplomatie zurückgreifen zu können.

Später beklagte sich Baker bei einigen seiner engsten Mitarbeiter, daß das Weiße Haus zu schnell Entscheidungen traf, ohne darüber nachzudenken, was es tat. Saudi-Arabien war in seinen Augen für die Sicherheit der Vereinigten Staaten von entscheidendem Interesse, und die Geheimdienstberichte verdeutlichten, daß es in Gefahr war. Aber Baker wußte, wie Truppenverlegungen vor sich gingen. Zuerst würden nur einige tausend Mann gehen. Er hatte ernste Bedenken. »Diese jungen Menschen könnten abgeschlachtet werden, wenn Saddam Hussein angreift«, sagte er.

19

Cheneys komfortabler, moderner Düsenjet, der große Ähnlichkeit mit der Air Force Two des Vizepräsidenten besaß, hatte Sonntag gegen 14.30 Uhr den Luftwaffenstützpunkt Andrews verlassen. Mit Cheney waren an Bord: General Schwarzkopf, der zum vierten Mal innerhalb von fünf Tagen von Florida nach Washington geflogen war, Bob Gates vom Nationalen Sicherheitsrat; Undersecretary Paul Wolfowitz, Pete Williams, Charles W. Freeman, Jr., der amerikanische Botschafter in Saudi-Arabien, ein Berufsdiplomat, der arabisch sprach, und ein CIA-Experte vom National Photographic Interpretation Center (Nachrichtendienstliche Bildauswertungsstelle) mit den neuesten, streng geheimen Satellitenaufnahmen.
Der CIA-Mann war dermaßen um die Geheimhaltung besorgt, daß man glauben konnte, er hätte sich die Mappe mit den Aufnahmen auf seinen Knien festnähen lassen.
Cheney erklärte, er wolle noch einmal ihren Auftritt bei König Fahd durchsprechen. Er selbst würde mit ein paar einführenden Sätzen beginnen, dann sollte der CIA-Mann den König über die Durchführung der irakischen Invasion und die Stärke der irakischen Truppen an der saudischen Grenze unterrichten. Schwarzkopf sollte darstellen, was die USA zur Abschreckung und Verteidigung beitragen konnten, und dann würde er, Cheney, den Bericht mit einer Zusammenfassung abschließen.
Er würde folgendes sagen: ›Die Vereinigten Staaten unterhalten seit vielen Jahren Beziehungen zu Ihrer Majestät und dem saudischen Herrscherhaus. Wir werden nur kommen, wenn Sie das wollen. Wir werden nur so lange bleiben, wie

Sie es wollen. Wir kommen nicht, um eine dauerhafte militärische Präsenz aufzubauen. Aber wir werden bleiben, bis wir unsere Aufgabe erfüllt haben. Unsere Präsenz wird weder schwach noch halbherzig sein. Sie wird die rückhaltlose Verpflichtung des Präsidenten widerspiegeln, Ihr Land mit allen Kräften zu verteidigen. Wir werden Sie nicht in etwas hineinlocken und Sie dann im Stich lassen.‹
Der CIA-Experte zog ein Dutzend Photos heraus und begann mit einer technischen Erläuterung. Sie zeigten Reihen mit Hunderten von irakischen Panzern, die in der Wüste eingegraben und vorn und auf beiden Seiten mit Erdwällen geschützt waren. Diese Art der Stabilisierung und Tarnung der Panzer ist eine gängige Verteidigungstaktik. Doch sie konnten zurücksetzen und in kürzester Zeit vorrücken, falls die Iraker beschließen sollten, eine rasche Offensive zu starten. Etwa 70.000 irakische Soldaten befanden sich in unmittelbarer Nähe der saudischen Grenze oder rückten auf sie vor. Außerdem zeigten die Photos sieben Abschußrampen für Boden-Boden-SCUD-Raketen außerhalb von Kuwait City, die nach Süden auf Saudi-Arabien gerichtet waren.
Cheney erkannte, daß die Demonstration des CIA-Mannes niemanden vom Hocker reißen würde. Der erste Akt der Neuen Weltordnung durfte nicht mit einem Techniker beginnen, der sein Können im Kaffeesatzlesen aus der Vogelperspektive unter Beweis stellte. Die Interpretation von Luftaufnahmen ist eine undurchsichtige Angelegenheit und nicht wahnsinnig überzeugend. Nur Experten können die Flecken, Punkte und Schatten deuten. Mit einer derartigen Vorstellung konnte man König Fahd nicht beeindrucken.
›Streichen wir den CIA-Vortrag‹, sagte Cheney. Schwarzkopf und er würden die Information in ihre eigenen Ausführungen einfließen lassen.
Schwarzkopf hatte ein acht Zentimeter dickes, blaues Ringbuch mit der Aufschrift »Streng Geheim« dabei, das den

Operationsplan 90-1002 enthielt. Als der General es öffnete, zog sich Cheney in sein eigenes Abteil zurück. Er kannte den Plan bereits.

›An dem Tag, an dem der Präsident auf den Knopf drückt und den Plan in Gang setzt, passiert folgendes‹, sagte Schwarzkopf. Am Tag Eins, »C-Day«, würden die F-15 losgeschickt. Dann von Tag zu Tag weitere Land-, See-, und Luftstreitkräfte in Alarmbereitschaft versetzt und stationiert. Die Ausführung des Plans erforderte 17 Wochen, konnte jedoch jederzeit abgebrochen werden. »Eine der Lektionen, die wir in Panama gelernt haben, lautet, daß es besser ist, eine große Streitmacht zu senden und das Ganze schnell zu erledigen«, sagte Schwarzkopf. Wegen der Entfernung zum Nahen Osten und dem Umfang der erforderlichen Streitkräfte seien volle 120 Tage notwendig.

Alternativen kamen nicht zur Sprache. Niemand schlug etwas vor. Sobald General Schwarzkopf das blaue Ringbuch aufschlug, marschierten alle geschlossen hinter ihm her. Das Weiße Haus rief an und teilte mit, daß Bush eine öffentliche Erklärung abgegeben hatte, von der Cheney eine Abschrift erhalten sollte. Williams schrieb den Wortlaut mit und las ihn dann Cheney vor. Es war die Ankündigung des Präsidenten, daß diese Aggression nicht von Dauer sein würde, sein Gelöbnis, die Invasion rückgängig zu machen.

Schön und gut, dachte Cheney, aber er hatte keine Bodentruppen, um Saddam davon abzuhalten, in Saudi-Arabien einzumarschieren, ganz zu schweigen davon, die Invasion Kuwaits rückgängig zu machen. Amerika war geschockt, und Cheney wollte die Aufmerksamkeit auf das bevorstehende Problem lenken – die Verteidigung von Saudi-Arabien. »Danke für die Information«, sagte er sachlich. »Es ist gut, das zu wissen.«

Der Verteidigungsminister wollte an seinem Auftritt bis ins letzte feilen. Er bat Gates, Wolfowitz und Botschafter Freeman erst einzeln, dann alle zusammen in sein Abteil. Allen war klar, daß Cheney gegen einen starken Strom anschwimmen mußte. Es wäre für die Saudis fast unvorstellbar, die Vereinigten Staaten um Entsendung von Truppen zu bitten. Wolfowitz sagte, Cheney würde die Saudis mit einer Entscheidung konfrontieren, die sie ein Leben lang zu vermeiden gesucht hatten. Es bedeutete eine radikale Abkehr von ihrer bisherigen Politik, wenn sie die Stationierung ausländischer Truppen akzeptierten.

Freeman erklärte, Fahd sei ein Ausbund an Unentschlossenheit. Die Saudis könnten Tage und Wochen damit verbringen, untereinander zu diskutieren. Gegenüber Beratungen der königlichen Familie wirkte der Amerikanische Kongreß geradezu entscheidungsfreudig.

Außerdem erklärten sie Cheney, ihre größte Sorge sei, daß die Saudis sich mit einer Stationierung einverstanden erklärten, aber auf einer bestimmte Obergrenze der Truppen bestanden, die möglicherweise viel niedriger lag als die im Operationsplan vorgesehenen 250.000 Mann.

Cheney sagte, er wolle zunächst auf den Beginn der Stationierung drängen und erst später über Obergrenzen verhandeln, die die Saudis möglicherweise durchzusetzen versuchten. Während des Iran-Irak-Krieges hatten die Vereinigten Staaten den Saudis mit CIA-Berichten angst gemacht, die behaupteten, daß Iran sie vom Persischen Golf her angreifen würde. Die Reagan-Regierung hatte formell um Erlaubnis gebeten, Einheiten der US-Luftwaffe zu stationieren, um die erwarteten Angriffe abzuwehren. Die Saudis hatten sich geweigert. Die Angriffe blieben aus, und die Saudis folgerten daraus, daß die USA die Erkenntnisse der Nachrichtendienste für ihre politischen und strategischen Ziele einspannten, diesmal in der Hoffnung, Stützpunkte am Golf aufbauen zu können.

Nachdem er sich alle Ratschläge angehört hatte, mahnte

Cheney zur Vorsicht. ›Wir wissen nicht, ob Saddam Saudi-Arabien besetzen wird‹, sagte er, ›deshalb sollten wir nicht dort aufkreuzen und behaupten, dies sei unausweichlich oder wir hätten Insiderinformation‹. Er wollte mehr Gewicht auf die Leistungsfähigkeit der für die Stationierung in Frage kommenden US-Streitkräfte und die politische Verpflichtung des Präsidenten als auf die nachrichtendienstlichen Erkenntnisse legen. Die Invasion Kuwaits sprach am deutlichsten für die Bereitschaft Saddams, seine arabischen Nachbarn zu überrennen.

* * *

Nach sechzehn Stunden Flugzeit landeten die Amerikaner am 6. August gegen 13 Uhr Ortszeit in Djidda. Sie wurden in äußerst luxuriöse Quartiere geführt. Das Treffen mit dem König war für zwei Stunden später anberaumt, doch dann hieß es, daß Seine Majestät, ein Nachtmensch, die Begegnung um sechs bis acht Stunden zu verlegen wünsche. Cheney wußte nicht, daß Fahd mit den religiösen Führern verhandelte, um herauszufinden, ob sie eine Stationierung von US-Truppen tolerieren würden.
Die Reise nach Saudi-Arabien, die doppelt so lange dauerte wie ein Flug über den Atlantik, hatte Cheney mächtig zugesetzt. Er nahm die Gelegenheit wahr und legte sich eine Weile aufs Ohr.

* * *

›Fahd bin Abdul Aziz, König von Saudi-Arabien und Hüter der Heiligen Stätten von Mekka und Medina‹, so lautete sein Lieblingstitel. Fahds Königreich war extrem unzugänglich und konservativ. Es war so groß wie ein Viertel der Vereinigten Staaten und hatte nur 14 Millionen Einwohner. In seiner Jugend galt der König als Playboy. CIA-Berichten zufolge soll Fahd mit Vorliebe halbwüchsige Mädchen zu Liebestouren in seiner Boing 747 mitgenommen haben. Doch mit den Jahren wurde er ruhiger. In den späten siebziger Jahren hatte er das Königreich als Kronprinz praktisch schon regiert, bis er 1982 den Thron bestieg.
Am Abend wurden Cheney, Gates, Schwarzkopf, Wolfowitz und Botschafter Freeman in den privaten Konferenzsaal der königlichen Familie in der Sommerresidenz geführt. König Fahd, ein halbes Dutzend Regierungsmitglieder in Schlüsselpositionen und die königliche Familie, einschließlich des Außenministers und des stellvertretenden Verteidigungsministers, waren anwesend. Der saudische Kronprinz Abdullah hielt sich etwas im Hintergrund.
Prinz Bandar sollte für beide Seiten dolmetschen.
Cheney erwartete, daß der König am Ende seiner Darstellung sagen würde: ›Vielen Dank, wir werden Sie über unsere Absichten unterrichten.‹ Dann würde er Cheney wegschikken und ihn irgendwo schmoren lassen, während die Saudis berieten.
Das Treffen begann mit Small talk über Fahds lange Bekanntschaft mit Bush. Als Bush 1976 CIA-Direktor war, bestimmte Kronprinz Fahd, der als Innenminister dreizehn Jahre lang die saudischen Geheimdienste geleitet hatte, die Außenpolitik Saudi-Arabiens.
Gewöhnlich eröffnete der König diese königlichen Versammlungen mit einer langen Erklärung. An diesem Abend jedoch wandte er sich verhältnismäßig schnell an Cheney. Der Verteidigungsminister erinnerte seine Gastgeber zu-

nächst daran, daß die USA 1962 Saudi-Arabien gegen Jemen und Ägypten zu Hilfe gekommen waren. Er zitierte den Schutz für Öltanker im Golf 1987/88 als ein weiteres Beispiel dafür, wie die Vereinigten Staaten ihren Verbündeten in der Region beistanden. »Wir nehmen diese Verpflichtung nicht auf die leichte Schulter«, sagte Cheney. »Saudi-Arabien könnte vor der größten Bedrohung seiner Geschichte stehen.«
Nach einer Pause fuhr er fort: »Der Präsident hat mich beauftragt zu bekräftigen, was er Ihnen bereits am Telephon sagte. Er verbürgt sich persönlich für die amerikanische Sicherheitsgarantie... Saddam hat sich der Lüge, Täuschung und nackter Aggression bedient, um das Machtgleichgewicht zu verändern. Er wird nur gefährlicher werden, wenn man ihn ungestraft davonkommen läßt... Der Präsident konzentriert sich auf rege diplomatische Aktivitäten. Er hat Verbindung zu allen größeren Waffenlieferanten [des Irak] aufgenommen.«
Frankreich, die Sowjetunion und China seien übereingekommen zu handeln, sagte Cheney. Außenminister Baker sei auf dem Weg nach Moskau, wo eine gemeinsame Erklärung abgegeben werden sollte; Präsident Bush habe persönlich mit den Staatsoberhäuptern von Großbritannien, Frankreich, Deutschland, der Türkei, Japan und Italien konferiert. »Wenn wir dieser Herausforderung nicht entschlossen entgegentreten, wird das schwerwiegende Folgen für Saudi-Arabien und ernste Folgen für die USA haben«, sagte Cheney. Er hatte die Adjektive sorgfältig gewählt – »schwerwiegend« für Saudi-Arabien und »ernst« für die USA –, ein Hinweis darauf, daß es Saudi-Arabien war, das im Schlamassel steckte.
»Wir alle müssen zusammenarbeiten, um zu verhindern, daß dieser Mann Erfolg hat«, sagte Cheney. Er schlug eine zweigleisige Strategie vor: Erstens, Zusammenarbeit, um Saudi-

Arabien vor einem zukünftigen Angriff zu schützen, zweitens, die Strangulierung des Irak. »Wirtschaftsmaßnahmen sind wichtig, aber in den kommenden Monaten, wenn Saddam den wirtschaftlichen Druck zu spüren bekommt, könnte er einen Verzweiflungsangriff wagen.« Daher sei es wichtig, beide Strategien gleichzeitig zu verfolgen: Verteidigung und Strangulierung.
Anschließend stellte Cheney Schwarzkopf vor. Der General zeigte König Fahd die Satellitenaufnahmen der irakischen Panzer, die sich auf dem Weg zur saudischen Grenze befanden. »Wenn man alles zusammenzählt«, sagte er, »kommt eine Division der besten Streitkräfte heraus, über die Irak verfügt. Irgendwo zwischen hier« – er steckte fünfzig Meilen ab – »und Kuwait City, befinden sich zwei weitere dieser Divisionen. Nachdem sie Kuwait City erobert hatten, sind neue Einheiten nachgerückt, damit die anderen für die Verlegung an die Grenze frei wurden. Schwerwiegender jedoch ist die Tatsache, daß drei weitere Divisionen, die um Basra stationiert waren, nach Süden in Gang gesetzt wurden. Wir beobachten das alles sehr sorgfältig, um herauszufinden, was sich da tut. Es gibt jede Menge Nachschub.«
Die Aufnahmen machten sehr deutlich, warum die saudischen Spähtrupps, die über die kuwaitische Grenze geschickt worden waren, die irakischen Streitkräfte nicht gefunden hatten, die Bandar auf den ersten Satellitenaufnahmen mit eigenen Augen gesehen haben wollte. Die Iraker schickten, wie es ihre Art war, ihre Kommando-, Kontroll- und Fernmeldeeinheiten der Hauptstreitmacht voraus. Diese Einheiten waren so klein, daß die Späher nicht auf sie gestoßen waren.
Auf den Bildern konnte man sogar die bedrohlich nach Süden gerichteten SCUD-Abschußrampen deutlich erkennen.
Schwarzkopf erinnerte sich an Cheneys Weisung, vorsichtig zu taktieren und sagte, »Wir glauben, daß Saddam Hussein

in der Lage wäre, Saudi-Arabien binnen achtundvierzig Stunden anzugreifen. Wir wissen nicht, was er vorhat.« Schwarzkopf erwähnte, daß die Iraker 22 gefechtsbereite Kampfflugzeuge auf einem Stützpunkt stehen hatten, wie auch Tankflugzeuge, die ihren Aktionsradius beträchtlich erweiterten. »Wir wissen nicht, was dahintersteckt – sie könnten ebensogut gegen die amerikanische Flotte gerichtet sein.«
Fahd antwortete, er hätte da keine Zweifel. »Die Streitkräfte, die sie stationiert haben, werden nicht nur für Kuwait gebraucht«, sagte er. »Daher müssen sie andere Ziele verfolgen.« Fahd schien äußerst erregt. »Wir haben geglaubt, Saddam Hussein sagt die Wahrheit. Er hat uns, den Vereinigten Staaten und Mubarak erklärt, er werde Kuwait nicht angreifen, aber das Gegenteil ist eingetroffen. Wir wissen also jetzt über seine böse Absichten Bescheid. Die richtigen Vorkehrungen für die richtige Antwort im richtigen Moment zu treffen, ist der beste Weg, die irakischen Aktionen rückgängig zu machen. Und ich bin dankbar, daß dies jetzt in Angriff genommen wird.«
Die Pausen für die Übersetzung erleichterte den Protokollanten die Arbeit, doch die genaue Bedeutung des letzten Satzes des Königs war unklar. Es schien, als bewege sich Fahd in die Richtung, in die Cheney ihn gerne gebracht hätte.
»Sie haben recht« sagte Cheney, »wir können Saddam Husseins Absichten nicht voraussagen. Er braucht für einen Angriff weniger Zeit als wir für die Verteidigung. Im Falle Kuwait haben wir den Aufmarsch der Truppen beobachtet, und der Emir hat gezögert, um Hilfe zu bitten, bis er angegriffen wurde. Wenn Sie auf eine unzweideutige Warnung warten, wird es für uns zu spät sein, um Ihnen zu helfen. Wir müssen zur Verteidigung Saudi-Arabiens viel größere Entfernungen überwinden als er bei einem Angriff auf Ihr Land.

Wir sind so wenig an einem Krieg interessiert wie alle anderen auch, aber wir sind überzeugt, daß Vorbereitung auf einen Krieg die beste Methode ist, ihn zu verhindern. Und sollte es dennoch zu einem Krieg kommen, würden wir an Ihrer Seite die saudische Souveränität verteidigen und den Krieg in das Land des Feindes tragen.«

Am Ende fügte er hinzu: »Der Präsident hat mich beauftragt, Ihnen zu versichern, daß wir so lange bleiben werden, wie Sie es wünschen. Wir werden erst dann gehen, wenn Sie uns nicht mehr brauchen. Wir werden so lange bleiben, bis die Gerechtigkeit wiederhergestellt worden ist, doch keine Minute länger. Wir versuchen nicht, Stützpunkte zu bekommen, aber Ihr Land ist sehr weit entfernt. Daher müssen wir jetzt gemeinsame Vorkehrungen treffen.«

Schwarzkopf beschrieb Saddams Streitkräfte. Es seien keine Giganten, betonte er erneut, aber harte Gegner. ›Die Iraker sind nicht besonders gut in der Offensive‹, fuhr er fort. ›Ihre Schwäche liegt vor allem in einer extrem zentralistischen Befehlshierarchie; auf jeder Ebene müssen die Offiziere auf Befehle von oben warten.‹

»Bei uns im Militär sagt man, ›wenn man den Kopf abschneidet, funktioniert der Körper nicht mehr‹.«

Die Seestreitkräfte der USA, die sich bereits in der Golfregion befanden, waren in höchste Alarmbereitschaft versetzt worden, und Schwarzkopf glaubte, daß dies wahrscheinlich der Grund für die Gefechtsbereitschaft der irakischen Flugzeuge war. Der Flugzeugträger U.S.S. *Independence* und ein halbes Dutzend weiterer Schiffe befanden sich auf dem Weg in die Region.

Die Verlegung von US-Streitkräften bedeute für diejenigen, die auf dem Luftweg kamen, eine Entfernung von 7000 Meilen und für jene, die den Seeweg benutzten, eine Entfernung von 12.000 Meilen. Die Flugzeugstaffeln sollten zuerst verlegt werden, gefolgt von leichten Bodentruppen. Daraufhin

erläuterte Schwarzkopf den Truppenaufmarsch, so wie er Woche für Woche geplant war. In der 17. Woche wäre es eine beträchtliche Streitmacht – viele Kampfflugzeuge, Kriegsschiffe, zwei Panzer-Divisionen und zwei andere Divisionen.
»Wie groß ist eine Division?« fragte Kronprinz Abdullah plötzlich.
18.000 Mann, sagte Schwarzkopf. Niemand fragte nach der Gesamtzahl von Truppen und Personal, daher mußte Schwarzkopf die Zahl 250.000 nicht angeben. Er sagte nur, er sei überzeugt, daß nach 17 Wochen Stationierung die Truppen imstande wären, jeden Angriff zurückzuschlagen.
»Nach 120 Tagen stünde uns eine Streitmacht zur Verfügung, die zusammen mit den saudischen Einheiten die Iraker ins Meer drängen könnte, oder wo immer Sie sie sonst hinbefördern wollen.« Schwarzkopf ging nicht auf die Schätzung von acht bis zwölf Monaten für eine offensive Option ein, die er Bush noch vor zwei Tagen genannt hatte.
Dann stellte Abdullah einige Fragen zu den Karten und versuchte, zwischen den tatsächlichen und den hypothetischen Stellungen der irakischen Truppen zu unterscheiden.
»Der Präsident bat mich, vier Dinge besonders hervorzuheben«, sagte Cheney. »Die Vereinigten Staaten sind bereit, eine Streitmacht mit der Verteidigung Saudi-Arabiens zu beauftragen, die diese Aufgabe bewältigen kann. Zwar verfügt Saddam Hussein über eine mächtige Armee mit großer Schlagkraft, doch sind die Vereinigten Staaten in der Lage, genügend Truppen aufzubringen, um Saddam Hussein abzuschrecken. Sollte die Abschreckung keine Wirkung zeigen, werden unsere gemeinsamen Truppen genügen, um ihn zu schlagen.
Zweitens bat mich der Präsident, noch einmal darauf hinzuweisen, daß wir Truppen vor Ort benötigen, wenn wir Erfolg haben wollen. Wir können nicht warten, bis die iraki-

schen Kräfte die Grenze überqueren. Der Zeitfaktor ist von entscheidender Bedeutung.

Drittens: Sobald die Gefahr vorüber ist, werden unsere Truppen heimkehren.«

Abdullah stieß auf Arabisch leise hervor: »Das will ich hoffen«, was Bandar nicht übersetzte.

»Aufgrund unserer Zusammenarbeit«, fuhr Cheney noch immer zu Punkt 3 fort, »werden auch Ihre Streitkräfte besser in der Lage sein, das Land zu verteidigen, nachdem wir uns zurückgezogen haben. Und wir können schneller zurückkehren, falls wir erneut gebraucht werden.«

Fahd sagte, ja, das sei wie ein ganz normales gemeinsames Manöver, bei dem die USA Material zurückließen – eine übliche Praxis der Amerikaner.

»Ich glaube, darüber würde ich gern ein wenig nachdenken«, lachte Schwarzkopf.

Fahd schien einen langfristigen, konkreten Nutzen aus einer eventuellen Stationierung ziehen zu wollen.

Genau dort knüpfte Cheney an. »Unsere Situation wäre viel leichter, wenn wir Material vor Ort hätten.« Dann beendete er die Botschaft des Präsidenten. »Viertens, es wird gefährlicher, je mehr Zeit wir vergehen lassen. Wenn wir uns jetzt Saddam Hussein nicht stellen, wird er von Tag zu Tag stärker und bedrohlicher. Ich möchte um Ihre Einwilligung bitten, mit der Stationierung von US-Truppen zu beginnen. Wir wollen mit Ihnen zusammenarbeiten und zugleich eine internationale Streitmacht zusammenstellen, an der auch Streitkräfte von Staaten der Region beteiligt sind, aber wir bitten Sie, nicht zu warten, bis dies erreicht ist, bevor Sie der Stationierung von US-Streitkräften zustimmen.«

»Unsere Zusammenarbeit mit den Vereinigten Staaten entspringt nicht dem Wunsch, andere anzugreifen oder zum Aggressor zu werden«, erklärte Fahd und fügte hinzu, daß die Grundlage der Zusammenarbeit die Bedrohung Saudi-

Arabiens und gemeinsame Interessen seien. Als dächte er laut nach, fuhr der König fort: »Wir haben das Problem nicht geschaffen. Das Problem wurde geschaffen. Wir müssen uns fragen, wozu Saddam Hussein diese Streitkräfte benötigt.« Fahd bekräftigte, daß Saddam sein ganzes Geld für Waffenkäufe ausgab, statt es zum Wohl seines Volkes einzusetzen. »Niemand versucht, ihm Probleme zu machen... Das beweist, wie niederträchtig er ist. Warum greift er Kuwait an – es ist ein kleines Land – und unterdrückt es? Es ist nicht nur seine Aggression gegen Kuwait, [er] verfolgt größere Absichten... Weil er ein solcher Egoist ist, glaubt er, alles genau zu wissen. Doch er macht einen entscheidenden Fehler, wenn er das wirklich glaubt, und ich bin überzeugt, er glaubt es.

Wenn wir mit unseren amerikanischen Freunden zusammenarbeiten, dann ausschließlich aus Gründen der Selbstverteidigung, nicht in offensiver Absicht – es verdeutlicht, wie tief die Beziehungen zwischen unseren beiden Ländern sind. Das an sich beweist, welche Bedeutung die beiden Länder ihren gegenseitigen Interessen und Sicherheitsvorstellungen zumessen.

Wir handeln nicht aus aggressiven Beweggründen heraus. Überall auf der Welt fragen sich die Menschen, was werden die Vereinigten Staaten für Saudi-Arabien tun? Ich bin mit dem, was ich gerade gehört habe, sehr zufrieden. Nun müssen wir entsprechende Vereinbarungen treffen, um es in die Tat umzusetzen.« Daraufhin wandte sich Fahd an seine Gefolgschaft und fragte: »Möchte noch jemand etwas dazu äußern?«

Es folgte eine lebhafte Auseinandersetzung auf Arabisch zwischen dem König und Kronprinz Abdullah. Bandar übersetzte nicht. Auf amerikanischer Seite verstand nur Botschafter Freeman, was gesagt wurde.

»Wir müssen es tun«, sagte Fahd. »Die Kuwaitis haben gewartet, sie haben zu lange gewartet, und jetzt gibt es kein Kuwait mehr.«

»Oh doch«, gab Abdullah aufgebracht zurück, »Kuwait existiert.«

»Ja«, entgegnete Fahd. »Und alle Kuwaitis sitzen in unseren Hotelzimmern.«

Dann wandte sich der König Cheney zu. Bandar nahm die Übersetzung wieder auf. »Mr. Secretary, wir stimmen in den Grundsätzen überein. Vertrauen wir auf Gott und tun wir, was getan werden muß. Am besten wenden wir uns nun den Details zu.

Mir ist es egal, was andere sagen mögen. Das Wichtigste ist, mit den Amerikanern gemeinsam an der Verteidigung unseres Landes zu arbeiten und auch andere mit uns befreundete arabische Staaten ins Land zu bringen.«

»Ich glaube, das ist eine ausgezeichnete Idee«, sagte Cheney.

»Sehr schön«, sagte Fahd. »Einige haben in der Vergangenheit beteuert, sie seien bereit und willens. Andere sind mit Ihnen und mit uns befreundet, wie Ägypten oder Marokko.«

»Ich bin sehr erfreut, daß Sie mit unserem Plan einverstanden sind«, sagte Cheney.

Der König sagte, sie könnten sich den Luxus, noch länger zu warten, nicht leisten; sie stünden vor einer unmittelbaren Gefahr. ›Was schnell erledigt werden muß, soll man sofort in Angriff nehmen.‹

Cheney war angenehm überrascht. Er hatte befürchtet, daß eine internationale Streitmacht unter Einbindung anderer arabischer Staaten den Saudis so wichtig sein könnte, daß sie darauf bestehen würden, dies als erstes zu bewerkstelligen.

»Die Vereinigten Staaten haben keine weitergehenden Absichten«, sagte Fahd. »Wir haben dieses Land, das aus Büschen und Steinen bestand, übernommen und zu einem Staat aufgebaut, mit dem sich wenige auf der Welt messen können. Wir haben Milliarden von Dollar in den Aufbau des Staates investiert. Es hat den Anschein, als wären wir schon seit Hunderten von Jahren damit beschäftigt, dabei sind es in Wirklichkeit nur wenige. Ich wünschte, Sie hätten Zeit, um sich selbst davon zu überzeugen, was wir aus dem Nichts aufgebaut haben. Dann würden Sie auch sehen, wohin die Milliarden Dollar aus dem Ölgeschäft fließen. Es ist mir gleichgültig, was die Medien dazu sagen. Diejenigen, die die Tatsachen so sehen, wie sie sind, werden anerkennen, was wir geschaffen haben. Mir ist wichtig, was die Menschen in Saudi-Arabien denken. Und solange sie einen angemessenen Lebensstandard besitzen, kümmert es mich nicht, was die Menschen über mich sagen.«

Der Hüter der Heiligen Stätten Mekka und Medina setzte seinen Abriß der Geschichte fort; es war die Art von Rede, die man normalerweise am Beginn der Versammlung erwartet hätte. »Vor zwanzig Jahren war da, wo Sie jetzt sitzen, Wüste. Ich war Bildungsminister. Wir hatten knapp 33.000 Schüler, fünf Hochschulen. Jetzt haben wir innerhalb dieser kurzen Zeit sieben Universitäten und siebenunddreißig Schulen gebaut. Wir haben die Schülerzahlen von 33.000 auf 2,7 Millionen erhöht... Wer hätte das geglaubt? Von null auf 2 200 Fabriken.«

Worauf dieser Erfolg zurückzuführen sei, fragte der König und beantwortete seine Frage gleich selbst: Auf die Tatsache, daß sie stets mit Personen und Ländern zusammenarbeiteten, die ihr Handwerk verstanden. »Wir haben keine Angst, von Menschen zu lernen, die besser sind als wir. Die Menschen in Saudi-Arabien haben keine Minderwertigkeitskomplexe. Wir wünschen uns die Kooperation mit anderen Völkern.« Er bot Cheney an, ihm Videos zu schicken, um ihm die Wandlung darzustellen, die das Land durchgemacht hatte, und ermunterte ihn, zurückzukehren und sich selbst davon zu überzeugen.

Fahd sagte, er lache nur über Berichte, die behaupteten, ein Großteil der saudischen Öleinnahmen ginge direkt an die königliche Familie. »Ich habe einmal irgendwo gelesen, daß ich ein Jahreseinkommen von 40 Milliarden Dollar hätte. Das Einkommen des ganzen Landes beträgt 40 Milliarden Dollar. Es wird vieles behauptet, aber es ist mir gleichgültig, was draußen gesagt wird. Mir geht es um den Wohlstand und das Wohlergehen der Menschen in Saudi-Arabien.«

Als kleinen Seitenhieb auf König Hussein von Jordanien, der seine Vorfahren bis auf den Propheten Mohammed zurückverfolgte, bemerkte Fahd: »Wir behaupten nicht, daß unsere Vorfahren Heilige waren. Wir sind nur eine große Familie von Saudis.

Wir glauben von ganzem Herzen an unseren Gott. Wir glauben, daß er die Wahrheit kennt und uns den Weg zeigen wird.

Zum Schluß möchte ich dem Präsidenten, dem Vizepräsidenten, seiner Regierung, beiden Häusern des Kongresses und Ihnen persönlich danken. Sie sind mit einem Ziel gekommen, nämlich Saudi-Arabien zu helfen. Ich hoffe, daß die Probleme in unserem Teil der Welt sich lösen werden. Im übrigen bin ich Ihnen noch einen Besuch in den Vereinigten Staaten schuldig – ich habe ihn nicht vergessen.«

Cheney erklärte, Präsident Bush sehe diesem Besuch mit großer Freude entgegen. »Dies war ein wirklich historisches Treffen«, fügte Cheney hinzu.

»Zweifellos«, antwortete Fahd.

Der Verteidigungsminister sagte, er werde so schnell wie möglich nach Washington zurückkehren, um dem Präsidenten Bericht zu erstatten. »General Schwarzkopf wird mit Ihren Offizieren die Details ausarbeiten. Wir lassen ein Team zurück.«

»Das ist gut. Je schneller die Arbeit aufgenommen wird,

um so besser. Je weniger wir an die Medien geben, um so besser.«
»Ich werde unverzüglich den Präsidenten benachrichtigen«, antwortete Cheney. »Er wird die Verlegung der Truppen anordnen.«
Als Cheney wieder in seinem Zimmer war, berichtete er seinen Referenten: »Sie haben uns offiziell gebeten« und rief den Präsidenten an. Dieser nahm das Gespräch im Oval Office entgegen, wo er sich erneut mit Premierministerin Thatcher traf.
König Fahd sei mit einer Stationierung einverstanden, erklärte Cheney.
Bush schien sehr zufrieden.
Cheney sagte, er bitte den Präsidenten formell um die Erlaubnis, mit der Verlegung von Truppen zu beginnen.
»Die haben sie. Schießen Sie los«, antwortete Bush.

* * *

Cheney rief auch Powell an, um ihm mitzuteilen, daß sie die Erlaubnis hätten, mit der Stationierung zu beginnen.
Powell war überrascht zu hören, daß die Saudis zugestimmt hatten.
General Kelly und sein Operationsstab hatten den größten Teil des Wochenendes im Pentagon verbracht – zuerst mit der Vorbereitung für eine Stationierung und später mit Warten. Kelly war mitgeteilt worden, daß sich auf politischer Ebene etwas bewegte, jedoch noch nichts feststand.
Gegen 16 Uhr kam die politische Zielvorgabe. Die Anordnung war, »Saudi-Arabien vor einem Angriff des Irak zu schützen und Vorbereitungen zu treffen, nach Anweisung auch andere Operationen auszuführen.« Der direkte Be-

fehl lautete, Operationsplan 90–1002 in die Tat umzusetzen.
Anfangs sollten 48 moderne F-15 Jets aus dem 1. Taktischen Kampfgeschwader vom Luftwaffenstützpunkt Langley, Virginia, verlegt werden. Die Ready Brigade der 82. Luftlande-Division mit 2 300 Mann – Soldaten, die sich in höchstem Bereitschaftszustand befanden – würde folgen.
Die ersten Flugzeuge und Truppen konnten nicht vor dem übernächsten Morgen, Mittwoch, den 8. August, eintreffen. Powell war besorgt. Die Ready Brigade war eine extrem leichte Einheit. In den Augen einiger Militärexperten war sie nicht mehr als eine massive Sicherungstruppe für einen Flughafen. Diese Brigade, die 48 Kampfflugzeuge, die Flugzeuge der Marine in der Region und die kleine saudische Armee waren kein Gegner für Saddams sechs Divisionen. Das Land war nackt und schutzlos – der optimale Zeitpunkt für einen Angriff Saddams.

* * *

Cheney kannte Powells Auffassung, daß Saddam im Grunde keinen Krieg mit den USA wollte, weil er Angst und einen gesunden Respekt vor der militärischen Leistungsfähigkeit der US-Armee hatte und daraus folgerte, daß ein Krieg reinen Selbstmord bedeutete. Cheney war nicht dieser Meinung. Er glaubte, daß möglicherweise Saddam einen völlig anderen Begriff von ›Sieg‹ hatte. Allein den USA zu trotzen, Uncle Sam eins auf die Nase zu geben, bedeutete für Saddam möglicherweise beträchtlichen politischen Gewinn. Und vielleicht war das sogar den Preis wert, den man für einen Krieg bezahlte.
Saddam war kein Selbstmörder, das glaubte auch Cheney

nicht, aber ein begrenzter Konflikt mit den Vereinigten Staaten mußte nicht notwendigerweise schlecht für ihn sein. Er zog einen Vergleich zu der Situation des ägyptischen Präsidenten Sadat im Krieg von 1973, der mit einem Überraschungsangriff Ägyptens und Syriens auf Israel begann. Sadat hatte Israel nicht schlagen müssen, um den Krieg zu »gewinnen« – er hatte nur über den Suezkanal setzen und demonstrieren müssen, daß er entschlossen war, die Halbinsel Sinai von Israel zurückzuerobern. Obwohl das Unternehmen für Ägypten mit einer militärischen Niederlage geendet hatte, erklärte sich Sadat zum Sieger. Er hatte sein Ziel erreicht: die Episode trug wesentlich zu seinem Status als arabischer Führer bei. Cheney war sicher, daß die reale Möglichkeit eines Kriegs am Golf bestand.

Bevor Cheney am nächsten Morgen Saudi-Arabien verließ, traf er sich mit Bandar und dessen Vater, dem saudischen Verteidigungsminister Prinz Sultan, um das Hilfsangebot noch einmal zu besprechen. Bandar hatte über seine Kanäle bereits erste Informationen erhalten. »Meine Freunde Kissinger und Crowe sagen einen Fehlschlag voraus«, berichtete er und fügte hinzu, daß die Saudis die ganze Nacht aufgeblieben seien, um über die Angelegenheit zu debattieren.

»Sehen Sie«, fuhr Bandar fort, »an der Entscheidung ist nicht zu rütteln. Sie steht, und nicht nur weil der König es will.« Er schlug vor, daß sie versuchen sollten, sie zu verschleiern, indem beide Staaten behaupteten, »das Ganze sei ein gemeinsames Manöver. Saddam ist nicht verrückt. Er ist unberechenbar und brutal. Aber wir sollten uns seiner Taktik bedienen und ihn von unserem Vorhaben nicht in Kenntnis setzen.« Bandar äußerte ernste Bedenken wegen der ersten Einheiten; sie seien zahlenmäßig so gering, daß sie keinerlei Schutz garantierten. Könnte man das Ganze nicht geheimhalten, bis genügend Truppen im Land waren, um das Königreich zu verteidigen?

Cheney antwortete, daß er nicht wüßte, wie man das bewerkstelligen sollte. Der Präsident konnte das amerikanische Volk nicht hintergehen, das wußte Bandar. Dies war eine wichtige Entscheidung für den Präsidenten, und die günstigste Strategie war, seine Karten offen auf den Tisch zu legen. Tat er das nicht, und es sickerte etwas durch, so konnte das fatale Folgen für ihn haben. ›Sie kennen das amerikanische System‹, erinnerte Cheney Bandar. ›Es würde nicht gutgehen.‹

Bandar entgegnete, das sei nur reine Taktik. »Stellen wir uns tot, wie ein Wüstentier, und stehen dann auf«, sagte er.

Nach längeren Diskussionen kamen beide Seiten überein, jede Erklärung zu verschieben, bis die ersten Truppen auf saudiarabischem Boden waren – Mittwoch morgen in den Vereinigten Staaten, Mittwoch nachmittag und abend in Saudi-Arabien. Als Cheney sich auf den Rückflug vorbereitete, dachte er, daß die ganze Vereinbarung möglicherweise doch nicht so fest war. Mit Bandar, mit den Saudis wußte man nie, woran man war. Seine Befürchtung erwies sich als begründet, als Schwarzkopf Kontakt zum ranghöchsten General im saudischen Verteidigungsministerium aufnahm, um mit der Koordinierung der Stationierung zu beginnen. Der saudische General wollte die Debatte neu eröffnen und darüber reden, ob die Vereinigten Staaten überhaupt Truppen schicken sollten.

Schwarzkopf, der befürchtete, man habe die Anforderung rückgängig gemacht, erklärte dem General, er habe es so verstanden, daß die Stationierung beschlossene Sache sei und man erwartete, daß sie unverzüglich damit begannen. Der skeptische Saudi sagte, er würde nachfragen. Das tat er und kehrte höchst überrascht zu Schwarzkopf zurück. Schwarzkopf hatte recht gehabt.

Schließlich verließ Cheney Saudi-Arabien und flog nach Kairo, wo er von einem kleinen Flugzeug nach Alexandria

gebracht wurde, um Präsident Mubarak zu treffen. Er unterrichtete den ägyptischen Präsidenten über die bevorstehende Stationierung von US-Truppen in Saudi-Arabien. Ob Mubarak dem atombetriebenen Flugzeugträger U.S.S. *Eisenhower* gestatten würde, den Suezkanal zu passieren? Mubarak sagte, natürlich, wann? Heute nacht, antwortete Cheney. Mubarak stimmte zu. Der ägyptische Präsident erklärte sich nicht bereit, Truppen zu entsenden, revidierte die Entscheidung aber später in einem Gespräch mit Präsident Bush.
Cheney verließ Ägypten und kehrte in die USA zurück. Als er sich über Italien befand, erhielt er einen Anruf vom Präsidenten, der sich auf der ganzen Welt um weitere Unterstützung und Truppen bemühte.
»Dick«, sagte Bush. »Ich habe gerade mit König Hassan von Marokko telephoniert. Ich möchte, daß Sie Ihre Reise unterbrechen und ihn aufsuchen.«
Im nächsten Augenblick spuckte Cheneys Faxgerät Anflugkarten für Marokko aus.
Aus seiner Zeit als CIA-Direktor stand Bush mit Hassan, der Marokko seit mittlerweile 29 Jahren regierte, auf gutem Fuß. Teilweise verdankte der König seine Langlebigkeit auf dem Thron dem CIA, der lange Zeit dem befreundeten Staatsoberhaupt beim Aufbau der inneren Sicherheit behilflich gewesen war und ihm ermöglicht hatte, an der Macht zu bleiben. Im Gegenzug räumte Hassan den US-Nachrichtendiensten in seinem an der westlichen Einfahrt zum Mittelmeer gelegenen, strategisch wichtigen Land völlige Bewegungsfreiheit ein.
Im Palast sah Cheney Hassan zunächst bei einer Sitzung in größerem Kreis, dann unter vier Augen. Zwischen den beiden Gesprächen erhielt der König einen Anruf des libyschen Führers Muammar Gaddafi. Alle Staatsoberhäupter der Region konferierten miteinander. Doch auch als Cheney und Hassan allein waren, verriet ihm der König nicht, was der

libysche Führer gesagt hatte. Cheney erklärte Hassan, die Saudis hätten sich bereit gefunden, eine beträchtliche Anzahl von US-Einheiten ins Land zu lassen. Der Präsident würde Hassans Unterstützung sehr begrüßen. Hassan erwiderte, er sei bereit, sich sofort mit marokkanischen Truppen zu beteiligen.

Anschließend fuhren Cheney und Gates gemeinsam in die amerikanische Botschaft in Rabat und riefen über eine abhörsichere Leitung Scowcroft an, um die Rede zu besprechen, in der der Präsident seine Entscheidung bekannt geben würde. Scowcroft versuchte, die Aktion und ihre Begründung so präzise wie möglich zu formulieren.

Cheney sagte, König Fahd habe Präsident Bush gebeten, in allen öffentlichen Erklärungen deutlich zu machen, daß die Saudis die amerikanische Präsenz erbeten hätten.

Scowcroft versicherte ihm, daß dieser Punkt in die Rede einfließen werde.

Schließlich landete Cheney am Mittwoch um 6 Uhr, drei Stunden vor der Rede des Präsidenten, in Washington. Man hatte ihm einen Entwurf des Textes gefaxt, und er hatte ihn redigiert. Die Rede enthielt einige Analogien zum Zweiten Weltkrieg: Irak war »in Blitzkrieg-Manier über Kuwait hergefallen«, und »Appeasement-Politik funktioniert nicht, wie die 30er Jahre beweisen«. Die Stationierung wurde als eine auf moralischen Prinzipien fußende, notwendige Aktion dargestellt, und die Rede enthielt die explizite Äußerung, daß es sich um eine defensive Mission handelte.

* * *

Am 8. August hielt Bush um 9 Uhr im Fernsehen eine Ansprache an die Nation aus dem Oval Office. Er wirkte müde und abgespannt.
»Im Leben einer Nation«, begann er, »sind wir immer wieder aufgerufen zu definieren, wer wir sind und woran wir glauben. Manchmal ist die Wahl nicht leicht. Aber heute bitte ich Sie als Präsident um Ihre Unterstützung bei einer Entscheidung, die ich getroffen habe, um im Namen des Friedens für das einzustehen, was richtig ist, und das, was falsch ist, zu verurteilen.«
Seine Stimme klang ein wenig rauh, und gelegentlich geriet er aus dem Rhythmus. Der Gesichtausdruck schien dem hohen Anspruch seiner Worte eher zu widersprechen. Er hielt an seinem Standpunkt »Dies wird nicht von Dauer sein« fest und sagte: »Wir fordern den sofortigen, bedingungslosen und vollständigen Rückzug aller irakischen Streikräfte aus Kuwait.«
Aber er erklärte auch, daß die US-Streitkräfte nicht offensiv eingesetzt würden, um dieses Ziel zu erreichen. »Die Mission unserer Truppen ist rein defensiv. Ich hoffe, daß sie nicht lange gebraucht werden. Sie werden die Feindseligkeiten nicht eröffnen, aber sie werden sich, das Königreich von Saudi-Arabien und andere Freunde im Persischen Golf verteidigen.«
An mehreren unpassenden Stellen huschte ein nervöses Lächeln über das Gesicht des Präsidenten, und als er von einer »Zweckgemeinschaft« sprach, hob er die geballte Faust.
Bei einer Pressekonferenz am Mittag wiederholte Bush, daß die Militäraktion nicht zum Ziel habe, die Iraker aus Kuwait zu vertreiben.
Um 13 Uhr erschienen Cheney und Powell auf einer Pressekonferenz des Pentagon.
»Ich möchte zunächst Sie alle darauf aufmerksam machen«, eröffnete Cheney zurückhaltend, »vor allem diejenigen unter Ihnen, die sich noch an die Panama-Operation im De-

zember letzten Jahres erinnern, daß diese Situation völlig anders ist.« Da es sich um eine laufende Operation handele, könne er viele Fragen darüber, welche Einheiten betroffen seien, wann sie verlegt würden und wie stark sie seien, nicht beantworten. Er skizzierte seine Reise nach Saudi-Arabien in sechs Punkten und überließ das Feld dann Powell.
Powell richtete, was ungewöhnlich für ihn war, einen direkten Appell an die Medien. »Ich möchte Sie um Zurückhaltung bitten, wenn Sie auf Informationen stoßen. Versuchen Sie stets, diese gegen das Bedürfnis, die Sicherheit der Operation zu gewährleisten und unsere Truppen zu schützen, abzuwägen. Das sollte unser aller oberster Grundsatz sein, denke ich.«
Auf die Frage nach der Verwundbarkeit der ersten Truppenkontingente, trug Powell dick auf: »Ich glaube, daß sie ziemlich sicher sind.« Er erwähnte die Luftstreitmacht auf der *Independence* und der *Eisenhower* und die saudischen Streitkräfte mit ihren AWACS-Aufklärungsflugzeugen und »erstklassigen« Kampfflugzeugen. Dann setzte der Vorsitzende hinzu: »Ich bin einigermaßen zuversichtlich, daß wir unsere Truppen in angemessener Ordnung stationieren können, ohne allzu verwundbar zu sein.«
Doch insgeheim sorgte sich Powell immer noch um die Sicherheit seiner ersten Truppen. Offensichtlich glaubten viele auf der Welt, Saddam eingeschlossen, die USA seien in der Lage, ohne weiteres Zehntausende oder Hunderttausende von Soldaten zu verlegen. Natürlich entsprach das nicht der Realität. Powell hatte bisher noch nicht einmal die Ready Brigade mit ihren 2 300 Mann in Saudi-Arabien. In den ersten drei bis vier Wochen wären seine Truppen ungeschützt und höchst gefährdet. Es war ein Geheimnis, das um jeden Preis gehütet werden mußte. Das Leben vieler Soldaten hing davon ab.

* * *

Der DIA-Beamte Pat Lang wurde damit beauftragt, Prinz Bandar in seiner luxuriösen, weitläufigen Residenz in Virginia Bericht zu erstatten. Ehemalige britische Elitesoldaten, die jetzt für Bandars persönliche Sicherheit zuständig waren, geleiteten Lang zu einem üppig dekorierten Raum, wo er eine Karte der Region aufhing. Eine Stunde lang erläuterte er bis ins kleinste Detail, was während der Invasion Kuwaits passiert war und wie Saddam dieselben Elitetruppen von acht Divisionen an der saudischen Grenze zusammenzog.
Knapp beschrieb er, wie fast achthundert T-72 Panzer an vorderster Front standen, die ungehindert in den Osten Saudi-Arabiens einrollen und den Erfolg von Kuwait wiederholen könnten. »Wir sind nicht in der Lage, sie aufzuhalten«, sagte Lang.
»Oh Gott«, erschrak Bandar. »Oh Gott. Wissen *die* das?« Wußte Saddam, daß er Saudi-Arabien so leicht überrennen konnte?
»Ich glaube, sie vermuten es«, antwortete Lang, »aber wissen tun sie es nicht.« Dann fügte er hinzu, daß Saddams Gedanken zu lesen zur Kernfrage geworden sei, doch bislang noch jeder dabei versagt habe.

* * *

Pete Williams, der Zugang zu Geheimberichten hatte und zu den engsten Vertrauten Cheneys zählte, wußte nicht genau, wie viele Soldaten verlegt werden sollten. Er erfuhr von anderen hohen Pentagon-Beamten und Offizieren, daß die Obergrenze irgendwo zwischen 100.000 und 150.000 liegen sollte, nicht jedoch die richtige Zahl von 250.000 Mann. Wann immer er Powell fragte, wich der Vorsitzende aus. Powell zeigte Anzeichen von Paranoia, was Stärke und Stationierungstandorte der Truppen anging.

Im Weißen Haus streute Sununu die Zahl 50.000 aus, was am Donnerstag, dem 9. August, veröffentlicht und einem ungenannten hohen Regierungsbeamten zugeschrieben wurde.

* * *

Als General Vuono die bewußt untertriebenen Zahlen sah, war er besorgt. Die Operation, die mittlerweile den Codenamen Desert Shield, Wüstenschild, erhalten hatte, konnte auch die unangenehme Frage nach den Erwartungen und der Glaubwürdigkeit aufwerfen. Das Bemühen des Weißen Hauses und der politischen Führung, Fakten und Risiken zu vertuschen, Hoffnung auf eine begrenzte Operation von kurzer Dauer zu wecken, rief Erinnerungen an Vietnam wach. Dem Stabschef des Heeres war klar, daß der Operationsplan 90-1002 eine lange militärische Operation vorsah, die Monate, wenn nicht Jahre dauern konnte. Niemand wußte, wie lange allein die Verlegung dauern würde. Wenn die Medien und damit auch die Öffentlichkeit nicht das Gefühl hatten, die Fakten zu erhalten, war es unmöglich, sich ihre Unterstützung zu sichern. Eine derart große Truppenverschiebung konnte nicht geheimgehalten werden; Einsatzbefehle erreichten bereits Einheiten in Dutzenden von Bundesstaaten. »Die wichtigste Frage ist die des politischen Willens«, warnte Vuono seinen Stab. Ein Mitarbeiter Vuonos ließ kurz darauf die wirkliche Zahl von 250.000 an Associated Press durchsickern. Die Agentur machte daraus eine Story.

Vuono entdeckte auch eine anfängliche Selbstzufriedenheit im Operationsstab des Heeres. Er suchte die betreffenden Offiziere auf und erinnerte sie daran, daß sich das Heer, hatte es erst eine schwere Panzerdivision auf saudischem Boden, in einen äußerst harten Stellungskrieg verstrickt sehen könnte, also genau die Art von Auseinandersetzung, für die es ausgebildet war, weil man in Europa jahrzehntelang einen solchen Krieg befürchtet hatte.

›Das Heer hat eine schwere Prüfung vor sich‹, sagte er und fügte streng hinzu: »Planen Sie voraus, koordinieren und prüfen Sie.«

* * *

An diesem Donnerstag wurden der pensionierte Stabschef der Luftwaffe, Larry Welch, und seine Frau Eunice zu einem 15minütigen Abschiedsempfang bei Bush erwartet, ein Dankeschön an Welch für seine 37 Dienstjahre. Als sie eintrafen, wurden sie aufgefordert, zum Mittagessen mit dem Ehepaar Bush zu bleiben. Auch Brent Scowcroft gesellte sich dazu.

Barbara Bush und der Präsident erzählten ausgiebig von ihren Kindern und der Familie. Welch fiel auf, wie gelassen Bush wirkte. Er hatte ihn lange genug beobachtet, um zu wissen, daß der Präsident kurz vor einer wichtigen Entscheidung bis zum Äußersten gespannt war, viel redete und einen Schwall von öffentlichen Erklärungen losließ. Doch sobald die Entscheidung getroffen war, zog er sich zurück und beruhigte sich wieder.

Welch war maßgeblich an der Ausarbeitung des ursprünglichen Eventualfallplans für die Stationierung amerikanischer Soldaten im Golf Anfang der 80er Jahre beteiligt gewesen. Er wußte sehr wohl, daß die Soldaten in der Wüste extrem

belastet sein, die Saudis ihnen große Einschränkungen auferlegen würden. Es würde eine Mineralwasser-, keine Budweiser-Stationierung. Welch hatte das Gefühl, daß das Risiko, bei der Verteidigung Saudi-Arabiens zu versagen, das Risiko der Entsendung von Truppen jederzeit rechtfertigte. Aber der Versuch, die Iraker aus Kuwait zu verdrängen, wäre etwas ganz anderes. Es würde die Stadt Kuwait den Ruinen von Beirut gleichmachen. Jeder Versuch, den Status quo wiederherzustellen, war zum Scheitern verurteilt, denn der Status quo war für immer passé.
»Sie tun das Richtige, Mr. President«, sagte General Welch.
Bush ließ das Thema Golf fallen. Er sprach lieber von seiner Familie. Doch alle drei, Welch, Scowcroft und der Präsident betonten einmütig, daß sie froh seien, einen derart fähigen Luftwaffenoffizier wie General Michael Dugan, Welchs Nachfolger, zu haben.

***

Am Sonntag, dem 12. August, trat Cheney in der NBC-Sendung »Meet the Press« auf. »Tatsache ist, daß die USA seit heute morgen eine beträchtliche Streitmacht in der Region stehen haben«, sagte der Verteidigungsminister, ohne auf nähere Einzelheiten einzugehen. »Weitere Einheiten sind unterwegs.«
Als man ihn drängte, Zahlen zu nennen, antwortete er, »Ich möchte diesbezüglich keine Obergrenzen nennen... Jedenfalls sollte man nicht glauben, daß es leicht wird, daß wir diese Sache schnell und ohne erhebliche Anstrengungen abwickeln können.« Natürlich kannte er die wirklichen Zeitpläne, 17 Wochen für die Verteidigungsfähigkeit und 8 bis 12 Monate, um die Kapazitäten zu einer Offensive zu ent-

wickeln. Doch niemand machte auch nur die leiseste Andeutung, daß sich die Nation bereits auf dem Weg dorthin befand.
Bush beschloß, das Pentagon aufzusuchen. Am Dienstag, den 14. August hielten Cheney und Powell im »Tank« eine einstündige Generalprobe des Briefings für den Präsidenten ab. Am nächsten Tag, Mittwoch, kam Bush in den »Tank«. Powell war beunruhigt über die gewaltige militärische Streitmacht, die jetzt langsam in die Golfregion floß, ohne daß irgend jemand eine klare Vorstellung davon hatte, wo der Aufmarsch enden sollte. Wohin führte das alles? Diese Frage ging dem Vorsitzenden seit jenem Sonntagnachmittag vor zehn Tagen, als er gesehen hatte, wie der Präsident im Garten des Weißen Hauses aus dem Hubschrauber gestiegen war und unmißverständlich verkündet hatte: »Dies wird nicht von Dauer sein«, nicht mehr aus dem Kopf. Es kam ihm vor wie ein entscheidender Augenblick, vielleicht die Definition einer neuen Mission. Wenn die Besetzung Kuwaits rückgängig gemacht werden sollte, was bedeutete das rein militärisch gesehen? Wie groß würde die Streitmacht sein müssen und auf welche Aktionen mußten sie sich vorbereiten?

Powell hatte das Gefühl, daß das Militär einen Highway entlangrollte, ohne zu wissen, welche Ausfahrt es nehmen sollte. Nach dem Treffen im »Tank« begaben sich Bush, Cheney und Powell in Cheneys Büro.
›Ich möchte Ihnen zeigen, wie der Aufmarsch vonstatten gehen soll‹, sagte Powell zum Präsidenten. Es war Powells erste Gelegenheit, mit dem Präsidenten zu sprechen, seit die Stationierung begonnen hatte. Er erläuterte Bush eine Graphik, die, nach Wochen gestaffelt, die geplanten amerikanischen Truppenverlegungen in die Golfregion darstellte. Die Tabelle endete am 1. Dezember, dem Stichtag des Unterneh-

mens, wenn die Truppen eine Stärke von 250.000 Mann haben würden.
Powell betonte, daß ihre Mission auf Abschreckung und Verteidigung abzielte. ›Es steht außer Frage, daß Sie Saudi-Arabien am Ende erfolreich verteidigen können. Das ist der Auftrag, den wir erhalten haben‹, sagte Powell, ›und so sieht die Zukunft bis zum 1. Dezember aus, wenn die Stationierung abgeschlossen ist. Im Moment gehen wir ein gewisses Risiko ein, aber wir schrecken die anderen ab.‹
»Wenn Sie mehr von mir verlangen, steigt die Kurve an. Wenn Sie mehr wollen, muß ich wissen, welche Ausfahrt ich nehmen soll, ob sie zwei oder drei Meilen von hier entfernt ist.«
›Irgendwann wird Schwarzkopf Ihnen melden, daß die Mission beendet ist‹, fuhr der Vorsitzende fort. ›Was Sie uns vor Ende dieser Mission sagen müssen, Mr. President, ist, was wir als nächstes tun sollen, damit wir entscheiden können, ob wir die militärischen Nachschublinien einstellen oder aufrechterhalten oder was auch immer.‹
Powell war nicht auf eine sofortige neue Mission des Präsidenten aus. Er wollte keine Entscheidung erzwingen, sondern lediglich wissen, ob sie jetzt oder später eine neue militärische Mission zu erwarten hätten.
Bush antwortete nicht, aber Powell hatte das Gefühl, er habe dem Präsidenten zumindest klargemacht, daß eine Entscheidung bald fällig war.
Später sprach Bush vor dem River Entrance, der auf den Potomac sieht, zu Mitarbeitern des Pentagon. Cheney und Powell standen hinter ihm, als er sagte:
»Saddam hat erklärt, dies sei ein Heiliger Krieg zwischen den Arabern und den Ungläubigen – das behauptet der Mann, der Giftgas gegen Männer, Frauen und Kinder seines eigenen Landes eingesetzt, Iran in einem Krieg angegriffen hat, der mehr als eine halbe Million Moslems das Leben gekostet hat, und jetzt Kuwait plündert. Die Soldaten und An-

hänger Saddams haben sich abscheulicher Verbrechen schuldig gemacht. Die Berichte, die uns aus Kuwait erreichen, sprechen von unglaublichen Greueltaten.«
Es war ein scharfer Angriff auf Saddam. »Es ist Saddam, der seine arabischen Nachbarn belogen hat. Es ist Saddam, der einen arabischen Staat besetzt hat. Und jetzt bedroht er die arabische Nation«, sagte Bush mit erhobener Stimme.
Cheney, der bei Bush vor der Menge stand, fand, daß es ein viel zu persönlicher Angriff war, harsch und überzogen, der die Rhetorik überspannte. Der Text für die Rede war erst vor einer Stunde aus dem Weißen Haus eingetroffen, und weder Cheney noch sonst jemand im Pentagon hatte Zeit gehabt, Änderungen vorzuschlagen.
Später erwähnte Cheney seine Sorgen vor Scowcroft. Saddam hatte im Moment etwa 200.000 Mann in Kuwait stationiert, gegenüber 20.000 Mann der USA, also lag er mit zehn zu eins im Vorteil. Die Möglichkeit eines Gemetzels konnte noch nicht ausgeschlossen werden, und Cheney wollte nicht, daß der Präsident Saddam mit unbedachten Äußerungen provozierte.
Zwar war Bush nach Kennebunkport gefahren und versuchte, seine Sommerferien zu genießen, doch sagte Cheney eine zweiwöchige Angeltour ab, die an diesem Tag beginnen sollte. Er konnte sich nicht vorstellen, wie der Verteidigungsminister Hunderttausende von Soldaten in die saudische Wüste schickte und dann angeln ging.
Ende der Woche unterschrieb Bush ein »Finding«, eine streng geheime Direktive, die dem CIA verdeckte Aktionen zum Sturz Saddams erlaubte. Dabei durfte der CIA das Verbot, sich an Mordanschlägen zu beteiligen, nicht verletzen, sondern sollte irakische Dissidenten rekrutieren, um Saddam zu entmachten.

***

Am Freitag, dem 17. August, flog Cheney nach Saudi-Arabien und zu einem viertätigen Kurzbesuch in andere Länder der Region. Er wollte in Bahrain, Oman, den Arabischen Emiraten und Ägypten um weitere Unterstützung bitten. Ziel war es, den Erfolg bei den Saudis zu wiederholen und Lande- und Stationierungrechte für die US-Streitkräfte zu erhalten, vor allem für Kampfflugzeuge, Bomber und Transportmaschinen der US-Luftwaffe.

Es gab einige Aufregung, als die Meldung eintraf, die US-Marine habe einen irakischen Tanker aufgebracht. Cheney befürchtete, daß irgendein völlig unbedeutender Marineoffizier einen Krieg ausgelöst haben könnte. Es dauerte eine halbe Stunde, bis sie schließlich das Pentagon erreichten und erfuhren, daß die Navy lediglich über den Bug des Schiffes gefeuert hatte.

Bei einem Besuch der amerikanischen Einheiten, die bereits auf saudischem Boden standen, wurde Cheney auf dramatische Weise wieder deren prekäre Situation bewußt. Jeder einzelne Soldat schien nur mit Logistik, Transport und der Errichtung der Quartiere beschäftigt zu sein. Die Atmosphäre erinnerte an die erste Nacht in einem Pfadfinderlager. Gesetzt den Fall, es kam zum Kampf, bevor alle amerikanischen Streitkräfte eingetroffen waren? Glaubten sie etwa, daß die bislang stationierten Truppen ausreichten, um Saddam abzuschrecken?

Cheney setzte sich über eine abhörsichere Leitung mit Powell in Verbindung. ›Trägt Schwarzkopf dafür Sorge, daß wir auf jede mögliche Krise vorbereitet sind?‹ fragte Cheney. ›Was, wenn Saddam nur etwas weiter vorstößt und in saudisches Gebiet eindringt? Wenn er die Ölfelder besetzt?‹

Powell räumte ein, daß sie verwundbar seien. Aber wenn Saddam in Saudi-Arabien einmarschieren wollte, warum hatte er es nicht schon längst getan? Powell erklärte, die

Position der Vereinigten Staaten verbessere sich von Tag zu Tag.
Es gab noch ein anderes Problem auf saudischem Boden. Mit den ersten Schüben waren viel zu viele Offiziere und Stabsangehörige ins Land gebracht worden, und die Befehlshaber verlangten dringend mehr einfache Soldaten und Truppen, die kämpfen konnten.
Als Cheney nach Washington zurückgekehrt war, flogen er und Powell am Mittwoch, dem 22. August, nach Kennebunkport, um den Präsidenten zu unterrichten und über weitere Schritte zu beraten.
Es war ein schöner, sonniger Tag in Walker's Point, einem herrlichen Anwesen an der Ozeanküste. Cheney und Powell stießen zu Bush, Scowcroft, Sununu, Gates und Larry Eagleburger, die um ein rundes Gartentischchen mit Blick auf die schroffe Felsküste von Maine saßen. Baker verbrachte seinen Urlaub in Wyoming und versuchte, so zu tun, als sei dieser August wie jeder andere.
Cheney und Powell drängten den Präsidenten, etwa 50.000 Reservisten einzuberufen. Entscheidende militärische Spezialgebiete wie Logistik, Transport, medizinische Versorgung und Geheimdienste waren in den Reserven konzentriert. Von Präsident Johnsons Weigerung frustriert, im Vietnamkrieg alle Streitkräfte zu mobilisieren und auch die Reserve einzuberufen, hatte das Pentagon die Truppen absichtlich so organisiert, daß sich die Spezialisten, die bei einer großen militärischen Operation benötigt wurden, in der Reserve befanden. Dies zwang den Präsidenten, bei jeder größeren militärischen Aktion auf die Reserve zurückzugreifen, wodurch es schwierig oder gar unmöglich wurde, langsam in einen Krieg hineinzuschliddern, ohne daß die Öffentlichkeit davon erfuhr.
Da sich Bush zu einer größeren Operation am Golf verpflichtet hatte, wußten Powell und Cheney, daß die Einbe-

rufung der Reserve unumgänglich war. Bush erteilte jetzt die offizielle Genehmigung.

Die Vereinten Nationen, die bereits Wirtschaftssanktionen gegen den Irak zugestimmt hatten, debattierten über eine Resolution zu einer Blockade. Die Frage, die die Amerikaner im Moment beschäftigte, lautete, ob sie die Entscheidung der Vereinten Nationen abwarten oder einseitig vorgehen und irakische Schiffe aufbringen sollten. Die Marine hatte einige irakische Schiffe gestoppt, aber noch keine aufgebracht.

Cheney sah, daß dem Präsidenten diese Entscheidung schwerfiel. Natürlich war Bush darauf bedacht, das Recht der Vereinigten Staaten auf Alleingänge zu behaupten und Muskeln zu zeigen. Tage zuvor hatte ihn ein Journalist gefragt, ob er bereit wäre, irakische Tanker zu stoppen. Er hatte mit seiner Standarddrohung geantwortet: »Warten Sie ab und sehen Sie selbst.« Trotzdem riet Cheney dem Präsidenten, nicht voreilig irgendwelche Schiffe aufzubringen und die Entscheidung der Vereinten Nationen abzuwarten.

Powell hob hervor, daß es nicht lohne, ein Schiff wegen eines kurzfristigen Vorteils zu beschießen. Ein Schiff sei nur ein Rädchen im weitverzweigten Nachschubsystem und von untergeordneter Bedeutung. Baker hatte sich aus Wyoming gemeldet und klargestellt, daß er denselben Standpunkt vertrat.

Bush war skeptisch, was die Einigung der Vereinten Nationen anging. Während seiner Amtszeit als amerikanischer UNO-Botschafter in den Jahren 1971/72 hatten die Sowjets alles, was die Vereinigten Staaten unternahmen, blockiert. Aber dies war eine neue Ära. Er beschloß, die Entscheidung des UN-Sicherheitsrates abzuwarten.

Powell erklärte dem Präsidenten, daß die Situation zum ersten Mal seit Beginn der Truppenverlegung einigermaßen

stabil sei. Etwa 35.000 Soldaten waren bereits in Saudi-Arabien eingetroffen oder auf dem Weg dorthin, und weitere 20.000 Mann befanden sich auf Schiffen in der Region. General Schwarzkopf war natürlich nicht zufrieden, aber Powell erwartete auch keine Zufriedenheit von einem Befehlshaber. Die Iraker hatten jetzt ungefähr 200.000 Mann in Kuwait. Die Situation verbesserte sich von Tag zu Tag, obwohl keiner wirklich aufatmen würde, bevor die Panzer der 24. Panzergrenadier-Division eingetroffen waren. Es sei nicht damit zu rechnen, so Powell weiter, daß Saddam jetzt noch angreifen werde, nachdem er die Gelegenheit zu Beginn der Stationierung nicht wahrgenommen hatte. In den ersten beiden Wochen, als die amerikanischen Streitkräfte noch beträchtlich schwächer waren, sei er klar im Vorteil gewesen.
Trotzdem warnte Powell, daß die irakische Armee in der Lage war, gewaltigen Schaden anzurichten. Er habe jede Menge Erkenntnisse der Nachrichtendienste und auf den neuesten Stand gebrachte Informationen aus dem Stab aller Teilstreitkräfte eingesehen. Ein wesentlicher Faktor seien die Boden-Boden Raketen der Iraker, vor allem die riesige Zahl modifizierter SCUD-B aus sowjetischen Beständen, die nun eine Reichweite von 615 km besaßen. Der Geheimdienst sei nicht sicher, über wie viele dieser SCUDs die Iraker mittlerweile tatsächlich verfügten, Schätzungen gingen jedoch von 800 bis 1000 aus. Manche davon konnten mit chemischen Waffen bestückt werden. Die Iraker kamen nicht immer mit dem Mischungsverhältnis von Treibstoff und Luft zurecht, worunter die Treffsicherheit litt. Die Leistung der SCUD hing von einer ganzen Anzahl von Faktoren ab, der richtigen Windrichtung etwa.
Saddams Streitkräfte gruben sich in Kuwait ein. Mittlerweile schafften die USA schwere Panzereinheiten heran, so daß sich am Ende zwei der größten Armeen der Welt gegenüber-

stehen würden. Sollte es zur bewaffneten Auseinandersetzung kommen, würde es hauptsächlich ein Bodenkrieg werden. Dies war mit der Befreiung von Grenada und Panama nicht im mindesten zu vergleichen.

Bush fragte Powell nach seiner persönlichen Meinung – nicht nur dem üblichen militärischen Rat, wie er hinzufügte, sondern einer Empfehlung für das weitere Vorgehen. Bush verlangte eine umfassende Bewertung. Powell erklärte, daß sie mit der Verteidigung von Saudi-Arabien gut fahren würden.

Am Ende der Begegnung bemerkte Powell, daß Bush etwas nüchterner war. Gepräche über die Befreiung Kuwaits standen nicht mehr im Vordergrund.

In den folgenden Tagen ließen Bushs öffentliche Attacken auf Saddam nach.

Am Samstag, dem 25. August, beschloß der Sicherheitsrat der Vereinten Nationen, die Schiffe der amerikanischen Marine und anderer Staaten zu ermächtigen, Gewalt anzuwenden, um den Handel mit Irak zu unterbinden. Es war das erste Mal in der 45jährigen Geschichte der Vereinten Nationen, daß einzelne Staaten, die nicht unter dem Oberkommando der Vereinten Nationen standen, die Genehmigung erhielten, eine internationale Blockade durchzusetzen. Für die Bush-Administration bedeutete es einen außerordentlichen diplomatischen Erfolg.

Bush, der die Abstimmung gespannt abgewartet hatte, war euphorisch.

* * *

Im Stab aller Teilstreitkräfte zog General Kelly drei Wochen nach Beginn der Truppenverlegung Bilanz. Erstens verdiene die Luftwaffe eine Auszeichnung für ihre Leistung, zu diesem frühen Zeitpunkt offensichtlich bereits die Luftüberlegenheit in der Region hergestellt zu haben. Kellys größte Sorge galt dem, was er die »Gesinnung dieser Bestie Saddam«, nannte. Er hatte sich noch einmal die Geheimdienstberichte aus dem Iran-Irak-Krieg angesehen. Zwar waren sie nicht hundertprozentig verläßlich, klangen jedoch höchst beunruhigend. Zu den in den Medien veröffentlichten Berichten, daß Saddam persönlich hohe Berater und Minister, die ihm widersprachen, hingerichtet habe, kamen Berichte über die Art, wie er seine ranghohen militärischen Befehlshaber behandelte. Irakische Generäle im Heer, die während des Iran-Irak-Krieges zwanzig Kilometer Land an den Feind verloren hatten, waren Berichten des Geheimdienstes zufolge exekutiert worden. In der irakischen Luftwaffe waren Generäle hingerichtet worden, wenn sie eine bestimmte Anzahl von Maschinen verloren hatten. Daher hatten sie dafür gesorgt, daß nicht allzu viel geflogen wurde, mit dem Ergebnis, daß die irakische Luftwaffe aus unerfahrenen und schlecht ausgebildeten Piloten bestand.

Bei dieser Gesinnung, so Kelly, sei nicht auszuschließen, daß Saddam seine chemischen Waffen einsetzen würde, und nach Erkenntnissen der Nachrichtendienste könnte er bald auch über biologische Waffen verfügen. Das größte Problem sei darin zu sehen, daß Saddam, seine Armee und das irakische Volk nach dem Grauen eines achtjährigen Krieges an Entbehrungen gewöhnt waren. In der Tat hatte Kelly den Eindruck, Irak sei diesbezüglich belastbarer als die USA.

* * *

Am 31. August flog eine Delegation von sechzehn Senatoren, zehn Referenten und acht militärischen Begleitpersonen an Bord einer C-137 Maschine nach Saudi-Arabien. Am nächsten Tag erhielten sie in seinem vorläufigen Hauptquartier in Dhahran den ersten Lagebericht von General Schwarzkopf. Der General ließ eine Karte an die Wand hängen. Er zeigte ihnen, wo sich welche Einheiten befanden, das Heer, die Marines, die Kriegsschiffe, die Luftwaffe, die Streitkräfte der Saudis und die der Iraker. Über Eventualfallpläne oder andere Optionen wurde nicht gesprochen.

Später erklärte ein ranghoher US-General, der Truppen in der Golfregion befehligte, einigen Senatoren unter dem Siegel der Verschwiegenheit, daß die USA und ihre Verbündeten noch nicht gefechtsbereit seien und noch mindestens zehn Tage brauchten. Anschließend besuchten die Senatoren Einheiten der Marines in vorgeschobenen Stellungen nahe der Grenze zu Kuwait und probierten zu Mittag die neueste Version eines Fertiggerichts, das bei der Truppe allerdings wenig Anklang fand.

Am Nachmittag flog die Delegation weiter nach Bahrain, und eine kleine Gruppe nahm an einem Dinner im Palast teil, zu dem Emir Scheich Isa Bin Salman Al-Khalifa, das Staatsoberhaupt des kleinen Emirats geladen hatte. Der Emir wollte wissen, warum die Vereinigten Staaten den Irakern erlaubten, bei CNN aufzutreten und Amerika und die amerikanische Politik zu kritisieren.

Am Sonntag besuchte die Gruppe Schiffe der US-Marine, darunter das Schlachtschiff U.S.S. *Wisconsin*, und flog dann wieder nach Saudi-Arabien, um König Fahd zu treffen, der nichts Neues oder Aufregendes zu sagen hatte. Für den späten Abend war eine Begegnung mit hohen kuwaitischen Regierungsbeamten vorgesehen. Der Emir von Kuwait, der sich in Saudi-Arabien aufhielt, lehnte es ab, die Gruppe zu empfangen.

Die Senatoren kochten vor Wut. Die Vereinigten Staaten hatten einen massiven Truppenaufmarsch in Bewegung gesetzt, unter anderem, um Kuwait zu helfen, und Kuwaits Führer im Exil weigerten sich, ihre potentiellen Befreier zu empfangen. Der republikanische Senator William Cohen aus Maine wollte es einfach nicht glauben. Daß der Emir wegen dringender Regierungsgeschäfte verhindert war, konnte nicht sein – immerhin war sein Land besetzt.
Die kuwaitischen Beamten, mit denen sich die Senatoren begnügen mußten, waren nur zweite Wahl, was Cohen nicht entging. Die Gespräche wurden mit Kameras aufgezeichnet. Cohen und die anderen wußten nicht, ob sie lachen oder weinen sollten, als sie erfuhren, daß die Aufnahmen von der amerikanischen Public-Relations-Agentur Hill & Knowlton gemacht wurden, die von Kuwait angeheuert worden war, um das Image Kuwaits aufzupolieren.
Am Montag, dem 3. September, – Tag der Arbeit in Amerika und vierter Tag der strapaziösen Reise – flogen die Senatoren nach Kairo und schlossen sich einer Delegation des Repräsentantenhauses an, um Mubarak zu treffen. Der ägyptische Präsident ließ eine zweistündige Tirade gegen König Hussein von Jordanien los, der sich geweigert hatte, der arabischen Koalition gegen Saddam beizutreten. Mubarak enthüllte auch, daß Saddam versucht hatte, ihn zu bestechen, damit er Ägypten aus der anti-irakischen Koalition heraushalte. Am Nachmittag flogen sie 1500 Meilen nach Abu Dhabi, Scheichtum und Hauptstadt der Vereinigten Emirate, um Seine Hoheit Präsident Scheich Zayed Bin Sultan Al Nahayan zu treffen.
Der Scheich überraschte sie mit einem langen Monolog über die Tapferkeit der Kuwaitis. Daniel Patrick Moynihan, der New Yorker Demokrat, saß neben seinen Senatorenkollegen auf einem wunderbaren Sofa und wurde zunehmend nervös. Er rutschte unbehaglich hin und her, als Seine Hoheit von

der Herrlichkeit der tapferen Kuwaitis schwärmte. »Euer Gnaden«, rief Moynihan schließlich mit erhobener Hand wie in seinen Tagen als UN-Botschafter. »Euer Gnaden«, wiederholte er mit pathetischer Stimme.
Aller Augen ruhten auf Moynihan. »Euer Gnaden, die Kuwaitis haben ihre Frauen im Stich gelassen. Sie haben ihre Diener im Stich gelassen. Sie haben ihr Geld genommen und auf Schweizer Banken deponiert. Das verstehe ich nicht unter Tapferkeit.«
Der Scheich war anderer Meinung. Er sagte, die Kuwaitis seien Helden, bräuchten jedoch dringend Hilfe. Sein Gefolge nickte zustimmend, und der Scheich wies darauf hin, daß die Kuwaitis überrascht worden seien.
»Euer Gnaden«, gab Moynihan zurück, »eine kampfesmutige Nation läßt sich nicht überraschen.«
Cohen flüsterte Moynihan zu: »Und wie war das mit Pearl Harbor?« Auch die Vereinigten Staaten seien von der irakischen Invasion überrascht worden, mahnte er ihn.
Am folgenden Tag flog die Delegation in die Vereinigten Staaten zurück. Cohen hatte das Gefühl, einer Multi-Media-Show beigewohnt zu haben. Sie hatten keine Neuigkeiten oder Informationen zu dem erhalten, was wirklich zählte – die Entscheidungen oder Optionen, die der Präsident anscheinend in völliger Isolation mit nur einer Handvoll Berater traf.

* * *

Am Mittwoch, dem 5. September, lud Präsident Bush dreißig Senatoren und Kongreßabgeordnete, von denen die meisten am vergangenen Wochenende an der Golfreise teilgenommen hatten, ins Weiße Haus ein.

Cheney, der bei dem Treffen zugegen war, erklärte, daß die Sommerpause im Kongreß im August ein unglaublicher Vorteil gewesen sei. Die Administration sei in der Lage gewesen, einen Monat lang das zu tun, was getan werden mußte, statt sich im Kapitol rechtfertigen zu müssen. Trotzdem wußten Bush und Cheney, beide frühere Kongreßabgeordnete, wie wichtig es war, die Unterstützung des Kongresses zu haben.

Alle Senatoren und Kongreßabgeordneten, die auf dem Treffen zu Wort kamen, lobten Bush für sein Krisenmanagement und sprachen ihm ihre Unterstützung für die militärischen und diplomatischen Schritte aus.

»Mr. President«, sagte Cohen, als er die Gelegenheit erhielt zu sprechen, »in der *New York Times* von heute wurde ein Photo veröffentlicht, das zeigt, wie ein Marine von seinen Kameraden gestützt wird. Ich brauche nicht Shakespeare zu zitieren, um klarzumachen, daß wir eine vollkommen andere Reaktion in diesem Land hätten, wäre dieser Soldat nicht von der Sonne, sondern von einer Kugel niedergestreckt worden.

Mr. President, ich schlage vor, daß Sie eine Sondersitzung im Kongreß einberufen, damit wir den rechtlichen Anforderungen des War Powers Act nachkommen und Sie unsere Zustimmung erhalten, solange Sie über die Unterstützung des Kongresses für diese Operation verfügen.«

Cohen betonte, sein Vorschlag diene dem Wohl des Präsidenten, dem Wohl der Zusammenarbeit zwischen Regierung und Kongreß, dem Wohl der Truppen in der Wüste, die Anspruch auf eine einige Regierung hätten und dem Wohl des Kongresses, der so geschickt darin sei, sich seiner Verantwortung zu entziehen.

»Mr. President, ich hoffe, daß Sie den Rufen nach einem offensiven militärischen Schlag widerstehen«, sagte er.

»Wenn der Augenblick kommt, da sich der Sand blutig rot

färbt, wird der Kongreß, – der jetzt dem Willen seiner Wähler folgt – dasselbe wieder tun und seinen Wählern in die entgegengesetzte Richtung folgen.
Wir haben die Kuwaitis besucht, wir haben die Kuwaitis gesehen, und uns ist klar geworden, daß die Kuwaitis zum Kämpfen entschlossen sind – bis zum letzten amerikanischen Soldaten.«
Bush hörte sich seine Ausführungen höflich an und wandte sich dem nächsten Punkt zu.

20

Am Sonntag, dem 16. September, war Powell schon früh auf den Beinen. In der Nacht zuvor war er aus Saudi-Arabien zurückgekehrt, und die Zeitverschiebung steckte ihm noch in den Knochen. Im Verlauf seiner Spritztour hatten die Soldaten ihn vor den versammelten Journalisten mit Fragen bombardiert, z.B. wann sie wieder nach Hause könnten, und es war ihm äußerst unangenehm, ihnen keine zufriedenstellende Antwort geben zu können. Um 6 Uhr hörte er bei CNN eine Meldung über Äußerungen, die der Stabschef der Luftwaffe, General Michael Dugan, über die Kriegspläne gegen den Irak gemacht hatte. Die Meldung, die sich auf einen Artikel in der *Washington Post* vom selben Tag bezog, klang befremdlich. Powell ging nach draußen und sah nach, ob seine *Post* schon vor der Tür lag, aber sie war noch nicht da. Ungefähr eine Dreiviertelstunde später kam sie, und Powell las den Bericht, der die ganze erste Seite einnahm und sofort ins Auge fiel. Unter der Schlagzeile »USA baut auf Luftoffensive« las Powell: »Laut Aussage des Stabschefs der Luftwaffe, General Michael J. Dugan, sind die Vereinten Stabschefs zu der Überzeugung gelangt, daß eine Luftoffensive – einschließlich eines massiven Luftangriffs gegen Bagdad, der vor allem den irakischen Präsidenten Saddam Hussein treffen soll – die einzig aussichtsreiche Option für die Vertreibung der irakischen Armee aus Kuwait im Falle eines Krieges sei.«
Mit zunehmender Überraschung und Besorgnis las Powell Dugans Äußerung, daß seine Meinung von den anderen Stabschefs wie auch General Schwarzkopf geteilt werde: »Der Einsatz der Luftstreitmacht ist die einzige Antwort,

die unserem Land bleibt, um einen blutigen Bodenkrieg zu verhindern, der Kuwait mit großer Wahrscheinlichkeit zerstören würde.«
Powell las weiter: »Vor zwei Wochen hatten die US-Zielplaner eine einigermaßen konventionelle Liste von irakischen Zielen in der Reihenfolge ihrer Bedeutung erarbeitet: die irakische Luftverteidigung, Flugplätze und Kampfflugzeuge, Stellungen von Raketen mittlerer Reichweite einschließlich Boden-Boden-Raketen vom Typ SCUD, Kommunikations- und Kommandozentralen, chemische, nukleare und Munitionsfabriken sowie irakische Panzerformationen...
›Eine hübsche Liste, und ich könnte die Ziele akzeptieren, aber sie wird nicht genügen‹, sagte Dugan. Er bat seine Planer, Akademiker, Journalisten, ehemalige militärische Fachleute und irakische Regimegegner zu konsultieren, um festzustellen, ›was einzigartig an der irakischen Kultur ist, auf was sie besonders großen Wert legen. Was einen psychologischen Einfluß auf das irakische Volk und das Regime hat. Das Ziel‹, so fügte er hinzu, ›besteht darin, Schwerpunkte zu finden, wo der Einsatz der Luftstreitmacht eine schnelle Entscheidung herbeiführen könnte.‹
Israelische Quellen hätten nahegelegt, daß man ›Saddam am besten treffen kann, indem man sich auf seine Familie, seine Leibgarde und seine Geliebte konzentriert. Da Saddam im Irak eine ›Einmannshow‹ sei, so Dugan, ›sollte er im Mittelpunkt unserer Anstrengungen stehen, wenn wir Gewalt anwenden‹ – eine militärische Strategie, die unter der Bezeichnung ›Enthauptung‹ bekannt ist.«
Powell las Dugans Äußerungen über die Stärke der Iraker. »Ihre Luftwaffe ist nur begrenzt militärisch einsatzfähig«, »Sie haben sich im Iran-Irak-Krieg nicht gerade ausgezeichnet« und »ihr Heer ist inkompetent«.
Die Luftüberlegenheit der amerikanischen Streitkräfte war das beherrschende Thema, ein Ansatz, der auf Sieg mit Hilfe

einer Luftstreitmacht setzte. Zwar räumte Dugan ein, daß »es eine Menge Dinge gibt, die die Luftwaffe nicht bewerkstelligen kann«, und die Luftwaffe in Vietnam »große Schwierigkeiten hatte, die Leute aus dem Dschungel zu scheuchen«, setzte jedoch hinzu: »Da, wo wir jetzt hingehen, gibt es nicht viel Dschungel.« Der Artikel berichtete, daß die »Streitkräfte der Marine und des Heeres für Ablenkungsmanöver, flankierende Angriffe und zur Abwehr irakischer Gegenangriffe auf Saudi-Arabien eingesetzt werden könnten... Die Bodentruppen würden eventuell gebraucht, um Kuwait zu befreien, so Dugan weiter, ›doch erst nachdem die Luftangriffe den Widerstand des Feindes derart gebrochen hätten, daß Soldaten ›einmarschieren könnten, ohne einen Häuserkampf‹.«

Der Artikel schloß mit einer Bemerkung, die Dugan vor einer F-15-Staffel bezüglich der Unterstützung der Operation in der amerikanischen Öffentlichkeit gemacht hatte: »Ich glaube, daß sie die Operation länger unterstützen wird, als Sie glauben... Das amerikanische Volk wird diese Operation unterstützen, bis die ersten Leichensäcke eintreffen.«

Für Powell las sich die Story wie ein öffentlicher Schuß vor seinen Bug, und das in einer höchst kritischen Phase der Stationierung. Außerdem verletzte sie eindeutig den Konsens, den Powell unter den Streitkräften und ihrer Führung so dringend durchzusetzen versucht hatte.

Sie enthielt darüber hinaus einen Lagebericht zur Stationierung der US-Truppen in der Golfregion und ihrer allgemeinen Gefechtsbereitschaft, unter Angabe der Anzahl einzelner Flugzeugtypen – Einzelheiten, die Powell den Medien bisher mühevoll verheimlicht hatte.

›Das wird böse Folgen haben‹, dachte Powell. Dann las er, der Bericht sei das Ergebnis eines etwa zehnstündigen Interviews, das die *Post* mit Dugan und fünf seiner Generäle »vorige Woche auf dem Hin- und Rückflug nach Saudi-Arabien« gemacht habe. Sich so lange und auf derart engem Raum mit Journalisten zu unterhalten, war töricht: das wußte Powell ebenso gut wie jeder frischgebackene junge PR-Offizier. Er konnte nicht glauben, daß Dugan sich tatsächlich darauf eingelassen hatte. Powell war bewußt, daß Dugan großen Wert darauf legte, die Beziehungen zwischen der Luftwaffe und den Medien zu verbessern, die sein Vorgänger Welch seiner Meinung nach vernachlässigt hatte. Als Teil dieser Kampagne hatte Dugan seine PR-Leute beauftragt, in Folie verschweißte Karteikarten mit einer »KONTAKTLISTE« drucken zu lassen, die die Telephonummern von 31 ranghohen Luftwaffenoffizieren enthielten, »um Journalisten und Redakteuren in allen Fragen hinsichtlich der Luftwaffe behilflich zu sein, damit sie korrekt informieren können«. In den vergangenen Wochen hatte Powell Dugan mehrmals zu seiner Medienpolitik gratuliert, aber auch wiederholt daran erinnert, daß es der Präsident sei, der die Entscheidungen traf. Der Stabschef der Luftwaffe war bei seinem Truppenbesuch offensichtlich ins Schwärmen geraten und mit seiner neuen Ära der Offenheit gefährlich weit übers Ziel hinausgeschossen.

Um sieben Uhr rief Powell Cheney an, da er wußte, daß der Minister stets früh aufstand, auch am Sonntag.

»Haben Sie die *Post* gelesen?« fragte Powell.

Cheney verneinte.

Powell erzählte ihm die Geschichte und sagte, er fände sie haarsträubend.

Cheney nahm sich seine Ausgabe vor und las den Bericht zweimal. Dann rief er wutschnaubend Pete Williams an.

Cheney sprach auch mit Scowcroft, der um 10.30 Uhr in der Talkshow »Face The Nation« auftreten sollte.

Scowcroft hatte nicht die Absicht zu bestätigen, daß die Luftstreitkräfte einen größeren Konflikt entscheiden könnten. Das war noch nie so gewesen. Er war entsetzt, daß ein

Stabschef der Luftwaffe diese Position verfocht, vor allem derart lautstark und disziplinlos. Scowcroft merkte, wie verärgert Cheney war, und fand, er hatte allen Grund dazu.
»Wir müssen zumindest deutlich machen, daß er nicht für die Regierung spricht.«
Cheney stimmte zu.
In der Sendung »Face the Nation« stellte Scowcroft klar: »General Dugan gehört nicht der Befehlskette an und kann daher auch nicht für die Regierung sprechen.« In der Zwischenzeit machte Cheney einen zweistündigen Spaziergang entlang des C & O Kanals, der parallel zum Potomac verläuft. Früher war er gelaufen, hatte es jedoch aufgeben müssen, als seine Knie nicht mehr mitmachten. Jetzt hielt er sich mit einem täglichen Spaziergang fit.
Pete Williams sprach mit Powell. Der Vorsitzende wollte wissen, was Scowcroft sagen würde. Und Cheney. Was hatte Pete Williams gehört? Was würde er sagen? Powells Besorgnis war nicht zu überhören.
Als er von seinem Spaziergang nach Hause kam, las Cheney den Artikel noch einmal. Er kochte noch immer vor Wut und rief Williams an, der mit einer Ausgabe der *Los Angeles Times* vorbeikam. Darin hatte ein anderer Journalist über dieselbe Reise berichtet. Cheney und Williams verglichen die beiden Artikel und kamen zu dem Schluß, daß sie sehr ähnlich waren. Die Wahrscheinlichkeit, daß Dugan mißverstanden oder falsch zitiert worden war, schien äußerst gering.
Cheney rief in Camp David an, wo Bush gerade Tennis spielte. Sie sollten ihn nicht vom Platz holen, sagte Cheney und hinterließ eine Nachricht. Nach dem Spiel rief Bush ihn zurück. Er kannte den *Post*-Artikel bereits. Er hatte ihn zwar etwas seltsam gefunden, aber angenommen, er sei ein bewußter Schachzug des Pentagon gewesen, um Saddam einzuschüchtern.

Leider treffe das nicht zu, erklärte ihm Cheney. Die Äußerungen gingen so weit, daß er vielleicht sogar gezwungen sei, General Dugan zu entlassen. »Sehen Sie da irgendein Problem?« fragte Cheney.
»Nein«, sagte Bush. Was immer Cheney entscheide, er könne mit seiner Unterstützung rechnen. Bush schien noch immer nicht besonders verstimmt, merkte aber, daß Cheney fuchsteufelswild war.
Am Abend rief Cheney seinen neuen Militärberater, Konteradmiral Joe Lopez an. ›Bestellen Sie General Dugan morgen früh um 8 Uhr in mein Büro‹, ordnete er an. Dann meldete er sich bei Williams und sagte ihm, er denke daran, Dugan zu feuern.
»Für den Fall, daß ich es tue: Denken Sie mal darüber nach, was ich sagen soll und wie seine Reaktion ausfallen könnte«, wies der Verteidigungsminister Williams an.
Williams hatte Dugans ganz auf seine Person zugeschnittene Medienpolitik schon immer für äußerst schädlich gehalten. »Ich bin der oberste PR-Mann der Luftwaffe«, hatte Dugan einmal geprahlt, wie Williams sich erinnerte. Hohe Offiziere wie der Stabschef der Luftwaffe brauchten PR-Fachleute, um eine gewisse Distanz zwischen sich und den Medien zu gewährleisten. Williams hatte sich vergeblich dagegen gewehrt, daß Dugan Journalisten auf die Reise nach Saudi-Arabien mitnahm. Er war überrascht gewesen, daß keiner im System aufgehorcht hatte. Weder Powell noch Cheney oder Williams selbst hatten mit derartigen Geschichten gerechnet. Das, so erkannte er jetzt, war ein Teil des Problems; irgend jemand in der Luftwaffe hätte die Gefahr voraussehen und mit einem diskreten Anruf darüber informieren müssen.

* * *

Cheney dachte lange nach. Die Vier-Sterne-Generäle im Zaum zu halten, gehörte zu seinem Job. Er mußte das ganze System unter Kontrolle behalten. Dugan war nicht der erste und auch nicht der letzte Offizier, der seinen Dienst quittieren mußte. Dugan war ein guter Mann, der als Stabschef der Luftwaffe einen glänzenden Einstand gehabt hatte. Es wäre ein harter Schlag für ihn, seine steile Karriere so beenden zu müssen. Aber seine Äußerungen hatten die Grenze des Zumutbaren überschritten. Der neue Stabschef der Luftwaffe konnte offensichtlich den Mund nicht halten.

Er füllte zwei Seiten gelben Schreibpapiers mit wesentlichen Auszügen aus dem Zeitungsartikel und eine dritte mit einer Zusammenfassung seiner Begründung. Unter der Überschrift »Probleme« notierte er folgendes:

1. Sie haben sich ein unerhörtes Urteil angemaßt.
2. Diskussion von Einsatzplänen und die Liste wichtiger Kriegsziele.
3. Sie machen sich zum selbsternannten Sprecher der JCS und des Oberkommandierenden am Kriegsschauplatz.
4. Ein schlechtes Beispiel für andere, vor allem in der Luftwaffe.
5. Sorglose Äußerungen gegenüber möglichen Verlusten.
6. Sie haben gesagt, wir würden gegen die Verfügung verstoßen, die eine Beteiligung an Anschlägen verbietet.
7. Die potentielle Preisgabe geheimer Informationen über Stärke und Disposition unserer Streitkräfte.
8. Sie haben die Rolle der anderen Teilstreitkräfte verunglimpft.
9. Das Ansprechen sensitiver diplomatischer Fragen, einschließlich israelischer Informationen über mögliche Ziele.

Am nächsten Morgen bestellte Cheney noch vor acht den stellvertretenden Verteidigungsminister Don Atwood und

Powell in sein Büro und erklärte ihnen, daß er die Absicht habe, Dugan zu entlassen.
Sie diskutierten eine Weile über die Nachteile und Konsequenzen der Entlassung. Zweifellos würde sie mehr Aufmerksamkeit auf einige von Dugans Äußerungen in den Artikeln lenken, die bislang von anderen größeren Medien noch nicht aufgenommen worden waren; echte Knüller verliefen schnell im Sand, wenn sie nicht von einer offiziellen Reaktion bekräftigt wurden.
Doch Cheney bekräftigte seine Meinung, daß er handeln müsse. Weder Atwood noch Powell äußerten ernste Bedenken gegen die Entscheidung.
Powell ging, doch Atwood blieb in Cheneys Amtszimmer.
Als Dugan eintraf, ging Cheney die wesentlichen Punkte der Artikel einzeln durch und fragte Dugan, ob er die Äußerungen, die ihm zugeschrieben wurden, tatsächlich gemacht habe.
Dugan bestätigte, die Äußerungen im großen und ganzen so gemacht zu haben.
Daraufhin erklärte Cheney, er sehe sich gezwungen, ihn von seinem Amt als Stabschef der Luftwaffe zu entbinden. Um keine Mißverständnisse aufkommen zu lassen, was die Entscheidung anbelangte, las Cheney Dugan die Liste mit den neun Begründungen vor, die zu seiner Entlassung geführt hatten. Cheney sagte auch, Dugans Äußerungen und sein Ton hätten Verachtung für die Schlagkraft der irakischen Armee gezeigt.
›Wenn Sie, der Stabschef der Luftwaffe, sie nicht ernst nehmen, sind Sie nicht der geeignete Mann, um die Luftwaffe weiterhin zu leiten‹, sagte Cheney. ›Sie sind entlassen.‹
Dugan entgegnete wenig.
Weder der Luftwaffenminister, Donald Rice, noch General Schwarzkopf waren von der Entscheidung unterrichtet worden.

Cheney ließ sich mit Bush verbinden, der in einer Sitzung war. Er bat Bushs Sekretär, den Präsidenten sofort über Dugans Entlassung zu informieren. Cheney wollte nicht, daß Bush überrascht wurde.

Am selben Morgen sprach Cheney vor einer Versammlung der Air Force Association (Air-Force-Verband), einer privaten, landesweiten Gesellschaft mit 200.000 Mitgliedern. Cheney zog es vor, dieser Versammlung nichts von Dugans Entlassung zu sagen; er wollte Dugan einige Stunden Zeit lassen, damit er es selbst bekanntgeben konnte, bevor die Nachricht durchsickerte.

Als Cheney den Saal betrat und mit lautem Beifall empfangen wurde, fühlte er sich höchst unbehaglich.

Da für 12.30 Uhr eine Pressekonferenz im Weißen Haus angesagt war, an der Cheney teilnehmen sollte, kam er etwas früher und zog sich in das abgelegene Büro von Bob Gates zurück, um dort eine Erklärung zu der Entlassung des Stabschefs der Luftwaffe zu entwerfen. Im Weißen Haus und später im Pentagon faßte er seine Gründe noch einmal sorgfältig zusammen. Cheney hatte sich dafür entschieden, Dugan nicht scharf anzugreifen, sondern die Entlassung für sich selbst sprechen lassen. Während der Pressekonferenz im Pentagon gebrauchte er vier Mal das farblose Wort »unangebracht«, um Dugans Handlungsweise zu charakterisieren. Obwohl Cheney durchblicken ließ, daß er mit dem Präsidenten und anderen gesprochen hatte, sagte er, es sei seine Entscheidung gewesen. »Es war hauptsächlich meine Entscheidung und meine Verantwortung, sie geht auf mein Konto.«

* * *

Der pensionierte Stabschef der Luftwaffe, General Welch, erfuhr sowohl von ehemaligen als auch aktiven Luftwaffenoffizieren davon. Es stand außer Frage, daß das Ansehen der Air Force gelitten hatte. Welch machte sich keine Sorgen darüber, wie Dugan von der Luftwaffe behandelt werden würde. Niemand würde etwas Verletzendes sagen, davon war Welch überzeugt. Die alten Kumpel würden sich schon um ihn kümmern.

Außerdem hatte in der Luftwaffe wegen der Entlassung keiner den Mund aufgemacht. Trotzdem stellten sich die Angehörigen der Air Force eine große Frage: Hatte Cheney mit seiner Entscheidung, den Stabschef zu entlassen, die Bedeutung der Luftstreitkräfte diskreditiert?

21

Am 21. September, sechs Wochen nach Beginn der US-Stationierung, gab Saddams Oberster Revolutionärer Kommandorat eine kämpferische Erklärung ab, in der es unter anderem hieß: »Es besteht nicht die geringste Aussicht auf einen Rückzug... Und jeder sollte wissen, daß diese Schlacht die Mutter aller Schlachten sein wird.«
Satellitenaufnahmen und andere nachrichtendienstliche Informationen, die Präsident Bush erhielt, zeugten davon, daß Irak Kuwait systematisch demontierte und das ganze Land plünderte. Alles, was Wert hatte, wurde nach Irak transportiert, die Bevölkerung terrorisiert, ausgehungert, geschlagen und ermordet.
Kuwait werde bald ein ewiges Niemandsland sein, erzählte man Bush. Teilweise konnte er sich mit eigenen Augen davon überzeugen.
Die US-Geheimdienste behaupteten, Saddam habe 430.000 Mann in Kuwait und Südirak stehen. Seine Streitkräfte gruben sich ein und bauten ihre Verteidigungsstellungen aus. Dies machte einen Angriff Saddams auf Saudi-Arabien eher unwahrscheinlich. Um anzugreifen, mußten die Iraker ihre Verteidigungsstellungen verlassen und in die sogennanten »killing zones« einmarschieren – viele Meilen breite Streifen offener Wüste –, wo die amerikanischen Streitkräfte mit ihrer überlegenen Luftstreitmacht und Schwarzkopfs eigenen Bodentruppen die irakischen Truppen und Panzerformationen vernichten konnten. Obwohl den Vereinigten Staaten weniger als die Hälfte der Soldaten zur Verfügung standen, die der Irak in den Kriegsschauplatz verlegt hatte, sagten Cheney und Powell dem Präsidenten, sie seien jetzt ziemlich

zuversichtlich, Saudi-Arabien mit den in der Region stationierten Truppen verteidigen zu können.

Freitag, der 28. September, war der Tag des Emirs. Im Oval Office empfing Bush den Emir von Kuwait, der zum ersten Mal die Vereinigten Staaten besuchte. Auch Scowcroft war bei dem einstündigen Treffen anwesend. Obwohl der Emir nicht direkt um eine militärische Intervention zur Befreiung Kuwaits bat, verstand Scowcroft, daß dies seine unterschwellige Botschaft war. Nach der Besprechung stellte Bush den exilierten Staatschef seinem Kabinett vor, und später aßen alle im Eßzimmer des Weißen Hauses zu Mittag. Am selben Nachmittag trafen sich Cheney und Powell zu einem vertraulichen Gespräch mit dem Emir.

Anschließend äußerte Bush, Kuwait laufe die Zeit davon. Das Land werde mit Sicherheit als eigenständiger Staat nicht fortbestehen, wenn man die Wirkung der Sanktionen abwartete. Der Emir selbst und die Geheimdienstberichte über die Zerstörung des Landes machten einen tiefen Eindruck auf den Präsidenten, was Cheney und Powell nicht entging. Bush war persönlich betroffen. ›Irak wird scheitern, Kuwait aber fortbestehen‹, erklärte der Präsident.

Gleichzeitig war Powell klar, daß Schwarzkopf in Saudi-Arabien immer nervöser wurde. Der General war bereits einmal bei einem Telephongespräch mit Kelly explodiert, als Powell um eine Information binnen 30 Minuten gebeten hatte. Kelly hatte keine Angst und brüllte zurück, er führe nur Powells Befehle aus: »Nicht ich habe Sie darum gebeten, sondern der Vorsitzende.« Aber Schwarzkopf hatte bereits fast jeden eingeschüchtert. Man mußte ihn beruhigen, nicht wegen der schwierigen Aufgaben, die möglicherweise vor ihm lagen, sondern wegen der Ungewißheit, in der Washington ihn über das weitere Vorgehen ließ. Schwarzkopf machte sich immer größere Sorgen über das Ausmaß des irakischen Aufmarsches und stellte Fragen nach den politischen

Zielen und der Truppenstärke der USA. Seine offizielle militärische Mission beschränkte sich zwar noch immer auf die Verteidigung von Saudi-Arabien, doch hatte er die wiederholten Äußerungen des Präsidenten, die die Mission immer näher an eine Befreiung Kuwaits rückten, durchaus verstanden.

Bei seinen täglichen Gesprächen mit Powell über die abhörsichere Pentagon-Leitung suchte Schwarzkopf regelmäßig nach Hinweisen oder stellte auch direkte Fragen zum weiteren Vorgehen. Würden sie an der Verteidigungsmission festhalten? Oder die Streitkräfte aufstocken, um mehr zu tun?

»Norm, ich weiß es noch nicht«, hatte Powell ihm stets gesagt.

Während ihrer regelmäßigen Sitzungen um 17 Uhr widmeten Cheney und Powell diesen Fragen eine Menge Zeit.

»Wissen Sie«, sagte Powell Anfang Oktober. »Wir müssen allmählich zu einer Entscheidung kommen.« Der Präsident müsse ihnen eindeutig sagen, ob sie mit der Truppenverlegung weitermachen oder sie einstellen sollten, wenn sich alle zur Verteidigung von Saudi-Arabien benötigten Streitkräfte und der gesamte Nachschub vor Ort befanden, was weit vor dem vorgesehenen Stichtag, 1. Dezember, der Fall sein würde. »Alles, was ich jetzt in Gang setze, kommt erst zwei Wochen später in Saudi-Arabien an. Wir müssen wissen, wann wir aufhören sollen, irgendwas loszuschicken.« Powell erinnerte Cheney daran, daß er noch nicht an einer umfassenden Debatte über die politische Linie oder einer Diskussion über die Optionen und ihre Vorzüge teilgenommen hätte.

Cheney ging nicht darauf ein.

Powell begann, sich Notizen zu machen. Er hatte das Gefühl, daß die Taktik der Eindämmung (Containment) und Strangulierung Wirkung zeitigte. Eine außergewöhnliche politisch-diplomatische Koalition war zustande gekommen, die den Irak ohne substantielle Verbündeten dastehen ließ und ihn verurteilte, ächtete und isolierte wie kein anderes Land in der neueren Geschichte. Geheimdienstberichte wiesen darauf hin, daß die Wirtschaftssanktionen bis zu 95 Prozent der irakischen Importe und fast den gesamten Export lahmgelegt hatten. Saddam war in Irak und Kuwait praktisch eingeschlossen. Die Auswirkungen ließen sich nicht in Wochen messen, dachte Powell. Es würde Monate dauern, bis sie endgültig griffen. Irgendwann würde der Punkt kommen, vielleicht vier oder sechs Wochen bevor Saddam auf seinem letzten Pfund Reis saß, an dem die Sanktionen eine Reaktion auslösen mußten.

Undersecretary Wolfowitz war der Ansicht, die Strangulierung sei eine unterstützenswerte Strategie, solange es bei zeitlich unbegrenzten Sanktionen bliebe. Saddam sollte wissen, daß er mit dieser Art von Sanktionen rechnen mußte. Eine Politik zu verfolgen jedoch, die offen darlegte oder andeutete, daß die Sanktionen lediglich auf einen Zeitraum von zwölf bis achtzehn Monate begrenzt sein würden, ließe dem Iraker die Aussicht auf einen bestimmten Zeitpunkt, an dem er mit einer Entlastung rechnen konnte. Dann brauchte er seinem Volk nur einzuhämmern, noch einen oder so und so viele Monate auszuharren. Wolfowitz erklärte, in seinen Augen sei es eine äußerst schwierige Entscheidung; wahrscheinlich sprächen 55 Prozent der Argumente für die eine und 45 Prozent für die andere Lösung.

* * *

Powell ging zu Cheney, um die Gründe für ein Containment zu umreißen. Er hatte seine Argumente nicht offiziell zu Papier gebracht; es gab keinen Vermerk, keinen Plan, nichts

Getipptes. Er besaß nur handschriftliche Notizen. Bis sie sicher waren, daß die Sanktionen und die Strangulierung ihre Wirkung verfehlt hätten, würde es sehr schwer sein, einen Krieg zu beginnen, sagte Powell. Wenn aber die Chance bestand, daß die Sanktionen griffen, waren sie vielleicht verpflichtet abzuwarten – zumindest bis zu einem gewissen Punkt. Voreilig Entscheidungen zu treffen, konnte ein schwerwiegender Fehler sein, solange noch eine Chance bestand, die politischen Ziele auch mit Sanktionen erreichen zu können.

»Ich weiß nicht«, antwortete Cheney. »Ich glaube nicht, daß der Präsident das schlucken wird.« Cheney hielt die Eindämmungspolitik für unzureichend und sah keine wirklich überzeugende Beweise dafür, daß die Sanktionen zum gewünschten Erfolg führen würden. Außerdem brauchte der Präsident einen politischen Erfolg. Die Eindämmungspolitik konnte unter Umständen nicht verhindern, daß Kuwait unter Saddams Kontrolle verblieb. Das hätte einen politischen Mißerfolg bedeutet und war für den Präsidenten unannehmbar.

Powell wollte ein weiteres Pferd im Rennen haben. Es beunruhigte ihn, daß niemand anders dem Präsidenten Alternativen nahelegte. Vielleicht bekam Bush nicht alles zu hören, was er hätte hören sollen. Man mußte ihm eine umfassende Liste von Optionen unterbreiten. Einige Tage später suchte Powell Cheney mit einer erweiterten Darstellung der Eindämmungsstrategie auf.

»Uh – hmm«, sagte Cheney unverbindlich. »So kann man es sicher auch sehen.«

Als nächstes traf sich Powell mit Baker, um über Containment zu sprechen. Der Außenminister war Powells ranghöchster Verbündeter in der Regierung. Sie hatten in vielen Dingen die gleichen Ansichten. Beide zogen Verhandlungen der Konfrontation oder dem Konflikt vor. Und beide machten sich fleißig die Medien zunutze, um ihren Standpunkt darzustellen und ihn im besten Licht zu präsentieren. Baker war äußerst beunruhigt wegen des Geredes über eine Entscheidung zu einer offensiven militärischen Option oder zumindest zu ihrer Entwicklung. Er war dafür, die Diplomatie – also das Außenministerium – einzuschalten, um einen politischen Erfolg zu erreichen. Er informierte Powell, daß ein Teil seines Stabes an einer Analyse über die Vorteile der Eindämmungspolitik arbeitete. Dies müsse eine Diskussion im inneren Zirkel des Präsidenten in Gang setzen, meinte Baker, und im übrigen werde es die Aufmerksamkeit der Öffentlichkeit wecken.

Doch es folgten weder Sitzungen noch Diskussionen im Weißen Haus. Powell hatte das Gefühl, die Idee weithin sichtbar am Fahnenmast gehißt zu haben, ohne daß irgend jemand auf die Idee gekommen wäre, zu salutieren oder auch nur hinzusehen. Er erkannte nur allzu deutlich, daß der Präsident bei seiner Meinung blieb, sich abschottete und sich auf die Befreiung Kuwaits versteifte. Bush hatte sich nicht einen Zentimeter bewegt, und die zunehmende Frustration im Weißen Haus war nicht zu übersehen. Nach mehr als zwei Monaten schienen weder die Resolutionen der Vereinten Nationen noch diplomatische Vorstöße, weder Wirtschaftssanktionen noch Rhetorik irgendeinen Einfluß auf Saddam zu haben. Powell hatte nur allzu oft gesehen, wie Emotionen die Entscheidungen eines Präsidenten beeinflußten; so war Reagans persönliche Sorge um die amerikanischen Geiseln im Libanon der eigentliche Beweggrund für die Iran-Contra-Affäre gewesen. Powell beschloß, Scowcroft im Weißen Haus aufzusuchen.

Scowcroft deutete an, daß er eine schwierige Zeit durchmache, wie Powell als ehemaliger Sicherheitsberater sicher verstehen könne. Er versuche, einen äußerst aktiven Präsidenten zu lenken und zu kontrollieren. Bush gäbe fast jeden Tag Erklärungen heraus und halte Pressekonferenzen ab, er sei schon im Morgengrauen auf den Beinen, telephoniere mit einem Staatsoberhaupt nach dem anderen und treffe Verabredungen. Er, Scowcroft, müsse sich abstrampeln, nur um den Anschluß nicht zu verlieren. An einem sogenannten ruhigen Wochenende sprach oder traf Bush mehr Menschen als viele andere in einer normalen Arbeitswoche.

Nachdem er eine Weile teilnahmsvoll zugehört hatte, erkundigte sich Powell nach weiteren Schritten am Golf. Er sagte, er denke über die Eindämmungs- und Strangulierungspolitik sowie über die Vorteile von Wirtschaftssanktionen nach.

Scowcroft wußte um Powells Einstellung; Cheney hatte bereits darauf angespielt. Doch jetzt wich Powell aus. Er sagte nicht geradeheraus, wo er in dieser Sache stand.

»Der Präsident ist mehr und mehr davon überzeugt, daß die Sanktionen nicht zu dem erwünschten Ergebnis führen«, antwortete Scowcroft. Er ließ durchblicken, daß er genau wußte, was der Präsident dachte. Bushs Entschlossenheit war nicht zu übersehen, er hatte praktisch jede Möglichkeit ausgeschlossen, seine Meinung im letzten Augenblick doch noch ändern zu können.

Powell erkannte, daß Scowcroft mit Bush auf einer Linie lag und den Präsidenten in seinen Überzeugungen nach Kräften unterstützte. Als Nationaler Sicherheitsberater war das seine Aufgabe. Als Aufsichtsorgan über die gesamte Außenpolitik der Regierung mußte er die Meinung des Präsidenten vertreten. Doch der Sicherheitsberater mußte auch dafür Sorge tragen, daß dem Präsidenten eine möglichst breite Palette von Alternativen vorgelegt wurde.

Scowcroft war wesentlich eher zum Krieg bereit als Powell. Nach seiner Auffassung war Krieg ein Instrument der Außenpolitik. Powell war nicht grundsätzlich anderer Meinung, er betrachtete das Instrument nur aus einer viel geringeren Distanz, er sah weniger eine körperlose Abstraktion, sondern Männer und Frauen, Gesichter – viele davon Kindergesichter –, in die er während seiner Besuche bei der Truppe geschaut hatte. Vom Westflügel des Weißen Hauses aus, wo Scowcroft sein Büro hatte, schien das Pentagon weit entfernt und die Truppen noch weiter entfernt. Powell wußte das. Er hatte selbst dort gesessen.

Powell erklärte Scowcroft, wenn es eine Alternative zum Krieg gab, wollte er sicher sein, daß sie von allen Seiten untersucht wurde. Falls irgendeine Möglichkeit bestand, ihre Ziele ohne Gewaltanwendung zu erreichen, sollte sie genützt werden.

Scowcroft wurde ungeduldig. Der Präsident werde alles tun, was in seiner Macht stehe, sagte er.

Powell ging. Er war zunehmend ernüchtert von der Vorgehensweise und den Sitzungen des Nationalen Sicherheitsrats. Scowcroft schien nicht willens oder in der Lage zu sein, alle Komponenten der Golfpolitik – Militär, Diplomatie, Öffentlichkeit, Wirtschaft, Vereinte Nationen – sinnvoll zu koordinieren. Wenn sich die hohen Tiere trafen, wollte Bush jeden am Tisch bei Laune halten, man machte Witze, Kameradschaft wurde zelebriert, die unbeschwerte Heiterkeit alter Freunde. Man diskutierte Standpunkte und Alternativen grundsätzlich nicht aus. Unterbrechungen waren an der Tagesordnung. Zu klaren Entscheidungen kam es nur selten. Oft kehrten Cheney und Powell aus den Versammlungen zurück und fragten sich, was nun eigentlich gemeint gewesen war. Was sollten sie tun? Häufig mußten sie warten, bis sie irgendwann eine Antwort von Scowcroft oder aus dem Fernsehen erhielten.

Die Operation benötigte einen Feldmarschall, jemand aus den höheren Rängen, der als Manager des Ganzen fungierte, dachte Powell. Der Präsident selbst konnte wegen seiner übrigen innen- und außenpolitischen Verpflichtungen nicht auch noch die Rolle des Chef-Koordinators übernehmen.

Das hätte die Aufgabe des Nationalen Sicherheitsberaters sein müssen. Statt dessen war Scowcroft zum ständigen Spielkameraden des Präsidenten geworden, wenn es um Golf, Fischen oder Wochenendausflüge ging. Seine eigentliche Aufgabe, nämlich dafür zu sorgen, daß die Politik sorgfältig debattiert und formuliert wurde, kam dabei regelmäßig zu kurz.

Sununu machte das Problem nur noch schlimmer, denn als Stabschef des Weißen Hauses hatte er noch weniger oder gar keine Kontrolle über diesen Prozeß.

Als Folge war der Präsident nun auf seine eigenen, immer wieder neu vorgebrachten Erklärungen festgenagelt. Seine offenkundig gefühlsmäßige Bindung an diese Erklärungen verwandelte diese in harte Politik. Mittlerweile war das Ziel mehr denn je die Befreiung Kuwaits um fast jeden Preis.

* * *

»Warum kommen Sie nicht mit mir rüber, und wir sehen, was der Chef von Ihrer Idee hält.« Cheney hatte an diesem Tag wie jeden Freitag eine Sitzung mit dem Präsidenten im Oval Office. Sie war für die wichtigsten Kabinettsmitglieder reserviert – »die hohen Tiere«, wie Powell sie nannte. Normalerweise gehörte er nicht dazu.

Im Weißen Haus begaben sich Cheney und Powell zum Oval Office, um Bush und Scowcroft zu treffen. Bei dieser Begegnung sprach sich Powell für die Politik der Eindämmung aus, ging dann aber nicht so weit, sie persönlich zu empfehlen.*

* * *

---

* Beschrieben im Prolog

In seiner Annahme, daß Bush die Politik der Eindämmung noch nicht ganz fallengelassen habe, wurde Powell bald eines Besseren belehrt. Innerhalb weniger Tage teilte Scowcroft Cheney mit, der Präsident wünsche so schnell wie möglich darüber unterrichtet zu werden, wie ein militärischer Einsatz gegen die Streitkräfte Saddams in Kuwait aussehen könnte. An diesen Plänen arbeiteten Schwarzkopf und sein Stab in Saudi-Arabien, daher setzte sich Powell mit Schwarzkopf in Verbindung und bat ihn, jemanden nach Washington zu senden.

Am Wochenende vom 6.–8. Oktober flog Carl Vuono, Stabschef des Heeres, nach Saudi-Arabien, um Schwarzkopf zu treffen. Seit ihrer gemeinsamen Zeit als junge Kadetten im West Point der 50er Jahre waren sie miteinander befreundet geblieben. Schwarzkopf war einen Jahrgang über Vuono gewesen, Vuono dagegen etwas schneller befördert worden, so daß Schwarzkopf über die Jahre hinweg insgesamt drei Mal unter Vuono gearbeitet hatte. Für Vuono war Schwarzkopf einer der schwierigsten, dickköpfigsten und talentiertesten Männer im Heer.

Als sie sich zu einem Gespräch unter vier Augen zurückzogen, merkte Vuono, daß Schwarzkopf sauer war. Der Oberbefehlshaber der Alliierten Streitkräfte mit seinen fast zwei Metern und 110 Kilo erweckte den Eindruck, wegen seines Wüstenkollers jeden Moment explodieren zu können. Er hatte genau die Hälfte der 17 Wochen hinter sich, die er sich vom Präsidenten erbeten hatte, um die für die Verteidigung Saudi-Arabiens notwendigen Streitkräfte zu stationieren. Und jetzt war in Washington plötzlich von einer Offensive die Rede. Les Aspin hatte in der Öffentlichkeit erwähnt, daß sich die Regierung »für eine frühe Kriegsoption erwärmte«.

Die *New York Times* hatte berichtet, im Pentagon werde vom Beginn einer Offensive bis spätesten 15. Oktober ge-

munkelt. Schlimmer noch, Powell hatte Schwarzkopf soeben über die abhörsichere Telephonleitung erklärt, Bush erwarte unverzügliche Informationen über eine mögliche offensive Operation gegen Saddams Streitkräfte in Kuwait.
Schwarzkopf kochte vor Wut. Sollte das etwa ein Witz sein? Er war nicht in der Lage, einen derartigen Plan vorzulegen. Man hatte ihn nicht mal vorgewarnt, und er hatte keine Lust, sich voreilig zu offensiven Operationen drängen zu lassen. Jetzt befürchtete er, daß eines Morgens einer von diesen Mistkerlen aufstand und sagte: ›Bringen wir die Offensive ins Rollen‹. Er mußte noch zwei Monate arbeiten, bis die Verteidigung stand, und er hatte dem Präsidenten im August gesagt, daß 8 bis 12 Monate notwendig seien, um eine Streitmacht für einen Angriff aufzubauen. Das bedeutete den kommenden März, und nun verlangten sie bereits im Oktober einen Offensivplan, der auf der Stelle in die Tat umgesetzt werden konnte.
Powell hatte ihm gesagt, jeder werde verstehen, daß es nur ein vorläufiger Entwurf sein könnte. Er gab dem Zentralkommando in Saudi-Arabien etwa 48 Stunden, um jemanden mit einem Plan nach Washington zu schicken. Schwarzkopf konnte Saudi-Arabien nicht verlassen, also mußte er einen Untergebenen schicken.
Nachdem er sich Schwarzkopfs Klagen vier Stunden lang angehört hatte, fühlte sich Vuono wie nach einer psychotherapeutischen Sitzung. Er ahnte, wie einsam und verletzt sich sein alter Freund fühlen mußte. Vuono versprach zu helfen, so gut er konnte.
Am Mittwoch, dem 10. Oktober, empfing Powell morgens im Pentagon Schwarzkopfs Stabschef, Generalmajor der Marines Robert B. Johnston. Am Nachmittag begaben sich Cheney, Wolfowitz, Powell, die anderen Vereinten Stabschefs und Kelly zum »Tank«. Es war nur die kleine handverlesene Gruppe, die zu streng geheimen Kriegsplä-

nen Zugang hatte, denn es durfte auf keinen Fall durchsikkern, daß das Pentagon Pläne für eine offensive Operation erwog. Möglicherweise würde sich Saddam ermutigt fühlen, anzugreifen, noch bevor alle für die Verteidigung notwendigen Streitkräfte eingetroffen waren.

Johnston, ein steifer, respektvoller und zugeknöpfter Offizier der Marines mit großer Briefing-Erfahrung erinnerte die Anwesenden zunächst daran, daß das Zentralkommando die Streitkräfte in Übereinstimmung mit dem Abschreckungs- und Verteidigungsauftrag des Präsidenten stationiert habe. ›Doch wenn uns der Präsident morgen befehlen würde, in die Offensive zu gehen‹, fuhr er fort, ›würden wir folgendes tun. Wir haben zwar nicht genug Zeit gehabt, das Ganze zu Ende zu denken und den Plan bis ins Detail auszuarbeiten, aber hier ist das, was uns als bestmögliche Lösung eingefallen ist.‹

Der Plan sei in vier Phasen unterteilt, fuhr er fort. Die ersten drei Phasen waren eine reine Luftoffensive, die vierte dagegen eine Bodenoffensive.

Die erste Phase bestand aus Luftangriffen auf irakische Kommando-, Kontroll- und Fernmeldezentren, um Saddam in Bagdad von seinen Streitkräften in Kuwait und im Süden Iraks abzuschneiden. Gleichzeitig würde die Luftwaffe die irakische Luftflotte und das Luftverteidigungssystem vernichten. Darüber hinaus müßten in der ersten Phase Luftoperationen zur Zerstörung der Anlagen für chemische, biologische und atomare Waffen geflogen werden.

Während der zweiten Phase würden pausenlos Einsätze gegen Nachschubeinrichtungen, Munitionsdepots, Transporteinrichtungen und Straßen geflogen, um den Nachschub für die irakischen Streitkräfte zu unterbinden.

Die dritte Phase sah Luftangriffe auf die verschanzten irakischen Bodentruppen von etwa 430.000 Mann und die Republikanische Garde vor.

Die Phasen würden sich stellenweise überlappen. Bereits eine Woche nach Beginn der ersten Phase sollte die Bodenoffensive gegen die irakischen Streitkräfte in Kuwait eröffnet werden. Johnston zeigte ein Dia mit einer Karte, auf der drei dicke Pfeile die Angriffspunkte kennzeichneten, an denen alliierte Streitkräfte die Iraker angreifen würden. Ein Pfeil stellte US-Marines dar, die mit Hilfe von Amphibienbooten landen sollten, der nächste Bodentruppen des US-Heeres, die einen Frontalangriff auf die irakischen Befestigungen ausführen würden, und der dritte eine ägyptische Bodendivision, die ebenfalls irakische Stellungen frontal angreifen und zugleich eine der amerikanischen Flanken sichern sollte.
Cheney, Powell und die anderen stellten eine Frage nach der anderen. Ob sie sich darauf verlassen könnten, daß die Ägypter die amerikanischen Bodentruppen deckten? Und wie es um Reservetruppen bestellt war, falls die Iraker eine Gegenoffensive starteten?
Powell und Vuono wollten wissen, ob die Möglichkeit bestand, die Streitkräfte nach Westen über die irakische Grenze zu führen und die Iraker von hinten und von der Seite anzugreifen? War man in der Lage, die US-Truppen schnell genug zu verlegen, ohne daß die Iraker etwas merkten?
Die anfängliche Analyse des Terrains hätte ergeben, daß die irakische Wüste für die schweren Nachschubfahrzeuge zu weich und feucht sei, erklärte Johnston.
Kelly war sicher, daß der von Johnston vorgetragene Plan eines Frontalangriffs keinen Erfolg haben und einer sorgfältigen Überprüfung nicht standhalten würde. Zwei Grundsätze des Krieges lauteten, »Greife den Feind niemals da an, wo er am stärksten ist« und »Geh dahin, wo der Feind nicht ist«. Der Plan brauchte mehr Beweglichkeit.
Cheney gefielen die drei Phasen der Luftoffensive. Dieser

Teil des Plans wirkte detailliert und durchdacht. Auch nach der Entlassung des Stabschefs der Luftwaffe hatte diese im Grunde genommen erklärt, sie werde alles in die Hand nehmen. Cheney glaubte nicht, daß sie es schaffen würde, erkannte jedoch durchaus den gewaltigen Vorteil einer Luftüberlegenheit in der Wüste. Außerdem sah der Plan vor, daß Ziele, die beim ersten Angriff nicht getroffen wurden, wieder und wieder angeflogen würden, falls nötig.
Die vierte Phase jedoch, die Bodenoffensive, erschien Cheney unzureichend. Die offensiven Einheiten des amerikanischen Heeres und der Marines müßten gegen einen Gegner vorstoßen, der sich verschanzt hatte und ihnen zahlenmäßig weit überlegen sein konnte, je nachdem, was nach der Luftoffensive von den irakischen Truppen übrigblieb. Selbst einem Zivilisten wie ihm, dachte Cheney, mußte dieser Plan ziemlich gewagt erscheinen.
Cheney wandte ein, daß viele US-Truppen, etwa das 18. Luftlande-Korps, nur leicht bewaffnet waren und dann gegen schwere Panzer zu kämpfen hatten. Es seien zudem keine Reservetruppen vorhanden, die sie unterstützen konnten. Und er wollte wissen, ob die amerikanischen Bodentruppen über eine lange Zeit mit Verpflegung, Treibstoff und Munition versorgt werden konnten.
Er wies darauf hin, daß der Plan für die Bodenoffensive einen Frontalangriff der US-Streitkräfte auf die befestigten Stellungen der Iraker vorsah – deren besondere Stärke.
›Warum direkt durch die Mitte?‹ fragte er.
Johnston wich den meisten Fragen aus. Es war ein vorläufiger Plan, erinnerte er sie, und die Fragen reflektierten nur Schwarzkopfs Einwände, auf die er mit der letzten Overhead-Folie zu sprechen komme. Doch als Johnston bei ihr ankam, war die vierte Phase des Plans bereits in der Luft zerfetzt. Die Folie stützte Schwarzkopfs Meinung, daß ein Angriff auf die irakischen Streitkräfte, die zahlenmäßig dop-

pelt so stark waren wie die eigenen, äußerst problematisch war, ungeachtet der Überlegenheit der US-Marine, der US-Luftwaffe und ihrer geballten Technologie. »Wir verfügen am Boden nicht über die Kapazitäten, die einen Erfolg garantieren würden«, räumte Johnston ein. Schwarzkopf sei der Auffassung, er brauche ein weiteres Heeres-Korps von drei schweren Panzer-Divisionen, um eine erfolgversprechende Offensivoption entwickeln zu können.
Cheney kam zu dem Schluß, daß man ein hohes Risiko einging, wenn man versuchte, diesen Plan mit den jetzt verfügbaren US-Streitkräften zu verwirklichen.
Johnston sagte, es gäbe einen Zeitraum von etwa sechs Wochen, etwa zwischen dem 1. Januar und dem 15. Februar, der sich für eine Offensive anbot. Danach würden das Wetter und religiöse Feiertage des Islam militärische Aktionen erschweren. Anfang März rechne man mit starken Regenfällen, und die Temperatur könne auf 40 Grad und mehr ansteigen. Doch mit dem Wetter würden sie fertig. Es beeinflußte ihren Zeitplan nicht.
Am 17. März begann für die Moslems der Ramadan, ein Monat des Fastens von Sonnenaufgang bis Sonnenuntergang, und im Juni fand die jährliche Pilgerfahrt nach Mekka statt, gab Johnston weiter zu bedenken. Daher könne ihr Zeitplan für andere arabische Staaten in der Anti-Saddam-Koalition Probleme aufwerfen.
Cheney merkte, daß er gezwungen war, Präsident Bush diesen Bericht zu unterbreiten. Der Präsident mußte genau wissen, wie weit Schwarzkopf mit der Truppenstationierung war und was geschehen konnte, falls eine offensive militärische Operation angeordnet wurde. Der Präsident, Scowcroft und Sununu mußten zumindest über die Größe der Aufgabe in Kenntnis gesetzt werden. Cheney hatte nicht vor, irgendwann in ein paar Monaten im Weißen Haus zu erscheinen und zu sagen, »Da habt ihr den Plan, nun schießt

los.« Der Präsident mußte Schritt für Schritt über Hindernisse, Kosten und Risiken aufgeklärt werden.
Mittlerweile war Cheney klar, welchen Einfluß der Vietnamkrieg auf Bush gehabt hatte. Der Präsident hatte die Lektionen verinnerlicht. Es ging darum, genügend Truppen zu schicken, um die Aufgabe zu meistern und den Befehlshabern nicht die Hände zu binden. In einer Rede am 12. September hatte Cheney in Kalifornien gesagt: »Der Präsident gehört einer Generation an, die in ihren militärischen Strategien keine Risiken eingehen will. Ich nenne das die ›Kurze-Prozeß-Schule‹.«
Möglicherweise hatte er sich nicht besonders elegant ausgedrückt, doch war Cheney fest davon überzeugt, daß der Präsident genau das im Sinn hatte: Kurzen Prozeß mit Saddam. Das bedeutete eine anwendbare offensive Option.
Als Schwarzkopf in Saudi-Arabien von Cheneys Entscheidung erfuhr, bedauerte er, nicht persönlich anwesend zu sein, wenn man dem Präsidenten einen derart wichtigen Sachverhalt darstellte.
Am folgenden Tag, dem 11. Oktober, hielt Johnston denselben Vortrag vor Bush im Lageraum des Weißen Hauses. Das Treffen dauerte fast zwei Stunden und wurde mehrmals unterbrochen. Bush und Scowcroft hatten viele Fragen zu verschiedenen Themen, über Minenfelder und Waffensysteme zum Beispiel. Als Johnston Schwarzkopfs Einschätzung vortrug, er brauche ein vollständiges Korps mit drei weiteren schweren Panzer-Divisionen, um eine Bodenoffensive durchführen zu können, wurde er gefragt, wieviel Zeit die Verlegung der vielen Divisionen in Anspruch nehmen würde.
›Es würde zwei bis drei Monate dauern, um sie an Ort und Stelle zu bringen‹, antwortete Johnston.
Er hoffe, sein Briefing habe belegen können, daß die vorhandenen Streitkräfte für eine Offensive nicht ausreichten.

Bush vertrat eine ähnliche Meinung wie sein Verteidigungsminister, besonders was die vierte Phase, den Bodenkrieg, anging. Die Armee war noch nicht für eine militärische Offensive gerüstet, war noch nicht stark genug.
›Was wäre genug?‹ wollte Bush wissen.
Cheney versprach dem Präsidenten in Kürze eine detaillierte Antwort.

***

Bush hatte Powell gebeten, ihn als Redner bei der Feier zum hundertsten Geburtstag von Präsident Eisenhower zu vertreten, die am Sonntag, dem 14. Oktober, in Abilene, Kansas, stattfinden sollte. Über die Jahre hatte sich Powell zu einer Art Schüler von Ike entwickelt. Er hatte entdeckt, daß der große Held des Zweiten Weltkrieg wie er an maßvolle und zurückhaltende Politik geglaubt hatte. Macht und Militär gegenüber äußerst mißtrauisch, hatte er als Präsident eher eine Politik des Containment als des Krieges verfolgt.
Powell arbeitete hart an dem Vortrag für Kansas. Er fühlte eine Seelenverwandtschaft mit Eisenhower, wollte sein wie er. Diese Rede kam ihm vom Herzen. Powell sagte:
»General Eisenhower war kein Befürworter des Krieges. Er trat für den Frieden ein. Am Fuß der großen Statue hier vor der Bibliothek stehen die Worte, ›Champion of Peace‹. Genau das war er.«

***

Am Mittwoch, dem 17. Oktober, sollte Bush abends Gast beim zweiten Spiel der Baseballmeisterschaft sein, doch er sagte ab und aß allein mit Scowcroft zu Abend. Bei Kalbfleisch und Pasta gingen sie zum wiederholten Mal die Golfkrise durch.

In derselben Woche bereiste Cheney Europa und die Sowjetunion, um sich mit den Alliierten und anderen Nationen, die den UN-Resolutionen gegen den Irak zugestimmt hatten, zu beraten. Während Cheneys Abwesenheit tauchte Powell immer wieder in der Öffentlichkeit auf, mit Kommentaren zur amerikanischen Börse, einem kurzen Briefing zum Antidrogen-Programm, er nahm an einem Gedenkgottesdienst, einer Ausstellung über Kriegskunst, einem Treffen mit dem militärischen Berater des französischen Präsidenten und einigen Empfängen teil.

Als die Zeitungen meldeten, daß Rice, der Luftwaffenminister, für mehr als 5000 US-Dollar in einem Düsenflugzeug der Luftwaffe zu einem Football-Spiel Notre Dame gegen Air Force geflogen war, ließ Powell einen seiner Referenten kommen.

»Was zum Teufel ist eigentlich mit der Luftwaffe los?« brüllte er. In dem Zeitungsbericht würden widersprüchliche Aussagen von namentlich genannten Luftwaffenoffizieren zitiert, die den Eindruck entstehen ließen, erst habe jemand wissentlich das Geld der Steuerzahler für ein Football-Wochenende zum Fenster rausgeschmissen, und nun versuchten andere, das Ganze zu vertuschen. »Haben die denn keine Ahnung, wie man solche Fragen beantwortet?« Nachdem er eine Weile gegen die Luftwaffe gewütet hatte, beruhigte er sich wieder. »Ich mußte das einfach loswerden.«

Powells Stabsabteilung »Planung und politische Strategie«, J-5, schickte ihm ein Optionspapier für den Golf. Der J-5 wurde von Generalleutnant George Lee Butler geleitet, der gute Aussichten hatte, zum Vier-Sterne-General befördert zu werden und das Strategische Luftkommando (Strategic Air Comand) zu übernehmen. Butler skizzierte vier Möglichkeiten: (1) Aufrechterhaltung des Status quo zur Abschreckung und Verteidigung; (2) Vorbereitung auf eine langfristige Eindämmung unter Einbeziehung von Sanktionen, deren Wirkung erst in sechs bis zwölf Monaten zu erwarten waren; (3) Krieg; (4) Aufstockung der Streitkräfte für eine glaubwürdige Androhung einer militärischen Offensive.

Butler befürwortete die zweite Option: langfristige Eindämmung mit erhöhtem Druck durch Sanktionen. Nach Butlers Analyse würde ein Krieg eine ziemlich üble Sache werden.

Powell hörte sich den Bericht an, gab jedoch seine persönliche Einstellung nicht preis, er hob nicht einmal die Augenbraue, wie Butler bemerkte.

Powell war immer noch nicht sicher, wie sich der Präsident entscheiden würde, aber er hatte eine Vorahnung. Es war eine politische Entscheidung, und sie würde im Weißen Haus fallen. Er hatte das Gefühl, seine Schlußfolgerungen zu diesen Fragen selbst vor den erfahrensten Männern seines Stabs kaschieren zu müssen.

Nach dem Johnston-Briefing setzte Cheney seine Leute unter Druck. Er wollte, daß die Planer Abstand davon nahmen, alle Streitkräfte geradewegs durch die stark befestigten Frontstellungen der Iraker zu führen. Er forderte Powell auf, an die Möglichkeit zu denken, 300 bis 400 Meilen westlich von Kuwait an der saudisch-irakischen Grenze in den Irak vorzustoßen, nicht weit von der jordanischen Grenze entfernt. Bei einem derartigen Vorstoß aus Westen in Richtung Bagdad würden die Bodentruppen keine irakischen Befestigungen vor sich haben, brauchten keinen irakischen Widerstand zu befürchten, konnten die Kommunikationsverbindungen zwischen Bagdad und Jordanien abschneiden und eine direkte Bodenoffensive gegen die im Westen Iraks

befindlichen festen SCUD-Raketenstellungen führen, die Israel bedrohen.
Powell hatte eine schnelle Antwort bereit: Es ging nicht, da der Weg für die US-Streitkräfte zu weit war.

* * *

Am Sonntag, dem 21. Oktober, flog Powell von Washington nach Saudi-Arabien. Er kam am frühen Abend des nächsten Tages in Riad an und suchte umgehend Schwarzkopf auf.
Powell sah auf den ersten Blick, daß alle Verantwortlichen in der Kommandozentrale, Schwarzkopf eingeschlossen, ziemlich gebeutelt wirkten. Seit fast drei Monaten widmeten sie sich der Abschreckung und Verteidigung. Die Ungewißheit, das Risiko und die Strapazen zeigten Wirkung.
Schwarzkopf war immer noch über den kurzfristigen Befehl verärgert, Johnston mit einem Kriegsplan, der nicht fertig war, nach Washington zu schicken.
Aber Befehl ist Befehl, das wußten beide.
Powell berichtete, daß er noch keine Weisung vom Präsidenten über das weitere Vorgehen erhalten habe – ob sie die laufende Mission aufrechterhalten oder sich auf eine offensive Option vorbereiten sollten.
Auf alle Fälle müßten sie jetzt einen ausgefeilten Offensivplan auf die Beine stellen. Und was noch wichtiger war, Schwarzkopf mußte erklären, welche zusätzlichen Streitkräfte er für diesen Auftrag brauchte. Powell erinnerte sich daran, daß in den ersten Tagen der Krise, genauer gesagt am 4. August, Schwarzkopf Präsident Bush in Camp David mitgeteilt hatte, es werde 8 bis 12 Monate dauern, bis die Streitkräfte eine ausreichende Stärke erreicht hätten, um

Irak aus Kuwait zu vertreiben. Damals hatte Saddam 100.000 Mann in Kuwait. Jetzt waren es 430.000.
Powell bat Schwarzkopf um seine Wunschliste und sicherte ihm seine volle Unterstützung zu.
In einem Artikel der Illustrierten *Life*, die vor kurzem erschienen war, hatte Schwarzkopf erklärt, er sei kein Kriegsfan: »In vieler Hinsicht bin ich ein Pazifist, obwohl das vielleicht ein zu gewagter Ausdruck ist. Aber ich weiß, was Krieg bedeutet. Mit Sicherheit bin ich gegen den Krieg. Aber ich glaube auch, daß es Dinge gibt, um die es sich zu kämpfen lohnt.«
Jetzt vertraute er Powell an, er sei offen gestanden von einer militärischen Lösung nicht überzeugt. Saddam zum jetzigen Zeitpunkt aus Kuwait vertreiben zu wollen, sei ein schmutziges und blutiges Geschäft. »Weiß man das in Washington?«
»Durchaus«, antwortete Powell.
Schwarzkopf schätzte, daß er die Streitkräfte verdoppeln mußte, um das Ziel zu erreichen. Doppelt so viele Flugzeuge, doppelt so viele Flugzeugträger der Marine, also sechs statt drei, und doppelt so viele Bodentruppen des Heeres und der Marines. »Ich brauche das VII. Korps«, sagte er schließlich.
Das VII. Korps war das Kernstück der US-Bodenverteidigung in Europa – drei optimal ausgebildete und ausgerüstete Divisionen – zwei schwere Panzer-Divisionen und eine Panzergrenadier-Division. Es war eine verblüffende Forderung, die vor einem Jahr, ehe die Bedrohung Europas durch den Warschauer Pakt sich buchstäblich in Luft auflöste, undenkbar gewesen wäre. Doch Gorbatschow und der Zusammenbruch des Warschauer Paktes machten es möglich. Wenn der Präsident die offensive Option ernst meine, sagte Schwarzkopf, dann müsse er das VII. Korps schicken.
Powell versprach, seine Forderungen zu unterstützen. Er

wollte sogar noch weiter gehen. Er war entschlossen, die Stationierung so massiv wie möglich zu gestalten. Es gab eine Division, die in den Vereinigten Staaten stationiert war und Manöverübungen mit dem VII. Korps abgehalten hatte. Die Big Red One, die 1. Panzergrenadier-Division der Infanterie, würde sehr gut ins Konzept passen. Schwarzkopf stimmte zu.

Schwarzkopfs wichtigste Stabsoffiziere wurden versammelt. Powell wollte sie persönlich befragen. Er wußte um Schwarzkopfs Neigung, seinen Jähzorn an Unschuldigen auszulassen. Powell wollte sich hinsetzen, zuhören und geduldig warten, ob irgendwelche versteckten Tatsachen an die Oberfläche kamen, wie es häufig der Fall war, wenn man Untergebenen die Möglichkeit gab, offen zu reden. Am nächsten Morgen traf sich Powell weitere fünf Stunden mit Schwarzkopf und dessen Stab. Das einzige größere Problem schien zu sein, daß die Truppe ihre Post nicht schnell genug bekam.

Powell ließ durchblicken, daß sich der Präsident noch nicht entschieden hatte; sie müßten sich auf eine mögliche Offensive vorbereiten und gleichzeitig die Verteidigungsstrategie fortsetzen.

Sollte die Mission einen rein defensiven Charakter behalten, waren sich Powell und Schwarzkopf einig, daß eine Art Rotationssystem notwendig würde, um Einheiten nach einigen Monaten der Stationierung in Saudi-Arabien abzulösen. Schwarzkopf empfahl, die Truppen nach einer Einsatzdauer von etwa sechs bis acht Monaten rotieren zu lassen. Im großen und ganzen hatte er das Gefühl, daß die Stationierung gut voranging und es Hinweise dafür gab, daß die Sanktionen griffen. Er riet zu Geduld.

Powell stattete auch der Truppe einen kurzen Besuch ab. Er sagte: »Ich weiß, Ihr wollt Antwort auf zwei Fragen. Erstens, was werden wir hier machen? Und zweitens, wann

können wir nach Hause zurück? Da ich Euch beide Fragen nicht beantworten kann, geben wir am besten unseren politischen Führern Zeit, eine Lösung auszuarbeiten. Diese Fragen nicht zu beantworten, läßt ihnen diese Zeit.«
Powell hatte das Gefühl, die Truppe hatte verstanden, worauf es ihm ankam. Aber er wußte nicht, wie lange sie sich gedulden würde. Soldaten kämpften für einander und für gemeinsame Ziele, etwa das Überleben der Nation als Ganzes oder das Leben einzelner amerikanischer Bürger. Sie würden für ihre Führer kämpfen – ihre Präsidenten, sogar für ihre Generäle, wenn man ihnen offen darstellte, welche Beweggründe dahinterstanden. Powell glaubte, daß sie auch für die Interessen Amerikas kämpfen würden, aber es könnte brenzlig werden. Und es war zumindest fraglich, ob sie für ein anderes Land wie Kuwait kämpfen würden oder nur um dafür zu sorgen, daß ein Saddam für seine Aggression nicht auch noch belohnt wurde.

***

Am Mittwoch, dem 24. Oktober, wurde Cheney ins Weiße Haus bestellt. Die Regierung war nach sechs aufreibenden Monaten, von denen die beiden letzten sich als politisch äußerst schädlich entpuppt hatten, mit den Demokraten endlich zu einer Einigung über den Haushalt gelangt. Jetzt hatte Bush Zeit, sich einigen der Antworten auf die Fragen zu widmen, die er bisher Cheney allein überlassen hatte – wie viele zusätzliche Truppen? Der Präsident erklärte, er neige dazu, die Truppenstärke aufzustocken, um den Irak mittels einer militärischen Operation aus Kuwait zu vertreiben. Doch innerhalb der nächsten zwei Wochen, bis zu den Wahlen am 6. November, durfte nichts an die Öffentlichkeit dringen, denn jede Bewegung hätte als republikanischer Versuch dargestellt werden können, die Wahlen zu beeinflussen. Cheney sagte, er warte auf Powells Bericht aus Saudi-Arabien, sie sollten sich gedulden.

Für Cheney war offensichtlich, daß Bush über einen Hinweis in der Öffentlichkeit nicht traurig gewesen wäre. Der Verteidigungsminister sollte am folgenden Tag in den Morgensendungen aller drei großen Fernsehanstalten und bei CNN auftreten. Er war der Ansicht, die ungeschickte Rolle, die das Weiße Haus bei den Haushaltsgesprächen mit dem Kongreß spielte, hatte einen Schatten auf die ganze Regierung geworfen und die grundlegende Frage gestellt, ob Bush und das Kabinett sich eigentlich im klaren darüber waren, was sie taten. Bushs Ansehen in den Meinungsumfragen hatte gelitten, Washington und die Administration einen Schaden genommen, der sogar das Vertrauen in die Golfoperation untergrub. Außerdem glaubte Cheney, es sei das Beste, die Bevölkerung auf die wahrscheinlichere Entscheidung vorzubereiten. Er hatte immer erklärt, es gebe keine Obergrenze für die Truppenstationierung, und hatte mehrmals darauf hingewiesen, daß die Vereinigten Staaten sich auf eine lange Auseinandersetzung gefaßt machen mußten.

Noch am gleichen Tag unterrichteten Cheney und Baker unter Ausschluß der Öffentlichkeit Abgeordnete beider Häuser im abhörsicheren Raum S-407 des Kapitols. Keiner von beiden gab einen Hinweis darauf, daß eine Verstärkung der Truppen in Erwägung gezogen wurde.

Doch in den Fernsehinterviews am nächsten Morgen, dem 25. Oktober, streute Cheney die Saat aus. »Wir sind noch nicht so weit, die Aufstockung der Streitkräfte einzustellen«, sagte er bei ABC. In der CBS-Sendung wurde er gefragt, ob Washington sich darauf vorbereite, weitere 100.000 Mann in die Region zu entsenden. Cheney antwortete: »Es ist vorstellbar, daß wir bei einer solchen Zahl landen.«

Diesen Punkt unterstrich er auch bei NBC, setzte jedoch hinzu, daß eine solche Maßnahme die Ablösung der Truppen, die sich bereits sechs bis acht Monate dort befänden, nicht berühren werde. »Es wird mit Sicherheit ein Rotationssystem geben... Meiner Meinung nach werden wir uns auf sechs Monate einigen.«
Die wichtige Nachricht von Cheneys Äußerungen drang bis zu Powell vor, der sich gerade in Europa befand. »Was geht da vor sich?« fragte er einen Referenten. Als er sich wieder beruhigt hatte, sagte er: »Verdammt noch mal, ich werde nie wieder verreisen. Ich habe nicht mal mit dem Präsidenten darüber gesprochen.« Soweit er wußte, war darüber diskutiert, aber noch keine Entscheidung getroffen worden. Und jetzt war Cheney, ein Mann, der sich stets sehr vorsichtig äußerte, mit deutlichen Worten vor die Kameras getreten.
Bush, Scowcroft und Sununu trafen wieder einmal Entscheidungen, ohne zuvor alle Meinungen zu kennen. Powell war es leid, wichtige Entscheidungen der Regierung zu erfahren, wenn sie bereits feststanden. Sununu hatte dem Präsidenten geraten und ihn sogar gedrängt, harte Töne anzuschlagen, seine Worte mit militärischen Drohungen zu untermauern. Er oder irgend jemand anders hatte sich offenbar durchsetzen können.
Eines sprach für Bush: Er hatte wiederholt erklärt, daß die Invasion Kuwaits nicht von Dauer sein würde. Dennoch hatte Powell das Gefühl, daß die Wirtschaftssanktionen noch immer eine unbekannte Größe waren. Wann würden sie greifen? Wann müßte man davon ausgehen, daß sie gescheitert waren? Er brannte darauf, nach Washington zurückzukehren.
Auch Schwarzkopf hörte in Saudi-Arabien von Cheneys Äußerungen.
Noch ehe er sich über seine Überraschung und Besorgnis hatte klar werden können, waren die Saudis am Telephon

und bombardierten ihn mit Fragen: ›Was soll das? Was geht da vor? Wo waren die versprochenen Konsultationen, die einer solchen Entscheidung oder Ankündigung vorausgehen sollten?‹ Schwarzkopf stammelte einige Antworten. Er kochte vor Wut. Nicht nur, daß er eine derart wichtige Entscheidung aus den Medien erfuhr, jetzt war er auch noch gezwungen, sie den Saudis ohne irgendeine Direktive aus Washington erläutern zu müssen.

An diesem Wochenende gab Schwarzkopf dem *Atlanta Journal and Constitution* ein langes Interview. »Es gibt erste Zeichen dafür, daß die Sanktionen greifen«, sagte Schwarzkopf. »Warum sollten wir also sagen, ›Ok, wir haben ihnen zwei Monate Zeit gegeben, hat nicht geklappt. Bringen wir es hinter uns und legen jede Menge Menschen um‹? Das ist verrückt. Vollkommen verrückt.« Er erinnerte daran, wie die USA in Vietnam ohne jeden Widerstand durch eine Luftabwehr ganze Dörfer bombardierten. Später, als sie in die Dörfer vorrückten, kamen die Nordvietnamesen aus ihren Löchern gekrochen und kämpften wie die Teufel. Schwarzkopf weiter: »Der Krieg ist eine gottlose Sache, denn, seien wir ehrlich, es stehen sich da zwei Seiten gegenüber und versuchen, ihre Meinungsverschiedenheiten zu lösen, indem sie so viele auf der anderen Seite töten wie nur möglich.«

Wolfowitz, der den Oberbefehlshaber um diese Zeit besuchte, meinte, Schwarzkopf machte diese Äußerungen teilweise seinen Truppen zuliebe, um unmißverständlich klarzustellen, daß sie den Krieg, falls es denn einen gab, den Zivilisten zu verdanken hatten.

Schwarzkopf erzählte Wolfowitz, daß er Gespräche mit Nahost-Experten geführt habe und diese ihn überzeugt hatten, daß ein Krieg den Interessen der Vereinigten Staaten in der Region zwar schaden würde, es jedoch noch schädlicher wäre, ihm aus dem Weg zu gehen. Er habe das Gefühl, daß längere Passivität einen Sieg für Saddam bedeute.

Powell kehrte nach Washington zurück, doch der Verteidigungsminister wollte am nächsten Morgen mit Baker zum Fischen nach Wyoming fahren. Eine Zusammenkunft im Weißen Haus, auf der die Optionen in der Golfkrise erörtert werden sollten, war für Anfang der nächsten Woche geplant.

***

Der neue Stabschef der Luftwaffe, General Merrill »Tony« McPeak, erklärte Powell, falls es tatsächlich zu einer militärischen Operation im Golf kommen sollte, gelte der Grundsatz, je früher der Zeitpunkt, um so besser für die Luftwaffe. Der 54jährige, 1,85 Meter große, hagere Kampfpilot vertrat die Ansicht, daß der Vorsprung der Luftstreitmacht vom jetzigen Zeitpunkt bis zum 1. November maximal war. Danach werde er stetig abnehmen, da die Verteidigungsvorbereitungen der Iraker die Kampfüberlegenheit der US-Air Force reduzierten. Die Iraker würden sich immer tiefer in die Wüste eingraben und sich organisieren. Sie hätten in Kuwait einige amerikanische Boden-Luft-Raketen des Typs Hawk erbeutet und könnten diese gegen die amerikanischen Flugzeuge einsetzen. Außerdem konnte das Wetter nicht besser sein.
Powell hielt dagegen, daß die anderen Streitkräfte mehr Zeit benötigten, um ihre Überlegenheit auszubauen. Er sah keinen Anlaß, ein unnötiges Risiko einzugehen. Ein vorsichtiger Kurs bedeutete eine Verdoppelung der Streitkräfte. Das Militär und der Präsident würden sich eine Menge Probleme einhandeln, wenn die Offensive scheiterte.
›Mein Gott‹, sagte McPeak draufgängerisch. ›Das ist doch nur ein Dritte-Welt-Land, eigentlich eine einzige Stadt. Und wir stellen uns an, als ginge es um den Dritten Weltkrieg. Schließlich erwarten wir keine Auszeichnungen für sauberen

Stil. Wir sollten versuchen, es so einfach wie möglich aussehen zu lassen, statt es aufzubauschen. Ich fürchte nur, daß wir den richtigen Zeitpunkt verpassen.‹
›Ich verstehe‹, erwiderte Powell. ›Aber wenn wir später anfangen, sind Sie immer noch im Vorteil, und wir brauchen die Zeit, um anderes zu erledigen – zum Beispiel das Heer zu transportieren. Wir müssen es hinschaffen, an Land setzen und ausladen. Der Stil ist mir egal. Es steht zuviel auf dem Spiel.‹ Am Ende bekräftigte er noch einmal seinen Wunsch nach größtmöglicher Sicherheit: »Wenn wir hingehen, dann um zu gewinnen.«
McPeak ging mit seinen Argumenten weder zu Cheney noch zum Präsidenten. Er sah ein, daß er mit seiner Meinung ziemlich allein stand. Die übrigen Stabschefs waren auf Powells Seite.
Vor allem aber erkannte McPeak, daß in einer Frage Einmütigkeit bestand: Keiner der Stabschefs war scharf auf einen Krieg, keiner hätte für eine offensive Operation gestimmt, wenn es für die Vereinigten Staaten einen anderen ehrenhaften Ausweg gegeben hätte.

* * *

Am Samstagabend sah sich Powell die NBC-Sendung »Nightly News« mit Mary Alice Williams an. Sie moderierte eine Reportage über die Truppenmoral in Saudi-Arabien an. »Sie warten auf Ablösung«, sagte Williams, »oder auf ihren Einsatzbefehl.« Dann kam der Fernsehreporter Arthur Kent ins Bild. »Die Atmosphäre in Saudi-Arabien ist bis zum Zerreißen gespannt... Die hier stationierten US-Truppen vergeuden ihre Energie damit, die Zeit totzuschlagen... Viele Marines haben uns erzählt, daß sie die Untätigkeit satt ha-

ben.« Die Truppen wollten nach Hause, fuhr er fort. »Aber zu Hause ist nur eine Fata Morgana. Die Tage ziehen sich in die Länge... Und noch immer sind keine militärischen Ziele in Sicht, auf die sie sich konzentrieren könnten.«
»Wie steht es um die Moral der Truppe?« fragte ihn Williams.
»Sie ist auf einem Tiefpunkt angelangt«, antwortete Kent. »Etwa fünfzig Prozent der Soldaten, mit denen wir sprachen, äußerten ihre Unzufriedenheit mit der Situation.«
›Wovon zum Teufel reden die eigentlich?‹ fragte sich Powell. Der Bericht hatte nichts wesentlich Neues gebracht. Er war dumm, aber er erinnerte ihn daran, daß das Fernsehen rund um die Uhr dabei wäre, wenn der Krieg ausbrach, daß es Grauen und Tod, Auswirkungen und Gefühle noch plastischer in die Wohnzimmer bringen würde als während des Vietnamkriegs. Die Reporter und die Kameras würden auf Schritt und Tritt dabei sein, jede Bewegung belauern und die militärischen Aufgaben ernsthaft behindern. Eines war Powell klar: ein Krieg im Fernsehen, der sich auch noch in die Länge zog, konnte zu Hause unmöglich, ja unerträglich werden.

***

Im Oktober sprach Robert Teeter, Bushs führender Meinungsforscher, mehrmals mit dem Präsidenten über die Golfpolitik. Teeter vertrat die Ansicht, daß die Regierung zu viele Darstellungen in die Welt gesetzt hatte. Sie mußte sich auf wesentliche Dinge konzentrieren. Er schlug dem Präsidenten vor, sich auf die Grundsätze zu besinnen, die er bereits im August genannt hatte. Die beiden erfolgversprechendsten seien der Kampf gegen die Aggression und der

Schutz amerikanischer Staatsbürger, einschließlich der mehr als neunhundert Amerikaner, die im Irak und Kuwait als Geiseln festgehalten würden. Etwa hundert waren in wichtigen militärischen oder industriellen Einrichtungen verbracht worden, um als menschliche Schutzschilde zu dienen und die USA an Angriffen auf das Land zu hindern.
Bush akzeptierte den Standpunkt, wirkte aber dennoch optimistisch. Er erklärte, er habe das Gefühl, mehr über die Region und auch die Diplomatie, über Militär, Wirtschaft und Öl zu wissen als andere. Immerhin befasse er sich seit 25 Jahren mit diesen Themen. Eines Abends erläuterte er Teeter, es sei sehr wichtig, daß er als UNO-Botschafter, amerikanischer Botschafter in China, CIA-Direktor und Vizepräsident gedient habe. Diese Erfahrungen halfen ihm, die Einzelteile zu erkennen. Jetzt konnte er darangehen, sie zusammenzusetzen.
Bush erzählte ihm, wie er seit seinem Amtsantritt als Präsident die notwendigen Grundlagen geschaffen und persönliche Beziehungen zu anderen Staatsoberhäuptern aufgebaut hatte. Er habe dabei keinen bestimmten Zweck verfolgt, nur das Gefühl gehabt, dies könne ihm eines Tages strategisch von Nutzen sein. Und jetzt sei es an der Zeit, die guten Beziehungen zu den Thatchers, Mubaraks, Fahds und Gorbatschows auf der Welt spielen zu lassen. Möglich, daß ihnen morgen der Wind ins Gesicht blies, trotzdem habe er ein gutes Gefühl. »Wir werden erfolgreich sein«, versicherte er Teeter.

***

Monatelang hatte Scowcroft befürchtet, Baker werde die Golfpolitik der Regierung nicht unterstützen. Während der Gespräche im kleinen Kreis schien er einer breit angelegten Stationierung eher ablehnend gegenüberzustehen und diplo-

matische Lösungen bis hin zum Verzicht auf militärischen Druck vorzuziehen. Doch jetzt war Baker allmählich auf ihre Linie eingeschwenkt. Cheney und er würden übers Wochenende zum Fischen fahren und Zeit haben, über alles zu reden.
Baker hatte das Gefühl, die Grundlagen für die Golfpolitik seien nicht solide genug. Die Notlage des Emirs, das kuwaitische Volk, die Aggression und das Öl waren in Amerika schlecht an den Mann zu bringen. Meinungsumfragen verdeutlichten, daß die Bürger vor allem das Schicksal der amerikanischen Geiseln im Irak und Kuwait im Auge hatten. Baker plädierte dafür, den Schwerpunkt der Golfpolitik auf die Geiselfrage zu verlagern. Dieses Thema würde die Amerikaner und die internationale Gemeinschaft einen, denn die meisten Nationen, einschließlich der Sowjetunion, hatten Geiseln im Irak. Im übrigen sei es das einzige Thema, das einen Krieg rechtfertigen konnte.
Nach Scowcrofts Ansicht war eine Betonung der Geiselfrage dasselbe wie im vollen Galopp die Pferde zu wechseln, doch er sah ein, daß die öffentlichen Meinungsumfragen zunehmende Bedenken gegen eine militärische Stationierung spiegelten. Baker selbst hatte vor, die Geiselkarte in einer scharfen Rede auszuspielen. Scowcroft war bereit, ihn zu unterstützen. Der Nationale Sicherheitsberater erkannte auch, daß Baker ein Menetekel sah. Die Präsidentschaft Bushs stand und fiel mit dem Ausgang der Golfpolitik. Dem Außenminister, der seit 35 Jahren mit Bush befreundet war, den dieser zu seinem Wahlkampfmanager und dienstältesten Kabinettsmitglied gemacht hatte, blieb gar nichts anderes übrig, als Bushs Golfpolitik aggressiv mitzutragen.
Am 29. Oktober, einem Montag, sprach Baker vor dem Los Angeles World Affairs Council. Die über hundert amerikanischen Geiseln, die als Schutzschilde benutzt würden, sagte

er, seien gezwungen, auf blankem Zementboden voller Ungeziefer zu schlafen. Tagsüber hielt man sie im Dunkeln, und nur bei Nacht wurden sie verlegt. Man hatte ihre Verpflegung auf zwei Mahlzeiten pro Tag rationiert. Und viele waren mittlerweile krank wegen der unerträglichen Qualen, die sie durchmachen mußten. Die Vorstellung, Amerikaner als lebende Schutzschilde zu benutzen, war ein Schlag ins Gesicht. Am Schluß warnte der Außenminister: »Wir schließen den möglichen Einsatz von Gewalt nicht aus, falls Irak Kuwait weiterhin besetzt hält.«

* * *

Am 30. Oktober empfing Bush fünfzehn führende Parlamentarier aus beiden Häusern und Parteien im Weißen Haus. Er eröffnete das Treffen mit einem Lagebericht und bemerkte, zwar habe der Irak die französischen Geiseln freigelassen, doch mehrten sich die Meldungen über Mißhandlungen amerikanischer und britischer Geiseln. Er erzählte den Abgeordneten, er lese gerade Martin Gilberts Werk *The Second World War: A Complete History*, in dem die Appeasement-Politik gegenüber einem Diktator und die einzelnen Phasen der Ereignisse geschildert wurden, die damals zum Konflikt geführt hatten.

Sichtlich erregt erklärte Bush, so etwas werde er nicht wieder zulassen. Die Behandlung der Geiseln war unmenschlich und verabscheuenswert. Er erzählte von einer ausländischen Geiselfamilie, die in ein Krankenhaus gebracht worden war, wo die Iraker zuerst vor den Augen der Eltern die Kinder und dann die Eltern selbst erschossen hätten.

Anschließend untermauerte Baker Bushs Äußerungen über die Behandlung der Geiseln.

Daraufhin erklärte der Sprecher des Repräsentantenhauses, Thomas S. Foley: ›Mr. President, in dieser Hinsicht stehen wir voll hinter ihnen.‹ Er gab seiner Hoffnung Ausdruck, daß es zu weiteren solcher Treffen und Konsultationen kommen werde, insbesondere vor einem militärischen Eingreifen am Golf.
Abgesehen von Ereignissen, die unverzügliches Handeln erforderten, werde er sie weiterhin konsultieren, versicherte ihm der Präsident.
Ob es tatsächlich zu weiteren Mißhandlungen von Geiseln gekommen sei, fragte der Führer der Senatsmehrheit, George Mitchell. Der Kongreß habe diesbezüglich keine Informationen. Nichts sei dokumentiert.
Ob Freiheitsberaubung etwa keine Mißhandlung sei, fragte Baker empört.
Gewiß, gab Mitchell zurück, doch die Frage sei, ob es eine Eskalation von Mißhandlungen gegeben habe, wie die Formulierungen des Präsidenten nahelegten.
Senator William Cohen, der Stellvertretende Vorsitzende des Geheimdienste-Ausschusses im Senat, meldete sich zu Wort. Er erklärte, erst letzte Woche hätten CIA und DIA vor dem Ausschuß ausgesagt, daß es keine Hinweise auf zunehmende Mißhandlungen gebe.
Baker, der nicht gewohnt war, daß man ihm widersprach, lief rot an. Dann verlangte er eine Erklärung, was die Gruppe unter Mißhandlung verstehe. Ob Entführung und Mord nicht genügten?
Cohen und Mitchell stimmten zu. Aber die Geiselnahme sei schon drei Monate her. Ein alter Hut. ›Soll sie jetzt als eine Provokation durch Saddam verkauft werden?‹
Immer wieder kreisten die Fragen um diesen Punkt. Die Demokraten wiesen mit Nachdruck darauf hin, daß das Umschwenken auf die Geiselfrage einen bitteren Nachgeschmack hinterließ. Sollte sie jetzt als Rechtfertigung für ein

militärisches Eingreifen dienen? Sie warnten, daß das einer genauen Prüfung von außen nicht standhalten würde. Cohen äußerte, die Regierung sei so sehr um das Schicksal der Geiseln besorgt, daß sie womöglich riskierte, ihre Mißhandlung ein für allemal zu unterbinden: wenn sie es nämlich so weit trieb, daß die Geiseln getötet wurden. Er habe noch nie eine Sitzung im Weißen Haus erlebt, bei der die Emotionen – einschließlich seiner eigenen – derart hochgeschlagen seien.
Bush verlagerte die Diskussion auf die Situation der US-Botschaft in Kuwait City, wo einige US-Diplomaten ausharrten. Die Iraker verweigerten ihnen Nahrung und Trinkwasser. Er habe keine Möglichkeit, das Militär wirksam zu ihrem Schutz einzusetzen, es sei denn mit einer großangelegten Invasion. Und wenn die amerikanische Flagge eingeholt würde, Saddam die Diplomaten ebenfalls zu »Gästen« – seine Bezeichnung für die Geiseln –, erklärte? ›Ich werde jedenfalls nicht tatenlos dasitzen und zuschauen‹, sagte der Präsident, und man merkte ihm die innere Anspannung deutlich an.
Les Aspin vom Repräsentantenhaus schätzte, daß es noch zehn Monate dauern konnte, bis die Sanktionen griffen.
Auch der Abgeordnete John P. Murtha, ein Falke und Demokrat aus Pennsylvania, bekundete dem Präsidenten seine uneingeschränkte Unterstützung und erklärte, er sehe keine andere Möglichkeit, als einzumarschieren und zwar je eher, desto besser.
Später trat Cohen zu Cheney, der während des gesamten Treffens kein Wort gesagt hatte. »Heute sind Sie noch mal davongekommen«, sagte er leichthin. »Aber wir werden wegen der anderen Optionen noch auf Sie zurückkommen.«
Cheney lächelte und verließ den Saal.

* * *

Um 13.10 Uhr desselben Tages trafen sich Bush, Baker, Cheney, Scowcroft und Powell im Lageraum.

»Wir stehen vor einem Wendepunkt«, begann Scowcroft. Sie könnten die Abschreckungs- und Verteidigungspolitik fortsetzen oder sie in eine Option zur Offensive verwandeln.

Wieder einmal staunte Powell über die lässige Art, in der diese fünf Männer, die sich seit Jahren kannten, politische Grundsatzdiskussionen führten. Es gab keine klare Vorgabe, keine Struktur, keine erkennbare Linie, nach der sie die unterschiedlichen Optionen erörterten. Die Ideen wurden hin- und hergeworfen und flossen in die Diskussion ein, wie sie den Teilnehmern gerade in den Kopf kamen. Bush und Scowcroft schienen von Anfang an die Entwicklung einer Option zur Offensive zu befürworten. Baker, der eher vorsichtig als vorschnell taktierte, hielt sich zurück und wies immer wieder auf die Reaktion im Kongreß und in der Öffentlichkeit hin. Trotzdem lehnte er eine Option zur Offensive nicht länger ab.

Während des Treffens merkte Cheney, daß Bush nicht gewillt war, eine Lösung zu akzeptieren, die hinter seinem erklärten Ziel, der Befreiung Kuwaits, zurückblieb. Der Verteidigungsminister seinerseits wollte keine militärische Aktion befürworten, solange er an ihrem Erfolg zweifelte. Er sagte, er sei immer mehr davon überzeugt, daß sie eine Option zur Offensive entwickeln müßten. Die internationale Koalition sei zu schwach, um lange zu halten – für Outsider mochte es anders aussehen, doch sie wußten aus Erfahrung, auf welch tönernen Füßen das Abkommen stand. Cheney hatte das Gefühl, daß ein x-beliebiges Ereignis von außen die Koalition von einer Sekunde auf die andere zum Einsturz bringen konnte.

Powell sah, daß Geduld nicht zu den Stärken dieser Runde gehörte. Wie schon früher trat er nicht mehr für die Containment-Politik ein. Powell hatte erlebt, daß die anderen

seine weitblickenden politischen Empfehlungen tolerierten, doch jetzt hatte er das Gefühl, zum Schweigen verurteilt zu sein, da er sich beim Präsidenten bereits für die Eindämmungspolitik eingesetzt hatte. Im Augenblick schien sein umfassender politischer Ratschlag zu diesem Thema nicht gefragt.
Dabei war das Treffen ursprünglich anberaumt worden, um dem Vorsitzenden die Möglichkeit zu geben, über seine Gespräche mit General Schwarzkopf zu berichten.
»Okay, okay, okay«, sagte der Präsident schließlich. »Mal sehen, was er zu sagen hat.«
»Mr. President«, begann Powell. »Zunächst möchte ich darauf hinweisen, daß wir unsere Mission erfüllt haben.« Die Verteidigung Saudi-Arabiens sei früher erreicht worden als geplant. Dann beschrieb er, wie Schwarzkopf dies angesichts des fortgesetzten irakischen Aufmarsches mit der Verschiebung einiger seiner Einheiten geschafft hatte.
»Falls Sie nun einen Aufmarsch befehlen – sich also für eine Option zur Offensive entscheiden – brauchen wir folgendes.« Dann kündigte er an, Schwarzkopf verlangte eine Verdoppelung seiner Streitkräfte. Ein wesentlicher Aspekt sei das VII. Korps, um mit dessen schnellen Panzern flankierende Angriffe auf irakische Verteidigungsstellungen führen zu können. Damit wären sie in der Lage, einen Frontalangriff auf die Befestigungen der Iraker zu vermeiden.
Scowcroft war von Schwarzkopfs hohen Forderungen überrascht. Vor allem der Wunsch, zu den drei Flugzeugträgern, die er bereits in der Region hatte, drei weitere zu stationieren, verblüffte ihn. Man hörte förmlich, wie die übrigen Anwesenden tief Luft holen, nur Bush blieb gelassen.
Powell fuhr fort, er unterstütze Schwarzkopfs Empfehlungen, falls der Präsident tatsächlich eine Option zur Offensive wünschte. Er wandte sich an den Präsidenten: »Wenn Sie mir mehr Zeit geben, sagen wir drei Monate, werde ich mehr

Truppen verlegen. Das ist ungeheuer wichtig. Wenn Sie wollen, gehe ich mit Ihnen zum Treuhandschalter auf der Bank, dann machen wir wenigstens zusammen Pleite.« Mit anderen Worten: Es würde teuer werden.
Nach Powells Ansicht setzten allein die Transportkapazitäten die Obergrenzen fest.
Cheney sagte, er stehe bedingungslos hinter Schwarzkopf und Powell. Er ging sogar noch weiter. Es handele sich nicht darum, *ob* der Präsident eine Option zur Offensive wünschte, er solle sie wünschen und sofort anordnen. Nur dies konnte den Erfolg gewährleisten, wenn es tatsächlich zum Krieg kam. Er wollte nicht in die Lage kommen, im Januar oder Februar um weitere Truppen bitten zu müssen. Saddam war durchaus imstande, mit zusätzlichen Streitkräften zu reagieren. Cheney wollte nicht wieder hier im Lageraum sitzen und sagen müssen: »Mr. President, ich weiß, was wir Ihnen im Oktober sagten, und wir haben die zusätzlichen Truppen stationiert, aber wir schaffen es trotzdem nicht.«
Schließlich sagte Bush, »Wenn Sie es für notwendig halten, machen wir es so.«
Am nächsten Tag gab der Präsident endgültig grünes Licht.

* * *

Paul Wolfowitz, der Undersecretary für politische Grundsatzfragen und einer der wenigen Zivilisten im Pentagon, dem Einsicht in geheime Kriegspläne gewährt wurde, befürchtete, daß die Regierung sich voreilig für die Option zur Offensive entschieden hatte. Zu keinem Zeitpunkt der Entscheidungsfindung waren Alternativen oder Implikationen schriftlich zusammengefaßt worden, um später systematisch geprüft und geprüft zu werden. Wolfowitz, ein gescheiter Regierungsbeamter mit jahrelanger Erfahrung und ehemaliger Berufsdiplomat, glaubte, es wäre möglich gewesen, zusätzliche Truppen zu entsenden, ohne im vorhinein festzulegen, ob es sich um Ersatztruppen oder Verstärkungseinheiten handelte, die für eine militärische Offensive gebraucht wurden. Die Entscheidung über den endgültigen Einsatz hätte auch später getroffen werden können. Aber Wolfowitz hatte nicht genügend Zeit, um seiner Idee Gehör zu verschaffen.

Der Stellvertreterausschuß, jene interministerielle Arbeitsgruppe auf zweiter Ebene hatte noch nicht getagt.

Wolfowitz war der Ansicht, daß der innere Zirkel mit Bush, Baker, Cheney, Scowcroft und Powell sich vielleicht etwas zu sehr abschottete. Die Treffen hätten angesichts ihrer Regelmäßigkeit und privaten Natur als Forum dienen können, um die Grundzüge und Alternativen der Politik zu diskutieren. Doch Wolfowitz hatte nicht den Eindruck, daß dies der Fall war. Von Cheney kam kein Feedback, und wenn es tatsächlich einmal zu einer Art organisierter Debatte innerhalb des Zirkels kam, wurde der Stab nicht informiert. Manchmal hatte Wolfowitz das Gefühl, in wichtigen Fragen völlig im dunkeln zu tappen.

Wolfowitz befürchtete zudem, daß die Ankündigung dieser äußerst wichtigen Entscheidung verpatzt werden könnte. Die gesamte Regierung, insbesondere aber Bush, scheute davor zurück, sich auf eine zusammenhängende und wohl organisierte Art und Weise zu erklären. Bush hielt nun mal nicht gerne Reden, und obendrein waren die Redenschreiber des Weißen Hauses nicht besonders gut.

Baker dagegen beunruhigte die Haltung der Alliierten. Was dachten sie über eine mögliche Gewaltanwendung, über das Wann und Wie? Zu welchem Schluß waren sie gekommen? Hatten sie Präsident Bushs Entschlossenheit, die Invasion rückgängig zu machen, voll akzeptiert? Es wurde beschlossen, daß Baker nach Saudi-Arabien, Ägypten, Istanbul, London, Paris und Moskau reisen solle, um Sondierungsgespräche zu führen, bevor die Verdoppelung der Streitkräfte bekanntgegeben wurde.

***

Am Samstag, dem 3. November, dem Tag, an dem Baker fliegen sollte, nahm Powell seine *New York Times* zur Hand und las unter der Überschrift »Golfkrise: Baker bildet Gegengewicht zu Bush«, nicht namentlich genannte hohe Regierungsbeamte hätten bestätigt, daß »Baker jegliche übereilte militärische Gewaltanwendung gebremst hat... Als es darum ging, wie lange man die Sanktionen wirken lassen sollte, war Mr. Baker eher für zu viel als zu wenig Zeit«.
Obwohl der Bericht äußerst vorsichtig formuliert war, brachte er die grundsätzliche Meinungsverschiedenheiten innerhalb der Regierung ans Tageslicht. Powell dachte: »Sieh mal einer an. Damit wäre ich aus der Schußlinie.«
Doch das eigentliche Anliegen der Story – eine Bremse für Bush, Eindämmung, mehr Zeit, damit die Sanktionen greifen konnten – fand kein Echo. Sie wurde weder ernsthaft kommentiert noch diskutiert. Das einzige, was Powell dazu erfuhr, war, daß Baker und seine Referenten eine andere sorgfältig abgestimmte Meldung in die Medien lancierten, um den Außenminister vorsichtig vor einem möglichen Desaster zu bewahren.
In Scowcrofts Augen war die Geschichte ein klassisches Beispiel für eine politische Kehrtwendung des Außenministeriums. Aber sie kam eine Woche zu spät. Baker befand sich bereits an Bord seiner Maschine.

22

Am Donnerstag, dem 8. November, rief Cheney alle führenden Abgeordneten beider Häuser an und teilte ihnen mit, daß Präsident Bush am Nachmittag eine Erklärung zur Verstärkung der Truppen in Saudi-Arabien abgeben würde. Er erreichte Les Aspin in Kenosha, Wisconsin. Der Vorsitzende des Streitkräfte-Ausschusses im Repräsentantenhaus war gerade zum elften Mal ohne Gegenstimme in seinem Amt bestätigt worden.
Aspin hatte es fast aufgegeben, mit Dick Cheney direkt zu kommunizieren und nannte ihn nur noch »Die Sphinx«. Aspins direkter Draht zur Regierung war statt dessen Scowcroft.
Nachdem er Aspin über das Verstärkungspaket informiert hatte, zählte Cheney einige der betroffenen Einheiten auf, darunter das VII. Korps in Europa mit seinen schweren Panzer-Divisionen, doch genaue Zahlen nannte er nicht.
»Das ist viel mehr, als ich erwartet habe«, wandte Aspin ein. Er rechnete im Kopf nach und erkannte, daß es um etwa 200.000 weitere Soldaten ging.
Cheney spürte Sam Nunn in einem Restaurant auf. Der Senator war verschnupft, daß man ihn informierte statt konsultierte. ›Wozu die Eile?‹ fragte er. Ob sie sicher seien, daß die Wirtschaftssanktionen keinen Erfolg zeitigen würden?
Cheney fand, daß Nunn sich stark verändert hatte und führte das auf politische Taktik zurück. Cheney, der schlaue Politfuchs, hatte gefolgert, daß Nunn langfristig auf die Nominierung zum Präsidentschaftskandidaten der Demokraten im Jahr 1992 spekulierte und sich die Gunst seiner Partei sichern wollte, indem er sich auf Bush einschoß.

Diese Entscheidung, so Cheney, sollte dem Präsidenten eine aussichtsreiche Option zur militärischen Offensive gewährleisten.

Baker hielt sich zu Gesprächen mit Gorbatschow in der Sowjetunion auf, als er die Nachricht erhielt, Bush werde die Ankündigung, die Truppen zu verstärken, durchziehen. Auch der Außenminister zweifelte, ob dies der richtige Zeitpunkt war, und wunderte sich über die plötzliche Eile. So etwas brachte man nicht auf den Tisch, ohne zuvor für ein entsprechendes Fundament gesorgt zu haben. Es hätten Beratungen in Washington stattfinden müssen, und ein Schulterschluß mit dem Kongreß wäre ebenfalls hilfreich gewesen. Wieder einmal hatte Baker das Gefühl, daß das Weiße Haus eine Ankündigung nicht sorgfältig genug vorbereitete; aber von Rußland aus konnte er nichts tun.

* * *

Cheney verfolgte die öffentliche Diskussion. Die Regierung hatte noch immer keine wirkungsvolle Formel gefunden, um die unterschiedlichen gesellschaftlichen Gruppen anzusprechen. Sie versuchte, das amerikanische Volk hinter ihre Golfpolitik zu bringen, den Truppen zu erklären, was angeordnet wurde und warum, und mußte gleichzeitig auf den Kongreß, die Vereinten Nationen und die Araber Rücksicht nehmen. Außerdem war sie bemüht, das Problem Israel in den Griff zu bekommen, da Saddam versuchte, die Lösung des Kuwait-Problems mit einer Lösung der Palästina-Frage zu verknüpfen.

Es war schwierig, mit einer einzigen Botschaft all diese unterschiedlichen Gruppierungen gleichermaßen glaubwürdig anzusprechen. Und die Botschaft, die die Regierung nun vermitteln wollte – eine logische Erklärung für den Aufbau eines offensiven militärischen Potentials –, unterschied sich von der Botschaft, die sie im August an den Mann bringen mußte, als die Mission noch rein defensiven Charakter besaß. Cheney hatte nicht das Gefühl, daß ihre bisherige Überzeugungsarbeit von Erfolg gekrönt war. Jetzt traten sie in eine neue kritische Phase ein, in der sie versuchen mußten, alle Wählerschichten anzusprechen.

* * *

Um 16 Uhr gaben Bush und Cheney eine kurze Pressekonferenz. Powell, der bislang an den wichtigsten Ankündigungen zum Unternehmen Wüstenschild teilgenommen hatte, war nicht dabei.
»Ich habe heute den Verteidigungsminister angewiesen, den Umfang der US-Truppen, die an der Operation Wüstenschild teilnehmen, zu vergrößern, um sicherzustellen, daß die Koalition über eine angemessene offensive militärische Option verfügt, falls diese zur Erreichung unserer gemeinsamen Ziele notwendig wird«, sagte Bush. Zahlen nannte er nicht.
Auf die Frage, warum er eine offensive Streitmacht in Saudi-Arabien stationieren wollte, sagte Bush, er handle »auf Anraten unseres kompetenten Verteidigungsministers und anderer«.
Danach reiste der Präsident ab, um das lange Wochenende – es war Veterans Day – in Camp David zu verbringen.
Am Nachmittag des nächsten Tages, Freitag, 9. November, kam Prinz Bandar ins Pentagon, um Powell zu sprechen. Für ihn waren Baker und Powell die Mitglieder des inneren Zirkels um Bush, die sich scheinbar am wenigsten für einen Feldzug gegen Saddam erwärmen konnten.

»Es wäre besser, wenn es nicht zum Krieg käme«, erklärte Powell dem Prinzen. »Wenn wir kämpfen müssen, werden wir es tun, aber mit allem, was wir haben.« Powell fuhr fort, der Präsident wolle ein zweites Vietnam vermeiden. Daher laufe alles auf eine Maximierung von Truppen und Feuerkraft hinaus.
Später sagte Cheney zu Bandar: »Wenn wir das vermasseln, ist das Militär in diesem Land ein für alle Mal erledigt.«

***

Das Weiße Haus hatte keine Absprachen mit den Regierungsbeamten getroffen, die in den sonntäglichen Talk Shows und in den Morgennachrichten am Montag auftraten. Diese Fernsehsendungen bilden für Washingtoner Politiker, die sich profilieren und Schlagzeilen machen wollen, die wichtigste Arena. Die Demokraten gingen auf die Barrikaden. Der demokratische Senator Daniel Patrick Moynihan aus New York erklärte in scharfen Worten: »Es scheint, als stünde die bewaffnete Streitmacht, die zur Bekämpfung des Kalten Krieges geschaffen wurde, dem Präsidenten nur noch für sein Privatvergnügen zur Verfügung, ganz gleich, welche Kosten dies verursacht. Er wird unser Militär ruinieren. Er wird seine Regierung ruinieren, und er wird die Möglichkeit verpassen, ein kollektives Sicherheitssystem aufzubauen. Man kann es nicht mit ansehen.«
Die Wochenendzeitungen waren voll mit Berichten über den Streit unter den Mitgliedern der Koalition, die Schwierigkeiten Bushs, den Krieg im eigenen Land zu verkaufen und die Probleme, die ein Landkrieg am anderen Ende der Welt mit sich brachte.
Scowcroft und sein Stab fingen an, das verlängerte Wochen-

ende das »Veterans Day Massacre« zu nennen. Scowcroft war der Meinung, daß die Regierung nicht vor einem militärischen, sondern einem Public-Relations-Problem stand. Er wußte nicht, was zu tun war. *USA Today* veröffentlichte eine Meinungsumfrage unter der Schlagzeile »Geringe Unterstützung für Bush«. Danach waren nur noch 51 % der Bevölkerung mit Bushs Golfpolitik einverstanden, während die Akzeptanz noch vor drei Monaten bei 82 % gelegen hatte.
Powell hielt die Berichte für Panikmache: übertrieben und spekulativ. Aber es waren diese Meldungen – nicht die Regierung –, welche die Inhalte der öffentlichen Debatte bestimmten.

* * *

Der politische Aufruhr dauerte mehrere Tage an. Am Dienstag, dem 13. November, hatten Cheney und Powell um 8.15 Uhr ein Arbeitsfrühstück mit den Senatoren Sam Nunn und John Warner vereinbart. Senator Nunn behauptete, die Golfpolitik der Regierung spiele Saddam geradezu in die Hände. Er beabsichtigte, im Lauf des Monats öffentliche Hearings zu veranstalten. Diese Anhörungen waren seine stärkste Waffe, um eine breite öffentliche Diskussion über die Ziele und möglichen Kosten des Golfkriegs in Gang zu setzen.
Am selben Tag traf Cheney mit hundert seiner ehemaligen Kollegen aus dem Repräsentantenhaus zusammen. Die Option zur Offensive war das vorrangige Gesprächsthema. Die Diskussion verlief chaotisch; jeder der Anwesenden schien eine andere Vorstellung über die neue politische Richtung zu haben.

Nach einer Stunde sagte Cheney, »Ich gehe davon aus, daß Sie alle darüber abstimmen wollen.«
Der Raum explodierte. Die Abgeordneten schrien durcheinander. Cheney sah sich in seiner Meinung bestätigt, daß der Kongreß nicht in der Lage war, über dieses Thema zu debattieren. Er dachte an den August 1941, knapp vier Monate vor Pearl Harbor, als sich das Repräsentantenhaus mit einer einzigen Stimme Mehrheit für die Beibehaltung der allgemeinen Wehrpflicht ausgesprochen hatte.

***

Bush und Scowcroft waren über die Geschwindigkeit beunruhigt, mit der sich die Unterstützung für die Golfoperation in Luft aufzulösen schien. Bush hatte nicht vergessen, welchen Fehler sein texanischer Landsmann, Präsident Lyndon Johnson, begangen hatte, als er den Kongreß nicht formell und offiziell um eine Abstimmung über den Vietnamkrieg aufforderte, die über die umstrittene Resolution zum Golf von Tonking hinausging. Damals war Bush selbst Congressman gewesen.
Scowcroft war sich einer Abstimmungsmehrheit nicht sicher. Es wäre eine Katastrophe, im Kongreß abstimmen zu lassen und eine Niederlage einstecken zu müssen.
Einige der führenden Republikaner, zu denen auch der Führer der Senatsminderheit, Robert J. Dole, und Senator Richard G. Lugar aus Indiana gehörten, verlangten eine außerordentliche Sitzung im Kongreß, um über den Golf zu debattieren. Sie argumentierten damit, daß Bush die Abstimmung gewinnen würde und die Unterstützung des Kongresses ihm gegen Saddam den Rücken stärken würde. Unter vier Augen riet Lugar dem Präsidenten, er solle lieber jetzt

als später herausfinden, ob er das Vertrauen des Kongresses besaß oder nicht.

Am 14. November traf Bush mit Führern des Kongresses aus beiden Parteien zusammen und rief sie zur Geschlossenheit auf. Er beteuerte, daß er sich noch nicht zum Krieg entschlossen hatte. »Ich habe noch keinen Rubikon überschritten.«

Er zog einen Bericht mit einer Zusammenfassung irakischer Zeitungsmeldungen aus der Tasche und las einige Schlagzeilen vor, die erkennen ließen, daß Saddam ein Bild der Zerstrittenheit in den Vereinigten Staaten vermittelt wurde. Die Absicht des Präsidenten war offensichtlich: Das war genau die Botschaft, die Saddam auf die Idee brachte, er könnte Kuwait behalten. Dann griff der Präsident nach einer Taschenbuchausgabe der amerikanischen Verfassung und las Artikel II, Absatz 2, vor: »Der Präsident soll Oberbefehlshaber [der Armee und der Flotte der Vereinigten Staaten] sein...«

Bush sagte, er wünschte, daß die Führer im Kongreß eine Sitzung einberiefen, jedoch nur unter der Bedingung, daß eine sichere Mehrheit für seine Politik zustandekäme.

Die Führer der Demokraten sagten, sie würden zum gegenwärtigen Zeitpunkt keine Dringlichkeitssitzung im Kongreß beantragen, um über Bushs Truppenaufmarsch am Golf zu debattieren. Aber sie würden Hearings abhalten.

* * *

»Du kannst für andere keine Entscheidung treffen. Laß du auch andere nicht für dich entscheiden.« Powells siebte Regel.

Nun, da sich der Präsident für die Entwicklung einer Option

zur Offensive entschieden hatte, mußte Powell seine eigenen Entscheidungen zum Kriegsplan treffen. Er hatte General Kelly von seinen normalen Pflichten als Operationschef entbunden und zum Chef eines Planungsteams aus einem halben Dutzend seiner besten Offiziere ernannt. Diese Gruppe arbeitete innerhalb des Stabs aller Teilstreitkräfte in einem Raum mit besonderer Sicherheitstufe und koordinierte alle Schritte in enger Abstimmung mit Schwarzkopfs Planern. Powell probte den Ernstfall. Er hatte die Planer angewiesen, alle Bedürfnisse zu benennen – von Nachschub und Munition über Sanitätseinheiten bis hin zu Richtlinien für den Ernstfall und den Umgang mit potentiellen Kriegsgefangenen.

Das erste Gebot eines militärischen Führers der Vereinigten Staaten lautet: »Sorge für deine Männer.« Obwohl die Option zur Offensive bedeutete, die irakische Armee aus Kuwait zu vertreiben, konnte er am besten für seine Männer sorgen, indem er die irakische Militärmaschinerie zerstörte. Wie in Panama, wo sie die PDF vollständig hatten ausschalten müssen, würden sie das militärische Potential des Irak eliminieren oder kampfunfähig machen – eine gewaltige Aufgabe im Vergleich zu Panama.

Doch die Vereinigten Staaten hatten einige geheime Vorteile. Anfang November, als man sich für die Option zur Offensive entschieden hatte, hatten sich Cheney und Powell mehrmals in den wohl am besten abgeschotteten Teil des Pentagon begeben, das STOC (Special Technical Operations Center, Spezialtechnische Kommandozentrale). Auf dem gleichen Flur wie General Kellys Büro im Stab aller Teilstreitkräfte gelegen, war das STOC ein Pentagon innerhalb des Pentagon mit eigenen, besonders strengen Sicherheitsvorschriften. Hier führten 30 Mann die einzige Abteilung im Gebäude, in der sich jeder Mitarbeiter regelmäßigen Lügendetektortests unterziehen mußte, um zu beweisen, daß er kein Sicherheitsrisiko war.

Die Zentrale wurde Raumschiff Enterprise genannt, wegen ihrer High-Tech-Spielereien, der Computer und Kommunikationssysteme, die dazu dienten, zu ebensolchen Zentren bei den wichtigsten Nachrichtendiensten und den Befehlkommandos Verbindung herzustellen, darunter dem Zentralkommando in Saudi-Arabien.

STOC war die Befehls- und Kommunikationszentrale für Operationen, die die sicherheitsempfindlichen »schwarzen« Programme betrafen. Sie waren ausschließlich Personen bekannt, die Zugang zu den speziell gesicherten »Abteilungen« hatten. Darunter fielen Einheiten für Spezialoperationen, Einrichtungen zum Sammeln nachrichtendienstlicher Erkenntnisse, moderne Waffensysteme und Ausrüstungen, alles von den SEAL Teams der Marine über den Tarnkappenbomber bis hin zu Spionagesatelliten. Der Hauptmann der Marine, der das STOC von 1982 bis 1989 leitete, mußte nach seiner Pensionierung aus 235 geheimen Programmen, zu denen er Zugang hatte, entfernt werden.

Die meisten der streng geheimen schwarzen Waffensysteme waren im Hinblick auf ein ganz bestimmtes Szenario entwickelt worden: den Krieg mit der Sowjetunion. Doch da der Irak zur sowjetischen Klientel gehörte und die meisten seiner Waffen von den Sowjets gekauft hatte, waren die amerikanischen Systeme wie geschaffen, um gegen den neuen Feind zu kämpfen.

Jetzt konnten die Vereinigten Staaten die Früchte einer jahrzehntelangen Arbeit ernten. Unter einem streng geheimen Programm mit dem Codenamen EYRE hatten der CIA und das Pentagon über Jahre hinweg Einzelheiten und Testdaten der wichtigsten sowjetischen Elektronik- und Radarsysteme, Flugzeuge und Raketen gesammelt. Viele dieser Waffensysteme wurden von den Irakern eingesetzt. Über andere geheimdienstliche Operationen hatte das Pentagon sowjetische Waffen erstanden und anschließend US-Waffen zur

Abwehr der sowjetischen Modelle entwickelt. Mit Hilfe eines weiteren streng geheimen Programms unter dem Codenamen PARCAE zur Überwachung von Funksprüchen und Telephongesprächen war das Pentagon in der Lage, einige der von den Sowjets entwickelten Kommunikationssysteme abzuhören und verschlüsselte Botschaften zu dechiffrieren.

Man hatte Satelliten über dem Nahen Osten in Stellung gebracht, deren Echtzeitaufnahmen von Kuwait nun über die Bildschirme flimmerten. Die Gefechtskommandeure, die mit transportablen Empfangsanlagen ausgerüstet waren, konnten die irakischen Aktivitäten dadurch genau verfolgen. Die Iraker hielten ihre Kommunikationssysteme für relativ sicher und verhielten sich entsprechend. Die National Security Agency (Nationale Sicherheitsbehörde, NSA), der größte der US-Nachrichtendienste, konnte einiges abhören. Die Ausrüstung der Iraker stammte aus der Sowjetunion, den Vereinigten Staaten oder Europa, so daß die NSA sich mit Frequenzen und Besonderheiten auskannte.

Ein weiteres schwarzes Programm eröffnete die Möglichkeit, heimlich alle wichtigsten Stromversorgungsleitungen im Irak zu kappen, ohne Spuren zu hinterlassen, die zu den US-Streitkräften führten. Der Erfolg einer militärischen Offensive hing zum Teil von der Ausschaltung des irakischen Radar-, Luftverteidigungs- und Kommunikationssystems ab, das vollständig vom Strom abhängig war. Die Militärplaner träumten von einem perfekten Überraschungsschlag, der für große Verwirrung sorgen würde.

Powell war solchen Hauruck-Lösungen gegenüber skeptisch. Er war nicht gerade begeistert von den 100 Millionen US-Dollar, die das STOC gekostet hatte. Es erinnerte ihn an Raum 208, jene hochtechnisierte Kommandozentrale im Old Executive Office Building neben dem Weißen Haus, die Ollie North für einige seiner folgenschweren und verhängnisvollen Operationen während der Reagan-Ära benutzt hatte.

Im November hatte im STOC ein Briefing über mögliche Spezialoperationen gegen den Irak stattgefunden, an dem Cheney und Powell teilgenommen hatten. Der Plan für die Offensive sah vor, daß acht Hubschrauber vom Typ Apache für Spezialoperationen über die Grenze vorstießen und Schlüsselstellungen der irakischen Luftverteidigung ausschalteten.

Wie der Vorsitzende sah auch Cheney alles, was mit den neuesten High-Tech-Waffen zu tun hatte, mit gemischten Gefühlen. Die Mitarbeiter der schwarzen Programme waren zwar mit Begeisterung bei der Sache, doch Cheney wußte auch, daß die Systeme allzu oft nicht das hielten, was sie versprachen. Das blamable Debüt des Tarnkappenbombers F-117A der US-Luftwaffe in Panama, wo die Präzisionsbomben das Ziel um fünfzig Meter oder mehr verfehlten, würde er nicht so schnell vergessen.

Cheney wußte, wie wichtig es war, alles zu hinterfragen. Während seiner achtzehnmonatigen Amtszeit als Verteidigungsminister hatte er sich viele Stunden in den streng geheimen Single Integrated Operation Plan (Generalplan für den nuklearen Verteidigungsfall, SIOP) für einen möglichen Atomkrieg gegen die Sowjetunion und die Staaten des Warschauer Paktes vertieft, den wichtigsten Kriegsplan überhaupt. Er entdeckte, daß sich die Militärs größte Mühe gegeben hatten, die Zivilisten im Pentagon aus dem Prozeß herauszuhalten. SIOP war jahrelang auf Autopilot gelaufen. Ein unvorstellbares System aus Regeln, Modellen, Formeln und Konzepten, über das man nicht nachdachte, das man nie in Frage stellte, schrieb sich selbst fort. Er hatte Generäle und Admiräle in sein Büro zitiert und immer wieder strengen Befragungen unterzogen, sie im Weißen Haus besonderen Briefings ausgesetzt, ein Dutzend Gutachten erstellen lassen und einfach nicht locker gelassen. Die Militärs hatten auf alle Fragen geantwortet, und Cheney unterstellte niemandem böse Absichten. Dennoch hatte er hier ein Rattennest entdeckt, das sich jeglicher zivilen Kontrolle entzog.

Das war eines der großen Geheimnisse: Die US-Militärs besaßen Tausende von Atomwaffen mehr, als sie brauchten, und laut SIOP sollten sie so eingesetzt werden, daß sie weitaus mehr Schaden in der Sowjetunion anrichteten, als notwendig war, um im Kriegsfall die militärischen Ziele zu erreichen. Cheney entdeckte auch, daß die Flexibilität, die alle Präsidenten in dem Plan gefordert und mit einer Reihe von Präsidialdirektiven angeordnet hatten, teilweise gar nicht vorhanden war. Zum Beispiel fehlte die Möglichkeit, den Sowjets eine Beschränkung der Auseinandersetzung zu signalisieren, indem man einen begrenzten und kontrollierten Atomschlag einplante. Diese Themen berührten den Kern der präsidialen und zivilen Kontrolle über das Militär. Cheney war dabei, das SIOP-System zu revidieren. Eines Tages, wenn die Golfkrise zu Ende war, hätten der Präsident und er endlich die Zeit, um eine radikale Reform des SIOP-Systems anzupacken.

Dieselbe Skepsis brachte er den verschiedenen Phasen der militärischen Operation am Golf entgegen. Und wie er entschlossen war, SIOP ebenso komplett zu verstehen wie seine Militärs, wollte er auch den Kriegsplan für den Golf kennen. Er wußte um das Vertrauen der Militärs in die Fähigkeiten ihrer Waffen und Männer. Aber es war schwierig, die Grenze zu ziehen zwischen erwünschtem Selbstbewußtsein und gefährlicher Selbstüberschätzung. Cheney hatte eine seiner Meinung nach berechtigte skeptische Sicht von dem, was jedes einzelne Teilstück des Kriegsplans bringen konnte. Er hatte drei Schritte unternommen.

Erstens achtete er sorgfältig darauf, dem Präsidenten, dem Kongreß und der Öffentlichkeit kein allzu rosiges Bild zu vermitteln. Er wollte Erwartungen bewußt niedrig halten. Damit entging er möglicherweise dem Schicksal eines Kandidaten, von dem man erwartet, daß er siebzig Prozent der Stimmen auf sich vereint, der es aber nur auf sechzig Prozent bringt und infolgedessen als Versager dasteht.

Zweitens bestand er auf Redundanz im Kriegsplan. Er wollte sicherstellen, daß genügend Kapazitäten vorhanden waren, um bestimmte Schlüsselziele mehrmals anzufliegen.

Drittens vertiefte er sich selbst in den Kriegsplan und dessen tragende Konzepte. Er zog unabhängige Experten zu Rate, nahm an Briefings teil, studierte Zeitungsartikel und Fachliteratur über den Iran-Irak-Krieg. Auf diese Weise erarbeitete er sich einen umfassenden Fragenkatalog, mit dessen Hilfe er dem System immer mehr Informationen abgewann. Cheney erklärte Wolfowitz, daß er nicht danach trachtete, die Planer bis ins kleinste Detail zu beaufsichtigen, daß er das Ganze jedoch aus unmittelbarer Nähe beobachten und viele Fragen stellen würde. Er hatte keinerlei Ambitionen, den Kriegsplan zu verändern. »Aber ich will ihn verstehen, wenn er fertig ist«, sagte der Verteidigungsminister.

Fast jeden Morgen erhielt Cheney vom Stab aller Teilstreitkräfte ein Briefing zu Operationen und nachrichtendienstlichen Erkenntnissen. Diese Sitzungen waren sterbenslangweilig. Meistens beschränkten sie sich auf Berichte über die Stellungen der Iraker und der Alliierten Streitkräfte, Zwischenfälle auf seiten der Koalition und Routineprobleme. Dem ungeduldigen Cheney war das nicht genug. Er verlangte vom Stab aller Teilstreitkräfte streng geheime Informationen über den offensiven Kriegsplan. Ab dem 26. November erhielt Cheney eine Reihe von dettaillierten Briefings über Themen wie die Erstellung eines Luftkriegsplans, Zielkategorien für eine Luftoffensive, Durchbrüche bei vorgeschobenen irakischen Stellungen, logistische Unterstützung, Kommando, Kontroll- und Kommunikationssysteme,

Identifizierung von Verbündeten-Streitkräften bei einer Luftoffensive, Panzerabwehrsysteme, amphibische Einsätze und andere sicherheitsempfindliche Operationen wie Spezialoperationen und Nachrichtendienste.
Cheney hörte mit großem Ernst zu. Er bombardierte den Stab aller Teilstreitkräfte mit Fragen und brachte die Offiziere dazu, Ungewißheiten und Bedenken offen einzugestehen. In weniger als einem Monat erhielt Cheney fünfzehn Briefings. Beim letzten Briefing übergab ihm Kelly ein gerahmtes Diplom, in dem bestätigt wurde, daß Dick Cheney mit Erfolg an einem Kurs über Kriegsplanung teilgenommen hatte und man ihm hiermit den Titel eines »Planers aller Teilstreitkräfte« verlieh.
»Das wird mein bestgehüteter Schatz sein«, sagte Cheney mit unverhohlenem Sarkasmus.

* * *

Powell sah eine der vorrangigen Aufgaben bei der Ausarbeitung des Kriegsplans darin, eine Liste mit strategischen Schlüsselzielen für die drei Phasen der Luftoffensive im Irak zu erstellen. Die Ziele wurden in Kategorien eingeteilt und dann innerhalb jeder Kategorie nach Prioritäten geordnet.
Die ersten Ziele waren:

* Kommando-, Kontroll- und Kommunikationssysteme
* Luftverteidigungssysteme und Radaranlagen
* Flugplätze, die von Saddams 800 Kampfflugzeugen benutzt wurden
* Die 30 wichtigsten SCUD-Raketenstellungen
* Der irakische Atomreaktor

* Produktions- und Lagerstätten für chemische und biologische Waffen
* Die acht Divisionen der Republikanischen Garde, das Rückgrat von Saddams Armee
* Das Nachschubnetz – Depots, Munitionslager, Transportknotenpunkte, Straßen, Brücken und Eisenbahnverbindungen
* Die zwölf wichtigsten petrochemischen Anlagen, darunter die drei Raffinerien
* Das Stromversorgungssystem
* Andere kriegswichtige Industrieanlagen
* Die 400.000 Soldaten, die Kuwait besetzt hielten

Schwarzkopfs Planer arbeiteten mit einem Matrizensystem und Computermodellen, um die Ziele mit den zur Verfügung stehenden Waffen in Übereinstimmung zu bringen; dabei ging es um einen Bombardierungszeitraum von 20 bis 30 Tagen. Es war ein riesiges Puzzle. Die einzelnen Teile mußten so aufeinander abgestimmt werden, daß sie ein Höchstmaß an Schaden anrichteten, während gleichzeitig gewährleistet war, daß die Truppen der Vereinigten Staaten und ihrer Verbündeten ein Höchstmaß an Schutz vor den offensiven Streitkräften Saddams erhielten.

Die vierte Phase des Krieges, die Bodenoffensive, hing vom Ausmaß des Schadens ab, den die Luftoffensive anrichtete, und von den Möglichkeiten, die irakische Armee unter Bedingungen in Kampfhandlungen zu verstricken, die für die Alliierten günstig waren.

***

Am 28. November sagte der ehemalige Vorsitzende der Vereinten Stabschefs, Admiral Crowe, vor Nunns Ausschuß aus. Es war einen Tag, nachdem er Powell beim Mittagessen im Pentagon erklärt hatte, daß er in der Golfkrise für Geduld plädierte.*

Crowe sagte vor den Senatoren: »Unsere Abneigung gegen Saddam Hussein scheint viele andere Überlegungen verdrängt zu haben... Ich meine, wir sollten den Sanktionen eine faire Chance geben, bevor wir sie ad acta legen. Ich persönlich bin davon überzeugt, daß sie ihn letztendlich in die Knie zwingen werden, aber ich bin der erste, der zugibt, daß dies reine Spekulation ist. Würden die Sanktionen tatsächlich in zwölf bis achtzehn Monaten statt in sechs greifen, würde es sich meiner Meinung nach lohnen, auf einen Krieg mit den dazugehörigen Opfern und Ungewißheiten zu verzichten.«

Ohne Bush zu kritisieren, deutete Crowe seine Befürchtung an, der Präsident tendiere zum Krieg. »Meiner Ansicht nach erweisen wir unserem Land einen Bärendienst, wenn wir zu dem voreiligen Schluß kommen, wir könnten unseren Gegner nicht kleinkriegen... Es ist schon merkwürdig, daß gerade jetzt, da sich unsere Geduld in Westeuropa auszahlt und das beste historische Beispiel dafür liefert, daß Standfestigkeit manchmal der bessere Weg ist, um mit schwierigen internationalen Problemen fertig zu werden, ein paar Möchtegern-Strategen zu einem baldigen Schlag gegen den Irak raten. Vielleicht ist es ganz nützlich, sich in Erinnerung zu rufen, daß in den 50er und 60er Jahren gewisse Leute ähnliche Angriffe auf die Sowjetunion empfahlen. Wäre das nicht großartig gewesen?«

Die Aussagen Crowes und eines weiteren ehemaligen Vorsitzenden der Stabschefs, General David C. Jones, die beide

* Wie im Prolog beschrieben

für die Fortsetzung der Sanktionen statt fürKrieg plädierten, bildeten die wichtigste Nachricht in den abendlichen Fernsehnachrichten und den Morgenblättern des nächsten Tages. Powell war überrascht, daß Crowe sich derart eindeutig für Sanktionen ausgesprochen hatte und schwor sich, nach seiner Pensionierung weder seine Nachfolger zu kritisieren noch freiwillig vor dem Kongreß zu erscheinen. Man würde ihn schon unter Strafandrohung vorladen müssen.

Scowcroft ärgerte sich über Crowe. Der Nationale Sicherheitsberater war der Ansicht, daß jemand, der einen derart hohen Posten in der Regierung bekleidet hatte, die gemeinsame Regierungslinie vertreten sollte, statt sie zu unterhöhlen. Und Bush vertraute Scowcroft an, er sei persönlich von Crowe enttäuscht.

Crowe hörte von Bushs Verärgerung und versuchte sich einen Brief an den Präsidenten abzuringen. Doch er war zu erregt und zu sehr davon überzeugt, daß Bush einen furchtbaren Fehler beging. Der Krieg – für Crowe war er mittlerweile unausweichlich – bedeutete ein Scheitern der Politik. Er fragte sich, warum er Frieden mit einem Präsidenten schließen sollte, der versagt hatte, als das Land ihn am meisten brauchte. Er schrieb den Brief nicht zu Ende.

Crowe schrieb jedoch seinem Sohn Blake Crowe, der als Hauptmann der Marines in Saudi-Arabien stationiert war. Er teilte ihm mit, er sollte sich nicht durch seinen Vater oder die Aussage seines Vaters leiten lassen. »Du hast ein starkes Pflichtbewußtsein, und ich weiß, daß Du danach handeln wirst. Wenn es zum Kampf kommt, kämpfe. Das amerikanische Volk steht hinter Dir, darauf kannst Du Dich verlassen, ganz gleich, was die Leute oder ich über die Politik oder die Regierung sagen. Das Volk steht hinter Euch Jungs in der Wüste.«

Crowes Sohn rief ihn an und erzählte seinen Eltern, die Zeit der großen Sprüche und prahlerischen Drohungen sei vorbei. Jetzt würde es ernst, und seine Männer und die übrigen Amerikaner hier wollten nichts anderes als von ihren Führern optimal eingesetzt werden.

Später erhielt Crowe eine Urlaubskarte, in der Bush ihm schrieb: »May God bless your son.«

***

Am folgenden Tag, dem 29. November, traf sich der Sicherheitsrat der Vereinten Nationen zu einer Sitzung. Er sollte über die Ermächtigung zur Anwendung von Gewalt abstimmen, um die irakischen Streitkräfte aus Kuwait zu vertreiben. Wenn die Resolution gebilligt wurde, wäre sie die weitestgehende Kriegsvollmacht, die die Vereinten Nationen seit Korea im Jahr 1950 erteilt hatten.

Baker hatte die verschiedenen Hauptstädte der Welt bereist und die Staatsoberhäupter dazu gebracht, an einer gemeinsamen Sprachregelung für die Entschließung zu feilen. In zehn Wochen hatte er 150.000 Kilometer zurückgelegt und über 200 Termine mit Außenministern und Staatsoberhäuptern abgehakt.

Mit dieser Strategie wollte er die wichtigsten UN-Staaten zu einer festen Zusage für die Unterstützung veranlassen, bevor die Öffentlichkeit erfuhr, daß die amerikanische Regierung auch eine Resolution über die Anwendung von Gewalt im Sinn hatte. Er war immer wieder ausgewichen und hatte behauptet, er führe lediglich Sondierungsgespräche, über eine derartige Resolution werde allenfalls nachgedacht.

Jedes der fünf ständigen Mitglieder des Sicherheitsrats, die USA, Großbritannien, Frankreich und die Sowjetunion, konnte die Resolution mit einem Veto zu Fall bringen. Die Chinesen machten keine Probleme; schon in einer frühen

Phase versicherten sie, von ihrem Vetorecht keinen Gebrauch machen zu wollen. Die britische Premierministerin Thatcher war bereit und willens, Gewalt anzuwenden. Die Franzosen erwiesen sich als Problem, um sie mußte man sich stärker bemühen, doch schließlich war es Bush und Baker gemeinsam gelungen, sie auf ihre Seite zu bringen.
Die große Unbekannte waren die Sowjets. Seit Beginn der Krise hatte sich Gorbatschow der Möglichkeit der Gewaltanwendung widersetzt, doch jetzt schien er seine Meinung geändert zu haben. Die Rechtsberater der Bush-Regierung hatten dafür plädiert, die Sprache der Resolution so klar wie möglich zu halten und die Ermächtigung zur Anwendung von Gewalt unmißverständlich zu formulieren.
In einer ganzen Serie von Gesprächen und Treffen in den Wochen vor der UN-Abstimmung hatten sich Baker und der sowjetische Außenminister Schewardnadse geeinigt.
Baker legte Schewardnadse einen Entwurf vor, in dem von »Gewaltanwendung« die Rede war.
»Können Sie damit leben?« fragte Baker.
»Nach unserer Afghanistanerfahrung wird das beim sowjetischen Volk nicht ankommen«, antwortete der sowjetische Außenminister. Es müsse ein anderer Weg gefunden werden, ein indirekter Weg, ein Euphemismus. Die Sowjets könnten den Gedanken an Gewalt unterstützen, die Resolution selbst jedoch müsse vage formuliert werden.
Baker sagte, das sei schwierig. Gewalt sei letzendlich Gewalt, man könne unmöglich riskieren, nicht genau zu sagen, was man meine. Baker kritzelte etwas auf ein Blatt und spielte mit verschiedenen Formulierungen, juristischen Formulierungen, die den Begriff »Gewaltanwendung« ersetzen könnten. Er probierte fünf verschiedene Sprachregelungen aus.
Bei einem ihrer Gespräche teilte Schewardnadse Baker mit, er wollte eine Formulierung, die Gewaltanwendung zuließ,

doch alle übrigen Maßnahmen wie Diplomatie, Sanktionen und andere mögliche Wege zum Erfolg, ausdrücklich einschloß. Je weiter die Resolution gefaßt sei, um so besser.
›Wie wär's mit *alle erforderlichen Mittel?*‹ schlug Baker vor. Auf Russisch konnte man dasselbe Wort für »Mittel« und »Maßnahmen« gebrauchen.
Sie überlegten hin und her. Schließlich stimmte Schewardnadse dem Begriff *alle erforderlichen Mittel* zu. Es war der größte gemeinsame Nenner, den sie fanden.
Doch dann machte Baker einen Rückzieher von seiner eigenen Formulierung. Sie war ihm doch nicht präzise genug.
»Die Vereinigten Staaten wissen, was *alle erforderlichen Mittel* bedeutet«, sagte der sowjetische Außenminister. »Bringen Sie uns nicht in Verlegenheit. Drängen Sie uns nicht. Treiben Sie die Sache nicht auf die Spitze.« Schewardnadse erklärte, es sei für die Sowjets kein moralisches, sondern ein praktisches Problem. Die Sowjetunion konnte in der UNO nicht für einen Krieg stimmen. Zu Hause bedeutete Krieg immer noch Afghanistan.
Baker sagte, die Vereinigten Staaten wollten jegliche Zweideutigkeit vermeiden. Die Golfpolitik sei in den USA noch zu unbestimmt, und die Bush-Regierung wünsche keine öffentliche Debatte über die Bedeutung einer UN-Resolution. Schewardnadse bewegte sich nicht von der Stelle. Schließlich gab Baker auf, und man einigte sich auf *alle erforderlichen Mittel*. Die Koalition wurde ermächtigt, *alle erforderlichen Mittel* anzuwenden, um Saddams Armee aus Kuwait zu vertreiben, falls er seine Streitkräfte bis zu dem in der Resolution gesetzten Ultimatum, dem 15. Januar 1991, nicht zurückgezogen hatte.
Baker erklärte, da er während der Abstimmung der turnusmäßige Vorsitzende des Sicherheitsrates sei, werde er danach das Wort ergreifen und die Resolution als unzweideutige Ermächtigung zur Anwendung von *Gewalt* charakterisieren.

Es würde Teil des Protokolls sein, und wenn niemand Einwände hatte, konnte es als Interpretation von *alle erforderlichen Mittel* angesehen werden.

›In Ordnung‹, antwortete Schewardnadse.

Der sowjetische Außenminister hatte ein anderes Problem. Er wollte einen von Präsident Gorbatschow entworfenen Passus in die Resolution einbringen, der festlegte, daß die Frist von sechs Wochen vor dem Ultimatum am 15. Januar eine *Geste des Entgegenkommens* sei. Gorbatschow war stolz auf diese Sprachregelung. Er wollte die verbleibenden 45 Tage als echte Chance für eine diplomatische Lösung verstanden wissen. Der sowjetische Führer versuchte, die bilateralen Beziehungen zwischen Irak und der Sowjetunion zu nutzen und eine friedliche Lösung zu suchen. Er betrachtete die Redewendung als nicht verhandelbar, als unerläßliche diplomatische Bedingung. Sollte sie nicht übernommen werden, würden die Sowjets die Resolution nicht mittragen.

Baker stimmte zu.

Vor der Abstimmung sagte Schewardnadse zu Baker: »Mr. Secretary, Sie wissen, daß es kein Zurück gibt, wenn Sie diesen Weg einmal beschritten haben. Sie werden die Resolution durchsetzen müssen«, sollte sich der Irak nicht bis zum 15. Januar aus Kuwait zurückgezogen haben.

»Ich fürchte, Sie haben recht«, antwortete Baker.

Die Resolution wurde mit 12 zu 2 Stimmen angenommen. Der Jemen und Kuba stimmten dagegen, China enthielt sich der Stimme.

In seiner Rede vor dem Sicherheitsrat sagte Baker: »Die heutige Resolution ist sehr präzise. Der Wortlaut billigt die Anwendung von Gewalt, aber das Ziel, so meine ich, und das ist immer wieder betont worden, ist die friedliche Lösung dieses Problems.«

* * *

Prinz Bandar, begeistert von der UN-Resolution, erhielt noch am selben Abend die Nachricht, daß der irakische UN-Botschafter ihn sprechen wollte. Es sei sehr dringend. Bandar dachte: Endlich hat Saddam es mit der Angst bekommen. Schon zeigte die Resolution Wirkung. Bandar stimmte einem Treffen für den nächsten Tag zu.
Am nächsten Morgen um 10.30 Uhr bekam Bandar zu Hause einen Anruf aus dem Weißen Haus. Präsident Bush wollte am Mittag eine Verbindung zu König Fahd einrichten.
›Worum geht es?‹ fragte Bandar.
Es sei nichts Besonderes, nur eine kurze Abstimmung mit Seiner Majestät, sagte man ihm.
Dann hörte Bandar, daß Bush um 11 Uhr im Fernsehen auftreten würde. Er setzte sich vor den Fernsehapparat.
Bush trat auf, gab eine zwanzig Punkte umfassende Erklärung zu seiner Golfpolitik ab und beschrieb alle Schritte, die er bisher unternommen hatte. »Um nun aber noch eine Extrameile für den Frieden zu gehen«, sagte der Präsident, sei er bereit, den irakischen Außenminister Tarik Aziz in Washington zu empfangen. »Außerdem habe ich Außenminister Jim Baker gebeten, Saddam Hussein in Bagdad zu besuchen... an einem für beide Seiten passenden Termin irgendwann zwischen dem 15. Dezember und dem 15. Januar nächsten Jahres.«
Bandar wäre vor Ungläubigkeit und Staunen beinahe aus seinem Sessel gesprungen. ›Welche Dummheit‹, dachte er. Die Amerikaner würden die Araber nie verstehen. Ein Friedensangebot, 24 Stunden nachdem die Vereinigten Staaten und die Koalition einen Sieg in der UNO errungen hatten, würde Saddam genau die falsche Botschaft vermitteln. Es war ein Zeichen von Schwäche. Bandar rief im Weißen Haus an.
›Warum haben Sie uns nicht konsultiert?‹ fragte er Scow-

croft. Der Zeitpunkt hätte nicht unpassender gewählt sein können.

Mit dem Angebot, sich vor dem Stichtag, dem 15. Januar, zu treffen, wurde Saddam förmlich dazu aufgefordert, an seinen Positionen festzuhalten. Bandar prophezeite, daß Saddam vorschlagen werde, Baker am 14. Januar zu empfangen. ›Für Sie ist es ein Entgegenkommen, wenn Sie Baker schicken‹, sagte er, ›aber für Saddam bedeutet es, daß Sie die Hosen voll haben.‹

Scowcroft antwortete, daß er von der Ankündigung auch nicht begeistert war, man habe sich nicht genug Zeit gelassen, noch einmal darüber nachzudenken. Die Entscheidung war in letzter Minute gefallen, aber notwendig gewesen, um dem Kongreß und dem amerikanischen Volk zu beweisen, daß der Präsident entschlossen war, alle diplomatischen Möglichkeiten auszuschöpfen, bevor es zum Krieg kam. Das Angebot Bakers, nach Bagdad zu reisen, war ein Beweis dafür, daß er die »Pause als Geste des Entgegenkommens« ernst nahm.

›Möglich, daß es die richtige Botschaft für zu Hause war‹, räumte Bandar ein, ›aber für Saddam ist es das falsche Zeichen.‹ König Fahd sei äußerst verärgert, daß man ihn nicht konsultiert hatte. ›Was wird erst geschehen, wenn es zum Krieg kommt?‹ fragte Bandar. ›Bekommen wir dann vielleicht einen Anruf: Übrigens, wir haben gerade angefangen?‹

Bandar telephonierte mit der irakischen Vertretung bei den Vereinten Nationen und erkundigte sich nach dem dringenden Gespräch, um das Saddams Botschafter am Abend zuvor gebeten hatte. Man sagte ihm, der Botschafter wollte nur ein wenig plaudern, da er Bandar schon so lange nicht gesehen hatte. Es gebe keinen besonderen Grund für das Treffen, es sei keineswegs dringend.

Bandar kam zu dem Schluß, daß Bush und Baker es Saddam in dem Augenblick, da er in höchste Bedrängnis hätte kommen müssen, viel zu einfach gemacht hatten.

* * *

Baker hatte Bush die Bagdad-Mission empfohlen. Seit Wochen dachte er darüber nach. Er war noch nie im Irak gewesen und hatte Saddam nie getroffen. Nach allen Informationen, die Baker über Saddam hatte, war der Iraker ein pathologischer Fall. Er gehörte zu denen, die Überbringer schlechter Nachrichten umbrachten. Und er war vollkommen isoliert. Die Sowjets hatten Baker erzählt, daß es nur einen Weg gab, ihm eine Botschaft zu vermitteln. Man mußte sie ihm persönlich überbringen.
Innenpolitische Überlegungen waren für Baker ebenso wichtig wie die diplomatischen Möglichkeiten. Die Zustimmung der Öffentlichkeit zur Regierungspolitik bröckelte ab, Sam Nunn legte sich mit Bush an, ehemalige Vorsitzende der Vereinten Stabschefs sagten öffentlich gegen die Politik der Regierung aus. Jetzt war die Anwendung von Gewalt auch noch von den Vereinten Nationen gebilligt worden, und die Menschen hatten Angst. Der Präsident mußte den politischen Aderlaß stoppen, so seine Argumentation.
Cheney war der Meinung, daß Bakers Mission nicht schaden konnte. Er tat Befürchtungen seines Stabs ab, Baker würde von Saddam über den Tisch gezogen und dazu gebracht, jede Lösung zu akzeptieren, egal zu welchem Preis. Cheney wußte, wie der Präsident dachte, und er wußte auch, daß Baker die Gedanken des Präsidenten in und auswendig kannte.
Als die *Washington Post* eine Meinungsumfrage veröffentlichte, nach der 90 Prozent der Amerikaner Bakers Reise

nach Bagdad befürworteten, erhielt Bandar drei verschiedene Anrufe, in denen auf die breite Unterstützung hingewiesen wurde. Die Anrufe stammten von Baker, Scowcroft und Cheney.

* * *

Am Abend des 30. November traf sich Bush mit den Führern des Kongresses im Kabinettraum. Die Ankündigung der Baker-Mission hatte fast alle Versammelten in eine unbeschwerte, fast heitere Laune versetzt. Die Atmosphäre glich der in einem Männerclub, wo man sich gegenseitig auf die Schulter klopfte und Witze erzählte. Sie beruhigte sich erst, als Bush seinen Sitz einnahm. Auch Quayle, Baker, Scowcroft, Cheney und Sununu nahmen Platz.
»Der Außenminister hat den reinsten Marathon hinter sich gebracht, um die Vereinten Nationen auf unsere Linie zu bringen«, sagte Bush. »Er weiß um die Probleme von Gewaltanwendung. Sie resultieren aus unserer [verstärkten] Stationierung und der Resolution der Vereinten Nationen, die uns die beste Möglichkeit bietet, eine friedliche Lösung des Problems zu finden.« Der Präsident fügte hinzu: »Ich weiß, daß es hier am Tisch und mit ehemaligen Vorsitzenden der Vereinten Stabschefs Meinungsverschiedenheiten gibt. Aber ich will Ihnen zeigen, daß ich keine Hintergedanken habe.« Das nukleare Waffenpotential des Irak sei eine ernstzunehmende Bedrohung, fuhr er fort. »Und ich bin lieber übervorsichtig.«
Bush äußerte seine Befürchtungen über das Öl und die Auswirkungen weltweit steigender Energiekosten.
»In Kuwait herrscht die Brutalität«, sagte er. »Das kann uns nicht gleichgültig sein.« Er schien emotionell berührt.

»Wenn das die Vereinigten Staaten nichts angeht, dann weiß ich es nicht. Ich glaube nicht, daß Saddam bis gestern, vielleicht sogar bis heute, von der Entschlossenheit der USA überzeugt war.«

Baker werde nach Bagdad reisen, und Aziz komme nach Washington, sagte Bush. Er betonte jedoch, daß die Sitzungen nicht dazu dienen würden, eine gemeinsame Grundlage zu finden, die Saddam erlaubten, sein Gesicht zu wahren. »Das verdient er nicht.«

Der Präsident fuhr fort, er hoffe, Saddam werde die Botschaft verstehen, daß es nicht um einen Kompromiß ging. Ein Kompromiß würde garantiert zur Auflösung der Koalition führen.

»Wenn der Kongreß einlenken und die UN-Resolution billigen will, nur zu. Aber die Entscheidung muß klar ausfallen. Wenn Sie mich nicht unterstützen könnten, wäre ich, offen gestanden, sehr unsicher. Deshalb würde ich mich über Ihre Unterstützung sehr freuen.«

Danach übergab Bush Baker das Wort. »Lassen Sie uns in den verbleibenden 45 Tagen die Androhung von Gewalt benutzen, um das Problem friedlich zu lösen«, drängte der Außenminister. »Es ist die einzige Hoffnung, die uns bleibt, wenn Sie nicht wollen, daß wir uns mit einem Kompromiß freikaufen. Androhung von Gewalt ist nicht dasselbe wie Anwendung von Gewalt.« In eindringlichem Ton fügte er hinzu: »Sie müssen uns die Möglichkeit geben, die Androhung von Gewalt als diplomatisches Mittel einzusetzen.«

Sprecher Tom Foley lobte die Regierung für ihre Offenheit und ihr Entgegenkommen. Er sagte, Bush solle den neugewählten Kongreß im Januar nochmals befragen, und fügte hinzu, er glaube, daß die Alliierten die Wirtschaftssanktionen ein Jahr lang unterstützen würden.

Bush schüttelte den Kopf.

»Wenn Sie am 15. Januar in den Krieg ziehen wollen, können Sie das nicht ohne den Kongreß tun«, schloß Foley.
Auch Senator Mitchell beharrte auf diesem Standpunkt: Eine Abstimmung war notwendig und von der Verfassung vorgeschrieben. Während der Führer der Senatsmehrheit sprach, starrte Bush finster in die andere Richtung.
Dann konterte er: »Unterschätzen Sie nicht die Bedeutung, die von einer Bestätigung der UN-Resolution im Kongreß ausgeht. Es wäre die sicherste Garantie, um seine [Saddams] Aufmersamkeit zu erlangen... Wir würden einen gewaltigen Preis zahlen, wenn wir ihm helfen, sein Gesicht zu wahren.«
Sam Nunn sprach von einer gemeinsamen Grundlage. »Irak muß raus aus Kuwait. Die Frage ist, mit oder ohne Krieg? Es gibt einen Unterschied zwischen der UN-Abstimmung und Amerikanern, die sterben müssen. Zweitens ist die Zeit auf unsere Seite... Die Strategie funktioniert. Sie funktioniert. Wir werden gewinnen.«
Baker, der nach einem Konsens suchte, fragte den Kongreß, ob er bereit sei, offensive Operationen zu billigen, die sich auf die Luftstreitkräfte beschränkten. »Wenn wir uns auf eine Luftoffensive einigen könnten, würden Sie zustimmen?«
»Nein«, antwortete Mitchell.
Senator Cohen zitierte Mark Twains Bemerkung, ein Mann würde kämpfen, um sein Heim zu verteidigen, nicht aber eine Mietwohnung. »Im Moment ist das amerikanische Volk nicht gerade davon überzeugt, daß Kuwait tatsächlich unser Heim ist oder Saudi-Arabien unser Heim ist, eher entspricht es einer Mietwohnung... Warum wollen wir zu diesem Zeitpunkt für die Kuwaitis sterben?«
Cohen verlangte eine plausible Antwort von Bush. »Die zweite Frage ist, was für eine Art Krieg wird es sein? Die Vorstellung, daß wir unsere Landstreitkräfte benutzen, um einzumarschieren und die Iraker aus Kuwait zu verjagen,

läßt an Bilder von jungen Männern und Frauen denken, die wie Brennholz übereinander gestapelt werden.«
Senator Alan Simpson aus Wyoming, der republikanische Einpeitscher, rief dazwischen, die UN-Resolution sei für den Frieden, nicht für den Krieg. Eine unentschiedene Abstimmung wäre eine Katastrophe. Cohen und andere fielen über den guten George Bush her, indem sie Leichen als Brennholz bezeichneten.
»Das habe ich nie in der Öffentlichkeit gesagt«, protestierte Cohen. »Ich sage nur, was die Bürger denken.«
Senator Lugar erklärte der Gruppe, der Präsident habe während des Treffens mit den Führern des Kongresses sieben Mal um Unterstützung gebeten, er habe mitgezählt, und trotzdem hätten sie sich geweigert. »Es ist ausgeschlossen, daß es dabei bleibt«, sagte er. Es gebe im Moment kein wichtigeres Thema für das Land, und der Kongreß dürfe sich nicht aus der Verantwortung stehlen. »Es ist unumgänglich, einen Weg aus dem Dilemma zu finden, in dem wir stecken.«
Cheney betonte, daß es ein gewaltiges Unternehmen sei, 200.000 zusätzliche Soldaten in den Golf zu entsenden. Allein um die in Europa stationierten Soldaten zu verlegen, waren 600 Züge im Einsatz.
»Wir wollen keinen zweiten Vietnamkrieg«, sagte Bush. Die Logistik wäre vollkommen anders. »Hier ist sich die ganze Welt einig. Niemandem werden die Hände auf dem Rücken gebunden sein. Das hier ist nicht Vietnam... Ich weiß, wessen Arsch auf dem Spiel steht, und zu Recht. Es wird kein jahrelanger, endloser Schlamassel werden. Wie Mubarak schon sagte, wir haben die irakischen Kampfflieger ausgebildet. Sie sind miserabel.«
Und wieder füllte Gelächter den Raum.

23

Am 1. Dezember, einem Samstag, besuchten die Stabschefs Präsident Bush in Camp David. Sie hatten sich untereinander beklagt, daß sie den Präsidenten inmitten der größten Militärstationierung seit Vietnam so gut wie nie zu Gesicht bekamen.
Admiral Kelso und General Gray gaben einen ungeschminkten Lagebericht über die Streitkräfte, die sich am Kriegsschauplatz oder auf dem Weg dorthin befanden.
General Vuono erklärte, Umfang und Stärke der US-Streitmacht müßten Saddam davon überzeugen, daß er nur verlieren könnte. »Ist denn dieser Hundesohn wirklich so dumm, sich mit uns anzulegen?«
General McPeak, der neueste Stabschef, weitete seinen Vortrag zu einer Vorhersage aus. Für den Fall, daß sie losschlugen, sollte die Luftoffensive etwa dreißig Tage dauern, bevor es dann zur Bodenoffensive kam. ›Mr. President, Sie werden circa vier bis fünf Kampfflugzeuge pro Tag verlieren, also etwa 150 während der dreißig Tage.‹
Bush zuckte nicht mit der Wimper.
Ungefähr die Hälfte der Piloten würde gerettet, schätzte McPeak. Ein Viertel käme ums Leben. Das andere Viertel geriete in Kriegsgefangenschaft, würde im Fernsehen und in den Straßen Bagdads zur Schau gestellt. Man müsse mit Unfällen und Fehlern rechnen, nicht alle Präzisionsbomben und Raketen arbeiteten zuverlässig. Bei der Bombardierung militärischer Ziele konnten auch Zivileinrichtungen getroffen werden. McPeak schätzte die Zahl der irakischen Zivilisten, die bei der Bombardierung ums Leben kommen könnten, auf 2000 – Menschen, gegen die der Präsident überhaupt

nichts hatte. McPeak erklärte, er gehe davon aus, daß nach der dreißigtägigen Luftoffensive 50 Prozent der irakischen Militärmaschinerie zerstört wäre – Panzer, Artillerie und gepanzerte Mannschaftswagen.
Persönlich war McPeak der Meinung, daß es mehr als 50 Prozent sein konnten, doch er wußte, daß die Befürworter des Luftkriegs sich in vergangenen Jahren mit wilden Prophezeiungen selbst diskreditiert hatten.

***

Cheney sah in der Resolution der Vereinten Nationen, die zur Anwendung von Gewalt ermächtigte, einen Scheidepunkt für den Präsidenten. Bush hatte viele seiner internationalen Freunde, die meisten Staatsoberhäupter – Gorbatschow, Thatcher, Mubarak und Fahd – zu einer ungewöhnlichen Koalition vereint. Wenn sich Saddam innerhalb der folgenden 45 Tage nicht aus Kuwait zurückzöge, würde Bush militärische Gewalt anwenden, um Kuwait zu befreien, da war Cheney sicher.
Der Verteidigungsminister war aufgefordert worden, als erster in der Anhörung von Nunns Ausschuß über die Golfoperation auszusagen, doch er hatte sich geweigert. Das Weiße Haus, das damit rechnete, im Kongreß weniger Unterstützung als in der UNO zu finden, wollte nicht, daß Regierungsmitglieder während der laufenden Debatte über die UN-Resolution vor einem Auschuß aussagten. Statt dessen hatten Crowe und andere, die Bushs Neigung zu einer offensiven Option kritisch gegenüberstanden, die Hearings eröffnet.
Cheney fand sich bereit, in der zweiten Woche der Hearings zu erscheinen. Er und Powell würden dann gemeinsam aussagen.

›Fassen Sie die Einleitung lang‹, wies Cheney seinen Stab an, ›so lang wie möglich.‹ Er wollte seine Gründe nicht nur detailliert darstellen, sondern zugleich dafür sorgen, daß die Senatoren schon erschöpft waren, wenn die Befragung kam.

In der Anhörung vom 3. Dezember las Cheney eine ausführliche Erklärung ab, in der er noch einmal die gesamte Geschichte der Golfoperation zusammenfaßte. Da Saddam wahrscheinlich in der Lage war, die Sanktionen heil zu überstehen, könne man den Irak wohl nur mit Gewalt dazu bewegen, sich aus Kuwait zurückzuziehen.

Powell war der einzige weitere Zeuge. Er hatte den Tag zuvor, Sonntag, damit verbracht, seine Aussage umzuschreiben. Sein Stab hatte das, was er sagen wollte, nicht ganz präzise formuliert. Es war ihm wichtig, seine Vorstellungen so genau wie möglich darzulegen. Für Powell hatten Nunns Hearings große Bedeutung, da sie ein Forum für eine breite öffentliche Diskussion über Bushs Golfpolitik bildeten.

Powell nahm die Gelegenheit war, jene zu kritisieren, die der Ansicht waren, man könne Saddam mit der Luftstreitmacht allein aus Kuwait vertreiben. »Viele Experten, Amateure und andere in dieser Stadt glauben, dies etwa mit selektiven Luftangriffen oder vielleicht auch einer längeren Luftoffensive erreichen zu können. Und es gibt eine Vielfalt von anderen schönen, sauberen, angeblich billigen, vermeintlich effektiven Optionen, die in dieser Stadt regelmäßig die Runde machen.« Er sagte, eine Luftkriegsstrategie allein könne keinen Erfolg garantieren, da sie die Initiative Saddam überließe. Es war oberster Grundsatz des Heeres, die Initiative an sich zu reißen, sie zu behalten und unter Bedingungen zu kämpfen, die für die Vereinigten Staaten vorteilhaft waren. Powell glaubte daran. »Wir können uns verschanzen, eingraben. Wir können unsere

Truppen lockern und versuchen, eine derart eindimensionale Attacke durchzuführen... Solche Strategien dienen der Hoffnung auf den Sieg, nicht aber dem Sieg selbst.«
Was die Schlüsselfrage anging, die im Ausschuß erörtert wurde, so legte er sich nicht fest. Wie lange sollte man warten, um zu sehen, ob die Wirtschaftssanktionen griffen? »Die Frage nach dem Zeitpunkt ist eine politische, keine militärische Frage«, antwortete Powell.
Nachdem Powell seine Erklärung abgegeben hatte, befragte ihn Nunn zu einem Interview, das General Schwarzkopf vor kurzem gegeben hatte. Der General hatte sich dahingehend geäußert, daß die Zeit auf seiten der Vereinigten Staaten und ihrer Verbündeten war, solange man an den Sanktionen festhielt. Nunn zitierte Schwarzkopf mit dem Satz: »Wenn die Alternative zum Tod bedeutet, einen weiteren Sommer in der Sonne zu sitzen, so ist das doch keine schlechte Alternative.« ›Was sagen Sie dazu?‹ fragte Nunn Powell.
»Ich würde General Schwarzkopf nicht kritisieren wollen«, antwortete Powell, »oder ihm auf irgendeine Art widersprechen. Ich würde sagen, daß wir nicht wissen, ob die Sanktionen greifen...«
»Wenn es zum Krieg kommt«, sagte Nunn scharf, »werden wir nie erfahren, ob sie greifen, oder?«
»Nun –«, begann Powell.
»Das ist der springende Punkt«, unterbrach ihn Nunn. »Ich meine, man kann nur herausfinden, ob die Sanktionen greifen, wenn – wenn man ihnen genug Zeit läßt.«
Etwas später zitierte Senator Cohen den früheren Außenminister Henry Kissinger: »Hohe Militärs besitzen eine angeborene Ehrfurcht vor ihren Oberbefehlshabern, und sie neigen dazu, nach einem militärischen Grund für etwas zu suchen, das man eigentlich für kaum tolerierbar hält. Im Gegensatz zu einer weit verbreiteten Meinung in der

Öffentlichkeit fordern sie ihre Oberbefehlshaber nur selten heraus. Sie suchen nach einem Vorwand, um sie zu unterstützen, statt sich ihnen entgegenzustellen.« Was Powell davon hielte? »Empfinden Sie Ehrfurcht Ihrem Oberbefehlshaber gegenüber?«
Powell antwortete: »Ich zögere nicht und habe auch keine Angst, dem Verteidigungsminister, dem Präsidenten oder irgendeinem anderen Mitglied des Nationalen Sicherheitsrates meinen besten, ehrlichsten und unvoreingenommensten Rat zu geben, ganz gleich, ob er ihnen gefällt oder nicht. Und bei – bei bestimmten Gelegenheiten gefällt er ihnen überhaupt nicht.« Er wandte sich zu Cheney, der neben ihm saß und fragte: »Habe ich nicht recht?«
»Das kann ich bestätigen«, antwortete Cheney.
Manche Senatoren lachten.
»Wann, Sir?« fragte Powell.
»Immer, Colin«, sagte Cheney.

* * *

Am Sonntag, dem 16. Dezember, verließ Bush Camp David und begab sich wieder ins Weiße Haus, um ein Fernsehinterview mit David Frost aufzuzeichnen, das am 2. Januar gesendet werden sollte. Er hatte ein Exemplar des neuen Amnesty International Berichts über die Menschenrechtsverletzungen, die seit der Invasion im August von den Irakern in Kuwait begangen worden waren. Im Hubschrauber auf dem Flug nach Washington öffnete er den 79seitigen Bericht. Darin hieß es, Folter und Mord »gehören in hohem Maße zu den Verstößen, die seit Jahren im Irak begangen werden«. Es war die Standardsprache von Amnesty-International-Berichten, auch jenen, die sich auf einige der wichtigsten US-Verbündeten bezogen, trotzdem war Bush von den detaillierten Beschreibungen entsetzt.

»Oh, David«, sagte er einige Stunden später zu Frost. »Es war so furchtbar, ich kann es kaum beschreiben.« Bush erzählte, wie Barbara zwei Seiten gelesen und dann gesagt habe, sie könne nicht weiterlesen. »Ein behindertes Kind, das gefoltert wird. Kinder, die vor den Augen ihrer Eltern erschossen werden. Frauen, die aus ihren Häusern gezerrt, mehrmals vergewaltigt und dann verstümmelt ins Krankenhaus gebracht werden. Gefolterte Menschen, die an Deckenventilatoren gefesselt werden und sich immerzu im Kreis drehen. Wie ein, ein Kuwaiti gehängt wird und man einfach ihn so hängen läßt, es gibt ein Bild davon, an einem Kran hängen läßt, damit die anderen ihn sehen. Wie die Genitalien von Frauen und Männern mit elektrischen Schlägen, mit Schocks behandelt werden. Glassplitter, die in Menschen eingeführt, hineingestoßen werden. Ich meine, das, das ist barbarisch. Und ich, ich fürchte, ich werde mich ziemlich aufregen, wenn ich mit dieser Schilderung weitermache.« Er machte trotzdem weiter und beschrieb, wie man einem fünfzehnjährigen Jungen die Fußsohlen zerschlagen habe und die Iraker ihren Opfern die Fingernägel ausrissen.

Der Präsident sagte, eine friedlichere Welt sei möglich, wenn die Vereinigten Staaten und die Koalition Saddam die Stirn boten. »Das wird nicht der Fall sein, wenn wir einen Kompromiß suchen. Dabei haben wir es mit einem klaren Beispiel für Gut und für Gut gegen Böse zu tun. Es ist so ein eindeutiger, moralischer Fall... von enormer Tragweite und Bedeutung. Seit dem Zweiten Weltkrieg hat es so etwas nicht mehr gegeben.«

»Was werden Sie nach dem 15. tun?« fragte Frost. »Wozu neigen Sie?«

»Nun«, antwortete Bush. »Ich habe noch keine Entscheidung getroffen.«

* * *

Powell wollte sich keinesfalls von dieser zweideutigen Haltung zermürben lassen. Er hatte das Gefühl, Bush wollte nicht in den Krieg ziehen, wenn das gesteckte Ziel mit anderen Mittel erreicht werden konnte. Außerdem war er immer noch davon überzeugt, daß Saddam an einem Krieg mit den Vereinigten Staaten nicht interessiert war, und er wollte Saddam weiterhin Gründe für diesen Gedanken geben.

Doch wenn es zum Krieg kam, mußten ihn die Vereinigten Staaten gewinnen. Es war ein Machtkampf zwischen David und Goliath, und die Vereinigten Staaten waren Goliath. Wenn den US-Militärs nicht ein überzeugender Sieg gelang, war die Katastrophe da. Ein spektakulärer Sieg mußte her. Nicht nur die Außenpolitik der Nation stand auf dem Spiel, sondern auch die Reputation und Moral der Militärs auf Jahre oder gar Jahrzehnte hinaus.

Am 17. Dezember sprach Bush zweimal mit Journalisten. Beim ersten Mal wurde er gefragt, was er nach dem 15. Januar tun werde, wenn das Ultimatum abgelaufen sei.

»Warten Sie ab und sehen Sie selbst«, sagte Bush.

Während des zweiten Interviews fragte ein Journalist, warum er es vermieden hatte, mit einer offenen militärischen Gewaltanwendung zu drohen, warum er nicht geradeheraus gesagt hatte, daß er losschlagen werde?

»Drohen ist nicht mein Prinzip«, sagte Bush. »Ich glaube, das gilt für uns alle. Unser Prinzip ist Entschlossenheit.«

Am selben Tag unterhielten sich Powell und Wolfowitz über die Art und Weise, wie der Präsident seine Botschaft unters Volk brachte. Powell war ziemlich verärgert. Ohne es eigentlich zu wollen, sendete der Präsident völlig unterschiedliche Signale aus. An diesem einen Tag hatte er zuerst ziemlich hitzig und dann eher cool reagiert. Die Politik zu erläutern und ihre Botschaft an den

Mann zu bringen, war fast das Wichtigste, was ein Präsident zu tun hatte, und Powell konnte nicht mit ansehen, wie das verpfuscht wurde.

Powell und Wolfowitz gingen so weit, sich zu fragen, ob sie nicht einen neuen Kommunikationsmanager für das Weiße Haus vorschlagen sollten.

Diese Zeit vor dem 15. Januar war besonders kritisch. Es lief auf einen Nervenkrieg hinaus, und die Worte des Präsidenten waren von äußerster Wichtigkeit. Erstens mußte Saddam eingeschüchtert, zweitens der Kongreß bei der Stange gehalten, und drittens für eine einigermaßen breite Unterstützung in der Öffentlichkeit gesorgt werden, falls die Anwendung von Gewalt notwendig wurde.

Powell wollte nicht wegen eines kapitalen Fehlers im Kommunikationsablauf in einen Krieg gedrängt werden.

* * *

In der Woche des 17. Dezember trafen sich Les Aspin und Scowcroft im Weißen Haus. Aspins Streitkräfte-Ausschuß im Repräsentantenhaus hatte soeben seine eigene Anhörungen zur Golfpolitik abgeschlossen. Für Aspin ging es dabei um Öl, Atomwaffen und Aggression, und er war zu dem Ergebnis gelangt, daß er einen Krieg verantworten konnte. Wenn die Vereinigten Staaten ihre Streitkräfte in diesem Fall nicht einsetzten, wann sollten sie es dann tun?

Aspin erkannte, daß Scowcroft nicht länger auf die Diplomatie setzte. Saddam hatte erklärt, er könne Baker erst am 12. Januar in Bagdad empfangen, drei Tage vor Ablauf des Ultimatums. Bush hatte dies abgelehnt. Saddam schubse jeden herum, es habe keinen Zweck, mit ihm zu verhandeln, sagte Scowcroft. Diplomatie und Wirtschaftssanktionen seien gescheitert. Ein Krieg wäre kürzer als der erschöpfende und frustrierende viermonatige Tanz, den sie hinter sich hätten, sagte Scowcroft. Er war mittlerweile davon überzeugt, daß der Krieg eine Frage von zwei bis drei Wochen war.

Auch Prinz Bandar suchte in dieser Woche Scowcroft im Weißen Haus auf. Der saudische Botschafter wußte, daß Scowcroft fast Bushs Spiegelbild war. Wenn Scowcroft etwas gut oder schlecht fand, konnte man davon ausgehen, daß Bush genauso dachte.

»Im wesentlichen hat sich der Präsident bereits entschieden«, vertraute er Bandar an. Im Hinblick auf die diplomatischen Bemühungen sagte er: »Das sind nur Manöver.«

* * *

Am 19. Dezember flogen Cheney, Powell und Wolfowitz nach Saudi-Arabien, um Schwarzkopfs Kriegsplan sorgfältig zu überprüfen. Der Plan war kompliziert, voll mit militärischem Jargon, aber Powell und der Stab aller Teilstreitkräfte hatten Cheney Nachhilfe gegeben. Cheney wußte, daß er kein Kriegsstratege war, erklärte jedoch, so viel von der Materie verstehen zu wollen, daß sie ihm sämtliche Details erläutern konnten. Wenn er mit einem Punkt nicht einverstanden sei, müßten sie ihn überzeugen.

Acht Journalisten, die mit Cheney und Powell reisten, erhielten ein dreißigminütiges Interview mit Schwarzkopfs Stellvertreter, Generalleutnant Calvin A. H. Waller. Powell hatte den zurückhaltenen Waller ins Zentralkommando versetzt, um einen mäßigenden Einfluß auf General Schwarzkopf auszuüben. Waller sagte den Journalisten freimütig, das Heer sei bis Anfang oder Mitte Februar nicht

für eine Offensive gerüstet, und er könne sich nicht vorstellen, daß Präsident Bush vorher einen Angriff anordnen werde.
Auf die Frage, was er antworten würde, wenn der Präsident ihn fragte, ob er am 15. Januar losschlagen könne, antwortete Waller: »Ich würde ihm sagen, ›Nein, ich bin noch nicht so weit.‹«
Am Tag darauf machten Wallers Äußerungen Schlagzeilen. Powell kochte vor Wut. Jedesmal wenn man Saddam mit der eisernen Faust drohte, kam etwas dazwischen.
Cheney hatte das Gefühl, daß man Waller, der wenig Erfahrung mit der Presse hatte, den Wölfen zum Fraß vorgeworfen hatte. Das Interview hätte nicht stattfinden dürfen. Doch die Äußerungen und der darauffolgende Aufschrei nützten Cheneys Zielen, da der Eindruck entstand, die Vereinigten Staaten würden Saddam kaum vor Februar angreifen. Es war gar nicht schlecht, wenn Saddam bis dahin nicht mit einem Angriff rechnete.
Cheney war überzeugt, daß sie unmittelbar nach dem 15. Januar losschlagen müßten, wenn sich Saddam bis dahin nicht aus Kuwait zurückgezogen hatte. Luftwaffe und Marine waren jedenfalls bereit.
Während der Reise hatten Powell, Cheney und Wolfowitz Zeit, in einer entspannten und lockeren Atmosphäre miteinander zu sprechen. Powell sagte, in Anbetracht der Gesamtlage gehe er davon aus, daß Saddam sich in letzter Minute aus Kuwait zurückziehen werde. Sobald Saddam erkannte, daß er es mit den besten Einheiten zu tun hatte, die die Vereinigten Staaten für einen Krieg gegen die Sowjetunion ausgebildet hatten, würde er einen Rückzieher machen. Saddam war ein skrupelloser Taktierer, der alles tat, um an der Macht zu bleiben. Man hatte es wiederholt sehen können – das letzte Mal, als er die während des achtjährigen Iran-Irak-Krieges eroberten Gebiete an den Iran zurückgegeben hatte.

Oder noch vor zwei Wochen, als er die 2000 amerikanischen und europäischen Geiseln unerwartet freiließ.
Cheney konnte all das nicht überzeugen. ›Sehen Sie sich die Tatsachen an‹, sagte er zu Powell und Wolfowitz. Saddam verstärkte seine in Kuwait stationierten Truppen, anstatt sie abzuziehen. Es gab keinen einzigen Hinweis, der ihren Optimismus rechtfertigte. ›Es könnte gefährlich werden, wenn man zu lange an der Einstellung festhält: Der wird sich schon zurückziehen‹, sagte Cheney, es verführe dazu, in Wunschdenken zu verfallen. Es sei einfach die falsche Grundlage, um Politik zu machen. Deshalb wolle er sichergehen, daß Schwarzkopf für den Krieg gewappnet war und über einen kühnen und einfallsreichen Plan verfügte.
Die drei Männer verbrachten anderthalb Tage mit Schwarzkopf. Die ersten Briefings am Morgen bezogen sich auf nachrichtendienstliche Erkenntnisse, die Kampfbereitschaft der Truppen und die Logistik. Cheney stellte eine Frage nach der anderen. Er wollte nicht, daß man von allzu optimistischen Annahmen ausging, sondern er wollte gewährleisten, daß das Zentralkommando genügend Vorräte für einen langen Konflikt heranschaffte. Außerdem bestand er auf der Bereitstellung von mehr Bomben und Munition für den Luftkrieg.
Während der Sitzung am Nachmittag legte Schwarzkopf seinen Kriegsplan vor. Er bestand nicht aus einer Reihe von Optionen, aus denen Cheney und der Präsident hätten wählen können. Vielmehr war es ein detaillierter Plan, der sich auf die Vorgabe stützte, die maximalen Streitkräften einzusetzen, die zur Verfügung standen und für die Durchführung des Auftrages notwendig waren. Wie der erste Plan sah auch dieser drei Luftkriegsphasen und eine letzte vierte Phase, die Bodenoffensive, vor. Wenn eine Phase besser als vorgesehen verlief, konnte man sich die nächsten Ziele schneller vornehmen und den Krieg beschleunigen.

Die erste Phase der Luftoffensive war gegen die irakische Luftverteidigung, Flugplätze, die 800 Kampfflugzeuge der irakischen Luftwaffe und Saddams Kommando-, Kontroll- und Kommunikationssystem gerichtet. Einer Analyse der Geheimdienste zufolge konnten 80 bis 85 Prozent der irakischen Luftwaffe in den ersten Tagen ausgeschaltet werden, vorausgesetzt, die Amerikaner führten den ersten Schlag und die »taktische Überraschung« gelang.
Wolfowitz achtete darauf, daß sämtliche Alternativen angesprochen und erörtert wurden. Er wußte, daß Offiziere die Fragen von Zivilisten oft als eine Herausforderung ihrer Autorität empfanden, trotzdem versuchte er, Schwarzkopf über die Luftoffensive auszufragen.
Schwarzkopf äußerte seine Furcht, der politische Apparat – Präsident, Verteidigungsminister oder Kongreß – könnte ihn zurückpfeifen, bevor er die gesteckten Ziele der Luft- oder Bodenoffensive erreicht hatte.
Wolfowitz versuchte, den General zu beschwichtigen, indem er darauf hinwies, daß der Präsident und Cheney übereinstimmend gesagt hatten, es sei politisch vertretbar, wenn Schwarzkopf sich alle Zeit nahm, die er als Befehlshaber benötigte.
›Der Präsident hat gesagt, daß er kein zweites Vietnam will‹, erinnerte Cheney den General. Die Regierung war festentschlossen. Die Militärs würden nicht mit gebundenen Händen kämpfen müssen. Der Präsident, Cheney und Powell mußten den Plan zuvor billigen, aber sobald sie ihre Unterschrift geleistet hätten, läge das meiste in Schwarzkopfs Händen. Der Präsident traf nur die wichtigsten Entscheidungen, etwa wann die Bodenoffensive beginnen sollte.
Wesentliche Teile der Bodenoffensive waren von einem halben Dutzend junger Offiziere in ihrem zweiten Jahr im Army Command and General Staff College bei Fort Leavensworth erarbeitet worden. Diese Majore und Oberstleut-

nants, die den Spitznamen »Jedi- Ritter« trugen, waren nach Saudi-Arabien entsandt worden, um die Elemente taktischer Kriegsführung auf den Kriegsplan anzuwenden: Sondierung, Flankierung, Überraschung, Initiative, Kühnheit.
Als streng geheime Unterabteilung in Schwarzkopfs Kommandozentrale hatten sie die Prinzipien des 200seitigen nicht klassifizierten Operationshandbuchs verarbeitet. Die Kapitel 6 und 7 über offensive Operationen beruhten auf Konzepten, die während General Grants Feldzug von 1863 im Bürgerkrieg bei Vicksburg entstanden waren. Anstatt die feindlichen Befestigungen frontal anzugreifen, schickte Grant seine Truppen in einem weiten Bogen um die Frontlinie der Konföderierten und griff sie dann von der Seite und hinten an. Dieser indirekte Ansatz bot die besten Aussichten, Saddam zu schlagen.
Erste Analysen des Terrains hatten ergeben, daß der Boden in der irakischen Wüste zu weich war. Doch neuere Untersuchungen widersprachen dem. Die Wüste konnte einen Panzerangriff tragen. Ein solches Manöver konnte funktionieren.
Da Saddam die meisten seiner Streitkräfte im Süden Kuwaits und an der östlichen Golfküste in Stellung gebracht hatte, erforderte die Bodenoffensive, daß das VII. Korps einen Bogen von mehreren hundert Meilen nach Westen schlug und durch Irak hindurch die Republikanische Garde angriff. Das kam einem gewaltigen linken Haken gleich. Massive, schnelle Panzerangriffe bildeten das Rückgrat des Plans.
In der Zwischenzeit sollten Hubschraubereinheiten amerikanische Truppen hinter den feindlichen Linien absetzen, wo sie auf keinen Widerstand treffen würden.
Saddam sollte gezwungen werden, seine eingegrabenen Truppen aus den Stellungen zu bewegen, so daß sie mit der Überlegenheit der US-Luftwaffe und der Feuerkraft der Bodentruppen vernichtet werden konnten.

Marines würden einen Frontalangriff an der saudisch-kuwaitischen Grenze ausführen, eine Bresche schlagen und hinter die irakischen Linien stoßen. Andere Einheiten der Marines sollten sich den Anschein geben, einen amphibischen Landungsangriff auf die kuwaitische Küste durchzuführen, wo die Iraker ausgedehnte Verteidigungsstellungen aufgebaut hatten. Dies war als Ablenkungsmanöver gedacht, um die Gegner hier zu binden. Es war nicht vorgesehen, daß die Marines tatsächlich landeten.
»Meine Feldherren«, sagte Schwarzkopf, als er die Befehlshaber der Marines und des Heeres vorstellte, die eine Einschätzung der Operationspläne abgeben sollten. Am zuversichtlichsten waren die Panzerkommandanten, am besorgtesten die Kommandanten der leichten Truppen.
Cheney hatte viele Fragen zur Bodenoffensive. Mit derart vielen Variablen, vor allem hinsichtlich der Art, wie Saddam seine Truppen bewegte, würde die Bodenoffensive um vieles heikler sein als der Luftkrieg. Der Plan hing von der Erringung und Erhaltung der Luftüberlegenheit ab und davon, daß Saddam nichts von der großen Truppenverschiebung nach Westen erfuhr. Der Plan stellte überdies eine gewaltige logistische Herausforderung dar. Etwa 100.000 Mann samt Ausrüstung und Nachschub mußten innerhalb von Tagen mehrere hundert Meilen nach Westen transportiert werden – eine schier unlösbare Aufgabe. Sollte Saddam von dem Plan erfahren, würde er ohnehin nicht glauben, daß er realisierbar war.
Die chemischen Waffen nahmen breiten Raum ein. Es stand außer Frage, daß Saddam sie einsetzen würde. Wann? Wie? Niemand wußte genau, was er besaß, aber seine Arsenale mußten groß sein. Die militärischen und psychologischen Folgen eines Angriffs mit Chemiewaffen waren kaum abzusehen.
Das Heer verfügte über einige neue Technologien. Ein ra-

dargesteuerter »fire finder« erlaubte den amerikanischen Truppen, die Artilleriestellungen der Iraker zu lokalisieren, indem es den Flug eines feindlichen Geschosses noch in der Luft berechnete. Ein Computer löste die mathematischen Probleme und rechnete sofort aus, wo die Stellung lokalisiert war. Noch bevor die feindlichen Salven einschlugen, antworteten die amerikanischen Streitkräfte mit Sperrfeuer, das hoffentlich die irakischen Stellungen und die irakischen Trupps, die sie bedienten, ausschaltete. »Wir werden ihnen klarmachen, daß sie sterben, sobald sie ihre Artillerie einsetzen«, erklärte einer der Offiziere.

Da die meisten Ziele wie Kommunikationszentren oder Flugplätze unbeweglich waren, war die überarbeitete und revidierte Luftoffensive klarer und überschaubarer als die Bodenoffensive. Cheney erkannte, daß die Planer sich größte Mühe gegeben hatten, die Waffensysteme den unterschiedlichen Zielen anzupassen.

Cheney und Powell sagten Schwarzkopf, er solle kurz nach dem 15. Januar mit dem Beginn des Luftkrieges rechnen.

Der Verteidigungsminister und der Vorsitzende erhielten ein streng geheimes medizinisches Briefing über die erwarteten Verluste. Der ranghöchste Sanitätsoffizier sagte, sie würden von 20.000 Toten ausgehen, davon 7000 im Kampf Gefallenen.

Es war totenstill im Raum.

Dann sagte Schwarzkopf: »Das Modell geht vom schlimmstmöglichen Fall aus. Das ist keine Voraussage. Ich mache keine Voraussagen.«

Die Männer des Pentagon hatten auch Gelegenheit, Truppen in vorgeschobenen Stellungen zu besuchen. Powell wurde wie ein Papst empfangen, der in das Dorf zurückkehrt, in dem er früher Priester gewesen war. Er wurde belagert, um Autogramme gebeten und kritzelte seinen Namen auf alles, was zur Verfügung stand – Zeitschriften, saudische Geldscheine, ein Skatebord. Er half einem Soldaten einen Sandsack aufzuheben, posierte für Schnappschüsse und wünschte allen Anwesenden fröhliche Weihnachten. Dann besuchte er die 2. Brigade der 101. Luftlande-Division, eine Luftsturmtruppe. Vierzehn Jahre zuvor hatte Powell die 2000 Mann starke Brigade befehligt. Jetzt sagte er den Soldaten, er könne ihnen ihre Ungewißheit über die Operation nachfühlen – das Warten, die langen Nächte, das Kribbeln im Bauch. Allen, die ihn über die Zukunft befragten, wie den übrigen, die es nicht taten, antwortete Powell mit vier Worten: »Be ready for war.«

* * *

Am Freitag, dem 21. Dezember, lud Bush die Botschafter aller 28 Mitgliedstaaten der Koalition ins Weiße Haus. Nach dem Treffen führte er die Gruppe durch das weihnachtlich geschmückte Haus. Prinz Bandar verließ das Weiße Haus als letzter.
»Haben Sie es eilig?« fragte Bush.
»Nein.«
»Kommen Sie, sagen Sie Barbara guten Tag.«
Bandar wünschte der First Lady fröhliche Weihnachten und begab sich anschließend mit Bush ins Oval Office. Die beiden Männer gingen ins Freie und unterhielten sich.
»Ist er verrückt?« fragte Bush, auf Saddam anspielend.
Beide hatten diese Frage bereits zuvor erörtert. Während ihrer regelmäßigen Gespräche hatte Bandar Bush von Saddams paranoider Besessenheit um seine persönliche Sicherheit erzählt, und Bush hatte viele andere Geschichten gehört. Bandar war immer noch der Meinung, daß Saddam, wenn er zwischen seiner Haut und einem Rückzug aus Kuwait wäh-

len müßte, sich letztendlich für seine Haut entscheiden würde. Saddam suchte nicht den Tod. Er war kein Märtyrer, wie Bandar versicherte.
Bush fragte: »Weiß er denn, auf was er sich eingelassen hat?«
Seit Monaten versuchte Bandar, in Privatgesprächen dem Präsidenten und anderen klarzumachen, daß die irakische Armee maßlos überschätzt wurde. Bandar war der Meinung, daß man sie in zwei Wochen schlagen konnte.
Der Prinz sah, daß Bush angespannt wirkte. Er erkannte an seinen Gesten die zunehmende Entschlossenheit. Keine Spur mehr von der flapsigen Lässigkeit. Nicht mal ein Lächeln. Obwohl Bushs Augen kühl und ruhig waren, schien er von einer inneren Last gebeugt. Als Bandar ihn aufmerksamer und genauer musterte, wirkte sein Blick sogar ängstlich. Im Nahen Osten hieß es, einen ruhigen Menschen solle man nicht reizen, denn er könne ungemütlich werden. Seit Monaten beobachtete Bandar, wie sich der öffentliche und persönliche Ärger des Präsidenten aufstaute und ihn von Tag zu Tag unbeirrbarer machte.
»Wenn er nicht nachgibt, werden wir die Resolution durchsetzen müssen«, sagte Bush.
Bandar nickte und dachte bei sich: ›Er meint es ernst, er wird es tun.‹

* * *

In der Zwischenzeit stellte CIA-Direktor Webster eine sicherheitspolitische Gesamteinschätzung der Nachrichtendienste zusammen, mit dem Ziel, eine möglichst genaue Einschätzung darüber abzugeben, ob Saddam sich vor Ablauf des Ultimatums am 15. Januar aus Kuwait zurückziehen würde. In Diskussionen zwischen den verschiedenen Nach-

richtendiensten waren Webster, der CIA und die Geheimdienstabteilung des Außenministeriums zu dem Schluß gelangt, daß Saddam sich zurückziehen würde, sobald er die Stärke der Streitmacht und die Entschlossenheit der Vereinigten Staaten und ihrer Verbündeten erkannte.
Pat Lang vom DIA jedoch äußerte ernste Bedenken. Seiner Meinung nach wiederholte man den klassischen Fehler, den man vor der Invasion Kuwaits durch den Irak begangen hatte. Wieder spiegelten die Nachrichtendienst-Offiziere nur das wider, was sie selbst glaubten, betrachteten die Welt aus ihrem eigenen beschränkten westlichen Blickwinkel. Sie gingen davon aus, daß sie, wenn sie in Saddams Haut steckten, die überwältigende militärische Streitmacht und die Entschlossenheit der Vereinigten Staaten sowie der internationalen Koalition erkennen würden. Da Saddam logischerweise zu diesem Schluß gelangen mußte, würde er zur Einsicht kommen und sich aus Kuwait zurückziehen.
Lang vermutete das Gegenteil. Er war ziemlich sicher, daß Saddam sich hauptsächlich auf seine eigene Armee und seine eigene Entschlossenheit konzentrierte. DIA-Chef Soyster und die Führer der vier militärischen Nachrichtendienste stimmten ihm zu. Sie bestanden darauf, ihre abweichende Meinung in mehreren Fußnoten schriftlich in die Gesamtbeurteilung einzubringen. Sie wurde vervielfältigt und Bush zugesandt.
In einem Interview für *Time* kurz vor Weihnachten wurde Bush gefragt, ob es zum Krieg kommen werde.
»Oh Gott!« sagte der Präsident, machte eine Pause und gab dann dieselbe Antwort, wie sie mehrheitlich im Spezialbericht der Nachrichtendienste zum Ausdruck gebracht worden war: »Mein Gefühl sagt mir, daß er sich zurückziehen wird.«

***

Cheney und Powell kehrten vom Golf zurück und flogen direkt nach Camp David, um den Präsidenten am Heiligabend über ihre Reise zu unterrichten. Scowcroft und Gates waren ebenfalls anwesend.
Es treffe zu, daß die Bodentruppen nicht vor Februar einsatzbereit waren, berichtete Cheney. Außerdem war er mit dem Plan für die vierte Phase – der Bodenoffensive –, noch nicht zufrieden. Doch die Planung der Luftoffensive sei abgeschlossen, die Einzelheiten seien geklärt.
Cheney und Powell bestätigten, es sei ohne weiteres möglich, die Luftoffensive einzuleiten und durchzuhalten, bevor die Bodentruppen in Schlachtstellung gebracht worden waren. Schwarzkopf habe sich an dem diplomatischen Ultimatum, das am 15. Januar endete, orientiert.
Dann hätten Schwarzkopf und seine Truppen Thanksgiving, Weihnachten und Silvester in der Wüste verbracht. Sie hätten die 45tägige »Pause für den Frieden« ergebnislos abgewartet. Manche befänden sich dann schon seit fünf Monaten in der Wüste. Der 15. Januar sei eine echte Moralspritze für die Truppe gewesen.
Bush sagte, sie müßten ernsthaft überlegen, die Luftoffensive unmittelbar nach dem 15. Januar einzuleiten, wenn sich Saddam bis dahin nicht aus Kuwait zurückgezogen hatte.
Es wurde vereinbart, daß Powell mit Schwarzkopf sprach und von ihm eine Empfehlung für Tag und Zeitpunkt der Offensive erbitten sollte, die auch die Mondphasen und Wettervorhersagen berücksichtigte.
Powell hatte den Entwurf eines streng geheimen Warnbefehls an General Schwarzkopf ausarbeiten lassen. Laut JCS-Publikationen ist ein Warnbefehl »eine Vorabinformation über einen Befehl oder eine Aktion, die folgen soll«. Er würde Schwarzkopf anweisen, sich auf die Durchführung des Kriegsplans vorzubereiten.

Auf der abhörsicheren Leitung fragte Powell Schwarzkopf nach seiner Empfehlung für Datum und Uhrzeit der Offensive nach Ablauf des Ultimatums der Vereinten Nationen am 15. Januar. Schwarzkopf sagte, um 3 Uhr früh saudischer Zeit am 17. Januar. Das bedeutete in Washington 19 Uhr am 16. Januar, genau 19 Stunden nach Ablauf des UN-Ultimatums. Es wäre eine mondlose Nacht, ein ungemein wichtiger Faktor für den Einsatz der Tarnkappenbomber F-117A. Da diese Flugzeuge für die Radaranlagen der Iraker buchstäblich unsichtbar waren, wollte man vermeiden, daß die Iraker sie oder andere Flugzeuge im Mondlicht zu Gesicht bekamen. Die Vorhersagen prophezeiten klares Wetter.
Stormin' Norman erklärte, bei Beginn der Offensive die Operation Wüstenschild in Wüstensturm umbenennen zu wollen.
Powell ließ den zweiseitigen Warnbefehl umschreiben und dahingehend präzisieren, daß Schwarzkopf sich darauf einstellen sollte, die Operation Wüstensturm am 17. Januar um 3 Uhr früh einzuleiten. Der Befehl wurde mehreren Pentagon-Beamten zur Überprüfung persönlich übergeben und dann in eine endgültige Fassung gebracht, die nach Billigung des Präsidenten sofort an Schwarzkopf übermittelt werden sollte.

* * *

Am 29. Dezember erhielt Powell die Ermächtigung, Schwarzkopf den Warnbefehl zu übermitteln. Um die höchste Geheimhaltungsstufe zu wahren, sandte er ihn durch eine besondere, streng geheime Faxverbindung an den General. Das Schreiben trug die Aufschrift »Streng vertraulich«. Auf diese Weise erhielt das Hauptquartier Schwarzkopfs nur eine einzige Kopie. Powell wollte nicht, daß mehrere Kopien in der Kommando- und Kommunikationszentrale Schwarzkopfs herumflogen.

Der Warnbefehl erging am Samstag, dem 29. Dezember, unter dem Sendejournal 29/1612 Dezember 1990, war also am 29. Dezember, Weltzeit 1612 oder 11.12 Uhr in Washington, abgeschickt worden.

***

Am Nachmittag des Neujahrstages, Dienstag, kehrte Bush von seinem Urlaub auf Camp David nach Washington zurück. Noch am selben Abend traf er sich im Weißen Haus mit Quayle, Baker, Cheney, Powell und Sununu.

Bush wies den Stab des Nationalen Sicherheitsrates an, eine formelle Weisung des Präsidenten, genannt Nationale Sicherheitsdirektive, zu erarbeiten, die die Regierungspolitik und den militärischen Einsatz erläuterte. Da es ein historisches Dokument sein würde, wollte er ihm alle Aufmerksamkeit widmen, die es verdiente.

Baker war immer noch der Ansicht, daß der Präsident alle diplomatischen Möglichkeiten ausschöpfen sollte. Er schlug Bush vor, Saddam ein letztes Angebot für ein Treffen zu machen.

Cheney hatte Angst vor einem Trick in letzter Minute. Er hatte das feste Gefühl, daß die Koalition auf wackligen Beinen stand. Nach seinen Informationen befürchteten die Koalitionspartner – vor allem diejenigen im Nahen Osten wie Saudi-Arabien, Ägypten, Syrien und die kleineren Staaten am Golf –, daß die USA einen Vorwand finden könnten, um nicht zu handeln.

Cheney glaubte nicht, daß die Entscheidung für den Krieg

an einem bestimmten Augenblick oder einer Abfolge von Augenblicken gefallen war, jedenfalls konnte er sich an kein derartiges Gespräch oder Treffen erinnern. Soweit er die einzelnen Teile zusammenfügen konnte, war man Heiligabend der Entscheidung sehr nahe gekommen, am 29. Dezember wurde sie mit dem Warnbefehl konsolidiert, und an diesem 1. Januar des Neuen Jahres endgültig ratifiziert.

***

Da Bakers Reise nach Bagdad nicht zustandegekommen war – Saddam hatte den Außenminister erst drei Tage vor Ablauf des Ultimatums empfangen wollen – beschloß Bush, öffentlich vorzuschlagen, daß Baker den irakischen Außenminister zwischen dem 7. und 9. Januar in der Schweiz treffen sollte, da er sich in der Zeit ohnehin in Europa aufhielt. Aber es würde keine Verhandlungen, keine Kompromisse geben.

***

Am folgenden Mittwoch, dem 2. Januar, war Scowcroft niedergeschlagen. Einigen Vertrauten in seinem Stab sagte er, er habe resigniert: ›Es wird zum Krieg kommen.‹
Gates berief eine Ausschußsitzung der Stellvertreter ein. Zwei Aufgaben lagen vor ihnen. Erstens, Bush würde ein letztes Treffen zwischen Baker und Aziz in der Schweiz vorschlagen; sie mußten den Entwurf für einen Brief von Bush an Saddam ausarbeiten, den Baker Aziz als letzte ultimative Erklärung überreichen würde. Zweitens mußten sie

die Nationale Sicherheitsdirektive entwerfen, die Direktive des Präsidenten zum Krieg.
Wolfowitz war der Meinung, daß der Brief an Saddam immer noch eine ausschlaggebende Rolle spielen könnte. Er fand den Entwurf des Stabs des Sicherheitsrates zu mild. Wie Admiral Jeremiah, Powells Stellvertreter, drängte er auf härtere Formulierungen. Die beiden schlugen Änderungen vor, die schließlich von den übrigen Mitgliedern des Ausschusses gebilligt wurden. In seiner endgültigen Fassung warnte der acht Punkte umfassende Brief: »Wir stehen heute an der Schwelle eines Krieges zwischen Irak und der Welt.« Er erklärte, daß Iraks Zukunft auf dem Spiel stand und daß die Weigerung, sich zurückzuziehen, eine »sichere Katastrophe«, »größere Tragödie« und »weitere Gewalt« für den Irak bedeute. Der letzte Satz lautete: »Ich hoffe, Sie wägen Ihre Möglichkeiten sorgfältig ab und treffen eine weise Entscheidung, denn davon wird vieles abhängen.«
Um 8.45 Uhr am Donnerstag, 3. Januar, traf sich Bush erneut mit den Führern des Kongresses. Er verkündete, daß er einen letzten diplomatischen Versuch unternehme würde: ein Treffen zwischen Baker und Aziz in der kommenden Woche. Der Präsident wies zweimal auf den Bericht von Amnesty International hin, den er vor Weihnachten gelesen hatte, und legte den Kongreßabgeordneten dessen Lektüre ausdrücklich ans Herz.
Die Führer im Kongreß antworteten, er könne sich der Zustimmung des Kongressses für eine Anwendung von Gewalt nach dem 15. Januar nicht sicher sein.
Im Hinblick auf die Möglichkeit eines Krieges äußerte Bush: »Es gibt keine Parallele zu Vietnam.«
Cheney teilte mit, es seien nun 325.000 Mann im Nahen Osten stationiert, und jeden Tag kämen weitere 12.000 in Saudi-Arabien an.
Privat war Cheney der Ansicht, die Tür zur Diplomatie sei

noch einen Spaltbreit offen, und der Präsident täte gut daran, sie offen zu halten. Wenn sich Saddam plötzlich aus Kuwait zurückzog, hätten die Vereinigten Staaten einen großen Sieg errungen. Dann könnte die Regierung sagen: Hurra, die USA haben Entschlossenheit gezeigt, die Welt angeführt, die Koalition geschaffen, Truppen entsandt und den Hundesohn aus Kuwait verjagt.
Doch Cheney glaubte nicht – jetzt noch weniger als zuvor –, daß es so kommen würde.

***

Am Sonntag, dem 6. Januar, versammelte Bush am Abend seinen inneren Zirkel in seinen Privaträumen. Baker befand sich bereits in Europa. Saddam hatte dem Baker-Aziz Treffen am Mittwoch zugestimmt. Der Präsident sagte, er wolle den Kongreß, wenn irgend möglich, dazu bewegen, die Anwendung von Gewalt zu billigen. Es war die einzige Unbekannte, die noch verblieb, der einzige Baustein, der in seiner umfassenden Strategie noch fehlte.
Cheney zweifelte. Sollte sich Saddam nicht aus Kuwait zurückziehen, war es sehr wichtig, daß man nach dem 15. Januar Gewalt anwandte. ›Mr. President, Sie haben diese Entscheidung doch schon so gut wie getroffen. Der Kongreß war schon immer eine unsichere Sache. Eine Ablehnung durch meine früheren Kollegen‹ – so nannte er sie sarkastisch –, ›würde alles zunichte machen.‹ Cheney traute den Demokraten, die im Kongreß das Sagen hatten, nicht über den Weg. Er hatte den Verdacht, daß sie der Regierung nur allzu gerne die Tür vor der Nase zuschlagen würden.
Die Regierung, die Koalition und die Truppen in Saudi-Arabien könnten sich eine negative Abstimmung im Kongreß

nicht erlauben, warnte Cheney. Er war davon überzeugt, daß es keine Rolle spielen würde, welche Debatte im Kongreß geführt und wie abgestimmt worden war, wenn die Anwendung von Gewalt erfolgreich verlief und die gesteckten Ziele mit den geringstmöglichen Kosten und Verlusten erreicht wurden. Andererseits, sagte Cheney, sei es unerheblich, was der Kongreß zuvor gebilligt hatte, wenn sich die militärische Kampagne als Fehlschlag erwies oder die Kosten ins Unermeßliche wuchsen. In diesem Fall würden ohnehin alle über den Präsidenten herfallen. Er sah keinen Vorteil, aber viele Risiken.
Niemand gab zum Ausdruck, daß er Cheneys tiefe Bedenken teilte. Das Treffen wurde vertagt, ohne die Frage gelöst zu haben.
Am nächsten Tag, 7. Januar, verkündete Sprecher Foley, das Repräsentantenhaus würde im Laufe der Woche über eine Resolution debattieren, die zur Anwendung von Gewalt ermächtigte. Er persönlich sei gegen die Anwendung von Gewalt, bis den Wirtschaftssanktionen mehr Zeit eingeräumt worden sei, gehe jedoch davon aus, daß die Ermächtigung mit knapper Mehrheit durchkommen werde. Der Führer der Senatsmehrheit, Mitchell, sagte, auch der Senat werde eine Debatte über eine Resolution einleiten.
Bush begann, die republikanischen Abgeordneten beider Häuser anzurufen, um sich über deren Abstimmungsverhalten zu informieren. Er tippte persönlich den Entwurf eines Briefes an den Kongreß, in dem beide Häuser aufgerufen wurden, die Sprachregelung der UN-Resolution – »alle erforderlichen Mittel« –anzunehmen. Dann setzte er für den nächsten Tag eine Sitzung im Weißen Haus mit seinen wichtigsten Beratern, Kabinettsmitgliedern, den Beratern für Parlamentsfragen im Weißen Haus an.
Powell hielt es für wichtig, sich der Zustimmung des Kongresses zu versichern. Er hatte Angst, die Truppen ohne aus-

drückliche Zustimmung des Kongresses in den Krieg zu führen. Er wollte sie nicht im ungewissen lassen, in einem Krieg, den die Politiker nicht einmal als solchen bezeichneten. In Korea war es eine »Polizeiaktion« gewesen, in Vietnam ein »Konflikt.« Beides war keineswegs zufriedenstellend. Eine Nation, die sich im Krieg befand, mußte dies zugeben können, und sie mußte mit einer einzigen Stimme sprechen.
Powell wußte um Cheneys Standpunkt, und da seine Meinung von der des Verteidigungsministers abwich, wollte er an einem größeren Treffen im Weißen Haus nicht teilnehmen. Daher bat er seinen Rechtsberater, Oberst im Heer Fred K. Green, an der Sitzung teilzunehmen und ihm später Bericht zu erstatten.
Am 8. Januar um 11 Uhr begab sich Bush in den Kabinettsraum. Anwesend waren Cheney, Scowcroft und Sununu. Eagleburger vertrat Baker. Außerdem waren die wichtigsten Rechtsberater aller Abteilungen, einschließlich Fred Green vom JCS, zugegen.
Bush hatte den Entwurf seines Briefes bei sich. Er sagte, er tendiere dazu, ihn abzuschicken. Die Frage lautete, ob man passiv bleiben oder versuchen sollte, das Ergebnis mit einem spezifischen Voschlag der Regierung zu beeinflussen. Ob er die Abstimmung gewinnen würde, fragte der Präsident die verantwortlichen Rechtsberater des Weißen Hauses, des Sicherheitsrats und des Außen- und Verteidigungsministeriums.
Die Mehrheit bejahte diese Frage. Aber hundertprozentig sicher war man nicht. Die Befragung der Abgeordneten war noch nicht abgeschlossen.
Bush bat um eine genaue Beurteilung, welche gesetzliche Autorität er hatte.
Der Stellvertretende Justizminister William P. Barr erklärte, die wichtigsten Rechtsexperten seines Hauses und er selbst

seien der Meinung, der Präsident habe als Oberster Befehlshaber der Streitkräfte das uneingeschränkte Recht, militärische Aktionen anzuordnen, ungeachtet der Zustimmung durch den Kongreß. ›Die Verfassung gibt Ihnen die Macht, die Streitkräfte einzusetzen‹, sagte er. Die Aufgabe des Kongresses bestand darin, die Stärke der Streitkräfte und die Gesetze, unter denen sie eingesetzt wurden, zu bestimmen. ›Der Kongreß hat das getan. Wenn es ihm nicht gefällt, wie Sie die Streitkräfte einsetzen, kann er Ihnen die Gelder streichen.‹ Barr äußerte trotzdem die Ansicht, der Präsident sollte sich aktiv um die ausdrückliche Unterstützung des Kongresses bemühen.
»Ist Ihr Rat rein politisch?« fragte einer von Bushs Beratern. ›Nein‹, antwortete Barr. ›Krieg ist eine Grauzone. Bei Kriegserklärungen teilt sich der Präsident die Macht mit dem Kongreß; die Verfassung sieht dies vor. Der Kongreß hat das Recht, den Krieg zu erklären, aber bisher hat er in den meisten Fällen erst abgestimmt, nachdem der Krieg bereits begonnen hatte. Wie bei jeder Machtteilung sind Sie besser dran, wenn Exekutive und Kongreß übereinstimmen‹, sagte Barr. ›Sie wären in einer denkbar ungünstigen Position, wenn der Kongreß gegen Sie stimmte. Eine derartige Resolution würde Ihre Macht einschränken. Der Kongreß kann von sich aus nur die Mittel sperren oder die Streitkräfte auflösen. Er kann Ihnen aber große politische Schwierigkeiten bereiten, daher lohnt es sich, aktiv auf seine Entscheidungen Einfluß zu nehmen‹, fügte der Stellvertretende Justizminister hinzu.
Bush bat die anwesenden Rechtsberater der Regierung um ihre Meinung. Er wollte sich über seine verfassungsmäßigen Rechte Gewißheit verschaffen. Wie sahen Alternativen aus, wenn die Parlamentarier die Resolution zum Scheitern brachten oder in eine Sackgasse gerieten? Konnten sich jetzt oder später die Gerichte einschalten?

Zwar sei der Präsident nicht gegen eine gerichtliche Klage immun, sagten die Rechtsberater, doch bewege sich Bush voll auf dem Boden der Verfassung. Sie bestätigten im wesentlichen Barrs Einschätzung.
Barr erklärte, daß alle Präsidenten von Anfang an die Streitkräfte von sich aus eingesetzt hätten. Es habe etwa 200 Gelegenheiten gegeben, bei denen sich die Präsidenten ihrer bedient hätten, und nur fünf Kriegserklärungen. Die Situation, die der jetzigen am meisten entsprach, sei der Korea-Krieg gewesen, als Truman ohne den Kongreß und aufgrund einer der jetzigen ähnlichen UN-Resolution gehandelt hatte.
Scowcroft sprach sich dafür aus, eine Resolution zu erarbeiten und sie dem Kongreß vorzuschlagen. Ungeachtet der verfassungsmäßigen Rechte würde das politische Ansehen des Präsidenten durch die Unterstützung des Kongresses wesentlich gestärkt. Der Präsident wollte wohl kaum einen Krieg beginnen, wenn das Land gespalten war.
Cheney warnte davor, den Brief abzuschicken. Schon der Akt, die Resolution anzumahnen, würde gewaltige Konsequenzen haben. Ganz gleich, wie man den Brief formulierte, er würde so interpretiert werden, als gehe der Präsident davon aus, daß er die Zustimmung des Kongresses brauchte. Aus zehnjähriger Erfahrung wußte Cheney, daß der Kongreß nicht in der Lage war, in kurzer Zeit eine so wichtige Frage zu behandeln. Mit dem Brief zu erscheinen und dann zu verlieren, wäre verheerend.
Bush sagte, er müsse es versuchen. Nach Absenden des Schreibens würden sie eine breit angelegte Kampagne unter den Abgeordneten starten. Er sagte, er könnte sich nicht vorstellen, daß der Kongreß die Truppen in der Wüste hängen ließ.
»Wir müssen es tun«, sagte Sununu. »Wir müssen versuchen, Einfluß auf die Entscheidung zu nehmen.«

Die Rechtsberater formulierten den Brief um, und eine Stunde später befand er sich auf dem Weg ins Kapitol.

* * *

Am frühen Nachmittag ließ sich Bush in seinem großen weißen Lehnsessel vor dem Kamin im Oval Office nieder. Cheney saß in dem anderen Sessel am Kamin, da er das höchstrangige anwesende Kabinettsmitglied war – Baker befand sich noch immer in Europa.
Powell, Webster, Sununu, Scowcroft und Gates hatten auf den beiden Sofas Platz genommen.
Richard Haass, Leiter der Abteilung Nahost im Nationalen Sicherheitsrat, hatte die vier wichtigsten Regierungsexperten für arabische Fragen kommen lassen, um dem Präsidenten die Lage zu erklären.
Haass stellte zuerst die Botschafterin April Glaspie vor, die nicht wieder auf ihren Posten in Bagdad zurückgekehrt war, aber noch im Außenministerium arbeitete.
Saddam habe seine Truppen an der Kandare, sagte sie. Sie würden sich weder ergeben noch rebellieren, weil sie fürchteten, Saddam könnte ihren Familien etwas antun. »Es wird keine Revolte geben, weil Saddam die Armee fest in der Hand hat. Meiner Meinung nach wird er sich nicht aus Kuwait zurückziehen.« Die ständige Verstärkung seiner Truppen zeigte deutlich, daß er sich auf einen Angriff einstellte.
›Wollen Sie sagen, daß Saddam von Anfang an verstanden hat, daß wir ihn nicht ungeschoren lassen?‹ fragte Sununu.
›Ja‹, antwortete Glaspie.
»Was veranlaßt Sie zu dieser Ansicht?« wollte Sununu wissen.
»Das, was er sagt, und vor wem er es sagt«, antwortete sie.

Am Tag zuvor hatte Saddam aus Anlaß des 70jährigen Jubiläums der irakischen Armee eine Rede an seine Truppen gerichtet, die auch vom staatlich kontrollierten Fernsehen und Rundfunk übertragen worden waren. »Wir glauben nicht, daß die Opfer gering werden«, hatte er gesagt und noch einmal die »Mutter aller Schlachten« versprochen. Glaspie interpretierte die Rede als eine interne Botschaft an die irakische Armee, sich darauf vorzubereiten, daß der Krieg nicht von kurzer Dauer sein würde.
Sie gab auch zu bedenken, daß Saddam, obwohl im Westen nicht überall als legitimes Staatsoberhaupt angesehen, von vielen Irakern unterstützt wurde. Vielleicht mochten sie ihn als Person nicht, aber sie standen hinter seinem Programm. »Es ist eine Illusion zu glauben, er hätte keine Unterstützung.«
Danach stellte Haass William Rugh vor, einen langjährigen Beamten des Außenministeriums und früheren Botschafter im Jemen.
Rugh sagte, im Falle eines Krieges werde es um so schlimmer, je länger er andauere, da sich die Araber um Saddam scharen würden, den Mann, der sich gegen den Westen erhob. Er würde zum Helden gemacht. Ein Sieg war für die Araber sehr wichtig, und selbst gegen eine Supermacht zu verlieren, konnte ein Sieg sein. Saddam würde möglicherweise wichtige Themen ausschlachten – die Palästinenserfrage, das tiefe Mißtrauen gegenüber dem Neo-Kolonialismus und die Kluft zwischen reichen und armen Arabern.
Ein Experte des CIA sprach von der zu erwartenden starken Reaktion in Israel, wenn es zum Krieg kam. Es würde schwierig sein, die israelische Führung zur Zurückhaltung zu bewegen, falls Israel angegriffen würde.
Pat Lang vom DIA sprach als letzter. Er vermutete, daß man ihn zu der Sitzung gebeten hatte, weil er die Invasion Kuwaits vorhergesagt hatte. Er fand, daß sie Ähnlichkeit mit

jenen Kriegsräten besaß, die Lincoln vor Ausbruch des Bürgerkrieges mit seinem Kabinett abgehalten hatte.
›Wir sind unfähig, fremde Kulturen zu verstehen, selbst wenn sie nur wenig von der unseren abweichen‹, begann Lang. ›Wir verstehen die Iraker nicht. Häufig geht man von zwei falschen Annahmen aus. Erstens, die Iraker sind feige. Das trifft nicht zu.‹ Lang erklärte, er habe die Iraker fünf Jahre lang studiert, sei oftmals im Irak gewesen, habe ihre Bodentruppen besucht und den Iran-Irak-Krieg, die Araber und ihre Kriegsführung aufmerksam beobachtet. »Nach Abwägung all dieser Dinge komme ich zu dem Schluß«, sagte er, »daß sie nicht kneifen werden. Sie werden geschickt und hart kämpfen. Sie sind zäh... Sie werden sich nicht ergeben.« Ein Krieg mit dem Ziel, sie aus Kuwait zu vertreiben, würde unter Umständen einen langen Bodenkrieg erfordern. Powell sagte nichts, nickte jedoch mehrmals zu diesen Äußerungen.
Lang erklärte, er sei Experte für die acht Elite-Divisionen der Republikanischen Garde, die bei der Invasion Kuwaits eingesetzt worden waren. Diese Einheiten von etwa 110.000 Mann stünden als Reserve zur Verstärkung der 400.000 Mann zur Verfügung, die Saddam an der Front hatte. Die Republikanische Garde war sehr gut ausgebildet und wurde kompetent geführt, sagte er, und in dieser Hinsicht war sie den US-Truppen ebenbürtig.
»Wenn man den Widerstand der Republikanischen Garde bricht«, fragte Scowcroft, »werden die anderen sich ergeben?«
»Nein«, antwortete Lang.
›Die zweite falsche Annahme ist, daß Saddam kein legitimer Führer sei, weil er kriminell, brutal und unmenschlich ist. Auch das trifft nicht zu‹, erklärte Lang. Er war derselben Meinung wie Botschafterin Glaspie. ›Saddam hat die Unterstützung des Volkes oder die straffe Kontrolle über das

Volk, so daß er in dessen Augen ein legitimer Führer ist. Darin soll man sich nicht täuschen lassen‹, sagte Lang. Ein Krieg gegen dieses kleine Land, mit seinem überentwickelten Militär und seiner bestens verbunkerten Führung war schwierig und langwierig.
»Andere denken nicht so«, sagte Bush. »Das habe ich bislang von niemandem gehört. Shamir, Mubarak, [der syrische Präsident] Assad und Bandar – alle haben gesagt, er sei leicht zu schlagen.«
Lang hatte entschieden, daß er nicht hier saß, um Bush nach dem Mund zu reden und entgegnete: »Sir, mit Verlaub, das kommt mir vor wie eine Ansammlung von Männern, die keine Ahnung haben und nur an sich denken.«
»Okay«, sagte Bush.
»Werden sie irgend etwas auf die Beine stellen – irgendwelche Überraschungen für Baker drüben?« fragte Bush schließlich.
Das hielten die vier Experten für unwahrscheinlich.

24

Am 9. Januar, einen Tag später, traf Baker sich mit Tarik Aziz zu einer sechseinhalbstündigen Sitzung im Genfer Intercontinental Hotel. Der Außenminister übergab Bushs Achtpunktebrief. Aziz las ihn und legte ihn wieder auf den Tisch. Er weigerte sich, den Brief anzunehmen oder Saddam zu überbringen.
Anschließend erschien Baker auf einer Pressekonferenz; er wirkte abgespannt und ernst. »Ich habe nichts vernommen, was auf einen Funken von Flexibilität auf irakischer Seite schließen ließe«, erklärte er. Scowcroft, der das Ganze zu Hause am Bildschirm verfolgte, erkannte, daß die Verhandlungen damit endgültig gescheitert waren.
Der Außenminister flog weiter nach Saudi-Arabien, um König Fahd zu treffen. Ein geheimes Abkommen zwischen den USA und Saudi-Arabien sah vor, daß jede offensive militärische Aktion, die von seinem Land ausging, Fahds ausdrücklicher Billigung bedurfte. Baker bat ihn nun offiziell um diese Billigung. Fahd erteilte sie, ohne zu zögern, und verlangte nur, rechtzeitig vor einer Offensive benachrichtigt zu werden.
Baker versprach, vor einem Angriff persönlich Prinz Bandar in Washington zu verständigen.
Beide stimmten überein, daß man Sicherungsmaßnahmen im Kommunikationssystem zwischen Bandar in Washington und Fahd in Saudi-Arabien treffen mußte, damit nirgendwo etwas duchsickern konnte. Um sich wegen der Übermittlung von Nachrichten und abhörsicheren Leitungen keine Sorgen machen zu müssen, einigten sich Bandar und der König auf das Codewort »Suleiman«, den Namen eines Dieners

der königlichen Familie, als Bandar ein Kind war. Sollte Bandar in einem Gespräch mit dem König den Namen Suleiman erwähnen, bedeutete das Krieg.
Obwohl Cheney abgeraten hatte, Unterstützung vom Kongreß zu erbitten, legte er sich mächtig ins Zeug, um ihn auf ihre Seite zu bringen. Das Weiße Haus schickte Cheney ins Kapitol, um bei seiner eigenen Wählerschaft, den Republikanern, die Werbetrommel zu rühren, nicht aber, um unentschlossene Demokraten zu überzeugen. Hinter verschlossenen Türen verhandelte er mit der Fraktion der Republikaner im Repräsentantenhaus und später mit einer ähnlichen Gruppe von Republikanern im Senat. Er gab nicht den geringsten Hinweis darauf, daß ein Krieg unmittelbar bevorstand. Doch er warnte vor Illusionen: ›Stimmen Sie nicht für diese Resolution, wenn Sie der Ansicht sind, sie sei nur ein diplomatisches Druckmittel.‹
Bush und das Weiße Haus dagegen legten größeres Gewicht auf das Argument, die Resolution sei die letzte und beste Gelegenheit, um Saddam zum Rückzug zu bewegen.
Am Samstag, dem 12. Januar, wurde Bush nach dreitägiger, sachlich geführter Debatte ermächtigt, den Krieg zu beginnen. Die Resolution, die der Kongreß verabschiedete, enthielt nicht nur die Sprachregelung der Vereinten Nationen »*alle erforderlichen Mittel*«, sondern erlaubte ausdrücklich die »Anwendung von militärischer Gewalt«.
Im Senat fiel die Abstimmung knapp aus – 52 zu 47 Stimmen. Das Repräsentantenhaus stimmte mit 250 zu 183 Stimmen dafür.
Cheney hatte das Gefühl, zu Kreuze kriechen zu müssen. Er rief den Präsidenten an und gratulierte ihm. Er gab zu, unrecht gehabt zu haben. Der Präsident hatte den Kongreß besser eingeschätzt.
Bush sagte zu Journalisten: »Diese klare Entscheidung des Kongresses stellt die letzte und beste Chance für einen Frie-

den dar.« Die Frage, ob sie den Krieg unausweichlich machte, verneinte Bush.

»Haben Sie für sich schon eine Entscheidung getroffen?« fragte ein anderer Journalist.

»Das habe ich nicht, da ich immer noch auf eine friedliche Lösung hoffe.« Er setzte hinzu: »Die unverzügliche Einleitung eines vollständigen, bedingungslosen und breit angelegten Truppenabzugs ist wahrscheinlich die beste und einzige Möglichkeit, um einen Krieg zu verhindern, obwohl ich sagen würde, daß es zum jetzigen Zeitpunkt [für Saddam] fast unmöglich ist, die UN-Resolutionen voll zu erfüllen.«

Eagleburger und Wolfowitz waren an diesem Wochenende nach Israel entsandt worden. Israel war noch immer ein Risikofaktor. Einen Monat zuvor hatte Premierminister Yitzhak Shamir dem amerikanischen Präsidenten ein außergewöhnliches Versprechen gegeben. Ungeachtet der offensichtlichen Vorbereitungen im Irak, Israel anzugreifen, und der öffentlichen irakischen Versicherungen, es auch zu tun, sagte Shamir, Israel werde keinen präventiven Schlag gegen Irak führen. Das war die Abkehr von der traditionellen israelischen Strategie des Überraschungsangriffs, die offensichtliche militärische Vorteile besaß. Israel würde den Krieg nicht beginnen.

Unter anderem wollte Shamir den Strom der Einwanderer nicht gefährden, der abnehmen könnte, wenn Israel direkt in den Krieg verwickelt und für gefährlich gehalten wurde.

Doch auf seiten der USA wußte niemand, wie sich Israel verhielte, wenn es von Saddam angegriffen wurde, was zu diesem Zeitpunkt als sicher galt. Wolfowitz und Eagleburger versuchten, die israelische Führung auszuhorchen. Shamir machte deutlich, daß er natürlich nicht mit Sicherheit sagen konnte, wie Israel reagieren würde. Kein Staat konnte unter solchen Umständen Versprechen abgeben, vor allem nicht Israel mit seiner langen Tradition, jeden terroristischen

Übergriff zu beantworten. Er erklärte sich jedoch bereit, die Vereinigten Staaten zu konsultieren, bevor Israel irgend etwas unternahm, und versprach, daß es nicht nur eine oberflächliche Benachrichtigung sein würde, nachdem das Kabinett die Entscheidung bereits getroffen hatte, sondern eine echte Konsultation. Shamir waren die Vorteile, die darin lagen, sich aus einem Krieg herauszuhalten, bewußt, er glaubte jedoch, daß die alten und bewährten Überlebensprinzipien seines Staates auch ein einseitiges Vorgehen erforderlich machen konnten.
Eagleburger und Wolfowitz boten an, die israelische Verteidigung durch die Stationierung von amerikanischen Patriot-Raketen zu verstärken, die bereits unterwegs waren. Diese Boden-Luft-Abwehrraketen konnten gegen die irakischen SCUD eingesetzt werden. Das System war noch nicht erprobt, aber es war das beste Abwehrsystem, das ihnen zur Verfügung stand. Die Israelis waren skeptisch, akzeptierten jedoch das Angebot, das am Ende auch US-Mannschaften für Bedienung und Wartung umfaßte.
Bush hatte zudem eine spezielle, streng geheime und abhörsichere Sprechverbindung zwischen dem Pentagon und dem Hauptquartier der israelischen Streitkräfte in Tel Aviv einrichten lassen. Amerikanisches Personal in Israel würde die Chiffrieranlage des Kommunikationssystems überwachen und handhaben. Cheney wäre in der Lage, sich von seinem Büro aus in diese abhörsichere Leitung mit dem Kodenamen HAMMER RICK einzuschalten. Präsident Bush versprach, daß Cheney die Israelis von einem bevorstehenden Angriff in Kenntnis setzen werde. HAMMER RICK sollte auch eingesetzt werden, um den Israelis die neuesten und besten nachrichtendienstlichen Informationen über mögliche Angriffe auf Israel zu übermitteln.
Das System wurde am 13. Januar in Betrieb genommen.
An diesem Abend trafen sich Bush, Cheney, Scowcroft und

Powell in den Privaträumen des Weißen Hauses. Baker war noch immer unterwegs. Nachdem die wichtigsten Entscheidungen getroffen waren, mußte die Gruppe nun nur noch dafür sorgen, daß alles nach Plan verlief. Es war bei Schwarzkopfs vorgeschlagenem Beginn für den Angriff geblieben, 17. Januar, 3 Uhr saudischer Zeit. Die Frage lautete, wann und wie man die Alliierten und den Kongreß benachrichtigen sollte. Früh genug, aber nicht zu früh, einigten sie sich. In den meisten Fällen ein bis zwei Stunden vor der Operation.
Cheney ging mit Bush noch einmal die Liste der Ziele durch, damit dieser über mögliche strittige Punkte Bescheid wußte. Er wollte, daß der Präsident mit allem rundum zufrieden war.
Bei einer Gruppe von Zielen äußerte Bush Bedenken und verlangte, daß sie gestrichen wurden. Es handelte sich um Saddam-Statuen und Triumphbögen, die als nationale Symbole von großer psychologischer Bedeutung für das irakische Volk sein konnten.
Am Vormittag des 14. Januar verbrachten Cheney und Powell eine Stunde im STOC und überprüften ein letztes Mal die Ziele der Luftoffensive. Spezielle Projektgruppen, die aus Hunderten von Nachrichtendienstoffizieren und Planern zusammengesetzt waren, hatten alle Informationen koordiniert – Satellitenaufnahmen, aufgefangene Funksprüche und alles, was sonst noch verfügbar war –, um zu gewährleisten, daß innerhalb der ersten 24 Stunden ein vernichtender Schlag gegen Saddams Kommunikations- und Luftverteidigungssystem geführt wurde. Anschließend sollte eine gewaltige Luftoffensive die irakische Kriegsmaschinerie systematisch dezimieren.
Am selben Tag hatte Bush den Stabschef der Luftwaffe, McPeak, Cheney und Scowcroft zum Lunch ins Weiße Haus gebeten. McPeak war soeben von einer zehntägigen

Rundreise zu den Einheiten der Luftwaffe im Nahen Osten zurückgekehrt, und Bush, der im Zweiten Weltkrieg als Marinepilot gedient hatte, wollte sich aus erster Hand informieren lassen.
McPeak war immer noch der Meinung, die Operation könne mit weit geringerem Aufwand durchgeführt werden. Er war wie sein entlassener Vorgänger General Dugan von der entscheidenden Rolle der Luftflotte überzeugt und hatte den Eindruck, die anderen Streitkräfte seien, was den Umfang ihrer Truppenstationierung anbelangte, weit übers Ziel hinausgeschossen. Die Marines waren nur allzu sehr darauf bedacht, ihren toten Kameraden ein weiteres Iwojima-Mahnmal zu bauen. Die Marine brauchte keine sechs Flugzeugträger für die Operation und das Heer keinesfalls das VII. Korps. Landstreitkräfte waren allenfalls nötig, damit jemand mit aufgepflanztem Bajonett in Saddams Büro spazierte und ihn zwang, die Kapitulation zu unterschreiben, mehr nicht. Doch McPeak hielt den Mund. Er hatte Powells Doktrin von der Maximierung der Streitkräfte rasch begriffen und erhob keine Einwände.
Der Stabschef der Air Force erzählte Bush, er habe sich von der Einsatzbereitschaft der Luftwaffe überzeugen wollen und deshalb sechzehn Luftwaffenstützpunkte in der Golfregion besucht und selbst mit den Mannschaften komplizierte Übungsflüge über der saudischen Wüste durchgeführt. Es seien sogar spezielle Routen entwickelt worden, die von Entfernungen und Bedingungen her denen entsprachen, die die Besatzungen im Irak vorfinden würden.
»Die Jungs warten nur auf ihren Einsatz«, erklärte McPeak dem Präsidenten. »Ich bin dagewesen. Ich bin mit den Jungs geflogen. Sie sind großartig. In Topform.« Falls sich der Präsident für einen Angriff entscheide, würde er ihm raten, so bald wie möglich nach Ablauf der Frist am 15. Januar loszuschlagen. Im August, in den ersten Wochen der Stationie-

rung, so McPeak weiter, hätten die Piloten noch große Reden geschwungen: »Wir machen ihn einen Kopf kürzer« und so weiter. Jetzt gab es keine solchen Sprüche mehr. Die Piloten waren gelassen und cool. Sie erinnerten ihn an die erfahrenen Revolverhelden in dem Film *Mein großer Freund Shane*, die wußten, daß es zu einer Schießerei kommen würde, jedoch nicht scharf darauf waren.
Bush fragte nach Einzelheiten.
›Ich war bei einem Schwarm von vier F-15‹, erklärte McPeak. ›Ich flog in der zweiten Position, da, wo man das schwächste Glied plaziert, mit scharfen 2000-Pfund-Bomben an Bord. Insgesamt nahm ich an sechs Einsätzen teil. Wir flogen unter Kampfbedingungen. Funkstille. Es war eine Formation, zu der Flugzeuge mit elektronischen Störsendern und Tankflugzeuge gehörten. Sah aus wie in *Krieg der Sterne*.‹
Die Piloten könnten nicht viel länger warten, erklärte er. Eine wesentliche Verzögerung über den 15. Januar hinaus bedeutete, daß man ihnen psychologisch gesehen die Luft rausließe, und das wäre katastrophal.
Etwas später wurden die Führer des Kongresses zu einer Dringlichkeitssitzung ins Weiße Haus berufen. Auf die Frage, wann die Vereinigten Staaten losschlagen würden, antwortete Bush: »Eher früher als später.«
Am späten Nachmittag kamen Baker und Kimmitt ins Pentagon, saßen eine Stunde im STOC und besprachen die Ziele der Luftoffensive. Cheney wollte, daß Baker seinen scharfen politischen Blick auf die Luftoffensive richtete, um zu überprüfen, ob er unvorgesehene Folgen entdeckte. Es wurden jedoch keine weiteren Änderungen in der Liste der Ziele vorgenommen.

* * *

Am Dienstag, dem 15. Januar, telephonierte Bush um 6.30 Uhr mit Baker und machte dann einen einsamen Spaziergang um den Rasen an der Südseite des Weißen Hauses.
An diesem Morgen rief der Präsident zwei Geistliche an. Der eine war das Oberhaupt der Episkopalkirche, der auch Bush angehörte, Bischof Edmond Browning. Browning hatte am Abend zuvor eine Mahnwache für den Frieden vor dem Weißen Haus angeführt.
Der andere war der Senatsgeistliche, Reverend Richard C. Halverson, der mit Bush zusammen ein Gebet für die Nation sprach.
Um 10.30 traf sich Bush mit seinem inneren Zirkel im Oval Office: Quayle, Baker, Cheney, Scowcroft, Powell, Sununu und Gates. Bush hatte den zweiseitigen Entwurf für die streng geheime Präsidialdirektive zur nationalen Sicherheit (NSD) vor sich.
Sie war modifiziert worden, um zwei Bedingungen einzufügen. Sie ermächtigte jetzt zur Durchführung der Operation Wüstensturm unter der Voraussetzung, daß (1) es nicht in letzter Minute doch noch zu einem diplomatischen Durchbruch kam und (2) der Kongreß ordnungsgemäß unterrichtet worden war. Das Dokument stellte im wesentlichen das Vorhaben der Administration dar, kurz nach Ablauf der Frist loszuschlagen. Es enthielt die Erklärung, es sei die politische Absicht der Vereinigten Staaten, Irak aus Kuwait zu vertreiben; alle friedlichen Maßnahmen, einschließlich Wirtschaftssanktionen, diplomatische Bemühungen und ein Dutzend UN-Resolutionen hätten Irak nicht dazu bewegen können, sich aus Kuwait zurückzuziehen; ein weiteres Warten könne den Interessen der Vereinigten Staaten schaden, da Irak seine Truppen auf dem kuwaitischen Kriegsschauplatz unvermindert verstärke und die Verteidigungsstellungen im besetzten Kuwait ausbaue; Irak höre nicht auf, Kuwait zu plündern und die Bevölkerung zu tyrannisieren; die

irakische Armee müsse angegriffen werden, um die Streitkräfte der Vereinigten Staaten und ihrer Verbündeten zu schützen. Darüber hinaus legte es ausdrücklich fest, daß die Opfer unter der irakischen Zivilbevölkerung und der Schaden für das Land, soweit dies mit dem Schutz der eigenen und verbündeten Streitkräften zu vereinbaren war, möglichst niedrig gehalten und die heiligen Stätten des Islam verschont werden sollten.
Der Präsident unterschrieb. Die Direktive trug bewußt kein Datum. Dieses und die Uhrzeit sollten eingefügt werden, sobald und wenn beide Bedingungen erfüllt waren.
Bush ermächtigte Cheney, einen formellen Präsidialerlaß zu unterschreiben und ihn Norman Schwarzkopf, dem Chef des Zentralkommandos der US-Streitkräfte für die Golfregion noch am selben Tag zuzustellen.
Cheney war mit den republikanischen Abgeordneten des Senats zum Lunch verabredet. Bei einem späteren Treffen mit demokratischen Senatoren wurde er gefragt: »Wenn die Frist abgelaufen ist, werden Sie dann noch abwarten oder bald losschlagen?«
Die operative Sicherheit hatte für Cheney Vorrang, trotzdem wollte er die Senatoren nicht in die Irre führen. »Eher früher als später«, antwortete er. Es waren dieselben Worte, die der Präsident einen Tag vorher vor den Führern des Kongresses gebraucht hatte.
Gegen 17 Uhr war Cheney wieder in seinem Büro. Powell kam mit einer streng geheimen Akte, in der sich der Präsidialerlaß befand. Der Vorsitzende hatte ihn selbst geschrieben. Er sprach ihn mit Cheney durch. Ein orangefarbenes Deckblatt erklärte, daß die Order Schwarzkopf ermächtigte, die Operation Wüstensturm, wie im Befehl vom 29. Dezember angekündigt, auszuführen.
Wäre es ein gewöhnlicher Präsidialerlaß gewesen, hätte Cheney zum Zeichen seiner Billigung nur den Umschlag mit sei-

nen Initialen versehen. Powell hätte ihn dann formell freigegeben, um in Ausübung seiner Amtsgewalt die Verbindung zwischen dem Verteidigungsminister und dem Oberbefehlshaber der Alliierten Streitkräfte herzustellen.
Doch diesmal wußten sie, daß es sich um ein historisches Dokument handelte. Beide unterschrieben mit vollem Namen.
Powell schickte Schwarzkopf durch die streng geheime Faxverbindung eine Kopie mit dem Vermerk »Streng vertraulich!«. In etwa 26 Stunden würde die Operation Wüstenschild in die Operation Wüstensturm übergehen.
Bis zu diesem Zeitpunkt hatte Powell die Entscheidung vor seinem Stab geheimgehalten. Nun rief er Tom Kelly in sein Büro. ›Morgen nacht geht es los‹, sagte Powell. Kelly, der gelernte Journalist, würde für die täglichen Briefings des Pentagon an die Presse verantwortlich sein, wie zuvor bei der Panama-Operation. Es war noch völlig unklar, wie viele Briefings pro Tag erforderlich wären. ›Beantworten Sie die Fragen, aber machen Sie keine Schlagzeilen‹, wies Powell ihn an.
›Yes, Sir‹, antwortete Kelly. Obwohl Kelly nicht eingeweiht worden war, hatte sich in den letzten Wochen seine Überzeugung verstärkt, daß es zum Krieg kommen würde. Die Berichte der Nachrichtendienste machten deutlich, daß sich Saddam auf einen Krieg vorbereitete. Er baute seine Verteidigungsstellungen weiter aus, grub sich ein und schickte immer mehr Truppen an die Grenze. Es gab immer mehr Öl in den irakischen Gräben, mit dem sie amerikanische Panzer verbrennen wollten, immer mehr Stacheldraht, mehr Minen und mehr Bunker. Kelly war über Saddams offensichtliche Erwartungen überrascht. Er schien anzunehmen, die Vereinigten Staaten würden es zu einem Stellungskrieg wie im Iran-Irak-Krieg kommen lassen, mit zwei ignoranten Armeen, die acht Jahre lang gegen die Verteidigungsstellungen

des Gegners angerannt waren. Was würden Saddam und seine Generäle sagen, wenn sie nur einen kurzen Blick in den jedermann zugänglichen Leitfaden für den Einsatz mit seinem Schwerpunkt auf taktischer Kriegsführung werfen könnten, dachte Kelly.
Kelly war erstaunt über die Ruhe im Pentagon. Die Panama-Operation war ihm chaotischer vorgekommen. Eine Parallele zu Panama aber gab es trotzdem. Ungeachtet der monatelangen Vorbereitungen und der unzähligen Vorteile der US-Streitkräfte und ihrer Verbündeten war er immer noch nicht sicher, ob es nicht irgendwo zu einer Panne kommen würde. Die alte Angst vor dem Scheitern war wieder da.
Am Nachmittag suchte Prinz Bandar Cheney auf.
»Gibt es etwas Neues?« wollte er wissen. »Rechnen wir in Tagen oder Wochen?«
Cheney antwortete ausweichend. ›Sieht nach einer guten Woche aus.‹
Bandar verstand das als »bald«, doch als er später über das Gespräch nachdachte, war er nicht mehr so sicher.

* * *

Nach einer Vielzahl von Treffen und Beratungen mit den Medien gab Pete Williams am gleichen Tag Verhaltensregeln für Journalisten aus, falls es im Persischen Golf zum Krieg kam. Die zwölf auf einer einzigen Seite formulierten Regeln untersagten die Veröffentlichung oder Ausstrahlung spezifischer Einzelheiten, die auf Wunsch des Ministeriums geheimgehalten werden sollten, darunter Zahlen über Soldaten, Flugzeuge, Waffen, Ausrüstung und Nachschub, zukünftige Pläne und Operationen, Standorte der Streitkräfte und taktische Informationen. Jegliche Berichterstattung

über den Krieg würde durch Journalistenpools erfolgen, deren Produkte vor Veröffentlichung einer Sicherheitsüberprüfung unterzogen werden mußten. Es sei keinem Journalisten gestattet, sich wie noch in Vietnam auf eigene Faust in Kampfgebieten herumzutreiben, schärfte Williams den versammelten Medienleuten ein.
Kelly staunte, wie gut Powell seinen Teil der Operation Wüstenschild – militärische Planung und Entscheidungsfindung – im Griff hatte. Vieles von dem täglichen Kleinkram, der bei den Beratungen im Weißen Haus unter den Tisch fiel, wurde am »magischen Telephon«, der neuesten Generation abhörsicherer Verbindungen, erledigt. Das System verband nur den Präsidenten, den Vizepräsidenten, Scowcroft, Sununu, Baker, Cheney, Powell und die CINCs, darunter auch Schwarzkopf, miteinander. Powells große weiße Anlage, die ihn an dieses geschlossene System angliederte, stand auf einem Bürotisch und sprang sofort ins Auge. Er machte häufig Gebrauch davon, um sicherzustellen, daß er für die Zivilisten in Washington der wichtigste militärische Ansprechpartner war. In Saudi-Arabien spielte Schwarzkopf mit seinem »magischen« Apparat dieselbe Rolle.
Um eine Wiederholung des Vietnam-Alptraums der Militärs zu vermeiden – Präsident Lyndon Johnson, der sich im Weißen Haus über eine Karte beugt und spezifische Ziele kennzeichnet –, hatte Powell Washington so viel Information über die Luftangriffsziele wie möglich vorenthalten. Die neueste Liste von Zielen, die am ersten Tag der Luftoffensive angeflogen werden sollten, war nicht einmal Kelly oder seinem Stab bekannt. Kelly wurde nur gesagt, daß er sie einen Tag später zusammen mit den Einsatzberichten erhalten werde. Und die täglichen Lufteinsatzbefehle, die alle vorgesehenen Luftangriffe enthielten, sollten vor der Durchführung nicht nach Washington gehen.
Powell hatte die Stabschefs sehr effektiv benutzt, fand Kelly.

Er hielt sie auf dem laufenden, damit sie nicht das Gefühl hatten, außen vor zu bleiben, aber sie spielten fast keine Rolle bei der Entscheidungsfindung. Tatsächlich war ihr Einfluß gleich null.

General Vuono hatte in gewisser Weise dazu beigetragen, indem er dafür sorgte, daß Schwarzkopf das modernste Kriegsgerät erhielt. Manchmal mußte man es ihm geradezu aufzwingen.

Vuono hatte darauf bestanden, daß 1000 modernste M-1A1-Panzer an diejenigen Einheiten des Heeres geliefert würden, die ohne dieses neueste Modell nach Saudi-Arabien geschickt worden waren. Schwarzkopf hatte sich zunächst geweigert, weil er die Unterbrechung fürchtete, die entstehen würde, wenn die Truppen auf die Bedienung der neuen Ausrüstung umgestellt werden mußten. Doch die neuen Panzer würden nicht nur die Kampfkraft, sondern auch die Moral der Truppen verbessern. Die effektive Reichweite des M-1A1 war doppelt so groß wie die des besten irakischen T-72-Panzers. Er würde aus den Verbänden der Vereinigten Staaten so etwas wie Boxer mit zwei Meter langen Armen machen. Schließlich gab Schwarzkopf nach und akzeptierte die Panzer.

Der Stabschef des Heeres hatte Schwarzkopf auch gedrängt, ein Überwachungssystem mit dem Namen J-STARS (Joint Surveillance Target Attack Radar System, von den Teilstreitkräften gemeinsam genutztes Überwachungs- und Zielangriffsradarsystem) zu stationieren. Das brandneue System, das noch nicht im Kriegseinsatz getestet worden war, verfolgte die Bewegungen von Panzern und anderen Fahrzeugen am Boden, überwachte also die Bodenregion, wie die AWACS-Flugzeuge die Luft überwachten. Die beiden J-STARS-Einheiten, die Schwarzkopf erhielt, versorgten ihn mit dem Radarbild der ganzen Region bis hundert Meilen nach Kuwait oder Irak hinein und sorgten dafür, daß die

US-Streitkräfte von den Irakern an der Front nicht überrumpelt oder ausmanövriert werden konnten.

* * *

Am nächsten Morgen, 16. Januar, packte Cheney einen Koffer, bevor er ins Pentagon fuhr. Er rechnete damit, mehrere Nächte in seinem Büro verbringen zu müssen. Um seinem Fahrer oder den Sicherheitsbeamten keinen Hinweis zu geben, ließ er den gepackten Koffer zu Hause stehen. Er konnte den Fahrer schicken, um ihn abzuholen, wenn es auf die Stunde X zuging. Als der Minister sein Büro betrat, waren bereits B-52-Bomber vom Luftwaffenstützpunkt Barksdale in Louisiana in Richtung Golf gestartet. Während der 18 Stunden, die sie benötigten, um ihre Ziele zu erreichen, würden sie in der Luft aufgetankt werden. Diese Flugzeuge konnten zurückgerufen werden. Die Entscheidung hatte den Punkt, von dem an es kein Zurück mehr gibt, noch nicht erreicht.

Cheney hatte seinen Terminkalender reduziert und Sitzungen des Haushaltsausschusses sowie andere Angelegenheiten seinem Stellvertreter Don Atwood übertragen. Er griff nach der Fernbedienung des Fernsehgerätes in seinem Büro und schaltete CNN ein. Die ersten Meldungen oder Hinweise auf den Beginn der Luftoffensive würden wahrscheinlich über den 24-Stunden-Nachrichtensender gehen.

Cheney fragte sich, wie gut die US-Streitkräfte die Sache durchziehen würden. Wie hoch würde der Preis sein, wie groß die Verluste? Er kannte die Hochrechnungen aus den verschiedenen Computerszenarios, war jedoch zu dem Schluß gekommen, daß sie kaum mehr als Spekulationen waren. Er war vollkommen ruhig. Jetzt konnte er nichts mehr tun.

* * *

An diesem Morgen ließ Baker den saudischen Botschafter Prinz Sultan bin Bandar ins Außenministerium rufen, um ihn darüber zu informieren, daß es in der Nacht losgehen werde: 19 Uhr in Washington, 3 Uhr früh in Saudi-Arabien. Bandar rief König Fahd an. Nachdem sie sich eine Zeitlang unterhalten hatten, sagte Bandar, als wäre ihm das gerade eingefallen: »Übrigens kommt unser alter Freund Suleiman heute nacht um 3 Uhr bei euch an. Er ist krank, und ich muß ihn nach Hause schicken; gegen 3 Uhr soll er landen.«
Bandar war erstaunt, denn es sah so aus, als würde den US-Streitkräften und ihren Verbündeten ein Überraschungsangriff gelingen. Die Gründe mußten wohl in den über Monate hinweg völlig unterschiedlichen und verwirrenden Botschaften an Saddam zu suchen sein. Offensichtlich war Bush für Saddam völlig undurchschaubar gewesen. Die Ironie des Ganzen lag in Bandars Augen darin, daß es im Grunde wegen eines kulturellen Mißverständnisses zum Krieg gekommen war.
Um 16.50 Uhr Washingtoner Zeit starteten die ersten F-15-Eagles zu ihren Zielen. Auch sie konnten noch zurückgerufen werden. Tankflugzeuge waren in der Luft. Der Luftkrieg rückte immer näher. Cheney fiel auf, daß bisher noch kein Reporter Lunte gerochen hatte. Die Journalisten waren durch die vom Pentagon erlassenen Regeln so gut wie mundtot gemacht worden, und außerdem hatte es während der letzten Monate eine so intensive Luftaktivität gegeben, daß sich bisher noch nichts von der üblichen Routine unterschied.
Das Weiße Haus hatte Cheney angewiesen, die Israelis auf

dem laufenden zu halten, aber nicht derart, daß sie de facto zu Mitgliedern der Koalition wurden. Es war eine heikle Aufgabe. Saddam hatte angekündigt, Israel auf die eine oder andere Art anzugreifen, falls die Koalition ihn attackierte, und die Israelis hatten ein Recht darauf, gewarnt zu werden. Doch jede Beteiligung Israels am Krieg würde eine negative Reaktion in der arabischen Welt hervorrufen und eventuell die Koalition schwächen. Gegen 17 Uhr rief Cheney über die HAMMER RICK Leitung den israelischen Verteidigungsminister Moshe Arens an, um ihn davon in Kenntnis zu setzen, daß die Offensive angelaufen war.
Punkt 17.30 Uhr feuerte die U.S.S. *Bunker Hill*, ein Kreuzer der Aegis-Klasse im Persischen Golf, eine Tomahawk-Rakete auf ein vorgegebenes Ziel im Irak ab. Dieser unbemannte Marschflugkörper (Cruise-Missile) konnte nicht zurückgerufen werden. Von jetzt an gab es kein Zurück mehr.
Etwa 20 Tomahawks waren auf Saddams Präsidentenpalast, die Telephonzentrale und die Elektrizitätswerke Bagdads programmiert worden. Von neun Schiffen der US-Marine aus sollten während der ersten 24 Stunden 106 Tomahawks abgefeuert werden. Da diese Raketen noch nie unter Kriegsbedingungen eingesetzt worden waren, würden alle Ziele anschließend nochmals von Kampfbombern angeflogen werden. In den ersten 24 Stunden standen mehr als 1000 Einsätze auf dem Plan, dann sollte die Luftoffensive noch intensiviert werden.
Um 17.31 Uhr feuerte die U.S.S. *Wisconsin* ihre erste Tomahawk-Rakete ab.
Eine Aufklärungseinheit auf der *Wisconsin* meldete die Abschüsse über das militärische Frühwarnsystem CRITIC, das die Aufgabe hatte, umgehend eine Blitzwarnung loszulassen, wenn sich irgendwo »starke Hinweise auf den Ausbruch von Feindseligkeiten jeglicher Art« ergaben. CRITIC

war entwickelt worden, um sicherzustellen, daß US-Streitkräfte überall auf der Welt sofort über den Ausbruch von Kampfhandlungen informiert wurden, vor allem über einen möglichen Angriff der Sowjetunion. Diese Meldung hatte Vorrang vor dem gesamten übrigen Nachrichtenverkehr, so daß in Tausenden von Kommandozentralen weltweit automatisch die Fernschreiber losratterten.
»Diese Mistkerle, wieso haben sie das gemacht?« tobte Kelly. »Schon wieder die Marine!«
Er rief sofort Powell an.
›Mein Gott‹, dachte Powell, ›auf die Art vermasseln wir uns die Geheimhaltung noch selbst.‹
Die *Wisconsin* wurde angewiesen, die Meldung zu widerrufen. Das geschah ebenso schnell, wie zuvor der Abschuß gemeldet worden war. Überall auf der Welt wissen Militärs, daß die erste Meldung über ein Ereignis häufig falsch ist, daher hatte noch niemand irgendwelche voreiligen Schlüsse gezogen. Die Sicherheit der Operation hielt.
Cheney und Powell gaben Befehl, das CRITIC-System vorübergehend außer Betrieb zu setzen. Dann versuchte Powell herauszufinden, wer so dumm gewesen war, es zu betätigen, um ihn abzuklemmen.
Cheney verfolgte nach wie vor das Programm von CNN. Der Moderator Bernard Shaw war in Bagdad und befragte den ehemaligen CBS-Moderator Walter Cronkite in New York über Kriegsberichterstattung. Cronkite schwelgte in seinen Erinnerungen und erzählte vom Zweiten Weltkrieg. Shaw erklärte, er sei nach Bagdad gekommen, um Saddam zu interviewen, doch das Interview sei nicht zustande gekommen, und deshalb werde er am nächsten Nachmittag zurückfliegen.
Cheney wußte, daß es am nächsten Nachmittag keine Flüge mehr geben würde. Es war ein seltsames Gefühl, das Gespräch zu verfolgen und zu wissen, daß Hunderte von Rake-

ten und Flugzeugen auf dem Weg nach Kuwait und Irak waren, von den Medien und fast allen Amerikanern unbemerkt. Als die Stunde X näher rückte, schickte der Verteidigungsminister seinen Fahrer nach McLean, um den Koffer abzuholen. Jemand aus seinem Büro ging los, um ihm ein chinesisches Essen zu besorgen.

25

Powell wollte nicht unten in der Befehlszentrale Nachtwache halten. Genau das hatten sie während der Panama-Invasion getan, als Cheney und er mit an dem großen Tisch gesessen und das Kommando übernommen hatten. Jetzt war Cheney oben in seinem Amtszimmer. Und Powell verbrachte die letzte Stunde vor 19 Uhr in seinem Büro.
Er setzte sich in den großen braunen Ledersessel. Er war allein. In einem Telephongespräch vor ein paar Stunden hatte der Vorsitzende zu Schwarzkopf gesagt: »Viel Glück, Norm.« Das Weiße Haus schien zufrieden.
Wie bei der Panama-Mission war Powell der Meinung, Präsident Bush angemessen vorbereitet zu haben. ›Es werden schreckliche Dinge passieren, Mr. President‹, hatte Powell gesagt. ›Es wird schlechte Nachrichten geben, einiges wird uns um die Ohren fliegen. Es könnte sein, daß Sie versucht sind, sich einzumischen und die Probleme selbst zu lösen. Sie werden sich einige Schrammen holen, und man wird Sie im Fernsehen auseinandernehmen. Das Ganze braucht seine Zeit, und je ungestörter Sie uns als Militärexperten arbeiten lassen, um so besser.‹ Trotz der geballten Feuerkraft und der erwarteten Schnelligkeit des massiven Angriffs hatten Powell und Schwarzkopf sich bemüht, bei der Offensive so maßvoll vorzugehen wie nur möglich. Kollaterale Schäden mußten auf ein Minimum beschränkt werden. Von dem halben Dutzend Brücken innerhalb der Stadtgrenzen von Bagdad sollten auf Powells Drängen hin nur zwei von der Offensive zerstört werden, die übrigen dagegen verschont bleiben. Powell war davon überzeugt, daß es nicht im Interesse der Vereinigten Staaten lag, Irak vollständig zu schlagen, so

daß er nach dem Krieg nicht in der Lage wäre, sich zu verteidigen. Also mußten einige Panzer und andere Teile der Militärmaschinerie intakt bleiben. Baker war informiert, Cheneys Fragen waren beantwortet worden. Powells Stab aller Teilstreitkräfte sah der Sache gelassen entgegen. Alle Chiefs – »die sechs Brüder«, wie er sie nannte – waren sich einig.
Powells Regel Nr. 8 lautete: »Alle Einzelheiten überprüfen.« Jetzt gab es keine mehr. Die Minuten verstrichen. Im Geist ließ er die Liste mit den Zielen der Luftoffensive noch einmal Revue passieren. ›Ist das ein gutes Ziel oder ein schlechtes? Sollten wir eine Tomahawk oder eine F-15E darauf ansetzen? Beide? Oder keine von beiden?‹ Die Ziele waren wieder und wieder geprüft worden, das wußte er. Er mußte endlich Schluß machen damit.
›Das war's‹, sagte er sich. Metaphern aus dem Glücksspiel schwirrten ihm durch den Kopf. Poker. Es stand eine Menge auf dem Spiel. Sie setzten auf alle ihre Vorteile – Technologie, überlegene Luftaufklärung, einen Plan, der perfekt schien. Er hatte alle Trümpfe in der Hand. Eine beinahe todsichere Sache, doch wie beim Poker blieb immer ein letztes Quentchen Ungewißheit, das wußte er.
Würfel. Die Nation stand am Spieltisch, und die Würfel wurden geworfen. Dieser kurze Augenblick der Spannung, wenn sie durch die Luft flogen. Im nächsten Moment würden sie auf den Tisch fallen, gegen die Bande rollen und dann plötzlich zum Stillstand kommen.
Poolbillard. Er hatte einen handgeschriebenen Satz aus dem Film *Haie der Großstadt* unter der Glasplatte seines Schreibtisches stecken: »Fast Eddie, let's shoot some pool!« Es war der Augenblick der Wahrheit.
»Laß die anderen niemals merken, daß du schwitzt« war noch so ein Spruch, den er unter dem Glas liegen hatte.
Doch jetzt schwitzte er. Saddam konnte noch immer mit irgendeiner Überraschung aufwarten. In wenigen Minuten

könnte der irakische Führer die weiße Fahne schwenken und möglicherweise das gesamte Unternehmen entgleisen lassen. Powell war nach wie vor überzeugt, daß Saddam keinen Krieg wollte; er konnte, durfte ihn nicht wollen. Saddam hatte die amerikanische Entschlossenheit falsch eingeschätzt und ganz sicher nicht begriffen, was da auf ihn zukam.
›Wie können wir bloß die operative Sicherheit wahren?‹ fragte sich Powell. Sie hatten gelernt, Dinge geheimzuhalten. Aber wie gut? Würde in letzter Sekunde doch noch alles auffliegen? Unwahrscheinlich, wenn nicht unmöglich, aber sicher konnte man sich nie sein.
Powell schätzte die Dauer der Luftoffensive auf drei Wochen. Danach mußte die Koalition Saddam die Initiative aus der Hand nehmen. Eine Bodenoffensive war unvermeidlich. Beim Gedanken an die Bodenoffensive machten ihm die Marines Sorgen. Sie hatten die schwierige Aufgabe, gegen die vordersten Frontstellungen der Iraker vorzurücken. ›Mein Gott‹, dachte Powell, ›wir könnten eine Menge Marines verlieren.‹ Das Heer mit seinen breiten Flankenschutz wäre viel sicherer.
Eigentlich hatte er gedacht, daß dies der wichtigste Tag in seinem Leben würde. Nach mehr als 32 Jahren Dienst in der Armee war er nun der oberste Militär am Vorabend eines großen Krieges. Doch der Tag hatte seine Erwartungen nicht erfüllt. Das alte Zitat von Robert E. Lee fiel ihm ein: »Nur gut, daß der Krieg so schrecklich ist, sonst würde er uns bald zu sehr gefallen.« Lee hatte 1862 beobachtet, wie bei Fredericksburg die feindlichen Unionstruppen abgeschlachtet wurden. Das Militär liebte nun mal die Vorbereitung auf einen Krieg. Vom Pentagon aus wirkte er manchmal wie ein großartiges Spiel. Und wenn es nicht um Menschenleben ginge, wäre es ein Riesenspaß, dachte Powell. Er mußte sich immer wieder vor Augen halten, daß dies kein Spiel war, sondern blutiger Ernst. Die Weltöffentlichkeit würde nur

einen unglaublich begrenzten und antiseptischen Ausschnitt dieses Krieges sehen. Man hatte dafür gesorgt, daß die Medien draußen blieben. Sogar die Videoaufnahmen der Bordkameras, mit denen die Angriffe aufgezeichnet wurden, stellten die Wirklichkeit verzerrt dar, wenn sie veröffentlicht wurden. In den meisten Fällen würde der O-Ton herausgenommen, damit man den Piloten ihre Nervosität nicht anmerkte, wenn sie »Verdammte Scheiße!« oder ähnliches riefen. Von der typischen Hyperventilation der Piloten, wenn sie den Druck ihrer Kampfanzüge und ihre Angst beim Angriff ertragen mußten, würde das Publikum nichts erfahren.
Er dachte an die Soldaten und Piloten wie an Kinder oder auch Teenager. Sie würden in der Dunkelheit fliegen oder hinter die feindlichen Linien vorstoßen, um ihre Ziele ausfindig zu machen. Letztendlich liefe es darauf hinaus, daß ein amerikanisches Kid einem irakischen Kid gegenüberstand. Und beide würden leben wollen.
Powell hatte böse Vorahnungen, kalte Schauer liefen ihm über den Rücken. Der Krieg lag jetzt allein in den Händen dieser Kids. Und wenn sie ihn verpatzten, würde es heißen, daß Powell und die Generäle – die Erwachsenen – ihren Job nicht gut genug getan hatten. So würde es immer sein, und das war auch richtig so.
Es konnte noch Stunden dauern, bis Powell erfuhr, was geschehen war. Auf dem Schlachtfeld hatte Schwarzkopf das Sagen. Und Washington zu informieren, war sicher nicht seine vorrangige Sorge.
Powell war noch immer allein. Im Büro des Vorsitzenden war es vollkommen still. Plötzlich schoß ihm durch den Kopf, daß niemand wußte oder auch nur eine Vorstellung hatte, wie viele Amerikaner in diesem Krieg sterben würden. Manche von den dienstälteren Offizieren im Stab aller Teilstreitkräfte hatten ihm vertraulich mitgeteilt, daß sie auf amerikanischer Seite mit etwa 1000 im Einsatz getöteten Sol-

daten rechneten. Aber es gab keine genaue Schätzung. Es konnten viel mehr werden. Natürlich war ihm klar, daß sie Soldaten verlieren würden. Aber er hoffte, es würden wenige sein.

An diesem wichtigsten Tag seines Lebens plagte ihn nur ein Gedanke. Er fühlte weder Freude noch Spannung, noch Ungeduld oder Schlachtfieber. Es wollten keine Hurragefühle in ihm aufkommen. Er hatte nur einen Gedanken: »Wie viele werden nicht zurückkehren?«

Jenseits der Grenze, im Irak, war es kurz vor 3 Uhr. Ein US-Kampfhubschrauber vom Typ Apache befand sich 12 Kilometer vom Stromgenerator einer Radarstellung der irakischen Luftverteidigung für Bagdad entfernt. Er war das erste Ziel in diesem Krieg. Der Pilot konnte das Gebäude auf dem Bildschirm seines infrarotgeleiteten Bodenabtastradars sehen, ein winziges, tanzendes Viereck am Horizont. Seine Instrumente zeigten an, daß die Flugzeit der Hellfire-Rakete bis zum Ziel 20 Sekunden betrug. Er drückte ab. »Die ist für dich, Saddam!« rief er. Die Instrumente zählten die Sekunden, und auf seinem Bildschirm verfolgte er, wie die Hellfire-Rakete sich dem Gebäude näherte und dann wie ein Stein abtauchte. Das winzige Quadrat verwandelte sich in eine Explosion, die urplötzlich und lautlos seinen Bildschirm ausfüllte.

Im Weißen Haus versammelten sich Bush, Quayle, Scowcroft und Sununu in einem kleinen Privatraum neben dem Oval Office um das Fernsehgerät. Als man im Hintergrund der Reporter, die noch aus ihrem Bagdader Hotelzimmer berichteten, die Detonationen der explodierenden Bomben hörte, sagte Bush sichtlich erleichtert: »Genau wie wir es geplant hatten.«

Der Golfkrieg dauerte 42 Tage. Die drei Phasen des Luftkriegs erstreckten sich über 38 Tage. Nach nur viertägiger Bodenoffensive ordnete Bush den Waffenstillstand an. Die Streitkräfte der Vereinigten Staaten und der Koalition überrannten Kuwait und Südirak, zerstörten Saddams Armee, schlugen die Republikanische Garde in die Flucht, diktierten die Friedensbedingungen und töteten Zehntausende von Irakern. Kuwait wurde befreit. Die amerikanischen Verluste beliefen sich auf 7 im Einsatz vermißte und 137 im Einsatz gefallene Soldaten.

Danksagung

Richard E. Snyder, Präsident von Simon & Schuster Inc., hat alle meine Bücher tatkräftig unterstützt. Dieses, mein sechstes, war seine Idee. Im Jahr 1987 schlug er mir vor, ein Buch über das Pentagon und die Vereinten Stabschefs zu schreiben, mit der Begründung, die amerikanischen Militärs seien wohl die mächtigste und zugleich die am wenigsten verstandene Institution des Landes. Ich hatte schon immer über das Militär schreiben wollen, und wir kamen überein, daß es mein nächstes Buch würde. In den nächsten vier Jahren gewährte er mir jegliche Unterstützung, die ich mir wünschen konnte. Das ist in jeder Freundschaft etwas Außergewöhnliches, und dafür und für seine fortdauernde Freundschaft will ich ihm danken.

Benjamin C. Bradlee und Leonard Downie, Jr., die beiden führenden Redakteure bei der *Washington Post*, ließen mir großzügig alle Zeit, die ich brauchte. Das Projekt mußte wiederholt verlängert werden, während ich von militärischen Einsätzen, Stationierungen und Kriegen überrollt wurde. Diese beiden Redakteure, die besten der Branche, haben stets das Prinzip einer intensiven und vorurteilsfreien Recherche hochgehalten. Der Spielraum, den sie mir gewährten, verhalf mir zu einem besseren Verständnis der Militärs und der Bush-Administration. Der stellvertretende Chefredakteur Robert G. Kaiser half mir wie immer mit einer aufmerksamen und strengen Durchsicht des Manuskripts. Steve Luxenberg, stellvertretender Produktionsredakteur und einer der sorgfältigsten Journalisten von heute, erledigte nicht nur seinen eigenen, sondern auch meinen Job bei der *Post*. Ich bin ihm zu tiefem Dank verpflichtet. Der

Post-Redakteurin Lucy Shackelforth, einer Meisterdokumentarin, gebührt mein Dank ebenso wie dem stets hilfsbereiten Stab im Archiv der *Post*.
Obwohl sich fast alle Informationen in diesem Buch auf eigene Recherchen stützen, habe ich auch unzählige Artikel aus Zeitungen und Zeitschriften verwertet. Der täglich erscheinende *Early Bird* des Pentagon mit einem Umfang von 14 bis 16 Seiten nachgedruckter Zeitungsausschnitte gehört zu den besten und professionellsten Informationsangeboten auf dem Markt. Die Redaktion des *Early Bird* hat ein außergewöhnlich scharfes Gespür für Nachrichten.
Die *Washington Post*, *New York Times*, *Los Angeles Times* und das *Wall Street Journal* berichten so gut und umfassend über das Pentagon und das Außenministerium, daß sie nicht nur die Nachrichten präsentieren, sondern auch den Rahmen für Debatten vorgeben. Ich habe mich ihrer oftmals bedient. Herzlichen Dank an die Kollegen der Post: Rick Atkinson, David Hoffman, Jim Hoagland, Barton Gellman, Molly Moore, Ann Devroy, Dan Balz, George Wilson, R. Jeffrey Smith, Walter Pincus, Don Oberdorfer, Al Kamen und viele andere. Mein spezieller Dank gilt Michael Getler, David Ignatius und ihrem ausgezeichneten Team von Auslandskorrespondenten, die in den letzten beiden Jahren so hervorragende Arbeit geleistet haben. Und natürlich kann man nicht über das Pentagon oder das Militär schreiben, ohne die außerordentliche Arbeit von Patrick E. Tyler, Michael Gordon, R. W. Apple, Jr., und anderen bei der *New York Times* anzuerkennen.
Die Fernsehnachrichten waren mir eine große Hilfe. Pentagon-Spezialisten wie Fred Francis von NBC, David Martin von CBS und Bob Zelnick von ABC bringen eine Meldung häufig als erste. Eine Analyse der Kriegsberichterstattung während militärischer Krisen würde verdeutlichen, wie wichtig und umfassend ihre Arbeit ist. Eines Tages werden

diese Journalisten die Anerkennung erhalten, die ihnen gebührt. Die *MacNeill Lehrer News Hour* des Public Broadcasting Service bildete das wichtigste Forum für eine Diskussion der jüngsten militärischen Aktionen.

Mein Dank bei Simon & Schuster gilt auch Adelle-Marie Stan, Sophie Sorkin, Marcia Peterson, Eve Metz und Frank Metz, sowie Ann Adelman für die gewissenhafte Korrektur der Druckfahnen.

Alice Mayhew, meine Lektorin bei Simon & Schuster, war mir eine unentbehrliche Hilfe, was Konzept, Stil, Sprache und Übersichtlichkeit angeht. Während ihre verschiedenfarbigen Stifte immer wieder durch den Text marschierten, entdeckte sie viele Seiten, die gestrichen oder gestrafft werden mußten. Auch ihr gebührt aufrichtiger Dank und meine Hochachtung.

Robert B. Barnett, Agent und ausgezeichneter Anwalt, war mir Freund und Berater auf eine Art, die Ed Williams mit Stolz erfüllen würde.

Tali, meine wunderbare Tochter, ist zugleich eine meiner besten Freundinnen. Auch sie drängte mich, ein Buch über das Militär zu schreiben, und machte mir immer wieder Mut. Dank an Rosa Castillo, die für Bill, Marc und mich sorgte.

Mein größter Dank gilt den unzähligen Informanten. Am Ende waren einige ziemlich genervt, wenn sie hörten, daß ich sie wieder einmal um eine Auskunft bitten mußte. Es gibt viele Menschen im Pentagon und anderswo, auf hoher und niederer Ebene, die mir ihre Zeit und ihr Vertrauen schenkten. Sie wissen, wer gemeint ist. Die meisten müssen ungenannt und unbekannt bleiben. Besonderen Dank an die vielen tüchtigen Mitarbeiter in der Abteilung für Öffentlichkeitsarbeit, vor allem jene in den Büros von Pentagon-Sprecher Pete Williams und dem JCS-Sprecher Oberst William Smullen.

Meine Frau, Elsa Walsh, schenkte mir Tag für Tag persönliche und professionelle Unterstützung. Berge von Interviewnotizen, Kapitelentwürfen sowie meine Zweifel landeten am Ende ihres eigenen Arbeitstages, an Wochenenden und sogar im Urlaub bei ihr. In ihrer fröhlichen und kritischen Art prüfte sie meine Texte und half mir, sie noch einmal durchzugehen und zu verstehen. Sie hat meinem Leben Gleichgewicht gegeben.